2008 법무사 실무자료 I

正解 주택임대차보호법

김효석 편저

국립중앙도서관 출판시도서목록(CIP)

正解 주택임대차보호법/ 김효석 지음. -- 서울 : 한누리미디어, 2008
  p. :   cm

ISBN 978-89-7969-328-7 93360 : ₩20000

주택임대차보호법(법률)〔住宅賃貸借保護法〕

365. 4453-KDC4
346. 043-DDC21   CIP2008002949

2008 법무사 실무자료 I

正解

주택임대차 보호법

김효석 편저

한누리미디어

추 천 사

　주거용 건물의 임대차에 관한 민법상 전세권이나 임대차의 규정들이 경제적 약자인 임차인의 권리보장에 미흡한 점이 많아, 이를 보완하여 서민의 주거생활에 대한 안정을 보장함을 목적으로 1981. 3. 5. 주택임대차보호법이 제정되고 시행된 지 어언 27년의 세월이 흘렀다.

　이 법이 제정된 이래 그동안 여러 차례에 걸쳐 임차인의 지위를 강화하는 방향으로 법이 개정되어 왔지만, 날로 복잡 다양화 되어가는 사회구조와 맞물려 피해 유형 또한 여러 형태로 달리하면서 임대차분쟁 사건의 꾸준한 증가와 더불어 대법원 및 하급심 판례와 수많은 연구 논문들까지 쏟아져 나오게 되는 현상에 이르렀으나, 임차인의 권리보장이라는 측면과는 다른 부작용으로 가장 임차인으로 인한 선의의 피해자까지 양산되는 상황에 이르게 되었다.

　이러한 시대적 상황에서 국민과 직접 접촉하는 변호사, 법무사 등의 역할 또한 커질 수밖에 없게 되었고, 이러한 법조인들에게는 주택임대차분쟁에 대한 관련 법령과 판례 및 해설을 체계적으로 정리한 실무 참고자료가 필요한 경우가 많았고, 학문적 욕구에 갈증을 느끼고 있는 법학도들 또한 주택임대차보호법에 대한 전문서적이 절실하였음에도 현실적으로 이를 충족시키기에는 여러 가지 측면에서 부족한 면이 없지 않았다.

　저자 김효석 법무사는 평소 주택임대차보호법에 대한 여러 편의 연구논문 발표와 《주택임대차분쟁의 해결》(2005년), 《주택임대차보호법 해설》(2006년) 발간 등 왕성한 저술 활동을 해 오면서 법무사로서의 오랜 현장 경험과 학문적 이론을 바탕으로 하여 금번《정해 주택임대차보호법》을 저술하게 되었는 바, 주택임대차분쟁, 임차권의 대항력, 임차인의 우선변제권, 임차권 등기명령제도, 경매개시요건의 완화, 임차권의 존속보장, 차임·보증금의 규제 등 주택임대차보호법 전반을 체계적으로 정리·해설함과 아울러 관련된 최신 판례와 예규 등도 빠짐없이 소개하고, 주택임대차분쟁과 관련된 각종 서식 등도 세심하게 정리하여 제공하고 있다.

본서《정해 주택임대차보호법》은 재조에서 실무에 종사하고 있는 분이나 재야 법조인은 물론 법학도들에게도 훌륭한 지침서가 되리라 믿어 의심치 않으며, 나아가 우리의 법률문화 향상에 귀중한 문헌이 될 것을 확신하고 널리 추천하면서, 서민들의 법률조력자 역할을 성실하게 수행하고 있는 전국의 법무사들과 함께 본 책자의 발행을 기뻐함과 아울러 저자의 노고에 대하여 깊은 감사를 드리는 바이다.

2008년 10월 1일

서울중앙지방법무사회

회장 임 덕 길 識

머 리 말

주거용 건물(주택)의 임대차에 관하여 민법에 대한 특례를 규정함으로써 국민 주
거생활의 안정을 보장함을 목적으로 하는 주택임대차보호법이 제정된 지 벌써 30
년 가까이 되고 있다.

이 법이 1981. 3. 5. 제정·시행된 후 오늘에 이르기까지 수차례의 법령개정이 있
었고, 그동안 이와 관련된 분쟁으로 수많은 대법원판결이 나왔으며, 2007년에는 기
존 판결을 변경하는 전원합의체판결도 처음으로 선고되었다.

최근에는 소액보증금의 기준범위가 7년 만에 상향조정되어 2008. 8. 21.부터는
수도권 중 과밀억제권역에서는 보증금 6천만원 이하의 임차인은 경매·공매절차
에서 2천만원까지 최우선변제를 받을 수 있도록 개정되었다.

어느덧 주택임대차 문제는 간단한 생활법률의 차원을 넘어서 민법 및 민사집행법
분야에서 전문영역으로 자리 잡혔음을 누구도 부인하기 어려울 것이다. 저자가 그
동안의 법령개정과 각급 법원의 최근 판례 및 관련 법령을 종합하여 주택임대차보
호법을 체계적으로 정리·해설하고자 결심한 이유도 여기에 있다.

이 책의 특징을 요약하면,

첫째, 주택임대차분쟁의 당사자나 이해관계인으로 하여금 보다 유리하게 분쟁을
해결할 수 있는 길잡이가 되고, 주택에 관한 경매·공매절차에서 매수신청인이나
그 대리인이 권리분석을 행함에 있어서 기본서로 활용될 수 있도록 내용을 풍부하
게 기술하였다.

둘째, 주택임대차보호법령 전체를 적용범위, 주택임차권의 대항력, 임차보증금의
반환확보, 주택임차권의 존속보장, 차임·보증금의 규제로 크게 나누어 체계화하

였다.

셋째, 대법원 판례를 거의 빠짐없이 소개하면서 관련 민법규정과 민사집행절차를 접목하여 정리·해설하였고, 하급심 판례라도 대법원 판례와 중복되지 아니한 것을 발췌하여 관련 부분에 추가함으로써 다양한 사례를 풍부하게 소개하였다.

넷째, 주택임대차분쟁과 관련된 각종 서식, 소장 및 신청서 작성례, 법원 양식, 각종 기재례 등을 제공하여 손쉽게 활용할 수 있도록 하였다.

하지만, 저자의 좁은 식견으로 인하여 커다란 오류를 범하지는 않았는지 우려를 금할 수 없다. 혹시나 저자의 부족한 공부 탓으로 편협된 내용이 있다면 독자 제위께서 널리 혜량하여 주기 바라며, 아무쪼록 이 책이 독자 여러분의 분쟁 해결, 담당 업무의 처리에 조금이나마 도움이 되었으면 한다.

끝으로 이 책이 출판되기까지 물심양면으로 도움을 주신 서울중앙지방법무사회 임덕길 회장님께 지면을 빌어 깊은 감사를 표하고, 업계의 어려운 사정에도 불구하고 기꺼이 출판을 맡아 주신 한누리미디어 김재엽 사장님께도 감사의 말씀을 드린다.

2008년 9월 25일

서울 서초동 **碧松軒**에서
저 자 識

목 차

제1장 총 론

제2장 적용범위

제3장 임차권의 대항력

제4장 임차보증금의 반환확보

제5장 임차권의 존속보장

제6장 차임·보증금의 규제

제1장 총 론

제1절 서 설

I. 주택임대차보호법의 제정 및 개정

1. 주택임대차의 현실과 문제점

인구의 급격한 증가, 산업화·도시화에 따른 인구의 대도시 집중, 가정의 핵가족화 경향, 협소한 국토와 이에 따른 택지 및 주택공급의 한계 그리고 주택의 소유를 선호하는 전통적인 관념 등 여러 가지 요인으로 인하여 우리나라는 그 동안 심각한 주택난을 겪어 왔다. 이에 따라 **주택에 대한 수요공급의 불균형**으로 인한 무주택자의 사회적 문제에 직면하여 주택임차인 보호의 필요성이 절실히 요구되었다.

타인의 건물을 빌려 주거용으로 사용하는 사람이 가장 손쉽게 이용하는 법률관계가 **임대차**이다. 「민법」은 부동산임차권을 등기한 때에는 대항력을 취득하고, 당사자 사이에 반대특약이 없으면 임차인이 임대인에 대하여 임차권등기절차에 협력할 것을 청구할 수 있도록 규정하고 있다(민621). 그러나 임대인은 우월한 지위를 이용하여 임차권등기의무를 면하는 특약을 하는 경우가 많고, 특약이 없더라도 임차인이 임대인을 상대로 등기절차의 이행을 구하는 소송을 제기하는 것도 현실적으로 기대하기 힘들다. 따라서 **민법상 임대차에 관한 규정**은 임차인보호라는 측면에서는 거의 실질적 기능을 발휘하지 못하였다. 특히 공동신청주의를 채택하고 있는 부동산등기법 하에서 민법상 대항력에 관한 규정은 사실상 거의 유명무실 내지는 **사문화**된 것으로 취급받고 있었다.

한편, 타인의 주택을 빌려 전세금을 지급하고 **전세권등기**까지 마치게 되면 전세권자는 매우 강력한 권리를 누릴 수 있다. 그러나 현실적으로 주택을 전세주면서 전세권등기에 협조해주는 소유자는 거의 찾아보기 힘들고, 전세입자 입장에서도 전세권등기를 요구하는 것이 사실상 불가능에 가까울 뿐만 아니라 전세권설정 및 말소등기에 소요되는 비용 역시 큰 부담이 아닐 수 없다. 따라서 **전세권제도의 이 용 기피**로 민법상 전세권에 관한 규정은 주택전세입자 보호에 실질적인 도움이 되지 못하였으며, 대부분의 전세입자들은 **채권적 전세**(미등기 전세)의 단계에 머무르고 있는 실정이었다.

결국 전세권이나 임차권등기를 마치지 못한 상황에서 주택의 소유권이 변경된 경우 임차인은 새로운 소유자에게 임차권을 주장하지 못하고 보증금도 돌려받지 못한 채 임차주택으로부터 퇴거를 당할 수밖에 없었다.

2. 주택임대차보호법의 제정

위와 같은 주택임대차의 현실과 문제점에도 불구하고 기존 민법상의 전세권과 임대차에 관한 규정만으로는 무주택 서민의 주거안정이 실질적으로 보장되기 어려워 특별법 제정의 필요성이 절실히 요구되었다. 이러한 요구에 따라 주거용 건물의 임대차에 관하여 민법에 대한 특례를 규정함으로써 국민의 주거생활의 안정을 보장함을 목적으로 8개의 조문과 부칙으로 구성된 **「주택임대차보호법」**(이하 줄여서는 **'법'** 이라 한다)이 1981.3.5. 제정되었다.

(1) 제정이유

이 법은 주택의 임대차에 관하여 민법에 대한 특례를 규정함으로써 무주택 국민의 주거생활의 안정을 보장하기 위한 것으로서, 대부분의 임차권은 임대인의 비협조로 등기를 하지 못하는 관계로 임차인의 임대차존속기간 중에 임대차목적물을 처분하였을 경우 임차인은 새로운 소유자에게 임차권의 효력을 주장하지 못하여 임차보증금을 반환받지 못한 채 그 주거로부터 퇴거를 당하는 실정이므로 이와 같은 임차인의 불편을 해소함은 물론 그 임차권을 보호하여 안정된 임차생활을 영위할 수 있도록 하려는 것이다.

(2) 주요내용

① 주거용 건물의 임대차에 관하여 『민법』에 대한 특례를 규정함으로써 국민의 주거생활의 안정을 보장함을 목적으로 함(법1). ② 이 법의 **적용범위**를 주택의 전부 또는 일부의 임대차에 한정함(법2). ③ 임대차는 그 등기가 없는 경우에도 임차인이 주택의 인도와 주민등록을 마친 때에는 그 다음날부터 제3자에 대하여 **대항력**을 가지도록 함(법3). ④ 기간을 1년 미만으로 정한 임대차는 그 기간의 정함이 없는 것으로 간주하고(법4), 기간의 정함이 없는 임대차에 있어 임대인은 계약을 체결한 날로부터 6월이 경과하지 아니하면 계약의 해지통고를 할 수 없도록 계약의 해지권을 제한하여 최소한 1년의 **존속기간이 보장**되도록 함(법5). ⑤ 임대인이 임대차기간 만료 전 6월부터 1월까지 사이에 임차인에 대하여 갱신거절의 통지 또는 조건을 변경하지 아니하면 갱신하지 아니한다는 뜻의 통지를 하지 아니한 경우에는 그 기간이 만료된 때에 전 임대차와 동일한 조건으로 다시 임대차한 것으로 보며, 이 경우에 임대차의 존속기간은 그 정함이 없는 것으로 보도록 하는 **법정갱신제도**를 도입함(법6). ⑥ 이 법의 규정에 위반된 약정으로서 임차인에게 불리한 것은 그 효력이 없도록 **편면적 강행규정**으로 함(법7). ⑦ **일시사용을 위한 임대차**임이 명백한 경우에는 이 법의 적용대상에서 제외함(법8).

3. 제1차 법 개정 및 시행령의 제정 · 개정

(1) 제1차 법 개정(1983.12.30.)

(가) 개정이유
인구의 도시집중과 주거용 건물의 부족으로 인한 주택문제는 국민생활의 안정을 위해 해결되어야 할 가장 기본적인 문제이므로 임차인의 주거생활의 안정을 보장함을 목적으로 1981.3.5. 공포 · 시행된 『주택임대차보호법』을 시민법 차원에서가 아니라 **사회법적 차원**에서 수정 · 보완하여 무주택 영세민을 적극 보호하려는 것임.

(나) 주요내용
① 종전에는 이 법은 주거용 건물의 전부 또는 일부의 임대차에 관하여 이를 적용

하였으나, 이를 개정하여 주택의 일부가 주거 외의 목적으로 사용되는 경우까지 확대하여 점포·사무실·공장 등 **겸용주택** 임차인의 주거권을 보호함(법2후단). ② 임차주택의 양수인(기타 임대할 권리를 승계한 자를 포함)이 임대인의 지위를 그대로 승계하는 간주규정(**법정승계**)을 신설하여 **임차권의 대항력을 강화함**(법3②). ③ 임대차기간이 만료하였음에도 불구하고 임대인이 보증금을 반환하지 않을 경우에는 보증금 반환시까지 임대차가 그대로 존속하는 것으로 간주(**법정임대차관계**)하여 **임차권의 존속보장** 및 **임차보증금회수를 보장**함(법4②). ④ 임대차 당사자에게 약정한 차임 또는 보증금이 임차주택에 관한 조세, 공과금 기타 부담의 증감이나 경제사정의 변동으로 인하여 상당하지 아니한 경우에는 장래에 대하여 **증감청구권**을 인정하되, 증액의 경우에는 그 비율을 대통령령으로 규제하도록 제한하여 임대차의 **법정갱신제도를 실질적으로 보장**함(법7). ⑤ 임차인은 **소액보증금**에 관하여 다른 담보물권자보다 최우선변제를 받도록 하여 무주택영세민을 적극 보호하도록 하고, 소액보증금의 범위와 기준은 주택 가액의 2분의 1의 범위 안에서 대통령령으로 정하도록 함(법8). ⑥ 임차인과 가족공동생활을 하던 사실상의 혼인관계에 있는 자의 **임차권 승계**를 인정하여 **상속제도의 특례**를 규정함(법9). ⑦ 주택에 대한 **미등기전세**에 대하여도 이 법을 준용토록 명문화함(법12).

(2) 주택임대차보호법 시행령 제정(1984.6.14.)

① 경제사정 등의 변동에 따라 약정한 차임 또는 보증금이 상당하지 아니하게 된 때에는 증감청구를 할 수 있도록 하되, 증액청구의 한도를 1/20로 제한하고(영2①), ② 증액청구를 할 수 있는 기간을 증액일로부터 1년 후로 규정하며(영2②), ③ 다른 담보물권자보다 자기채권에 대한 최우선변제를 받을 수 있는 소액보증금의 범위를 서울특별시와 직할시의 지역에서는 300만원 이하로, 기타의 지역에서는 200만원 이하로 규정함(영3①).

(3) 제1차 시행령 개정(1987.12.1.)

다른 담보물권보다 최우선변제를 받을 수 있는 소액보증금의 범위가 결정된 지 3년 이상의 기간이 경과되었으므로 그 간의 임차보증금의 상승률을 반영하고 영세 임차인의 보호를 강화하기 위하여 소액보증금의 범위를 서울특별시 및 직할시의 경우에는 종전 300만원 이하에서 500만원 이하로, 기타 지역의 경우에는 종전 200만원 이하에서 400만원 이하로 각각 상향 조정함.

4. 제2차 법 개정 및 시행령의 개정

(1) 제2차 법 개정(1989.12.30.)

(가) 개정이유

주택임차인의 임차보증금 채권을 보호하기 위하여 일정한 요건을 갖춘 임차인은 경매 등의 절차에 있어서 후순위 권리자 기타 채권자보다 우선하여 임차보증금을 변제받을 수 있도록 하고, 소액보증금제도를 개선하여 보증금 중 일정액을 다른 담보물권자보다 최우선적으로 변제받을 수 있도록 하며, 임차인의 주거생활의 안정을 도모하기 위하여 임대차기간을 2년으로 보장하려는 것임.

(나) 주요내용

① 주택의 인도와 주민등록 전입신고를 마치고 임대차계약증서상의 확정일자를 갖춘 임차인은 경매·공매시 임차주택의 환가대금에서 후순위권리자 기타 채권자보다 **우선하여 보증금을 변제**받을 수 있도록 하되, 임차인이 당해 주택의 양수인에게 대항할 수 있는 경우에는 임대차가 종료된 후가 아니면 보증금의 우선변제를 청구하지 못하도록 함(법3의2①). ② 임차인은 임차주택을 양수인에게 인도하지 아니하면 우선변제권이 인정되는 보증금을 수령할 수 없도록 함(법3의2②). ③ 기간의 정함이 없거나 기간을 2년 미만으로 정한 임대차는 그 기간을 2년으로 보도록 연장하여 **임차인의 주거권을 2년간 보장**함(법4①). ④ 기존에 일정액 이하의 소액보증금 전액에 대하여 인정되던 최우선변제권을 보증금 중 일정액에 대하여 인정하여 임차인은 **보증금 중 일정액**을 다른 담보물권자보다 **최우선변제** 받을 수 있도록 함으로써 현실성 있게 무주택영세서민을 보호하되, 임차인은 경매신청등기 전에 주택의 인도와 주민등록을 마침으로써 대항요건을 갖추도록 요건을 강화함(법8①). ⑤ 우선변제를 받을 임차인 및 보증금 중 일정액의 범위와 기준은 주택가액의 2분의 1의 범위 안에서 대통령령으로 정하도록 함(법8③).

(2) 제2차 시행령 개정(1990.2.19.)

다른 담보물권자보다 최우선변제를 받을 수 있는 보증금중 일정액의 범위 및 임차인의 범위에 관하여, 서울 및 직할시에서는 보증금이 2,000만원 이하인 임차인에 한하여 그 중 700만원 이하로, 기타 지역에서는 보증금이 1,500만원 이하인 임차인에 한하여 그 중 500만원 이하로 함(영3, 영4).

(3) 제3차 시행령 개정(1995.10.19.)

최우선변제를 받을 수 있는 임차인의 자격을 서울·광역시의 경우 보증금 2,000만원 이하인 임차인에서 3,000만원 이하인 임차인으로, 기타 지역의 경우 보증금 1,500만원 이하인 임차인에서 2,000만원 이하인 임차인으로 조정하여 수혜범위를 확대하고(영4), 보증금 중 최우선변제를 받을 수 있는 금액을 서울·광역시의 경우 종전 700만원 이하에서 1,200만원 이하로, 기타 지역의 경우 종전 500만원 이하에서 800만원 이하로 상향 조정함(영3①).

5. 제3차 법 개정 및 시행령의 개정

(1) 제3차 법 개정(1999.1.21.)

(가) 개정이유

임대차가 종료되었음에도 불구하고 경제사정의 악화로 인하여 임차인이 임대인으로부터 임차보증금을 반환받지 못하는 경우가 빈발하고, 근무지 변경 등으로 이사할 필요가 있는 경우에도 보증금을 반환받지 못할 것을 우려한 나머지 이사를 하지 못하는 등 기존 주택임대차제도의 문제점이 나타남에 따라, 임차인이 임차주택에 계속 거주하면서 경매를 신청할 수 있도록 관련규정을 정비하고, 임차인 단독으로 임차권등기를 할 수 있도록 임차권등기명령제도를 도입함으로써 사회적 약자인 임차인의 권익보호에 충실을 기하며, 최근의 임대차보증금 하락 추세 및 직장이동 사례가 많음을 감안하여 묵시적 갱신하에 임차인에게 계약해지권을 인정하되 통지가 도달한 날부터 3월이 경과하여야 효력이 생기도록 하는 등 현행제도의 운영상 나타난 일부 미비점을 개선·보완하려는 것임.

(나) 주요내용

① 임차인이 임차보증금반환채권의 확정판결, 기타 이에 준하는 채무명의에 기하여 경매신청을 하는 경우에는 반대의무의 이행 또는 이행의 제공을 **집행개시의 요건**으로 보지 아니함으로써 임차인이 주택을 비우지 아니하고서도 경매를 신청할 수 있도록 함(법3의2①). ② 임대차가 종료된 후 보증금을 반환받지 못한 임차인이 법원에 **임차권등기명령**을 신청하여 임차권등기가 경료되면 등기와 동시에 대항력과 우선변제권을 취득하도록 하고, 만일 임차인이 이미 대항력과 우선변제권을 취득한 자인 경우에는 종전의 대항력과 우선변제권을 유지하며, 임차권등기 이후에는 주택의 점유와 주민등록의 요건을 갖추지 않더라도 임차인이 종전에 가지고 있던 대항력과 우선변제권이 유지되도록 함으로써 임차권등기의 효력을 강화하고 임차인이 자유롭게 주거를 이전할 수 있도록 함(법3의3). ③ **민법 제621조**의 규정에 의하여 임대인의 협조를 받아 **임대차등기**를 하는 경우에도 주택임대차보호법에 규정된 임차권등기명령에 의한 임차권등기와 동일한 효력을 가지도록 함으로써 **우선변제권을 부여**함(법3의4). ④ 임차주택에 대하여 민사소송법에 의한 경매가 행하여진 경우에는 그 임차주택의 **경락에 의하여 임차권이 소멸**하되, 보증금 전액이 변제되지 아니한 대항력 있는 임차권은 예외로 함(법3의5). ⑤ 임대차기간을 2년 이하로 약정하는 경우 임대인은 2년 이하의 약정기간을 주장할 수 없으나 임차인은 이를 주장할 수 있도록 하여 임차인의 주거안정과 **임대차기간에 관한 선택권**을 함께 보장함(법4①단서). ⑥ 임대인의 지위를 안정시키기 위하여 임차인이 갱신거절 또는 조건변경의 의사표시를 할 수 있는 기간을 계약기간 만료 전 1월까지로 명확히 함(법6①). ⑦ 묵시적 갱신의 경우 임차인에게 **계약해지권**을 인정하되, 통지가 도달된 날부터 3월이 경과하여야 효력이 발생하도록 하여 양 당사자 사이에 균형을 유지하도록 함(법6의2). ⑧ 임차보증금반환청구소송에 관하여 소액사건심판법의 일부 조항을 준용함으로써 **소송절차가 신속**히 진행될 수 있도록 함(법13).

(2) 임차권등기명령 절차에 관한 규칙 제정 (1999.2.27.)

주택임대차보호법이 임차권등기명령절차의 시행에 관하여 대법원규칙에 위임한 사항 및 기타 법의 시행에 필요한 사항을 규정함.

(3) 제4차 시행령 개정(2001.9.15.)

① 소액임차보증금의 최우선변제와 관련하여 종전 특별시 · 광역시와 기타지역으로 구분하였으나, 기타지역으로 분류되는 수도권 지역의 보증금이 지방광역시를 상회하고 있는 현실을 반영하여 수도권 중 과밀억제권역, 광역시, 그 밖의 지역으로 구분함. ② 보증금의 일부를 담보물권보다 최우선하여 변제받을 수 있는 임차인의 범위를, 보증금이 수도권 중 과밀억제권역은 4천만원 이하, 광역시(인천광역시 제외)는 3천500만원 이하, 그 밖의 지역은 3천만원 이하인 임차인으로 함(영4). ③ 보증금 중 담보물권보다 최우선하여 변제받을 수 있는 금액의 한도를 수도권 중 과밀억제권역은 1천600만원 이하, 광역시(인천광역시 제외)는 1천400만원 이하, 그 밖의 지역은 1천200만원 이하로 함(법3①).

6. 제4차 법 개정 및 시행령의 개정

(1) 제4차 법 개정(2001.12.29.)

(가) 개정이유

임대인의 과다한 월세요구로 인한 임차인의 피해를 방지하기 위하여 보증금을 월차임으로 전환하는 경우 대통령령이 정하는 월차임의 범위를 초과할 수 없도록 함.

(나) 주요내용

월차임 전환시 산정률을 제한하는 규정(법7의2)을 신설하여, 보증금의 전부 또는 일부를 월 단위의 차임으로 전환하는 경우에는 그 전환되는 금액에 은행법에 의한 금융기관에서 적용하는 대출금리 및 당해 지역의 경제여건 등을 감안하여 대통령령이 정하는 비율을 곱한 월차임의 범위를 초과할 수 없도록 함.

(2) 제5차 시행령 개정(2002.6.19.)

임대인의 과다한 월차임 요구로 인한 임차인의 피해를 방지하기 위하여 보증금의 전부 또는 일부를 월차임으로 전환하는 경우 월차임의 범위를 제한하는 내용으로 주택임대차보호법이 개정됨에 따라 월차임 전환시의 산정률을 연 14%로 정하려는 것임(영2의2).

(3) 임차권등기명령 절차에 관한 규칙 개정(2002.10.30.)

「상가건물임대차보호법」이 제정·시행됨에 따라 주택임대차와 상가건물임대차를 통합하여 임차권등기명령절차의 세부사항을 규정함.

7. 제5차 법 개정(2005.1.27.)

부당한 가압류·가처분을 당한 경우 이를 취소하는 데 많은 시간적·경제적 부담이 발생하므로, 간편한 방식(가압류·가처분에 대한 취소재판을 판결에서 결정으로 변경)으로 취소를 할 수 있도록 개선하여 신속한 권리구제를 받을 수 있도록 하는 내용의 「민사집행법」 개정에 따라 임차권등기명령절차 중 「민사집행법」상의 보전처분에 관한 준용규정을 변경함.

8. 제6차 법 개정 및 시행령의 개정

(1) 제6차 법 개정(2007.8.3.)

(가) 개정이유

무주택 소년·소녀가정 및 교통사고 유자녀가정 등 사회취약계층 및 저소득층의 주거생활안정 및 주거수준의 향상을 위해 국민주택기금의 지원으로 전셋집을 마련해 주는 정부정책사업을 수행하고 이 과정에서 전세보증금의 보존을 위해 전세권을 설정하고 있으나 전세권 설정 요구시 집주인이 전세계약을 기피하여 전세주택 확보에 많은 어려움이 있음. 현재 전세주택의 임대차계약시 법인은 제3자에 대한 대항력 및 최우선 변제의 대상이 되지 않아 전세보증금의 보존 및 확보가 어려운 실정이므로 국민주택기금을 지원으로 일정한 법인이 소년, 소녀 가장을 비롯한 무주택 저소득층의 주거안정을 위해 전세임대주택을 지원할 경우에 그 법인에게 대항력 및 우선변제권을 부여함으로써 원활한 전세임대 주택공급으로 무주택 저소득층의 주거생활 안정을 도모하고자 함.

(나) 주요내용

① 국민주택기금을 재원으로 하여 저소득층의 무주택자에게 주거생활안정을 목

적으로 전세임대주택을 지원하는 법인이 주택을 임차한 후 지방자치단체의 장 또는 해당 법인이 선정한 입주자가 그 주택에 관하여 인도와 주민등록을 마친 때에는 제3자에 대하여 효력이 생김(법3②). ② 법인이 제3조제2항의 대항요건 및 임대차계약증서상의 확정일자를 갖춘 경우에는 경매 또는 공매시 임차주택의 환가대금에서 후순위권리자보다 우선하여 변제받을 권리를 가짐(법3의2). ③ 법인이 제3조제2항의 대항요건과 임대차계약증서상의 확정일자를 갖춘 경우에는 임차주택의 소재지를 관할하는 법원에 임차권 등기명령을 신청할 수 있게 함(법3의3).

(2) 제6차 시행령 개정(2007.10.30.)

국민주택기금을 재원으로 하여 저소득층의 무주택자에게 전세임대주택을 지원하는 법인에게도 임차권에 대한 대항력을 인정하는 내용으로 「주택임대차보호법」이 2007.8.3. 개정(공포, 2007.11.4. 시행)됨에 따라, 제1조의 2를 신설하여 대항력이 인정되는 법인을 「대한주택공사법」에 따른 **대한주택공사**와 「지방공기업법」에 따라 **주택사업을 목적으로 설립된 지방공사**로 정하려는 것임.

(3) 임차권등기명령 절차에 관한 규칙 개정(2007.10.30.)

(가) 개정이유

전세주택의 임대차계약시 법인은 제3자에 대한 대항력 및 최우선변제의 대상이 되지 아니하여 전세보증금의 보존 및 확보가 어려운 실정인 바, 법인이 국민주택기금을 재원으로 하여 저소득층의 무주택자에게 주거생활안정을 목적으로 전세임대주택을 지원하는 경우에는 그 법인에게도 대항력 및 우선변제권을 인정하는 것으로 「주택임대차보호법」이 개정되어 2007.11.4.부터 시행하게 되었으므로 이를 반영하여 법률에서 위임된 사항과 그 시행에 관하여 필요한 사항을 정함.

(나) 주요내용

① 주택임차권등기명령신청서의 기재사항 중 임차인이 개인인 경우만을 전제로 한 규정을 삭제함(규2①ⅱ). ② 신청이유의 기재사항 중 「주택임대차보호법」제3조제2항에 의하여 대항력을 취득한 경우를 추가하고, "임차주택을 점유하기 시작한 날, 주민등록을 마친 날"은 각 "지방자치단체장 또는 해당 법인이 선정한 입주자가 그 주택을 점유하기 시작한 날과 주민등록을 마친 날"로 함(규2②). ③ 「주택임대차

보호법」제3조 제2항에서 규정한 법인이 우선변제권을 취득한 경우 확정일자를 받을 임대차계약증서는 법인과 임대인 사이에 체결한 임대차계약증서로 함(규2②). ④ 임차권등기명령신청서의 첨부서류에 「주택임대차보호법」제3조 제2항에 의하여 대항력을 취득한 경우를 추가함(규3iv). ⑤ 등기관이 주택임차권등기를 하는 경우의 기재사항 중 "임대차계약을 체결한 날"과 "임차보증금액"은 「주택임대차보호법」제3조 제2항의 경우에는 법인과 임대인 사이에 임대차계약을 체결한 날 및 임차보증금액으로 함(규6).

9. 제7차 법 개정 및 시행령의 개정

(1) 제7차 법 개정(2008.3.21.)

(가) 개정이유

정부에서 추진하고 있는 **"알기 쉬운 법령 만들기 사업"**의 일환으로써 법 문장을 원칙적으로 한글로 적고, 어려운 용어를 쉬운 용어로 바꾸며, 길고 복잡한 문장은 체계 등을 정비하여 간결하게 하는 등 일반 국민이 법 문장을 이해하기 쉽도록 간결하고 명확하게 정비하려는 것이고, **내용이 변경된 것은 없음**.

(나) 주요내용

① **법률의 한글화** : 법 문장 중 한자를 한글로 바꾸되, "借賃額"을 "차임액(借賃額)"으로 하는 등 한글만으로 이해가 어렵거나 혼동의 우려가 있는 경우에는 괄호 안에 한자를 병기(倂記)함.

② **어려운 법령 용어의 순화(醇化)** : 법률의 내용을 바꾸지 않는 범위에서, "翌日"을 "다음 날"로, "終了한"을 "끝난"으로 하는 등 법 문장에 쓰는 어려운 한자어와 용어, 일본식 표현 등을 알기 쉬운 우리말로 고침.

③ **한글맞춤법 등 어문 규범의 준수** : 법 문장에 나오는 법령 제명(이름)과 명사구 등의 띄어쓰기를 할 때와 가운뎃점(·), 반점(,) 등의 문장부호와 기호 등을 사용할 때에 한글맞춤법 등 어문 규범에 맞도록 함.

④ **정확하고 자연스러운 법 문장의 구성** : 주어와 서술어, 부사어와 서술어, 목적어와 서술어 등의 문장 성분끼리 호응(呼應)이 잘 되도록 법 문장을 구성하고, 어순(語順)이 제대로 되어 있지 않아 이해가 어렵고 표현이 번잡한 문장은 어순을 올바

르고 자연스럽게 배치하며, 자연스럽지 않거나 일상생활에서 자주 쓰지 않는 표현은 문맥에 따라 알맞고 쉬운 표현으로 바꿈.

⑤ **체계 정비를 통한 간결화 · 명확화** : 여러 가지 내용이 한 문장 속에 뒤섞여 내용 파악이 어렵거나 너무 길고 복잡한 문장 등은 표현을 간소화하거나 문장을 나누는 등 체계를 정비하여 명확하게 함.

(2) 제7차 시행령 개정(2008.8.21.)

① 최우선변제를 받을 보증금의 범위를 수도권 중 과밀억제권역은 6,000만원 이하, 광역시는 5,000만원 이하, 그 밖의 지역은 4,000만원 이하로 확대하고, ② 최우선변제를 받을 보증금 중 일정액을 수도권 중 과밀억제권역은 2,000만원 이하, 광역시는 1,700만원 이하, 그 밖의 지역은 1,400만원 이하로 확대함.

Ⅱ. 주택임대차보호법의 성격

1. 민법에 대한 특별법

법 제1조는 「이 법은 주거용 건물의 임대차에 관하여 민법에 대한 특례를 규정함으로써……」라고 규정하여 이 법이 **임대차에 관한 민법의 특별법**임을 밝히고 있다. 따라서 주택임대차에 관한 한 이 법이 우선적으로 적용되고, 이 법에 규정되지 아니한 사항에 한하여 민법의 규정이 보충적으로 적용된다.

예컨대, 민법상 임차주택의 보존에 관한 필요비 지출시 임대인에 대한 상환청구권에 관한 규정(민626), 임차인이 임대인의 동의 없이 임차권의 양도 · 전대시 임대인이 임대차계약을 해지할 수 있는 규정(민629), 임차인이 임차주택 중 일부를 전대하는 경우에는 원칙적으로 임대인의 동의를 받지 않아도 된다는 규정(민632), 차임지급시기(민633), 차임 연체와 해지에 관한 규정(민640) 등은 주택임대차관계에 대하여도 그대로 적용된다.

또한 1983.12.30. 주택임대차보호법 개정시 주택임차권의 승계제도(제9조)를 신설하였다. 이것은 민법의 **상속제도에 대한 특례**로서 상속권이 없는 사실혼관계의 배우자에게 승계권을 인정함으로써, 한편으로는 사실혼관계 자체를 보호하고, 다른 한편으로는 사실혼관계에 있는 배우자의 주거생활의 안정을 보호하고자 하고 있다.

한편, 민사집행법 제41조 제1항의 집행개시의 요건에 대한 특례를 인정한 규정(법 3의2①), 확정일자를 갖춘 임차인의 순위에 의한 우선변제청구권이나 소액임차인의 최우선변제청구권을 행사함에 있어서 민사집행법의 일부 조항을 준용하도록 한 규정(법3의2, 법8), 임차권등기명령에 관한 규정(법3의3), 민법의 규정에 의한 주택임대차등기의 효력 등에 관한 규정(법3의4), 민사집행법에 의한 경매로 인하여 임차권이 소멸하도록 한 규정(법3의5) 등으로 인하여 주택임대차보호법은 **민사집행법 및 부동산등기법에 대한 특별법**의 성격을 지닌다고 보는 견해도 있다.

2. 사회법으로서의 성격

인간이 인간다운 생활을 영위하기 위해서는 주택이 필수적으로 요구되므로 주택문제는 국민생활의 가장 기본문제이다. 주택에 대한 수요·공급이 불균형을 이루고 있는 상황에서 인간의 기본적인 생활에 필수불가결한 주거의 안정을 도모하고 임차인의 보증금 확보를 보장해 줌으로써 사회적·경제적 약자인 임차인을 보호하기 위한 것이 바로 주택임대차보호법이다. 따라서 주택문제를 규율하는 법률로서의 주택임대차보호법은 사적자치 내지 계약자유의 원칙이 적용되는 시민법적 차원에서가 아니라 **사회법적 차원**에서 임차인의 주거생활의 안정을 보장함을 그 목적으로 하고 있다.

법 제1조는 「이 법은 주거용 건물의 임대차에 관하여 민법에 대한 특례를 규정함으로써 **국민 주거생활의 안정을 보장**함을 목적으로 한다.」라고 명시함으로써, 이 법은 민법의 대원칙인 계약자유의 원칙을 수정하여 경제적·사회적으로 열악한 지위에 있는 무주택 영세서민들에 대한 주거생활의 안정을 도모하는 **사회보장적 성격**을 지니고 있음을 분명히 하고 있다.

1983.12.30. 주택임대차보호법 개정시 신설된 규정은 사회법적 성격을 여실히 드러내고 있다. 특히, 제8조를 신설하여 보증금의 액수가 일정액에 미달하는 소액인 경우에는 그 보증금에 관하여 다른 담보물권자보다 우선하여 변제받을 수 있는 **소액임차인 보호규정**을 파격적으로 인정함으로써 영세서민인 임차인을 사회법적 차

원에서 특별히 보호하고 있는 것이 그러하다.

주택임대차보호법의 입법목적은 주거용건물에 관하여 민법에 대한 특례를 규정함으로써 국민의 주거생활의 안정을 보장하려는 것이고(제1조), 주택임대차보호법 제8조 제1항에서 임차인이 보증금 중 일정액을 다른 담보물권자보다 우선하여 변제받을 수 있도록 한 것은, 소액임차인의 경우 그 임차보증금이 비록 소액이라고 하더라도 그에게는 큰 재산이므로 적어도 소액임차인의 경우에는 다른 담보권자의 지위를 해하게 되더라도 그 보증금의 회수를 보장하는 것이 타당하다는 사회보장적 고려에서 나온 것으로서 민법의 일반규정에 대한 예외규정이다(대법원 2008.5.15. 2007다23203 ; 2001.5.8. 2001다14733).

3. 편면적 강행법규

법 제10조는 사회적 약자인 주택임차인을 보호하기 위한 취지를 살리기 위하여 「이 법의 규정에 위반된 약정으로서 **임차인에게 불리한 것**은 그 효력이 없다.」라고 규정함으로써 이 법 자체가 강행법규임을 명백히 선언하고 있다. 다만 이 법은 어디까지나 주택임차인을 보호하기 위해 제정된 법이기 때문에 당사자 사이의 약정이 이 법에 위반된다고 하여 모두 효력이 부인되는 것은 아니고 임차인에게 불리할 경우에만 무효로 된다.

기간의 정함이 없거나 기간을 2년 미만으로 정한 임대차는 그 기간을 2년으로 본다고 규정하고 있는 주택임대차보호법 제4조 제1항은, 같은 법 제10조가 이 법의 규정에 위반된 약정으로서 임차인에게 불리한 것은 그 효력이 없다고 규정하고 있는 취지에 비추어 보면, 임차인의 보호를 위한 규정이라고 할 것이므로 **위 규정에 위반되는 당사자의 약정을 모두 무효라고 할 것은 아니고 위 규정에 위반하는 약정이라도 임차인에게 불리하지 아니한 것은 유효하다**고 풀이함이 상당하다 할 것인 바, 임대차기간을 2년 미만으로 정한 임대차의 임차인이 스스로 그 약정임대차기간이 만료되었음을 이유로 임차보증금의 반환을 구하는 경우에는 그 약정이 임차인에게 불리하다고 할 수 없으므로, 같은 법 제3조 제1항 소정의 대항요건(주택인도와 주민등록 전입신고)과 임대차계약증서상의 확정일자를 갖춘 임차인으로서는 그 주택에 관한 저당권자의 신청에 의한 임의경매절차에서 2년 미만의 임대차기간이 만료되어 임대차가 종료되었음을 이유로 그 임차보증금에 관하여 우선변제를 청구할 수 있다 할 것이다(대법원 1995.5.26. 95다13258 ; 1995.10.12. 95다22283 ; 1996.6.25. 96다12474 ; 2001.9.25. 2000다24078).

따라서 당사자 사이의 약정이 주택임대차보호법에 위반된다고 하더라도 오히려 임차인에게 **유리한 경우**에는 효력이 인정되는 것이다. 이러한 의미에서 주택임대차보호법의 규정은 **편면적 강행법규**인 것이다.

제2절 주요내용과 분쟁유형

I. 주택임대차보호법의 주요내용

1. 임차권의 대항력 부여 및 강화

임대차관계는 채권관계에 불과하므로 등기를 하지 않는 한 제3자에 대한 대항력이 없는 것이 원칙이나, 주택임대차보호법은 등기 없이도 간편한 요건(주택의 인도와 주민등록)만 구비하면 **대항력**이 생기도록 함(법3①)과 아울러, 임차주택의 양수인 등이 임대인의 지위를 당연 승계(법정승계)하도록 하는(법3②) 등 **주택임차권의 대항력을 강화**한 것이 특징이다.

2. 임차보증금의 반환확보

임차인의 전 재산이나 다름없는 임차보증금의 반환을 확보하기 위하여 대항요건과 확정일자를 갖춘 임차인에게 **순위에 의한 우선변제권**을 인정하고(법3의2②), 일정액 이하의 소액보증금에 대하여는 **최우선변제권**을 인정하고 있다(법8).

아울러 보증금반환지연에 따른 임차인의 피해 문제를 해결하기 위하여 **경매개시 요건의 완화**(법3의2①) · **임차권등기명령제도**(법3의3) · 민법상의 임대차등기에 대한 우선변제권 부여(법3의4) · 보증금을 전액 변제받지 못한 대항력 있는 임차권의 경우 임차주택의 경락에 의하여 임차권이 소멸하는 것에 대한 예외를 인정(법3의5) · 임대차보증금반환소송 절차의 신속 보장(법13) 등을 규정하고 있다.

이에 따라 채권에 불과한 주택임차권에 담보물권과 같은 막강한 권리를 부여하였지만, 위와 같은 우회적인 방법으로 임차보증금의 반환을 보장하고 있을 뿐, 정면으로 **경매청구권**을 부여하지는 않고 있다.

3. 임차권의 존속보장

주택임차권에 대항력을 부여하고 임차보증금의 반환을 확보하는 문제 못지 않게 임차인에게 임차권의 존속을 보장하는 문제도 매우 중요하다. 왜냐하면 임차권의 존속이 실질적으로 보장되어야만 임차인의 주거생활의 안정이 보장될 수 있기 때문이다. 임차권에 대항력을 부여하고 강화한 것도 결국은 임차인의 주거권을 보호하는 것이지만, 이 법은 여기에 그치지 않고 더 나아가 임차인의 주거권을 실질적으로 보장하는 여러 규정을 두고 있다.

즉, 임대차의 **최단존속기간**을 2년으로 규정하고(법4①본문), 임대차기간을 2년 미만으로 약정한 경우 임대인은 2년 미만의 약정기간을 주장할 수 없으나 임차인은 이를 주장할 수 있도록 **선택권을 보장**하며(법4①단서), 임대차가 종료한 후에도 보증금을 반환받을 때까지 임대차관계가 존속하는 것으로 의제(**법정임대차관계**)하고(법4②), 임대차계약의 **묵시적 갱신**과 해지권을 인정하고 있으며(법6, 6의2), 사실혼관계의 배우자에 대한 **주택임차권의 승계제도**(법9)를 규정하고 있다.

4. 차임 · 보증금의 규제

주택임차권의 보호와 강화를 위해서는 임차권에 대항력을 부여하고 최단 임대차기간을 보다 장기로 하는 것도 중요하지만 임차보증금이 적정수준에서 결정되고 그 증액도 합리적인 수준에서 이루어져야 한다. 특히 우리나라와 같이 미등기전세(채권적 전세)의 형태가 일반적인 경우에는 보증금 등의 증감청구와 증액의 제한이 주택임차인 보호에 중요한 내용이 된다.

이에 따라 주택임대차보호법은 계속적 계약관계인 임대차의 특성을 감안하여 사정변경에 따른 **차임 · 보증금의 증감청구권**을 인정함과 아울러 상대적으로 우월한 입장에 있는 임대인에 의한 차임 · 보증금의 **과도한 증액을 제한**하는 규정을 두고 있으며(법7), 임대인의 과다한 월차임 요구로 인한 임차인의 피해를 방지하기 위하여 보증금의 전부 또는 일부를 **월차임으로 전환**하는 경우 그 산정률을 연 14%로 제한하고 있다(법7의2, 영2의2).

Ⅱ. 주택임대차분쟁의 유형

주택임대차 분쟁의 당사자는 임대인과 임차인뿐만 아니라, 주택의 양수인 또는 낙찰자(매수인), 담보권자, 일반채권자 등 아주 다양하다. 이러한 이해관계인들 사이에서 주로 많이 발생하는 주택임대차 분쟁을 다음과 같이 유형별로 나누어 볼 수 있다.

1. 명도(인도) 소송

주로 임차주택의 소유자나 양수인이 임차인을 상대로 주택을 비워 달라고 청구하는 소송이다. 양수인이 제기하는 명도(인도)소송은 임차인의 대항력 유무에 따라 승패가 좌우되고, 보통 소제기에서 판결선고까지 6개월 이상 소요되므로 소송진행 중 조정이나 합의로 종결되는 경우도 많다. 다만, 경매절차를 통해 주택을 취득한 매수인(낙찰자)의 경우 종전에는 대부분 주택을 점유하고 있는 임차인을 상대로 명도(인도)소송을 제기하여야 했으나, 민사집행법의 시행으로 대항력 없는 임차인에 대하여 인도명령이라는 간이한 절차를 통해 인도집행을 할 수 있도록 개선되었다.

2. 배당이의 소송

배당절차에서 임차인의 우선변제 순위와 임차보증금에 대하여 이의가 있는 이해관계인은 배당법원에 이의를 신청하고 임차인을 상대로 배당이의 소를 제기할 수 있다. 이 유형은 임차인의 배당액으로 인하여 자신의 배당액이 줄어든 이해관계인이 제기하는 것인데, 주로 소액임차인의 최우선변제권에 대하여 가장임차인이라는 이유로 소송을 제기하는 경우도 많고, 임차인의 우선변제요건에 하자(특히 부실한 주민등록)가 있음을 이유로 제기하는 경우도 있다. 반대로 배당절차에서 보증금을 배당받지 못한 임차인이 배당받은 다른 채권자들을 상대로 배당이의를 하고 배당이의의 소를 제기하는 경우도 있다.

3. 부당이득금반환 소송

이 소송은 주로 경매절차가 종료된 후 후순위로 배당받은 채권자 측에서 임차인이 배당받은 금액이 부당이득이라고 하여 반환을 청구하거나, 또는 매각(낙찰)대금에서 임차보증금을 배당받지 못한 임차인 측에서 다른 채권자가 배당받은 금액이 부당이득이라고 하여 반환을 청구하는 경우이다.

또한 임차주택의 양수인이 대항력 없는 임차인을 상대로 명도소송을 제기하면서 임료 상당의 부당이득금반환을 병합청구하는 경우도 흔하다.

4. 임차보증금반환 소송

임차인이 임대인 또는 양수인을 상대로 임차보증금의 반환을 청구하는 소송이다. 임차인이 직접 소송을 제기하는 경우도 있고, 임대인이나 양수인이 제기한 건물명도소송에서 반소로 제기하는 경우도 있다. 특히 주택임차인에게는 직접적인 경매청구권이 인정되지 아니하므로 임대차가 종료되었음에도 불구하고 임대인이 보증금반환을 미루는 경우 임차인은 판결에 기한 강제경매를 신청하여 그 매각대금으로부터 보증금을 돌려받기 위해서는 이러한 소송이 필요하다.

5. 차임 · 보증금감액 소송

IMF사태 이후 전세가격이 폭락하게 되자 임차인이 임대인을 상대로 이미 지급하였던 보증금과 폭락한 보증금 시세와의 차액을 돌려 달라고 제기하는 소송이 급증하여 사회문제화 되었다. 전세가격이 IMF 이전 수준으로 회복된 후에는 사례가 많이 줄어들었으나 장기적인 경기침체 등으로 인한 전세나 월세가격 급락할 가능성을 전혀 배제할 수는 없다고 본다.

특히 **차임의 감액소송**의 경우 특정시점을 기준으로 이미 지급한 차임 중 적정 차임을 초과한 부분의 반환을 구하는 **이행의 소**와 특정시점 이후의 적정차임에 대한 **확인의 소**를 제기하여야 한다. 따라서 형성의 소를 제기하면 각하를 면할 수 없게 된다는 점을 유의하여야 한다.

6. 손해배상 소송

주택임대차와 관련한 손해배상소송의 유형은 아주 다양하다. 그 중 몇 가지 손해배상 소송의 형태를 소개하면,

(1) **부동산중개업자**가 주택임대차의 중개행위를 하면서 중개대상물인 주택에 관한 권리관계 등의 확인·설명의무를 위반하고 이로 인하여 임차인에게 재산상의 손해가 생긴 경우, 임차인이 중개업자를 상대로 손해배상 청구소송을 제기하는 경우가 있다.

(2) 금융기관과 감정평가업무협약을 맺은 **감정평가업자**가 담보물의 감정평가를 하면서 주택임대차관계를 제대로 확인·조사하지 아니하여 금융기관이 이를 믿고 초과 대출하였다가 대출금을 회수하지 못하는 손해가 발생한 경우 금융기관이 감정평가업자를 상대로 손해배상 청구소송을 제기하는 경우가 있다.

(3) **주민등록 담당공무원**의 잘못으로 전입신고일자가 잘못 등재된 주민등록등본을 믿고서 임차인이 대항력을 갖추지 못한 것으로 판단하여 주택을 낙찰 받았는데 결국 임차인이 실제로 대항력을 갖춘 것으로 판명되어 낙찰자가 임차인에게 보증금을 지급하여야 하는 손해를 입은 경우에 해당 관청을 상대로 제기한 손해배상 청구소송도 있다.

(4) **법원의 경매담당직원**이 매각물건명세서를 잘못 작성하고 이에 관한 문의에 대한 답변도 엉터리로 해 주는 바람에 이를 믿고 주택을 낙찰 받았다가 손해를 본 낙찰자가 국가를 상대로 손해배상을 청구한 소송도 있었다.

7. 임차권등기명령 신청

임대차기간의 만료나 계약해지 등으로 임대차가 종료되었음에도 불구하고 임대인으로부터 보증금을 돌려받지 못한 임차인이 단독으로 법원에 임차권등기명령을 신청하는 유형이다. 개정 주택임대차보호법이 1999.3.1.부터 시행되면서 새로 도입된 임차권등기명령을 신청하는 사례가 급증하였다. 임차권등기명령에 의한 등기를 마친 후에는 임차인이 다른 곳으로 이사를 가더라도 대항력 및 우선변제권이 그대로 유지되기 때문에 IMF 사태의 여파가 어느 정도 진정된 이후에도 임차권등기명령의 필요성은 여전하다.

상가를 불법 용도변경해도 주택임대차보호법 적용대상

건물주가 상가를 원룸형 주택으로 용도를 불법 변경했더라도 소액임차인들은 주택임대차보호법 적용 대상이 된다는 법원의 판단이 나왔다. 서울고법 민사14부(이광범 부장판사)는 A상가의 근저당권을 가진 B신용협동조합이 상가에 살던 임차인 이모씨 등 3명을 상대로 낸 배당이의 소송에서 1심과 같이 원고 패소 판결했다고 5일 밝혔다. 경기도 고양시의 A상가 6층을 소유한 김모씨는 당초 근린생활시설 등으로 건축허가를 받았으나, 2003년 1월 발코니를 확장하고 방, 화장실, 주방을 설치해 12개의 원룸형 주택으로 개조했다. 김씨는 B신용협동조합에서 상가를 담보로 수억원을 대출받고 이씨 등에게 전세를 내준 뒤 수천만원의 보증금을 챙기고 도주했다. 결국 2005년 3월 김씨 소유 상가 6층이 강제 경매에 들어갔고 이씨 등은 소액임차인 자격으로 배당을 받았다. 주택임대차보호법은 임차주택이 경매될 때 임차인은 그 매각대금에서 다른 채권자보다 우선해 보증금을 변제받도록 규정하고 있다. 결국 협동조합은 후순위로 처지면서 김씨에게 빌려 준 대출금 중 일부를 받지 못하자 이 상가가 주택임대차보호법의 적용대상에 해당하지 않는다며 소송을 냈다. 재판부는 "용도가 근린생활시설로 지정된 건물을 소유자인 김씨가 무단으로 주택으로 개조했으나, 주택임대차보호법의 입법취지상 그 보호대상이 주택에 해당하는지 여부는 건축물의 용도와 같은 형식이 아닌 '실질'에 따라 판단해야 한다"고 밝혔다. 이씨 등이 임차한 곳은 방과 독립된 주방, 화장실까지 설치돼 실제 주택의 모습을 갖췄기에 불법으로 용도를 변경했더라도 주택임대차보호법의 적용대상이 된다는 판단이다.

〈세계일보 2008. 5. 5.〉

제2장 적용범위

법 제1조(목적) 이 법은 주거용 건물의 임대차(賃貸借)에 관하여 「민법」에 대한 특례를 규정함으로써 국민 주거생활의 안정을 보장함을 목적으로 한다.

법 제2조(적용 범위) 이 법은 주거용 건물(이하 "주택"이라 한다)의 전부 또는 일부의 임대차에 관하여 적용한다. 그 임차주택(賃借住宅)의 일부가 주거 외의 목적으로 사용되는 경우에도 또한 같다.

법 제11조(일시사용을 위한 임대차) 이 법은 일시사용하기 위한 임대차임이 명백한 경우에는 적용하지 아니한다.

법 제12조(미등기 전세에의 준용) 주택의 등기하지 아니한 전세계약에 관하여는 이 법을 준용한다. 이 경우 "전세금"은 "임대차의 보증금"으로 본다.

제 1 절 적용대상 목적물

Ⅰ. 주거용 건물

1. 의의

(1) 주택임대차보호법은 주거용 건물의 임대차에 관하여 민법에 대한 특례를 규정함으로써 국민 주거생활의 안정을 보장함을 목적으로 하고(법1), 주거용 건물(주택)의 전부 또는 일부의 임대차에 관하여 적용한다(법2). 따라서 이 법의 적용대상이 되는 목적물은 주거용 건물에 한정되고, 점포·상가·사무실·공장 등 비주거용 건물에는 적용되지 않는다.

2001.12.29. 제정되어 2002.11.1.부터 시행되고 있는 **『상가건물임대차보호법』**은 사업자등록의 대상이 되는 일정 범위의 상가건물의 임대차(임대차 목적물의 주된 부분을 영업용으로 사용하는 경우를 포함)를 적용대상으로 하고 있다.

(2) 일반적으로 **주거용**이란 사람의 일상생활인 起臥寢食(기와침식)에 사용되는 것을 말하고, **건물**이란 토지에 정착하는 공작물 중 지붕 및 기둥 또는 벽이 있는 것과 이에 부수되는 시설을 의미한다. 판례는 독립한 부동산으로서의 건물이 되기 위해서는 최소한 기둥과 지붕 및 주벽을 필요하다고 한다(대법원 2001.1.16. 2000다51872 ; 2003.5.30. 2002다21592,21608).

건축 중의 건물이 어느 정도에 이르렀을 때 이를 독립된 부동산으로 볼 것이냐 하는 문제는 반드시 그 물리적 구조만을 표준으로 하여 획일적으로 이를 결정지을 수는 없는 것이지만 건물의 기능과 효용 면에서 적어도 기둥과 지붕 그리고 주벽만이라도 이루어져야 한다(대법원 1977.4.26. 76다1677).

(3) 결국 법 제2조에서 규정하는 **주거용 건물(주택)**이란 토지에 정착하는 공작물 중 지붕과 기둥 및 벽이 있는 것과 이에 부수되는 시설로서 사람의 일상생활인 기와침식에 사용되는 것이라고 정의할 수 있다.

주택법에 의하면, **"주택"**이라 함은 세대의 세대원이 장기간 독립된 주거생활을 영위할 수 있는 구조로 된 건축물의 전부 또는 일부 및 그 부속토지로서 단독주택과 공동주택으로 구분되고(주택2ⅰ), **"공동주택"**이라 함은 건축물의 벽·복도·계단 그 밖의 설비 등의 전부 또는 일부를 공동으로 사용하는 각 세대가 하나의 건축물 안에서 각각 독립된 주거생활을 영위할 수 있는 구조로 된 주택을 말한다(주택2ⅱ).

(4) 한편, 주택임대차보호법의 적용대상인 '주거용 건물'의 의미에는 **건물 자체**뿐만 아니라 그 **대지를 포함**하는 것으로 해석된다. 따라서 주택의 경매절차에서 단독주택은 그 대지에 대하여, 공동주택은 그 소유권인 대지권에 대하여 우선변제권이 미치게 된다.

통상적으로 건물의 임대차에는 당연히 그 부지 부분의 이용을 수반하는 것이므로 법 제2조에서 적용대상으로 규정하고 있는 주거용 건물의 임대차라 함은 임차목적물 중 건물의 용도가 점포나 사무실 등이 아닌 주거용인 경우의 임대차를 뜻하는 것일 뿐이지, 주택임대차보호법의 적용대상을 대지를 제외한 건물 부분에만 한정하는 취지라고 볼 수는 없다(대법원 1996.6.14. 96다7595 ; 2000.3.15. 99마4499).

반면에 단독주택에만 **전세권설정등기**를 마친 전세권자는 경매절차에서 대지부분에 대한 매각대금으로부터는 우선변제를 받을 수 없다.

2. 주거용 건물의 판단

(1) 판단기준

주거용 건물에 해당하는지 여부는 公簿(공부)상의 표시 만에 의하여 형식적으로 판단할 것이 아니라 건물의 객관적 용도·실제 이용관계·주변의 상황 등 제반사정에 비추어 **실질적으로 판단**하여야 한다(대법원 1986. 1. 21. 85다카1367).

사회통념상 건물로 인정하기에 충분한 요건을 갖추고 실질적으로 주거용으로 사용되고 있는 것이라면 **건물의 종류·용도**나 **구조**는 물론 **본건물**이든 **부속건물**이든 묻지 아니한다. 또 관할관청으로부터 허가를 받지 아니하고 건축한 **무허가 건물**인 경우, 건축허가는 받았으나 아직 **사용승인**을 받지 못한 경우, 사용승인을 받았으나 아직 **소유권보존등기**가 경료 되지 아니한 경우라도 적용대상이 될 수 있다. 간혹 다가구용 단독주택에서 옥상의 옥탑을 주거용으로 무단 용도변경하여 임대하는 경우가 있는데, 옥탑이 불법건축물로서 행정기관에 의하여 철거될 수 있는 것은 별론으로 하고, 이러한 경우에도 임차인이 실제로 주거용으로 사용하고 있다면 이 법의 적용대상이 된다.

임대차계약체결시 부동산의 표시를 점포라고 기재하였다던가, 건물의 전체용도나 공부상 또는 경락(매각)허가결정상의 건물의 표시 또는 사진과 도면의 모습이 점포로 볼 수 있다거나, 건물 밖의 부엌은 무허가로 증축된 것이라고 하더라도, 임차인이 임차하여 점유하고 있는 건물부분이 주택임대차보호법 제2조 후단 소정의 주거용 건물에 해당하는 것이라고 인정함에 방해가 된다고 할 수는 없다(대법원 1988. 12. 27. 87다카2024).

주택임대차보호법은 주택의 임대차에 관하여 민법에 대한 특례를 규정함으로써 국민의 주거생활의 안정을 보장함을 목적으로 하고 있고, 주택의 전부 또는 일부의 임대차에 관하여 적용된다고 규정하고 있을 뿐 임차주택이 관할관청의 허가를 받은 건물인지, 등기를 마친 건물인지 아닌지를 구별하고 있지 아니하므로, 어느 건물이 국민의 주거생활의 용도로 사용되는 주택에 해당하는 이상 비록 그 건물에 관하여 아직 등기를 마치지 아니하였거나 등기가 이루어질 수 없는 사정이 있다고 하더라도 다른 특별한 규정이 없는 한 같은 법의 적용대상이 된다(대법원 2007. 6. 21. 2004다26133).

주의하여야 할 것은 이 법의 적용대상인 주거용 건물에 해당된다고 하여 이 법의 모든 규정이 그대로 적용될 수 있다는 의미로 단정하여서는 안 된다는 점이다. 특히 주거용 건물에 해당하여 대항력이 인정되더라도 일정한 경우 경매절차에서의 우선변제권은 인정되지 않는 경우도 있다. 왜냐하면 임차인에게 대항력을 인정하여 보호하는 문제와 우선변제권을 인정하는 문제는 그 대상과 목적을 달리하는 것으로서 명확히 구별하여야 하기 때문이다.

(2) 판단시기

주거용 건물인지 여부를 판단하는 기준시기는 원칙적으로 **임대차계약 체결시점**이다. 다만, 임대차계약 체결시 비주거용 건물이었으나 처음부터 주거용으로 개조하여 사용하기로 임대인과 **합의**를 하였거나 나중에 임대인의 승낙을 얻어 주거용으로 개조한 경우 또는 비주거용 건물이라도 주거용 건물로서의 실질적 형태를 갖춘 이후에 임대차계약을 체결한 경우에는 이 법이 적용된다. 그러나 주거용으로의 개조가 임대인의 동의 없는 **불법개조**이거나 동의가 있었다 하더라도 계약 종료시 **원상회복**을 전제로 한 개조인 경우에는 적용대상이 되지 않는다고 할 것이다.

주택임대차보호법이 적용되려면 먼저 **임대차계약 체결당시**를 기준으로 하여 그 건물의 구조상 주거용 또는 그와 겸용될 정도의 건물의 형태가 실질적으로 갖추어져 있어야 하고, 만일 그 당시에는 주거용 건물부분이 존재하지 아니하였는데 임차인이 그 후 **임의로 주거용으로 개조**하였다면 임대인이 그 개조를 승낙하였다는 등의 특별한 사정이 없는 한 위 법의 적용은 있을 수 없다고 보아야 한다(대법원 1986.1.21. 85다카1367).

임차인이 거실 및 부엌을 설치하여 개조한 결과 당해 건물 부분이 주거용 건물에 해당되게 되었다고 하더라도 이 경우 임차인이 주택임대차보호법 소정의 대항요건을 갖추기 이전에 임대인이 그 개조를 승낙하였다는 등의 특별한 사정이 없는 한 위 법을 적용할 수 없다 할 것이므로, 당해 건물 부분은 주택임대차보호법 소정의 주거용 건물에 해당된다고 볼 수 없다(대법원 1999.9.7. 99다30404).

반면에, 본래 주거용 건물인 것을 임대차계약시 비주거용으로 개조하여 사용하기로 합의하고 그렇게 사용하고 있는 경우에 대하여는 비주거용으로 보아 이 법의 적용대상에서 제외된다고 할 것이다.

3. 건물의 전부 또는 일부

주택임대차보호법은 주거용 **건물의 전부**뿐만 아니라 그 **일부**에 대한 임대차에도 적용된다. 즉 이 법의 적용대상이 되는 건물은 반드시 물리적으로 독립한 건물의 전체일 필요는 없고 그 일부라도 무방한 것이다. 또한 그 일부가 독립성을 지녀야 할 필요도 없다.

건물 일부에 출입구 · 화장실 · 부엌 등이 따로 갖추어져 있는 경우에는 당연히 적용대상이 된다고 할 것이고, 전체 건물 중 방 한두 칸을 임차하여 위와 같은 시설들을 공동으로 사용하는 경우에도 적용대상에서 제외하여서는 안 된다.

한편, 연립주택 등 **집합건물의 공용부분**인 지하실 · 창고 · 지하대피소 등을 주거용으로 개조하여 임대하는 경우에 관하여 대법원 판례는 아직 없는 것으로 보이나, 그 공용부분이 실질적으로 주거용으로 사용되는 한 주택임대차보호법이 적용된다고 판시한 하급심 판례가 있다(서울지법 1998.6.18. 98나8508 ; 2001.4.26. 2000나59219 ; 2001.8.16. 2001나12248).

주택임대차보호법이 주거용건물의 임대차에 관하여 국민 주거생활의 안정을 보장함을 목적으로 하고 있고 주거용건물의 일부에 대한 임대차에도 적용되는 점, 주거용이냐 비주거용이냐의 판단은 건물의 현황 · 용도 등에 비추어 실질적으로 판단하여야 하고 또 사회통념상 건물이라고 판단되는 것인 이상 그 종류 및 구조가 어떠한지 그리고 허가 및 등기가 있는지 여부를 불문하며 본래 비주거용 건물을 개조하여 주거용으로 사용하는 경우에도 이 법이 적용되는 점, 연립주택과 같은 집합건물의 경우 지하실 등 공용부분은 전유부분의 부가물 또는 종물로서의 성격을 갖는데 이 법은 건물의 일부에 대한 임대차에도 적용되는 점 등을 고려하면, 집합건물의 공용부분에 대한 임대차의 경우에도 그 공용부분이 실질적으로 주거용으로 사용되는 한 주택임대차보호법이 적용된다고 할 것이다.

Ⅱ. 겸용주택

1. 의의

겸용주택이란 점포가 딸린 주택 등 **주택의 일부가 주거 외의 목적으로 사용되는 경우**와 같이 주거용 부분과 비주거용 부분을 겸한 주택을 말한다.

주택임대차보호법이 제정될 당시 제2조는 「이 법은 주거용 건물(주택)의 전부 또는 일부의 임대차에 관하여 이를 적용한다」라고만 규정되어 있었던 까닭에 임차주택의 일부가 점포·사무실·공장 등으로 사용되는 경우에도 이 법에 의한 보호를 받을 수 있는지 논란이 있었다.

1983.12.30. 개정에서 신설된 법 제2조 후단은 「그 임차주택의 일부가 주거 외의 목적으로 사용되는 경우에도 또한 같다」라고 규정하고 있다. 여기서 **'또한 같다'**라는 의미는 임차주택의 일부가 비주거용으로 사용되는 경우에도 그 **전부**에 대하여 주택임대차보호법이 적용된다는 뜻이다.

주거용과 비주거용으로 겸용되고 있는 건물의 임대차관계에서 그 겸용 건물을 주택임대차보호법 제2조 소정의 '주거용 건물'로 보는 경우라 하더라도, 그 중 주거용 부분이 차지하는 면적에 상응하는 임대차보증금 부분에 대하여만 대항력을 인정하여야 한다는 취지의 상고이유의 주장은 독자적인 견해에 불과하여 받아들일 수 없다(대법원 2004.6.24. 2004다17269).

그리하여 이 법의 적용범위를 주거용 건물(주택)에서 임차주택의 일부가 주거 외의 목적으로 사용되는 경우까지 확대함으로써 **겸용주택 임차인의 주거권을 보호**하게 된 것이다.

한편 2001.12.29. 제정되어 2002.11.1.부터 시행되고 있는 **상가건물임대차보호법**과의 관계에서 임차건물의 일부가 주거용으로, 다른 일부가 영업용으로 사용되는 경우 상가건물임대차보호법을 적용하여야 하는지, 주택임대차보호법을 적용하여야 하는지에 관하여 논란이 있다.

2. 판단기준

임대차의 목적인 건물이 주거용과 비주거용으로 겸용되는 경우에는 그 **임대차의 목적**, 전체 건물과 임대차 **목적물의 구조와 형태** 및 임차인의 임대차 **목적물의 이용관계** 그리고 임차인이 그 곳에서 **일상생활을 영위**하는지 및 **유일한 주거**인지 여부 등을 아울러 고려하여 합목적적으로 결정하여야 할 것이다.

따라서 주거용 건물의 일부가 비주거용으로 사용되는 경우에는 주택 전체가 주택임대차보호법의 적용대상이 되지만, 반대로 전체적으로 보아 임차건물이 주로 비주거용으로 이용되고 주거용 부분은 단지 부수적으로 이용되는 데 불과하다고 인정되는 경우에는 적용대상에서 제외된다.

> 임차주택의 일부가 주거 외의 목적으로 사용되는 경우에도 주택임대차보호법 제2조의 규정에 의하여 그 법률의 적용을 받는 주거용 건물에 포함되나, 주거생활의 안정을 보장하기 위한 입법목적에 비추어 임차주택의 일부가 비주거용이 아니고 거꾸로 비주거용 건물에 주거의 목적으로 일부를 사용하는 경우에는 위 법 제2조가 말하고 있는 일부라는 범위를 벗어나 이를 주거용 건물이라 할 수 없고 이러한 건물은 위 법률의 보호대상에서 제외된다(대법원 1987.4.28. 86다카2407).

하지만 주거용 부분의 면적이 비주거용 부분보다 작은 경우라도 主從(주종)을 구별하기 어려울 정도로 주거용의 비중이 크다면 임차인 보호라는 측면에서 주택임대차보호법의 적용대상에 포함시켜야 할 경우가 많을 것이다.

> 임차부분 중 예배당으로 사용되는 부분의 면적은 주거용으로 사용되는 면적에 비하여 다소 넓기는 하지만, 주거용으로 사용되는 부분도 적지 않은 면적을 차지하고 있을 뿐만 아니라, 임차목적물을 임차한 이래 다른 주거 없이 이를 유일한 주거로 사용하여 온 사실 등을 종합하여 임차인이 임차한 부분은 주택임대차보호법 제2조 후문에서 규정하는 '주거용 건물의 일부가 주거 외의 목적으로 사용되는 경우'에 해당한다고 본 사례(대법원 2003.5.13. 2003다11455).

한편, 건축물관리대장이나 등기부상의 용도가 업무시설이나 근린생활시설인 이른바 **오피스텔**을 주거용으로 임차하여 일상생활에 필요한 가재도구를 갖추고 생활하는 경우에도 이 법의 적용대상이 된다고 본다.

부동산의 공부상 용도가 주거겸용 업무시설인 이른바 **오피스텔**로서 임차인이 그 부근에 위치한 회사의 사원으로 근무하면서 그 부동산을 주거용으로 임차하여 일상생활에 필요한 가재도구를 갖추고 그곳에서 거주하여 온 경우, 그 부동산의 임차인을 주택임대차보호법 소정의 소액임차인으로 인정하여 소액보증금을 최우선 배당한 것은 정당하다(서울지법 1995.11.21. 95가단112467).

Ⅲ. 구체적인 사례

1. 주거용 건물로 볼 수 없다고 한 사례

(1) 대법원 1987.3.24. 86다카823

임차인이 당해 건물의 소유자로부터 임차한 **점유부분에서 침식**하면서 ○○전기라는 상호 아래 **변압기용 절연유여과기 제작업을 경영**하여 오고 있고, 그 점유부분은 등기부상 세멘벽돌조 스라브즙 평가건 점포 건평 208.25㎡ 중의 건평 41.9㎡로서 그 구조는 영업을 위한 홀 부분이 27㎡, 방과 부엌을 합한 부분이 약 14.9㎡이고 위 홀 부분에는 기름통 10개와 바닥에 변압기 부속품들이 비치되어 있었던 사안에서, 임차인의 임차목적물은 그 **주된 목적**이 영업용건물이고 주거용건물이라고 볼 수 없다고 한 원심의 판단을 정당하다고 한 사례.

(2) 대법원 1987.4.28. 86다카2407

전체 건물이 당초부터 **여관, 여인숙의 형태로 건축**되었고, 임차인은 전소유자로부터 **여인숙을 경영할 목적으로 임차**하여 방 10개 중 현관 앞의 방은 내실로 사용하면서 여관, 여인숙이란 간판을 걸고 **여인숙업을 경영**한 경우에, 위 **내실부분**은 주택임대차보호법상의 주거용건물에 해당하지 아니한다고 한 원심의 판단을 수긍한 사례.

(3) 대법원 1988.12.13. 87다카3097

당해 건물의 **등기부상의 표시**가 점포 및 사무실과 아울러 주택으로 되어 있고 그 뒤편으로는 주택지가 형성되어 있으며 임차인의 점유부분 중 일부가 방과 부엌으로 되어 있어 임차인이 그곳에서 거주하고 있기는 하나, 그 건물은 아스팔트로 포장된 왕복 4차선의 대로변에 위치하고 있는데다가 기본적으로 **상가건물로 건축**된 것으로서 임차인 점유부분의 윗층 및 옆부분도 모두 경양식점 또는 식당 등의 점포로 사용되고 있고 특히 임차인의 점유부분은 그 서쪽 부분이 위 대로변일 뿐 아니라 남쪽 부분 역시 약 6m의 소로에 접하고 있어 임차인도

위 양도로쪽 측면에 두 개의 커다란 양복점 간판을 걸고 진열대를 설치하여 그 점유부분에서 **양복맞춤 등의 영업**을 하여 오고 있으며, 또 위 임차인의 점유부분은 그 **넓이**가 총 57.4㎡인데 그 중 임차인이 주거용으로 사용하는 방 및 부엌부분은 합계 10.23㎡에 불과하여(그 중 방은 불과 4.97㎡) 점포 및 작업실로 사용되는 47.17㎡에 비하여 아주 적은 부분을 차지하고 있는 사안에서, 적어도 임차인의 위 점유부분에 관한 한 이는 **점포의 적은 일부가 주거용으로 개조된 것으로서 비거주용 건물의 일부가 주거목적으로 사용되는 것**이지 주거용건물의 일부가 주거외의 목적으로 사용되는 것이라고는 볼 수 없다고 판단한 원심의 조치를 정당하다고 한 사례.

(4) 대법원 1993.10.8. 93다25738,25745

지하 1층, 지상 3층의 건물로서 당초부터 지하 1층, 지상 1, 2층은 근린생활시설로, 지상 3층은 주택용도로 건축되었고, 사무실로 사용되어 온 지상 2층을 임차인이 임차하여 그 중에서 조그마한 방 2개를 제외한 거의 대부분을 삼계탕을 먹으러 오는 손님을 위한 홀과 방 3개, 주방 등으로 사용함으로써 대중음식점의 외양을 갖추고 있었던 경우에, **건물의 본래의 용도, 이전의 이용실태, 임차인의 이용상황 및 외양**에 비추어 주택임대차보호법상의 주거용 건물이라고 할 수 없다고 한 원심의 판단을 수긍한 사례.

(5) 대법원 1996.3.12. 95다51953

온양시장 변두리에 위치하고 건축물관리대장 및 등기부상의 용도는 1층 점포 지하 위락시설 및 다방으로 기재되어 있는 상가건물의 1층에는 전자오락실, 이불가게, 여인숙, 미용실, 슈퍼마켓이 영업을 하고 있는 사실, 임차인이 임차한 건물부분은 약 30평 가량의 **지하실 다방**으로서 다방영업장 약 21평, 주방 약 3평, 약 2 내지 3평 가량의 방 2개로 이루어져 있고, 임차인이 위 건물부분에 관하여 임대차계약을 체결함에 있어서 작성된 계약서에는 용도 다방, 임대차기간이 만료되면 임차인은 다방허가증 및 내부시설물을 원상복구하며 권리금 및 유익비 일체를 청구하지 않는다고 기재되어 있는 사실, 임차인은 위 장소에서 다방영업을 하면서 1992.11.12.경 다방 영업자 지위를 승계하였고, 1993.11.10.경 온양시 용화동 34의 55 소재 3층 연립주택 2층 205호를 구입하여 최소한 1994.3. 말경부터 위 다방이 아닌 연립주택에서 거주한 사실 등에 의하면 임차인이 임차한 위 다방 건물부분은 영업용으로서 비주거용 건물이라고 보여지고 설사 임차인이 그 중 방 및 다방의 주방을 주거목적에 사용한다고 하더라도 이는 어디까지나 위 **다방의 영업에 부수적인 것**으로서 그러한 주거목적 사용은 **비주거용 건물의 일부가 주거목적으로 사용되는 것**일 뿐, 주택임대차보호법 제2조 후문에서 말하는 '주거용 건물의 일부가 주거 외의 목적으로 사용되는 경우'에 해당한다고 볼 수 없다고 한 원심의 판단이 정당하다고 한 사례.

(6) 대법원 1999.9.7. 99다30404

대로변 상가지대에 위치하고 있는 건물의 지층은 주점, 1층은 한식점, 3층은 사무실이고, 2층은 등기부등본과 건축물관리대장의 용도란에 **사무실**로 기재되어 있으며 임차인이 임대차계약을 체결함에 있어 작성한 임대차계약서에는 철근콘크리트 육줍 3층건 사무실용 일동 내라고 기재되어 있고, 건물 외벽의 창문과 출입문에는 ○○복음교회라는 간판이 붙어 있는 사실, 임차인은 2층 부분을 **전도활동을 위한 교회로 사용하며 기거하기 위하여 임차**하였으며, 임대인과 약 86.2㎡ 넓이의 임대차목적물에 대하여 임대차계약을 체결할 당시에는 그곳 안쪽 구석에 약 3평 정도의 방 1개와 화장실이 있었고 나머지 부분은 넓은 홀로 이루어져 있었으나 그 후 **임차인이 2층 한쪽에 부엌과 거실을 설치**한 사실, 홀에는 한쪽 구석에 1인용 소파 1개와 수십 개의 방석이 놓여 있어 교인들이 모여 예배 보는 장소로 사용되고 있으며 홀의 면적이 그 외 부분의 면적에 비하여 훨씬 넓은 사실, 임차부분은 임차인 혼자서 거주하고 있고 방은 교회에 오는 교인들과 손님들의 접대장소로 사용하고 있으며 이곳에 설치된 전화는 선교회장 명의인 사실 등에 의하면, 임차인이 임대차계약을 체결할 당시 방 1개와 화장실만이 있었던 임대차목적물은 **교회활동을 위한 비주거용 건물**이라고 보이며 설사 임차인이 그 후 거실과 부엌을 설치하여 주거목적에 사용될 수 있는 공간이 다소 확장되었다고 하더라도 이는 어디까지나 위 교회활동에 부수적으로 사용되는 공간으로서 비주거용 건물의 일부가 주거목적으로 사용되는 것일 뿐, 주택임대차보호법 제2조 후문에서 말하는 '주거용 건물의 일부가 주거외의 목적으로 사용되는 경우'에 해당한다고 볼 수 없고, 가사 임차인이 거실 및 부엌을 설치하여 개조한 결과 당해 건물 부분이 주거용 건물에 해당되게 되었다고 하더라도 이 경우 임차인이 주택임대차보호법 소정의 대항요건을 갖추기 이전에 임대인이 그 개조를 승낙하였다는 등의 특별한 사정이 없는 한 위 법을 적용할 수 없다 할 것이므로, 당해 건물 부분은 주택임대차보호법 소정의 주거용 건물에 해당된다고 볼 수 없다고 한 원심의 판단을 정당하다고 한 사례.

(7) 대법원 2001.9.14. 2001다37828

임대차목적물은 **공부상 근린생활시설**로 표시되어 있고, 집행관 작성의 임대차관계조사서 및 감정평가사 작성의 건물감정평가요항표에 그 **이용상태가 교회**로 되어 있는 사실, 임차인은 임대차목적물을 처음에는 주택으로만 사용하다가 약 1년 후부터는 예배를 드리는 교회로 사용하기 시작하여 현재까지 목사로서 교회를 운영하고 있는 사실, 임차 당시에는 임차인의 처와 두 자녀도 함께 전입신고를 마치고 거주하였으나, 경매개시결정이 고지되기 약 1년 전에 같은 동(洞)에 있는 다른 아파트 등으로 전출하였다가 배당기일 약 3개월 전에 다시 전입하였으나 제1심판결 선고 후에는 임차인을 포함하여 전 가족이 이전 주소로 재차 전출한 점에 비추어 위 **경매 전후를 통하여 적어도 임차인의 처와 두 자녀는 위 임차부분에 거주하지 않은 것**으로 보이는 사실, 위 임차부분 중 예배실로 사용되는 부분의 면적은 51.66㎡이고, 주거용으로 사용되는 방 2개, 주방, 욕실, 베란다 등의 면적은 53.85㎡이며, 나머지 27.2㎡는 임차부분의 출입통로와 놀이공간, 보일러실 등으로 사용되고 있는 등의 사실에 의하면, 임대차 목적물은 **임차 당시에는 그 주된 목적이 주거용**인 것으로 볼 수 있으나, **그 후 교회용으로 사용되는 부분이 증가하여 경매진행 당시에는 오히려 乙이 교회 이용을 주된 목적으로 하고 주거부분은 교회를 위한 부수적인 목적으로 이용**한 것으로 보이고, 임차인의 처와 두 자녀는 최초에는 임차부분에 거주하였으나 적어도 경매개시 1년 전부터는 그 곳에서 거주하지 않은 것으로 보이며, 위 임차부분에서 주거 목적으로만 사용되는 부분은 전체의 약 40%에 불과한 점 등을 종합하여 보면, 위 임차부분은 주택임대차보호법 제2조 소정의 주거용 건물에 해당한다고 볼 수 없다고 한 사례.

2. 주거용 건물로 인정한 사례

(1) 대법원 1987.8.25. 87다카793

임차인의 점유부분 중 일부분은 영업용 휴게실설비로 예정된 홀 1칸이 있지만 그 **절반가량이 주거용**으로 쓰이는 방 2칸, 부엌 1칸, 화장실 1칸, 살림용 창고 1칸, 복도로 되어 있고 그 홀마저 **각 방의 생활공간**으로 쓰이고 있으며, 또 다른 일부분에 위 **방들의 난방시설이 설치**되어 있는 경우에 위 점유부분을 모두 주거용에 해당한다고 한 원심의 판단을 수긍한 사례.

(2) 대법원 1988.12.27. 87다카2024

당초 **주거와 영업을 목적으로 건축**된 건물로서 **공부상으로도 근린생활시설 및 주택용 4층 건물**로 표시되어 있으며, 임차인 A는 1층 중 30.94㎡(방 1칸 약 13.06㎡ 미용실 약 17.8㎡)를 **주거 및 미용실 경영목적**으로 사용하기 위하여 임차한 후 **2자녀를 데리고 입주**하였고, 임차인 B는 1층 중 30.94㎡(방 1칸 약 9.2㎡, 방입구 출입 부분 약 5.74㎡ 제과점 16㎡)를 **주거 및 과자점 경영목적**으로 사용하기 위하여 임차한 후 그의 **처 및 3자녀를 데리고 입주**하였으며, 건물의 전 **소유자(임대인)가 각 방에 새마을보일러 시설과 수도시설**을 하여 주었고, 임차인 B는 입주 후 **소유주의 승낙 아래 방과 점포의 천정 위로 약 5.2㎡의 다락을 설치**하고 취학 중인 자녀들의 공부방으로 사용하고 있으며, 임차인 A와 B는 소유주의 승낙 아래 위 건물의 뒤쪽으로 각 방에 연접하여 폭 1.6m의 시멘트 가건물을 짓고 이를 각각 부엌으로 사용하고 있으며 그곳에 문을 달고 위 건물 뒷쪽으로 출입하면서 위 건물 뒷쪽 부지에 장독대를 설치하고 그곳에 위치한 화장실을 공동사용하고 있는 사안에서, **실질적으로** 임차인 A는 그 점유부분 중 점포 약 17.8㎡를 제외한 방 1칸 및 부엌 약 6.5㎡ 합계 약 19.56㎡를 주거시설로, 임차인 B는 그 점유부분 중 점포 약 16㎡를 제외한 위 방 1칸과 점포간 출입구, 다락 및 부엌 약 6.5㎡ 등 합계 약 26.64㎡를 주거시설로 사용하고 있는 사실관계를 근거로 임차인들이 각 점유하고 있는 부분은 주택임대차보호법 제2조 후단에서 정한 주거용 건물에 해당한다는 원심의 판단은 정당하다고 본 사례.

(3) 대법원 1995.3.10. 94다52522

건물이 **공부상으로는 단층 작업소 및 근린생활시설로 표시**되어 있으나 실제로 임차인 甲은 **주거 및 인쇄소 경영목적**으로, 임차인 乙은 **주거 및 슈퍼마켓 경영 목적**으로 임차하여 **가족들과 함께 입주하여 그곳에서 일상생활을 영위**하는 한편 인쇄소 또는 슈퍼마켓을 경영하고 있으며, 甲의 경우는 주거용으로 사용되는 부분이 비주거용으로 사용되는 부분보다 넓고, 乙의 경우는 비주거용으로 사용되는 부분이 더 넓기는 하지만 주거용으로 사용되는 부분도 상당한 면적이고, 위 각 부분이 甲·乙의 **유일한 주거**인 경우에 주택임대차보호법 제2조 후문에서 정한 주거용 건물로 인정한 사례.

(4) 대법원 1996.5.31. 96다5971

건물 1층은 **공부상으로는 소매점으로 표시**되어 있으나, 건축 당시부터 그 면적의 절반 정도는 방 2칸으로, 나머지 절반 정도는 소매점 등 영업소를 하기 위한 홀(Hall)로 건축되어 있었으며, 그러한 상태에서 임차인이 이를 임차한 후 방들 사이의 벽을 허물고 방 1칸으로 만들어 그 중간에 장롱으로 방을 구분하여 그 **가족들과 함께 거주하면서 음식점 영업**을 하여 왔으며, 그 중 방부분은 음식점 영업시에는 손님을 받는 곳으로 사용하고 그 때 외에는 주거용으로 사용하였고, 임대차계약서에는 '점포, 방'으로 기재되어 있었고, 경매절차에서의 임대차조사보고서에도 '주거용 영업소'로 기재되어 있었으며, 임차인의 가족은 4인이고 달리 주택이 없었던 사안에서, 위 전체건물과 임차목적물의 구조와 형태(당초 위 건물 1층은 점포용으로 건축)로 보아 임차인에게 다소 불리한 요소가 있었지만, 임차인의 **임차목적**이 주거용인데에도 있는 점, 임차인이 가족들과 함께 **일상생활을 영위**하여 온 점, **유일한 주거**인 점 등을 이유로 주택임대차보호법 제2조 후문에 의하여 그 적용대상인 주거용 건물에 해당된다고 한 사례.

(5) 대법원 2002.9.24. 2002다30114

당해 건물은 등기부상 지층과 2층은 주택으로, 1층은 점포로 되어 있고, 1층의 면적은 85.95㎡ 2개의 점포로 나누어져 있는데, 임차인은 1994.9.21. 임대인의 동의하에 위 점포들 중 1개의 점포의 종전 임차인으로부터 그 점포의 임차권을 승계받아 같은 해 10.6. **부모와 함께 위 점포의 소재지로 전입신고**를 마치고, 같은 해 10.13. 그 **임대차계약서에 확정일자를 부여**받은 사실. 위 점포는 입구 쪽에 주방이 있고, 4인 1석의 좌석이 4개 설치된 홀이 있으며, 홀 안쪽에 약 1.5평 크기의 방과 0.5평 크기의 보일러실 겸 간이세면시설이 있고, 위 방과 홀 천장에는 높이 1m 정도의 다락방이 설치되어 있으며, 화장실은 외부의 화장실을 공동으로 사용하는 형태인 사실, 위 임차권 승계 이후 **임차인의 가족은 위 점포 내의 방과 다락방을 주거공간으로 이용**하면서 **임차인과 모친이 그곳에서 치킨점을 운영**하여 왔는데, 임차인은 결혼하여 분가하면서 1998.10.경 일시 전출하여 부모들과 따로 주거생활을 하였으나, 그 이후에도 위 점포에 출근하면서 계속 치킨점을 운영하여 온 사실을 인정한 다음, 비록 위 점포가 **상업용 건물**이고 그 중 **주거 부분의 면적이** 1/3도 되지 못하기는 하나, 임차인은 위 **점포를 치킨점으로 운영할 목적 외에도 주거공간으로 사용할 목적으로 임차**한 것으로 보이고, **실제로 결혼으로 분가하기 전까지 부모와 함께 그 곳에서 주거생활**을 하였으며, 그 이후에는 임차인의 부모가 주거생활을 해 왔던 점, 임대차계약서상에도 그 목적물이 방 1개 및 점포로 되어 있고, 통상의 상가용 건물의 임대차와는 달리 **확정일자까지 부여**받은 점, 위 점포에 설치된 다락방의 면적까지 포함하면 주거 부분의 면적이 영업을 위한 홀 등의 면적보다 크다고 보이는 점 등에 비추어 볼 때, 임차인이나 그 가족이 주거목적으로 사용한 위 점포 중 방과 다락방이 단순히 치킨점 영업에 부수적인 것에 불과하여 비주거용 건물의 일부가 주거목적으로 사용되었던 것이라고 보기는 어렵고, 오히려 주택임대차보호법 제2조 후문에서 규정하는 **'주거용 건물의 일부가 주거 외의 목적으로 사용되는 경우'에 해당**한다고 봄이 상당하다고 판단한 원심을 정당하다고 한 사례.

(6) 대법원 2003.5.13. 2003다11455

임차인은 임대인으로부터 당시 그가 신축하던 지상 3층, 지하 1층 건물 중 지하층 부분을 임차하였고, 당해 건물은 일반주거지역에 위치하여 그 용도가 지상 3층 부분은 모두 주택이고 지하층 부분만 근린생활시설(소매점)로 예정되어 있었는데, 임차인은 지하층을 **주거로 사용하면서 거기에서 교회도 개설(개척)하여 운영할 목적으로 임차**하였던 관계로, **소유자의 승낙 아래 지하층 부분에다가 방 2칸과 부엌을 설치**하는 등 이를 주거용으로 만들어 **처와 자녀 2명을 데리고 입주**한 후 **가족들과 함께 일상생활을 영위**하면서 소규모 교회의 목회활동을 하였으며, 그 과정에서 1995.11.3. 주민등록 전입신고를 마치고, 같은 해 12.7.에는 그 임대차계약서에 확정일자까지 받아두었던 사실, 임차인이 임차한 지하층 부분 중 예배당으로 사용되는 부분의 면적은 주거용으로 사용되는 면적에 비하여 다소 넓기는 하지만, **주거용으로 사용되는 부분도 적지 않은 면적을 차지**하고 있을 뿐만 아니라, 지하층 부분을 임차한 이래 다른 주거 없이 이를 **유일한 주거로 사용**하여 온 사실 등을 종합하여 임차인이 임차한 건물 부분은 주택임대차보호법 제2조 후문에서 규정하는 '주거용 건물의 일부가 주거 외의 목적으로 사용되는 경우'에 해당한다고 봄이 상당하다고 한 사례.

제 2 절 적용대상 이용관계

Ⅰ. 주택임대차계약

1. 의의

주택임대차보호법은 주거용 건물의 임대차에 관하여 민법에 대한 특례를 규정함으로써 국민 주거생활의 안정을 보장함을 목적으로(법1), 주거용 건물(주택)의 전부 또는 일부의 임대차에 관하여 적용하며(법2), 임대차는 그 등기가 없는 경우에도 임차인이 주택의 인도와 주민등록을 마친 때에는 그 익일부터 제3자에 대하여 효력이 생기는 것으로(법3①) 규정하고 있다. 따라서 이 법의 적용을 받는 주택의 이용관계는 **임대차계약**이다.

임대차란 당사자 일방(임대인)이 상대방에게 목적물을 사용·수익하게 할 것을 약정하고 상대방(임차인)이 이에 대하여 차임을 지급할 것을 약정함으로써 성립하는 낙성·유상·쌍무·불요식의 계약을 말한다(민618).

따라서 **주택임대차**는 임대인이 주거용 건물(주택)의 전부 또는 일부를 임차인에게 사용·수익하게 하고, 임차인은 이에 대하여 차임을 지급할 것을 약정함으로써 그 효력이 생기는 계약을 의미한다. 비록 주택임대차는 그 성질상 낙성·불요식의 계약이라고 하더라도 보증금액·임대차기간·특약 등으로 인하여 통상 임대차계약서를 작성함이 관행이고, 확정일자를 받기 위해서도 반드시 **서면**으로 작성되어야 한다.

이러한 임대차는 **차임의 지급유무 및 방법**에 따라 傳貰(전세), 保證附 月貰(보증부 월세), 朔月貰(사글세) 및 月貰(월세)로 나눌 수 있으나, 주택임대차보호법은 차임의 지급유무 및 그 방법 여하를 불문하고 이러한 유형 모두를 적용대상으로 삼고 있고, 특히 임차보증금의 보호문제와 관련하여 **전세** 또는 **보증부 월세**의 경우에 중점을 두고 있다고 할 것이다.

한편, 타인의 물건을 빌려서 이용하는 관계에는 임대차 이외에 **사용대차**가 있다. 주택임대차보호법은 주거용 건물의 임대차에 관하여 적용되므로 사용대차에는 적용되지 않음은 의문의 여지가 없다. 주택의 이용관계가 임대차인지 사용대차인지의 여부는 그 이용관계의 구체적 내용에 따라 사용·수익의 대가로서 반대급부를 지급하느냐에 따라 구별된다(對價性, 有償性). 이러한 반대급부는 반드시 금전일 필요는 없으나, 구체적인 경우에 어느 정도의 것을 반대급부로 보아 임대차의 성립을 인정할 것인가는 급부의 가치의 정도, 貸主와 借主 사이에 친족관계등 특별한 관계가 있는지의 여부 등 제반사정을 고려하여 판단하여야 할 것이다. 설사 반대급부가 제공되더라도 그것이 대가적 의미를 지니지 못하여(예컨대 건물에 대한 公租公課金을 부담하는 정도에 불과한 경우) 대차관계가 반대급부보다는 인적관계에 치중하여 이루어진 것이라면 임대차로 보기 어렵다.

2. 임대인의 자격

주택임대차보호법이 적용되기 위해서는 임차인은 임차주택의 **소유자** 또는 **적법한 임대권한을 가진 자**와 유효한 임대차계약을 체결하여야 한다.

(1) 소유자

(가) 단독소유자

임차인은 원칙적으로 주택의 소유자와 유효한 임대차계약을 체결하여야 한다. 따라서 임차인으로서는 상대방에게 주민등록증 등의 제시를 요구하여 본인 여부를 확인하고 더 나아가 주택의 등기부등본에 기재되어 있는 소유자의 인적사항(이름, 주민등록번호, 주소)과 일치하는지 여부를 확인하는 것이 반드시 필요하다.

주택소유자 乙의 친척 A를 주택소유자로 오신하고, 그와 임대차계약을 체결하고 임대차계약서에 확정일자를 갖춘 甲이 임대차기간 만료시 소유자 乙을 상대로 임차보증금의 반환을 구하는데 대하여, A가 임대인이므로 임대차계약의 당사자가 아닌 乙을 상대로 하여 임차보증금의 반환을 청구할 수 없다고 하면서, A가 乙을 대리하여 임대차계약을 체결하였으므로 乙이 임대인이라는 甲의 주장을 배척한 판결로서, 임대차보증금의 안전한 회수를 위하여 주택임차인에게 주택의 인도, 주민등록과 임대차계약서상의 확정일자 구비 외에 임대인에게 소유권이 있는지 여부를 확인하는 것도 게을리 하여서는 안 됨을 확인시켜준 사례(부산지법 2006.3.24. 2005나12916).

(나) 공동소유자

공유물의 관리행위에 속하는 임대행위는 **공유지분의 과반수**로써 결정하므로(민

265), 임차인이 공유자 중 일부와 주택임대차계약을 체결하더라도 그 임대인의 지분이 과반수이면 유효하다(대법원 1966.2.28. 65다2348). 이러한 임대차계약에 대하여도 주택임대차보호법이 적용되므로 임차인은 나머지 공유자에게도 대항할 수 있다.

> 공유자 사이에 공유물을 사용·수익할 구체적인 방법을 정하는 것은 공유물의 관리에 관한 사항으로서 공유자의 지분의 과반수로써 결정하여야 할 것이고, 과반수 지분의 공유자는 다른 공유자와 사이에 미리 공유물의 관리방법에 관한 협의가 없었다 하더라도 공유물의 관리에 관한 사항을 단독으로 결정할 수 있으므로, 과반수 지분의 공유자가 그 공유물의 특정 부분을 배타적으로 사용·수익하기로 정하는 것은 공유물의 관리방법으로서 적법하다고 할 것이므로, 과반수 지분의 공유자로부터 사용·수익을 허락받은 점유자에 대하여 소수 지분의 공유자는 그 점유자가 사용·수익하는 건물의 철거나 퇴거 등 점유배제를 구할 수 없다. … 그 과반수 지분의 공유자로부터 다시 그 특정 부분의 사용·수익을 허락받은 제3자의 점유는 다수지분권자의 공유물관리권에 터잡은 적법한 점유이므로 그 제3자는 소수지분권자에 대하여도 그 점유로 인하여 법률상 원인 없이 이득을 얻고 있다고는 볼 수 없다(대법원 2002.5.14. 2002다9738).

임차인이 과반수의 지분권을 갖지 못한 공유자로부터 주택을 임차한 경우 다른 공유자와의 관계에서는 무효이므로 임차권을 주장할 수 없다. 다만, 공유물의 관리에 관한 사항은 공유자의 지분의 과반수로 결정한다고 규정하고 있는 민법 제265조 본문은 강행규정이 아니라 **임의규정**이므로 공유자들 사이에 민법의 규정과 다른 관리방법을 정한 경우에는 그에 따라야 할 것이다(대법원 1998.10.2. 98다28978). 따라서 비록 공유지분의 과반수에 미치지 못하는 자로부터 주택을 임차한 경우라도 공유자들 사이에 그 자가 임대권한을 포함한 관리권을 위임받은 경우라면 유효한 임대차라고 할 것이다.

한편, 임차목적물의 공유자가 부담하는 임차보증금반환채무는 그 성질상 **불가분채무**라고 할 것이므로 공유주택의 임차인은 공유자 중 누구로부터도 보증금 전액을 반환받을 수 있고, 어느 공유자라도 보증금 전액을 반환할 의무가 있다.

> 건물의 공유자가 공동으로 건물을 임대하고 보증금을 수령한 경우, 특별한 사정이 없는 한 그 임대는 각자 공유지분을 임대한 것이 아니고 임대목적물을 다수의 당사자로서 공동으로 임대한 것이고 그 보증금 반환채무는 성질상 **불가분채무**에 해당된다고 보아야 할 것이다(대법원 1998.12.8. 98다43137).

(2) 적법한 임대권한을 가진 자

(가) 의의

주택임대차보호법의 적용대상이 되는 임대차는 반드시 주택의 소유자와 사이에 체결된 경우에 한정되는 것은 아니다. 비록 주택의 소유자는 아니지만 주택에 관하여 적법하게 임대차계약을 체결할 수 있는 권한을 가진 임대인 또는 주택의 처분권 있는 자와의 사이에 임대차계약이 체결된 경우에도 주택임대차보호법이 적용된다.

유치권의 성립요건인 유치권자의 점유는 직접점유이든 간접점유이든 관계없지만, **유치권자**는 채무자의 승낙이 없는 이상 그 목적물을 타에 임대할 수 있는 처분권한이 없으므로(민법 제324조 제2항 참조), 유치권자의 그러한 임대행위는 소유자의 처분권한을 침해하는 것으로서 소유자에게 그 임대의 효력을 주장할 수 없다고 전제한 후, 소유자인 채무자의 승낙 없이 유치권자로부터 부동산을 임차한 점유자는 소유자의 부동산 인도 및 부당이득반환청구에 대하여 대항할 수 없다고 한 사례(부산지법 2008.3.24. 2006가단126019).

(나) 명의수탁자와 명의신탁자

명의신탁의 법리에 따라 대외적으로 적법한 소유자로 인정되는 등기명의인(명의수탁자)과 체결한 임대차계약에 대하여 주택임대차보호법이 당연히 적용된다. 또한 주택의 명의신탁자는 등기명의인은 아니지만 적법하게 임대차계약을 체결할 수 있는 권한을 가진 것으로 보아야 하므로 **명의신탁자**와 체결한 임대차에도 주택임대차보호법이 적용된다.

주택의 소유자가 아니라고 하더라도 주택의 **명의신탁자**로서 사실상 이를 제3자에게 임대할 권한을 가지는 이상, 임차인은 등기부상 주택의 소유자인 명의수탁자에 대한 관계에서도 적법한 임대차임을 주장할 수 있다(대법원 1995.10.12. 95다22283).

주택임대차보호법이 적용되는 임대차는 반드시 임차인과 주택의 소유자인 임대인 사이에 임대차계약이 체결된 경우에 한정된다고 할 수는 없고, 주택의 소유자는 아니지만 주택에 관하여 적법하게 임대차계약을 체결할 수 있는 권한(적법한 임대권한)을 가진 명의신탁자 사이에 임대차계약이 체결된 경우도 포함된다고 할 것이고, 이 경우 임차인은 등기부상 주택의 소유자인 명의수탁자에 대한 관계에서도 적법한 임대차임을 주장할 수 있는 반면 명의수탁자는 임차인에 대하여 그 소유자임을 내세워 명도를 구할 수 없다(대법원 1999.4.23. 98다49753).

① 부동산의 신탁 및 이에 관련된 임대 등의 사업을 영위하는 신탁회사인 乙은 1999.9.10. 주택건설 및 임대업을 영위하는 A주식회사와 사이에, A 소유의 아파트에 대한 부동산관리신탁계약을 체결하고, 1999.9.13. 위 아파트에 관하여 신탁을 원인으로 한 乙 명의의 소유권이전등기를 마쳤다. ② 甲은 1999.11.26. 乙 및 A와 사이에, 위 아파트 중 303동 1002호를 임차보증금 24,100,000원, 차임 월 53,000원, 임대차기간 5년으로 정하여 임차하는 내용의 계약을 체결하고, 그 임차보증금을 모두 지급하였다. ③ 甲은 그 후 이 사건 아파트에서 계속 거주하여 오다가, 2006.2.21.경 이 사건 아파트에서 퇴거하고, 乙 및 A회사를 상대로 임대차보증금의 반환을 청구하자, 乙은 A의 부탁을 받아 단지 이 사건 아파트의 등기부상 소유자 지위에서 임대차계약서상 임대인란에 수탁자임을 명시하여 날인한 것일 뿐, 위부동산관리신탁계약에 따른 이 사건 아파트의 진정한 임대인은 어디까지나 A이므로, 甲의 청구는 부당하다고 다툰 사례이다.

법원은, 이 사건 아파트의 공동임대인인 乙은 특별한 사정이 없는 한, 다른 임대인인 A와 각자 甲에게 임차보증금 및 이에 대한 지연손해금을 지급할 의무가 있다고 전제한 후, ① 신탁법 3조는 '등기 또는 등록하여야 할 재산에 관하여는 신탁은 그 등기 또는 등록을 함으로써 제3자에게 대항할 수 있다'고 규정하며, 부동산등기법 123조, 124조 등의 각 규정상 신탁의 등기를 신청함에 있어 제출하여야 하는 '위탁자와 수탁자 및 수익자 등의 성명·주소와 신탁재산의 관리방법 기타 신탁의 조항 등을 기재한 서면' 즉 신탁원부는 이를 등기부의 일부로 보게 되어 있는바, 이에 비추어 만일 신탁원부에 신탁재산인 부동산의 임대와 관련한 임차보증금반환채무 등을 모두 위탁자가 부담한다는 취지의 내용이 기재되어 있다면, 수탁자는 그 대항력으로써 임차인의 임차보증금반환요구 등을 거절할 수 있다고 보는 것이 상당하기는 하다. ② 그러나 등기된 신탁원부의 기재에 의하면, 위 부동산관리신탁계약의 특약사항 1조, 3조, 10조 등의 각 규정에서는 '위 부동산관리신탁계약의 목적이 이 사건 아파트에 관한 등기부상 소유자관리에 한하고, 그 이외의 실질적인 관리업무 일체는 위탁자의 책임하에 실행하며, 신탁등기 이후 한국주택은행에서 취급되는 입주자의 전세자금은 위탁자 통장에 입금하여 위탁자가 운영·관리하도록 한다'고 정하고 있는데 불과하므로, 이러한 규정만으로는 임대차계약서에 직접 임대인임을 표시하여 날인한 乙이 임차인에 대한 임차보증금반환채무를 부담하지 않는다고 해석하기 어렵다. ③ 다만, 위 특약사항 4조가 '신탁종료시 신탁수익을 위탁자에게 반환할 경우 신탁재산에 부대하는 채무는 위탁자가 승계하기로 한다'고 규정하고 있어, 위 부동산관리신탁계약이 종료된 경우라면 일응 신탁재산의 임차인에 대한 임차보증금반환채무가 위탁자인 A에 귀속된다고 볼 여지가 있으나, 이 사건에서는 乙이 위 부동산관리신탁계약이 유지되고 있음을 스스로 인정하고 있으므로, 乙로서는 위 규정에 의한 책임 면제를 내세울 수 없다고 보는 것이 옳다. ④ 나아가, A가 임차보증금을 수령하여 직접 관리하고 이 사건 아파트에 관하여 소유자로서의 권한을 실질적으로 행사하고 있다거나 임대주택법의 관련 규정에 따라 신탁이 이루어진 것이라는 등 그 밖에 乙이 들고 있는 여러 사정을 종합하여 보아도, 甲에 대한 임차보증금의 반환 주체가 오로지 A에 한정된다고 할 수도 없다. ⑤ 그렇다면, 乙은 어느 모로 보나 위 임대차계약에 따른 임차보증금반환채무를 면할 수 없다 할 것이어서, 결국 그 주장은 모두 타당하지 아니하다고 판시하였다(춘천지법 원주지원 2007.3.28. 2006가단11134).

(다) 신축건물의 원시취득자인 건축주

건축주가 타인의 대지를 매수하여 연립주택을 신축하면서 대지소유자와의 합의에 따라 대지 매매대금 채무의 담보를 위하여 그 연립주택에 관한 건축허가 및 그 소유권보존등기를 대지소유자의 명의로 하여 두었다면, 완성된 연립주택은 일단 이를 건축한 건축주가 원시적으로 취득한 후 대지소유자 명의로 소유권보존등기를 마침으로써 담보 목적의 범위 내에서 대지소유자에게 그 소유권이 이전되었다고 보아야 하고, 이러한 경우 **원시취득자인 건축주**로부터 연립주택을 적법하게 임차하여 입주하고 있는 임차인에 대하여 대지소유자가 그 소유자임을 내세워 명도를 구할 수 없다(대법원 1996.6.28. 96다9218).

(라) 양도담보설정자

부동산을 양도담보로 제공한 경우 임대권한은 원칙적으로 양도담보설정자에게 귀속하므로 양도담보권자와 임대차계약을 체결하여서는 안된다.

일반적으로 부동산을 채권담보의 목적으로 양도한 경우 특별한 사정이 없는 한 목적부동산에 대한 사용·수익권은 채무자인 양도담보설정자에게 있는 것이므로 설정자와 양도담보권자 사이에 양도담보권자가 목적물을 사용·수익하기로 하는 약정이 없는 이상 목적부동산을 임대할 권한은 양도담보설정자에게 있다(대법원 2001.12.11. 2001다40213).

(마) 미등기건물의 사실상의 소유자

부동산의 매수인은 아직 소유권이전등기를 마치지 않았더라도 사실상 이를 제3자에게 임대할 권한을 가지며, 미등기부동산을 취득하여 사실상의 소유자로서 사용·수익하는 경우에는 등기부상 아직 소유자로서의 등기명의가 없다 하더라도 그 권리의 범위 내에서 그 점유 중인 건물에 관하여 법률상 또는 사실상 처분할 수 있는 지위에 있으므로(대법원 1993.1.26. 92다48963), **미등기건물의 사실상의 소유자**도 적법한 임대권한을 가진 자로 볼 수 있다.

주택임대차보호법이 주거용 건물의 임대차에 관하여 민법에 대한 특례를 규정함으로서 국민의 주거생활의 안정을 보장함을 목적으로 하고 있고, 그 제3조 제2항이 임차주택의 소유권을 취득한 자로 한정하지 아니하고, 널리 그 주택에 관하여 임대할 권리를 승계한 자를 포함한 임차주택의 양수인은 임대인의 지위를 승계한 것으로 본다고 규정하고 있는 점에 비추어 볼 때 임대인이 비록 건물에 관한 소유권이전등기를 경료하지 못하였다 하더라도 건물에 대하여 **사실상 소유자로서의 권리를 행사**하고 있는 이상 전소유자로부터 그 일부를 임차한 자에 대한 관계에서는 그 주택의 양수인으로서 임대인의 지위를 승계하였다고 보는 것이 상당하다(대법원 1987.3.24. 86다카164).

(바) 계약해제로 소유권을 상실하게 된 임대인

임대인이 소유권을 취득하였다가 계약해제로 소유권을 상실하게 된 경우, 그 계약해제 전에 주택을 임차하여 대항요건을 갖춘 임차인에 대하여도 주택임대차보호법이 적용됨이 원칙이다.

민법 제548조 제1항 단서의 규정에 따라 계약해제로 인하여 권리를 침해받지 않는 제3자라 함은 계약목적물에 관하여 권리를 취득한 자 중 계약당사자에게 권리취득에 관한 대항요건을 구비한 자를 말한다 할 것인바, 임대목적물이 주택임대차보호법 소정의 주택인 경우 같은 법 제3조 제1항이 임대주택의 인도와 주민등록이라는 대항요건을 갖춘 자에게 등기된 임차권과 같은 대항력을 부여하고 있는 점에 비추어 보면, 소유권을 취득하였다가 계약해제로 인하여 소유권을 상실하게 된 임대인으로부터 그 계약이 해제되기 전에 주택을 임차받아 주택의 인도와 주민등록을 마침으로써 같은 법 소정의 대항요건을 갖춘 임차인은 등기된 임차권자와 마찬가지로 민법 제548조 제1항 단서 소정의 제3자에 해당된다고 봄이 상당하고, 그렇다면 그 계약해제 당시 이미 주택임대차보호법 소정의 대항요건을 갖춘 임차인은 임대인의 임대권원의 바탕이 되는 계약의 해제에도 불구하고 자신의 임차권을 새로운 소유자에게 대항할 수 있다(대법원 1996.8.20. 96다17653 ; 2003.8.22. 2003다12717).

더 나아가, 임대인이 아파트의 분양대금을 모두 납부하고 이를 인도받았으나 아직 소유권이전등기를 마치기 전에 매매계약이 해제된 경우에도 그에게 적법한 임대권한이 있다고 보아, 임차인이 그로부터 아파트를 임차하여 분양계약이 해제되기 전에 아파트에 입주하고 전입신고를 마친 때에는 그 아파트의 소유자(매도인)에 대한 관계에서도 적법한 임대차임을 주장할 수 있다고 할 것이다. 왜냐하면, 신축아파트 등의 소유권보존등기 및 이전등기(이른바 집단등기)의 특성상 등기신청 및 완료에 상당한 시간이 소요되는 관계로, 중도금과 잔금을 지급하였으나 아직 소유권이전등기를 마치지 못한 수분양자로부터 아파트를 임차하는 것이 흔히 있는 현실에서, 아무런 과실이 없는 주택임차인을 보호하기 위해서라도 위와 같이 해석함이 이 법의 입법취지와 주택임대차 관행에 부합하기 때문이다.

　이 사건 아파트는 2004.11.경 준공을 마치고, 같은 해 12.부터 입주가 시작되었는데, 乙이 A로부터 이 사건 아파트를 임차할 당시, A는 甲에게 이 사건 아파트의 분양대금 중 계약금은 이미 계약 당일에, 중도금은 은행으로부터 대출받아 각 지급하였고, 나아가 잔금까지 지급하여 분양대금을 모두 지급한 상태였으며, A가 이 사건 아파트의 열쇠를 소지하고 있다가 乙에게 이를 교부한 사실은 당사자 사이에 다툼이 없는 한편, 乙과 A 사이의 이 사건 임대차계약 체결 당시 이 사건 아파트에 입주가 시작되었고, A가 분양대금을 모두 지급한 점에 비추어보면, 甲은 A에게 이 사건 아파트에 입주를 허락하여 이 사건 아파트를 인도하였다고 봄이 상당한데, 분양대금을 모두 지급하고 분양목적물을 인도받은 수분양자는 비록 소유권이전등기를 경료하지 않았다고 하더라도 분양목적물을 적법하게 임대할 권한을 가지고 있거나 분양자로부터 부여받았다고 할 것이므로, A는 乙에게 적법하게 이 사건 아파트를 임대할 권한을 가지고 있었다고 할 것이다. 나아가, 이 사건 아파트의 소유자는 아니지만 이 사건 아파트에 관하여 적법하게 임대차계약을 체결할 수 있는 권한을 가진 A로부터 이 사건 아파트를 임차한 乙은, 이 사건 아파트의 소유자인 甲에 대한 관계에서도 적법한 임대차임을 주장할 수 있다고 할 것이고, 甲이 위 분양계약을 해제하기 전에 乙이 이 사건 아파트에 입주하고 전입신고를 마쳤으므로 乙은 주택임대차보호법 제3조 제1항이 정하는 대항력을 취득하였다고 할 것이어서, 甲의 위 분양계약의 해제에도 불구하고, 자신의 임차권으로써 甲에게 대항할 수 있다고 할 것이다(서울중앙지법 2006.11.17. 2006가단132221).

반면에, 매도인으로부터 매매계약의 해제를 해제조건부로 전세 권한을 부여받은 매수인이 주택을 임대한 후 매도인과 매수인 사이의 매매계약이 해제됨으로써 **해제조건이 성취**되어 그 때부터 매수인이 주택을 전세 놓을 권한을 상실하게 되었다면, 임차인은 전세계약을 체결할 권한이 없는 자와 사이에 전세계약을 체결한 임차인과 마찬가지로 매도인에 대한 관계에서 그 주택에 대한 사용수익권을 주장할 수 없게 되어 매도인의 명도 청구에 대항할 수 없다(대법원 1995.12.12. 95다32037).

(3) 대리인 또는 무권리자와 체결한 임대차

민법상 임대차의 성립에 있어서 임대인에게 소유권 기타 이를 임대할 권한이 없다고 하더라도 임대차계약은 유효하게 성립한다는 것이 판례의 일관된 입장이다(대법원 1996.3.8. 95다15087 ; 1996.9.6. 94다54641).

그러나 **주택임대차**에 있어서는 주택의 양수인에게 대항력을 주장하거나 양수인에 의한 지위승계를 주장하려면 임대차계약은 소유자나 적법한 임대권한을 가진 자와 사이에 체결한 것으로 한정하여야 한다. 따라서 무권리자 또는 소유자를 가장한 자와 주택임대차계약을 체결한 경우에는 소유자가 이를 추인하지 않는 한 이 법의 보호대상에서 제외된다고 할 것이다.

실제로 임대차계약이 이루어지는 과정에서 소유자의 배우자 또는 친척 등이 소유자를 대리하여 계약을 체결하는 경우를 흔히 볼 수 있다. 이와 같이 소유자를 대리하는 자와 임대차계약을 체결할 경우에는 그 사람에게 임대차계약을 체결할 **대리권**이 있음을 나타내는 위임장, 인감증명서 및 대리인의 신분증을 요구하여 정당한 대리권 유무를 반드시 확인하여야 한다.

■ 위임장 작성례

위 임 장

수임인 성 명: 김○○
　　　　주 소: 서울 동작구 사당동 ***
　　　　주민등록번호 : 601205 - 1******
위 사람에게 아래 표시 부동산에 관한 임대차계약을 체결하는 행위 및 이에 부대되는 일체의 권한을 위임합니다.

- 부동산의 표시 -

서울특별시 동작구 대방동 *** ○○아파트 101동 ****호
첨부서류 : 인감증명 1통

2008. 1. .

위임인 성 명: 이○○ ㊞ (인감날인)
　　　　주 소: 서울 서초구 서초동 ***
　　　　주민등록번호 : 580517-1******
　　　　(연락처 : 02-535-****)

---

(4) 배우자 명의의 주택을 임대한 경우의 법률관계

(가) 의의

부부 사이라도 각자의 명의로 등기된 부동산은 각자의 소유이지만 남편 명의로 된 주택을 부인이 임대하거나 그 반대의 경우를 흔히 볼 수 있다. 그런데 이들 부부 사이가 원만하지 못하여 이혼을 하게 되면 소유자는 임대차계약의 성립을 否認(부

인)하고 자신은 전처 또는 전남편에게 임대권한을 준 적이 없다고 주장하면서 임차인에게 주택을 비워 줄 것을 요구하거나 임차보증금의 반환을 거부하는 경우가 종종 있다. 이러한 경우 임차인은 어떻게 보호받을 수 있는지가 문제된다.

(나) 일상가사대리권

원래 부부 사이에는 **일상가사대리권**이 있다. 즉 민법은 부부는 일상의 가사에 관하여 서로 대리권이 있고(민827①), 부부의 일방이 일상의 가사에 관하여 제3자와 법률행위를 한 때에는 다른 일방은 이로 인한 채무에 대하여 연대책임이 있다(민832)고 규정하고 있다.

> 민법 제832조에서 말하는 일상의 가사에 관한 법률행위라 함은 부부의 공동생활에서 필요로 하는 통상의 사무에 관한 법률행위를 말하는 것으로, 그 구체적인 범위는 부부공동체의 사회적 지위 · 재산 · 수입 능력 등 현실적 생활 상태뿐만 아니라 그 부부의 생활장소인 지역사회의 관습 등에 의하여 정하여지나, 당해 구체적인 법률행위가 일상의 가사에 관한 법률행위인지 여부를 판단함에 있어서는 그 법률행위를 한 부부공동체의 내부 사정이나 그 행위의 개별적인 목적만을 중시할 것이 아니라 그 법률행위의 객관적인 종류나 성질 등도 충분히 고려하여 판단하여야 한다(대법원 2000.4.25. 2000다8267).

그러나 이러한 부부간의 일상가사대리권은 부부가 공동체로서 가정생활상 항시 행하여지는 행위에 한하는 것이므로, 주택을 임대할 권한은 일상가사대리권에 포함되지 않는다고 해석하는 것이 통설적인 견해이다. 따라서 임차인은 곧바로 일상가사대리권을 내세워 남편에게 임차권을 주장하거나 임차보증금의 반환을 요구할 수 없는 것이다.

(다) 표현대리의 적용 여부

대리권 없는 자가 행한 행위 중에는 **표현대리**라는 것이 있다. 표현대리란 대리인에게 대리권이 없음에도 불구하고 마치 대리권이 있는 것과 같은 外觀(외관)이 있고, 또한 외관의 발생에 관하여 본인이 어느 정도 원인을 주고 있는 경우에, 그러한 무권대리행위에 대하여 본인이 책임을 지게 함으로써 선의 · 무과실의 제3자를 보호하려는 제도이다.

> 이러한 표현대리 중에서 가장 많이 발생하는 유형이 **권한을 넘은 표현대리**로서 민법 제126조는 "대리인이 그 권한 외의 법률행위를 한 경우에 제3자가 그 권한이 있다고 믿을 만한 **정당한 이유**가 있는 때에는 본인은 그 행위에 대하여 책임이 있다."라고 규정하고 있다.

여기서 남편이 부인에게 주택을 임대할 권한을 주지 아니하였는데 부인이 남편 명의의 주택을 임대한 경우와 같이, 부부의 일방이 일상의 가사를 넘어 대리행위를 한 경우에 표현대리가 적용되는지가 문제된다. 판례는 권한을 넘은 표현대리가 성립하려면 최소한 **기본대리권**은 있어야 하는데 부부간의 일상가사대리권을 이러한 기본대리권으로 보고, 문제의 행위에 대리권이 있었다고 믿을 만한 **정당한 이유**가 있는 경우에는 권한을 넘은 표현대리의 적용을 인정하는 입장에 있다. 만약, 남편이 다른 지방에 잠시 출장 중인 경우와 같이 임차인이 쉽게 남편으로부터 과연 부인에게 대리권을 부여하였는지 여부를 확인할 수 있었던 경우에는, 임차인이 부인에게 대리권이 있다고 믿었더라도 이렇게 믿은 것에 대한 정당한 이유가 있다고 보기 어렵다.

남편이 해외출국한 사이 처가 남편의 인감증명서와 인감도장을 남편으로부터 교부받아 소지하고 있었다 하더라도 그와 같은 사실만으로써는 위 처와 거래한 자에게 위 처가 부를 대리하여 부동산을 처분할 권한이 있다고 믿은데 정당한 사유가 있는 것이라고 볼 수 없다 (대법원 1980.9.9. 80다1380).

일본국에 거주하면서 1년에 3 내지 4회 우리나라에 귀국하는 내연의 남편(재일동포)으로부터 내연의 처가 남편 소유의 부동산을 담보로 제공하여 돈을 차용하는 것을 허락받고 남편의 인감증명서 및 인장을 보관중 인감증명서의 주소이동사항란을 일본국내의 주소에서 우리나라의 주소로 임의정정하고 인감증명서의 유효기간이 경과한 뒤에 그 부동산에 관하여 원고와 임대차계약을 체결한 경우 내연의 처에게 대리권이 있다고 원고가 믿을 데 정당한 이유가 있다고 볼 수 없다(대구지법 1987.9.25. 87사4).

(라) 표현대리의 효과

부인이 남편 명의의 주택을 권한 없이 임대한 경우라도 표현대리가 성립하면, 본인인 남편은 표현대리행위에 대하여 책임을 지므로, 부인과 맺은 임대차계약은 유효하고 임차인은 그 효력을 남편에게 주장할 수 있다. 따라서 임차인은 남편의 명도 요구를 거절하고 임차기간 동안 그 주택에서 거주할 수 있으며, 임대차 종료시 남편에게 임대보증금의 반환을 청구할 수 있다.

그러나 표현대리가 성립하지 않는다면 임차인이 부인과 맺은 임대차계약은 남편에 대하여 효력이 없고 따라서 남편의 명도 요구에 응하여야 하며 임대보증금의 반환도 부인에게만 청구할 수 있다.

(마) 무권대리에 대한 본인의 추인

표현대리에 해당하지 않는 **무권대리**라고 하더라도 본인이 **추인**함으로써 계약시 소급하여 본인에게 효력이 발생되는 경우가 있다. 무권대리행위의 추인은 무권대리행위가 있음을 알고 그 행위의 효과를 자기에게 귀속시키도록 하는 단독행위로써 그 의사표시의 방법에 관하여 일정한 방식이 요구되는 것이 아니므로 명시적이든 묵시적이든 묻지 않는다. 특히 묵시적 추인의 경우에 해당되는지가 중요하다.

임대차와 관련한 무권대리의 추인 사례는 찾기 어려우나, 무권대리인이 체결한 임대차계약의 보증금이나 월세를 본인이 수령한 경우, 무권대리인이 수령한 임차보증금의 반환기일에 임차인이 본인에게 그 반환을 독촉하자 본인이 그 유예를 요청한 경우 등은 묵시적 추인이 있는 것으로 볼 수 있다.

3. 임차인의 자격

주택임대차에서는 주민등록을 대항요건으로 하므로 일반적인 임대차계약과는 달리 임차인의 자격은 **주민등록의 가능 여부**와 직결된다. 내국인의 경우에는 임차인의 자격이 크게 문제되지 않으나, 외국인 · 재외동포 · 법인 등이 임차인인 경우 주택임대차보호법의 적용대상이 되는지 문제된다.

(1) 외국인

주민등록법상 외국인은 주민등록 대상자가 아니지만(주민6①후단), 출입국관리법에 의한 **외국인등록** 및 **체류지 변경신고**를 하면 주민등록 및 전입신고에 갈음하므로, 국내에 거주하면서 주택을 임차한 외국인도 주택임대차보호법의 적용대상이 된다(서울민사지법 1993.12.16. 93가합73367).

(2) 재외동포

주민등록법상 「해외이주법」제2조에 따른 해외이주자는 해외이주를 포기한 후가 아니면 주민등록을 할 수 없도록 규정하고 있다(주민6③). 그러나 **'재외동포의 출입국과 법적지위에 관한 법률'**이 1999.12.3.부터 시행됨에 따라, 재외국민(대한민국의 국민으로서 외국의 영주권을 취득한 자 또는 영주할 목적으로 외국에 거주하고 있는 자) 및 **외**

국국적동포(대한민국정부 수립 전에 국외로 이주한 동포를 포함하여 대한민국의 국적을 보유하였던 자 또는 그 직계비속으로서 외국국적을 취득한 자 중 대통령령으로 정하는 자)도 국내에 30일 이상 거주할 목적으로 체류하는 경우 **국내거소신고**를 할 수 있고, 이러한 거소신고는 주민등록과 동일한 효력을 갖는 것으로 인정되므로, 재외동포도 주택임대차보호법의 보호를 받을 수 있다.

(3) 법인

(가) 주택임대차보호법은 자연인인 서민들의 주거생활의 안정을 보호하려는 취지에서 제정된 것이지 법인을 그 보호대상으로 삼고 있다고는 할 수 없으므로 주택임차인이 법인인 경우에는 주택임대차보호법이 적용되지 않는다. 따라서 소속 직원들의 주거안정이라는 복리후생 차원에서 법인 명의로 주택을 임차하고 소속 직원으로 하여금 주민등록을 마치고 거주하게 하는 경우에는 주택임대차보호법 소정의 대항력 내지 우선변제권이 인정되지 않는다(대법원 1997.7.11. 96다7236).

다른 판례에서는 임차인인 법인이 지방자치단체인 경우에도 마찬가지로 주택임대차보호법이 적용되지 않는다고 하였다(대법원 2004.3.11. 2003다50788).

(나) 그런데 2007.8.3. 개정된 주택임대차보호법에서는, 국민주택기금을 재원으로 하여 저소득층의 무주택자에게 주거생활안정을 목적으로 전세임대주택을 지원하는 **법인**이 주택을 임차한 후 지방자치단체의 장 또는 해당 법인이 선정한 **입주자**가 그 주택에 관하여 인도와 주민등록을 마친 때에는 해당 법인에게 대항력, 우선변제권 및 임차권등기명령신청권 등을 부여하였으므로, 이러한 경우 법인에게도 주택임대차보호법이 적용되게 되었다. 이에 해당하는 법인으로는 「대한주택공사법」에 따른 **대한주택공사** 및 「지방공기업법」 제49조에 따라 **주택사업을 목적으로 설립된 지방공사**가 있다(영1의2).

한편, **상가건물임대차보호법**의 대항요건인 사업자등록신청은 법인도 할 수 있고 같은 법 제3조 제1항에서 대항요건으로 사업자등록신청을 규정하면서 법인세법 제111조의 규정에 의한 사업자등록신청을 인정하고 있으므로 법인도 상가건물임대차보호법의 적용대상이 된다.

4. 사택의 이용관계와 임대차

(1) 의의

일반적으로 사택이란 사용자가 종업원의 복리후생을 위하여 고용계약과 동시에 또는 별개의 계약으로 제공하는 주택을 말한다. 이러한 사택의 제공은 종업원의 복리후생적인 측면과 함께 기업체의 능률증진을 위한다는 이중적 목적을 가지고 있으며, 그 거주자가 종업원의 지위에서 제공을 받는 것이기 때문에 사용료가 대체로 저렴하며 해고나 퇴직 등의 사유로 종업원의 지위를 상실한 때에는 곧바로 반환하기로 하는 약정 하에 이용관계가 설정되는 것이 보통이다.

(2) 판단기준

사택의 이용관계를 임대차로 볼 수 있는지 판단하는 것은 매우 어려운 문제이다. 사택이라도 기숙사 · 독신자숙소 · 단독주택 · 아파트 · 연립주택 등 그 형태가 다양하고, 사택의 사용료도 완전 무상에서부터 적게는 사택에 부과되는 제세공과금 상당액, 많게는 일반 임대료 상당액에 이르기까지 다양하기 때문이다.

따라서 사택의 이용관계는 일률적으로 정할 수 없으므로 고용관계에 완전히 흡수되어 있는지 여부, 여러 명이 1실을 공동으로 사용하는지 아니면 각자 독자적으로 사용하는지 여부, 사용료의 多寡(다과) 등을 종합적으로 고려하여 임대차 여부를 판단하여야 할 것이다.

만약 사택의 이용관계가 임대차관계인 것으로 판정된다면, 사용자가 사택을 제3자에게 매각하거나 양도한 경우 사택의 거주자는 주택임대차보호법의 보호를 받을 수 있다고 보아야 할 것이다.

사택의 이용관계를 직접 다룬 것은 아니지만, 대학교 기숙사에 입주하면서 학교 측에 맡기는 예탁금은 일반 주택에 대한 임대차보증금으로 볼 수 없으므로 주택임대차보호법에 의하여 보호받을 수 없다는 취지로 판시한 사례가 있다(서울지법 1999.2.10. 98나53034).

5. 채권회수 목적의 임대차

(1) 의의

채무자로부터 공사대금이나 대여금 등을 지급받지 못한 채권자가 그 채권회수를 위한 방편으로 공사대금이나 대여금을 임대차보증금으로 전환하여 채무자 소유의 주택을 임차하는 계약을 체결하고 대항요건을 갖춘 경우에도 주택임대차보호법의 적용대상으로 볼 것인지 문제된다.

(2) 보증금의 현실적 교부가 없는 임대차

임대차계약에서 반드시 임대차보증금을 현실적으로 授受(수수)하여야만 하는 것으로 한정할 아무런 근거가 없다. 실질적으로 주택을 사용·수익하려는 목적에서 임대차계약을 체결하면서 임차인이 임대인에 대하여 가지고 있던 기존 채권으로 임대차보증금의 지급에 갈음하는 방법도 얼마든지 가능하다.

임대차보증금을 직접 지급한 것이 아니라 기존 채권으로 갈음할 수 있는지 여부 : 임대차보증금이 현실적으로 지급되지 않고 임대차계약의 당사자가 기존 채권을 임대차보증금으로 전환하여 임대차계약을 체결하였다는 사정만으로는 임차인이 주택임대차보호법상의 대항력을 갖지 못한다고 볼 수는 없다(서울동부지법 2007.6.27. 2006가단65317).

채권담보의 목적으로 설정된 전세권의 효력 및 기존의 채권으로 전세금 지급에 갈음할 수 있는지 여부에 관하여 "전세권이 용익물권적 성격과 담보물권적 성격을 겸비하고 있다는 점 및 목적물의 인도는 전세권의 성립요건이 아닌 점 등에 비추어 볼 때, 당사자가 주로 채권담보의 목적으로 전세권을 설정하였고, 그 설정과 동시에 목적물을 인도하지 아니한 경우라 하더라도, 장차 전세권자가 목적물을 사용·수익하는 것을 완전히 배제하는 것이 아니라면, 그 전세권의 효력을 부인할 수는 없다 할 것이고, 한편 전세금의 지급은 전세권 성립의 요소가 되는 것이지만 그렇다고 하여 전세금의 지급이 반드시 현실적으로 수수되어야만 하는 것은 아니고 기존의 채권으로 전세금의 지급에 갈음할 수도 있다 할 것이다."고 판시한 사례(대법원 1995.2.10. 94다18508).

(3) 채권회수 목적의 임대차에 관한 판례의 동향

기존 채권의 회수 또는 담보를 목적으로 기존 채권을 임대차보증금으로 전환하여 체결한 임대차계약에 관하여 최근 잇따라 선고된 대법원 판례를 비교·분석해 보면, **소액임차인 보호**에 관한 판단기준과 **대항력 유무**에 관한 판단기준이 서로 다르다는 점을 알 수 있다.

(가) 최우선변제권만을 행사하는 소액임차인의 경우

대항력 없이 최우선변제권만을 행사하는 소액임차인의 경우에는 실제로 주택을 사용·수익할 목적이 있더라도 **임대차계약의 주된 목적**이 기존 채권을 회수하려는 것에 있는 경우 소액임차인으로 보호할 수 없다는 입장이다.

주택임대차보호법의 입법목적은 주거용 건물에 관하여 민법에 대한 특례를 규정함으로써 국민의 주거생활의 안정을 보장하려는 것이고(제1조), 주택임대차보호법 제8조 제1항에서 임차인이 보증금 중 일정액을 다른 담보물권자보다 우선하여 변제받을 수 있도록 한 것은, 소액임차인의 경우 그 임차보증금이 비록 소액이라고 하더라도 그에게는 큰 재산이므로 적어도 소액임차인의 경우에는 다른 담보권자의 지위를 해하게 되더라도 그 보증금의 회수를 보장하는 것이 타당하다는 사회보장적 고려에서 나온 것으로서 민법의 일반규정에 대한 예외규정인 바, 그러한 입법목적과 제도의 취지 등을 고려할 때, 채권자가 채무자 소유의 주택에 관하여 채무자와 임대차계약을 체결하고 전입신고를 마친 다음 그곳에 거주하였다고 하더라도 **실제 임대차계약의 주된 목적**이 주택을 사용수익하려는 것에 있는 것이 아니고, 실제적으로는 **소액임차인으로 보호**받아 선순위 담보권자에 우선하여 채권을 회수하려는 것에 주된 목적이 있었던 경우에는 그러한 임차인을 주택임대차보호법상 소액임차인으로 보호할 수 없다고 할 것이다(대법원 2001.5.8. 2001다14733 ; 2001.10.9. 2001다41339 ; 2004.3.26. 2003다66134 ; 2008.5.15. 2007다23203).

주택임대차로서의 우선변제권을 취득한 것처럼 외관을 만들었을 뿐 실제 주택을 주거용으로 사용·수익할 목적을 갖지 아니한 계약에는 주택임대차보호법이 정하고 있는 우선변제권을 부여할 수 없으므로, 주택과 그 대지에 관한 자기의 공유지분을 다른 공유자에게 명의신탁한 공동소유자로서 그 주택의 일부분을 사용·수익해 오던 자가 그 주택 등이 경매되는 경우 자기의 지분을 제3자에게 대항할 수 없게 되는 것에 대비하여 다른 공유자와 사이에 임대차계약서를 작성하고 확정일자를 받아두었을 뿐인 경우에는 주택임대차보호법이 정하고 있는 우선변제권이 인정되지 않는다고 한 사례(대법원 2003.7.22. 2003다21445).

임차인 甲이 2004.7.14. 임차주택에 주민등록 전입신고를 마치고 같은 날 임대인 A로부터 주택을 임차한다는 내용의 부동산임대차계약서에 확정일자까지 받은 사실은 인정되나, 甲이 주택을 임차하였다고 주장하는 2004.6.25.경에는 이미 주택에 관하여 선순위 근저당권설정등기와 3건의 가압류등기가 경료되어 있었고 그 채권최고액과 청구금액이 주택의 감정가액을 훨씬 초과할 뿐 아니라, 甲 역시 A에 대한 150,000,000원의 대여금 채권(甲은 2002.5.29.

경부터 2003.8.29.경까지 사이에 A에게 건물의 공사대금 명목으로 150,000,000원 가량을 대여해 주고 이를 전혀 변제받지 못한 상태였음)을 피보전권리로 하여 2004.3.30. 임차주택을 비롯하여 다른 건물에 관한 가압류결정을 받아 2004.4. 1. 각 가압류등기를 경료한 바 있어 A의 자금사정이 원활하지 않고 주택을 둘러싼 권리관계가 복잡하여 임대차보증금 회수가 수월하지 않으리라는 것을 충분히 예상할 수 있었다고 보이는 점, 위 임대차계약서의 기재내용에 따르면 甲은 A에게 계약금 5,000,000원을 계약 당일 지급하고 잔금 30,000,000원을 2004.7.8.에 지급하는 것으로 되어 있는데, 甲은 배당이의 소를 제기하면서 임대차보증금 중 5,000,000원은 위 임대차계약 체결 후 월 임료로 전환하여 지급하기로 구두약정하였고 계약 당일 계약금으로 200,000원을 지급한 후 2004.7. 9. 19,600,000원, 2004.7.19. 10,200,000원을 지급하여 총 30,000,000원의 임대차보증금을 지급하였다고 주장하였다가, 항소심에 이르러서는 甲이 주택을 임차하기로 하면서 A에 대한 위 대여금 중 2003.7.28.자 대여금 20,000,000원을 임대차보증금의 일부로 전환하고 2004.7.19. 임차주택의 前 임차인인 B에게 A 대신 10,000,000원을 직접 지급하였다고 주장하는 등 임대차보증금 지급에 관한 주장이 일관되지 않은데다가 이를 확실히 뒷받침할 만한 금융자료도 없는 점 등 제반사정을 종합하면, 甲이 A에게 실제로 임대차보증금을 지급하고 주택을 사용·수익할 목적으로 임대차계약을 체결하였다고 인정하기에 부족하고 오히려 甲이 체결한 **임대차계약의 주된 목적**은 임차주택에 관한 경매절차에서 소액임차인으로 보호받음으로써 선순위 근저당권자인 乙 등에 우선하여 A에 대한 대여금 채권 중 14,000,000원이라도 회수하려는 데에 있었던 것으로 봄이 상당하므로, 이러한 甲을 주택임대차보호법상 최우선변제권이 인정되는 소액임차인이라고 볼 수는 없다고 판시한 사례(부산지법 2006.9.14. 2006나3773).

서울 마포구 성산동 2층 주택에 대한 부동산 임의경매에서 아무런 배당을 받지 못한 가압류채권자 甲이 주택임대차보호법상 소액임차인으로 선순위로 배당받은 乙을 상대로 낸 배당이의 청구소송에서, 법원은 "주택임대차보호법상 임차인이 보증금 중 일정액을 다른 담보물권자보다 우선해 변제받을 수 있도록 한 것은 소액임차인의 경우 다른 담보권자의 지위를 해하게 되더라도 그 보증금의 회수를 보장하는 것이 타당하다는 사회보장적 고려에서 민법 일반규정에 대한 예외규정인 바 채권자가 채무자 소유의 주택에 관해 채무자와 임대차계약을 체결하고 전입신고를 마친 다음 그곳에 거주했다고 하더라도 **실제 임대차 계약의 주된 목적**이 주택을 사용·수익하려는 것에 있는 것이 아니고 실제적으로는 소액임차인으로 보호받아 선순위 담보권자에 우선해 채권을 회수하려는 것에 주된 목적이 있었던 경우에는 주택임대차보호법상 소액임차인으로 보호할 수 없다"고 전제한 후, "임차인 乙이 건물 소유자인 A에게 빌려준 1,900만원 중 1,500만원을 보증금으로 대체하기로 내용의 임대차 계약을 체결했더라도 체결 후 1개월여 만에 임차주택에 관해 임의경매절차가 개시된 점, 乙의 처는 용인에서 거주하고 乙은 사업차 임차주택에서 거주했다는 주장에 뚜렷한 이유나 필요성이 발견되지 않고 있는 점 등에 비춰볼 때 乙이 임차주택을 사용·수익하려는 데에 있었던 것이 아니라 선순위 담보권자에 우선해 채권을 회수하려는 데 있다고 보여 주택임대차보호법상 소정의 소액임차인에 해당한다고 볼 수 없다"고 판시한 사례(서울서부지법 2006.11.1. 2005가단49327).

　"채권자가 채무자 소유의 주택에 관하여 채무자와 임대차계약을 체결하고 전입신고를 마친 다음 그곳에 거주하여 형식적으로 주택임대차로서의 대항력을 취득한 외관을 갖추었다고 하더라도 **임대차계약의 주된 목적**이 주택을 사용수익하려는 것에 있는 것이 아니고, 실제적으로는 대항력 있는 임차인으로 보호받아 후순위권리자 기타 채권자보다 우선하여 채권을 회수하려는 것에 있었던 경우에는 그러한 임차인에게 주택임대차보호법이 정하고 있는 대항력을 부여할 수 없다"고 전제한 후, 원고 甲은 소외 1의 형인 소외 2의 딸로서 甲의 부모인 소외 2, 3이 소외 1에게 대여한 돈 중 일부인 5,000만원을 임대차보증금으로 대체하기로 하고 임대차계약을 체결한 사실, 소외 1은 ○○빌라 건축으로 인해 임대차계약 당시 경제적으로 매우 어려운 상황에 있었던 사실, ○○빌라에 관한 강제경매절차에서 임차 빌라는 2003.11.1. 기준으로 토지를 제외한 건물의 시가가 5,600만원에 불과한 것으로 감정평가된 사실, 甲의 어머니 소외 3도 소외 1에 대한 나머지 대여금채권 1억500만원을 임대차보증금으로 대체하기로 하고 2002.2.2. ○○빌라 202호에 관하여 임대차계약을 체결하고 남편인 소외 2와 함께 전입신고를 마쳤고, 소외 1의 누나인 소외 4 역시 소외 1에 대한 대여금채권 1억3,000만원을 임대차보증금으로 대체하기로 하고 2002.9.12. ○○빌라 302호에 관하여 임대차계약을 체결하고 전입신고를 마쳤는데, ○○빌라에 관한 강제경매절차에서 2003.11.1. 기준으로 토지를 제외한 202호 건물의 시가가 1억3,000만원, 302호 건물의 시가가 9,500만원에 불과한 것으로 감정평가된 사실에 의하면, 甲은 비록 소외 2, 3의 소외 1에 대한 대여금채권을 임대차보증금으로 대체하고 임차 빌라를 인도받아 주민등록을 마치고 거주함으로써 주택임대차보호법 제3조 제1항에서 정한 요건을 형식상 갖추었으나, 甲과 소외 1과의 관계, 甲 부모의 소외 1에 대한 대여금채권을 임대차보증금으로 대체한 점, 甲 이외에도 甲의 어머니와 소외 1의 누나가 甲과 같은 방법으로 임대차계약을 체결한 점, 임차 빌라의 시가와 임대차보증금의 액수 등에 비추어 보면, 甲이 임대차계약을 체결한 것이 임차 빌라의 사용·수익을 목적으로 하였다기보다는 대항력 있는 임차인으로 보호받아 소외 2, 3의 소외 1에 대한 대여금채권을 우선변제받으려는 것이 주된 목적이 아니었는가 하는 의심이 들기에 충분하므로, 그렇다면 원심으로서는 甲의 주된 목적이 대항력 있는 임차인으로 보호받아 후순위권리자 기타 채권자보다 우선하여 채권을 회수하려는 것에 있었는지에 관해서 더 심리해 보았어야 할 것임에도, 형식적으로 주택임대차로서의 대항력 요건을 갖추었다는 사유만으로 甲이 주택임대차보호법 제3조 제1항에 의한 대항력을 취득하였다고 판단하고 말았으니, 원심판결에는 주택임대차보호법 제3조 제1항 소정의 대항력에 관한 법리를 오해하고 심리를 다하지 아니한 위법이 있다는 이유로 원심판결을 파기한 사례(대법원 2007.12.13. 2007다55088).

甲이 임대차계약 이후 임차주택에 거주하였다고 하더라도 임대차계약의 주된 목적이 임차주택을 사용·수익하려는 데 있는 것이 아니고, 실제적으로는 소액임차인으로 보호받아 선순위 담보권자에 우선하여 기존 대여금 채권을 회수하려는 것에 주된 목적이 있었던 경우라고 판단하여 주택임대차보호법상 소액임차인으로 보호할 수 없다고 밝힌 사례(부산지법 2008.3.27. 2007나13074).

(나) 대항력을 행사하는 경우

대항력 유무에 관하여 변제받지 못한 기존 채권을 임대차보증금으로 전환하고 형식상 대항요건을 갖추었더라도 임차인에게 **실제 주거용으로 사용·수익할 목적**이 있는지 여부를 기준으로 **통정허위표시**에 의해 사안을 해결하고 있다. 따라서 주택임대차보호법상 형식적 대항요건을 갖추었다고 하더라도 실제 주택을 주거용으로 사용·수익할 목적을 갖지 아니한 계약은 주택임대차계약으로서는 통정허위표시에 해당하여 무효라고 보고 있다.

채무자(주택소유자)에 대하여 2억8천만원의 채권을 갖고 있는 채권자가 채무자가 신축한 미등기 다가구주택에 관하여 기존 채권을 임차보증금으로 대체하기로 하고 임차보증금을 1억원과 1억8천만원으로 한 각 임대차계약을 체결하고 각 주택의 열쇠만 건네받고는 전입신고를 마쳐 주택임대차보호법상의 대항요건을 갖추었으나 실제 거주하면서 생활하지는 아니한 사안에서, "임대차는 임차인으로 하여금 목적물을 사용·수익하게 하는 것이 계약의 기본 내용이므로, 채권자가 주택임대차보호법상의 대항력을 취득하는 방법으로 기존 채권을 우선변제 받을 목적으로 주택임대차계약의 형식을 빌려 기존 채권을 임대차보증금으로 하기로 하고 주택의 인도와 주민등록을 마침으로써 주택임대차로서의 대항력을 취득한 것처럼 외관을 만들었을 뿐 실제 주택을 주거용으로 사용·수익할 목적을 갖지 아니 한 계약은 주택임대차계약으로서는 통정허위표시에 해당되어 무효라고 할 것이므로 이에 주택임대차보호법이 정하고 있는 대항력을 부여할 수는 없다."고 판시한 사례(대법원 2002.3.12. 2000다 24184, 24191).

반면에 대항력 있는 임차인은 당해 임대차계약이 통정허위표시에 의한 계약으로서 무효가 아니라면 기존 채권을 임대차보증금으로 전환하여 임대차계약을 체결하였더라도 대항력을 가진다고 하였다.

채무자에게 1억5천만원의 대여금채권을 갖고 있는 채권자가 이를 변제받지 못하자 채무자 아파트에 관하여 기존 채권액을 임차보증금으로 전환하여 임대차계약을 체결하고 아파트를 인도받아 전입신고를 마쳐 대항요건을 갖춘 것인데, 임차권에 우선하는 선순위 저당권

등이 없었고 임차인이 실제 임차주택에서 거주하여 온 사안으로서, 임차주택의 양수인에게 대항할 수 있는지 여부에 관한 사안에서, "주택임차인이 **대항력을 갖는지 여부**는, 주택임대차보호법 제3조 제1항에서 정한 요건, 즉 임대차계약의 성립, 주택의 인도, 주민등록의 요건을 갖추었는지 여부에 의하여 결정되는 것이므로, 당해 임대차계약이 통정허위표시에 의한 계약이어서 무효라는 등의 특별한 사정이 있는 경우는 별론으로 하고 임대차계약 당사자가 기존 채권을 임대차보증금으로 전환하여 임대차계약을 체결하였다는 사정만으로 임차인이 같은 법 제3조 제1항 소정의 **대항력**을 갖지 못한다고 볼 수는 없다."고 판시한 사례(대법원 2002.1.8. 2001다47535).

한편, 공사대금채권과 대여금채권을 합산하여 임대차보증금반환채권으로 전환하기로 합의하여 임대차계약을 체결하고, 실제로 임차인이 임대차목적물에 거주하면서 주민등록 전입신고를 하고 확정일자를 받은 경우, 임차인이 이에 기하여 경매법원으로부터 배당을 받은 행위를 사기죄로 의율할 수 없다(대법원 2004.7.22. 2003도6412).

6. 일시사용하기 위한 임대차

(1) 의의

일시사용을 위한 임대차란 특정한 시험을 앞둔 수험생이 고사장 근처의 방을 세를 얻어 시험이 끝날 때까지 수주일 혹은 수개월간 사용하는 경우, 여름 한철 별장으로 사용하기 위하여 주택을 임차한 경우와 같이 그 임대차의 기간이나 사용목적 등에 비추어 일시사용이 명백한 임대차를 말한다.

주택임차인의 보호를 위하여 특별히 제정된 주택임대차보호법은 어느 정도 장기간에 걸친 임대차를 전제로 한 것이므로 일시사용하기 위한 임대차에 대해서까지 임차인을 두텁게 보호할 필요성이 적으며 그 경우에는 당사자의 자유계약에 맡겨놓아도 큰 폐단이 발생하지는 않을 것이다. 이에 따라 법 제11조는 「이 법은 일시사용하기 위한 임대차임이 명백한 경우에는 적용하지 아니한다」라고 규정하고 있다.

(2) 판단기준

어떠한 경우를 일시사용하기 위한 임대차라고 할 것인가에 관하여 민법이나 주택임대차보호법에 아무런 규정이 없다. 또한 일시사용하기 위한 임대차에 해당하는지 여부를 정면으로 다룬 판례도 거의 찾아보기 어렵다.

결국, 일시사용하기 위한 임대차인지 여부는 임대차계약의 내용·목적, 임차물의 종류·구조·설비, 임대차기간의 장단, 차임의 액수 기타 제반사정을 고려하여 구체적 사안별로 임차인보호를 위하여 주택임대차보호법을 적용할 것인지 판단하여야 할 것이다.

> 주택임대차의 사안은 아니나, 숙박업을 경영하는 자가 투숙객과 체결하는 숙박계약은 숙박업자가 고객에게 숙박을 할 수 있는 객실을 제공하여 고객으로 하여금 이를 사용할 수 있도록 하고 고객으로부터 그 대가를 받는 일종의 일시사용을 위한 임대차계약이라고 한 판례가 있다(대법원 1994.1.28. 93다43590).

(3) 일시사용하기 위한 임대차의 효력

만약 일시사용하기 위한 임대차에 해당하는 경우에는 주택임대차보호법의 모든 규정이 적용되지 아니한다.

> 또한 민법 중 차임증감청구권(민628), 해지통고의 전차인에 대한 통지(민638), 차임연체와 해지(민640), 임차인의 부속물매수청구권(민646), 전차인의 부속물매수청구권(민647), 임차지의 부속물·과실 등에 대한 법정질권(민648), 임차건물 등의 부속물에 대한 법정질권(민650), 강행규정(민652) 등 임차인 및 전차인의 보호를 위한 규정들이 모두 적용되지 아니한다.

II. 채권적 전세계약

1. 의의

전세란 차임을 정기적으로 지급하는 대신 일정액의 목돈(전세금)을 지급하고 그 이자를 차임과 상계하기로 함으로써 별도의 차임을 지급하지 않고 타인의 부동산을 그 용도에 좇아 점유·사용·수익할 수 있는 것을 말한다.

이러한 권리에 대한 공시방법으로써 등기를 마쳤느냐의 여부에 따라 민법이 정하고 있는 **물권으로서의 전세권**과 이른바 채권적 전세로 구분된다. **채권적 전세**는 전세권설정등기를 마치지 않았다는 의미에서 등기하지 아니한 전세계약 또는 **미등기 전세**라고 하기도 한다.

보통 전세 또는 전세계약이라고 부르는 경우에도 전세권설정등기까지 마쳐 물권으로서의 전세권으로 발전된 경우도 있겠지만, 실제로 주택의 이용관계에서는 이러한 단계에까지 이르지 못한 채권적 전세에 머물고 있는 것이 대부분이다.

> **전세권**은 전세금을 지급하고 타인의 부동산을 점유하여 그 부동산의 용도에 좇아 사용·수익하며, 그 부동산 전부에 대하여 후순위권리자 기타 채권자보다 전세금의 우선변제를 받을 권리를 내용으로 하는 물권이지만, **임대차**는 당사자 일방이 상대방에게 목적물을 사용·수익하게 할 것을 약정하고 상대방이 이에 대하여 차임을 지급할 것을 약정함으로써 그 효력이 발생하는 채권계약으로서, 주택임차인이 주택임대차보호법 제3조 제1항의 대항요건을 갖추거나 민법 제621조의 규정에 의한 주택임대차등기를 마치더라도 채권계약이라는 기본적인 성질에 변함이 없다(대법원 2007.6.28. 2004다69741).

2. 채권적 전세와 임대차

채권적 전세와 임대차는 타인의 주택을 빌려 사용·수익한다는 실질관계에 있어서는 큰 차이가 없고 주로 **차임의 지급방법**에 있어서 서로 구별된다.

임대차는 당사자 일방이 상대방에게 어떤 목적물을 사용·수익하게 할 것을 약정하고 상대방이 이에 대한 대가로서 일정한 시기마다 차임을 지급할 것을 약정함으로써 성립하는 계약이다. 반면에 **채권적 전세**는 별도의 차임을 지급하는 대신 목돈인 전세금을 일시에 지급하여 그 이자를 차임과 상계하고 계약종료시 전세금을 돌려받는 것이나, 채권적 전세계약도 **일종의 임대차**라고 보는 것이 통설적인 견해이다.

3. 채권적 전세에도 적용

주택임대차보호법이 제정될 당시 그 적용범위는 주거용 건물의 임대차에 한정되어 있었으므로(법2), 채권적 전세계약에도 대하여도 이 법이 적용되는지에 관하여 논란이 있었다. 그러나 1983.12.30. 주택임대차보호법 개정시 신설된 제12조에서 「이 법은 주택의 등기하지 아니한 전세계약에 관하여 이를 준용한다. 이 경우 "전세금"은 "임대차 보증금"으로 본다.」라고 규정함으로써 그와 같은 논란을 입법적으로 해결하였다.

결국 주택에 관하여는 임대차계약이든 채권적 전세계약이든 주택임대차보호법의 적용에 있어서는 별 차이가 없게 되었다. 따라서 채권적 전세계약에 관하여도 일정한 요건을 갖춘 경우 대항력과 우선변제권이 인정되는 등 주택임대차보호법의 모든 규정이 적용된다.

4. 대항력과 전세권등기를 모두 갖춘 경우

대항력을 갖춘 임차인이 다시 전세권등기를 하는 **이유**는, 임차인이 주택임대차법 보호상의 대항력을 갖추었지만, 자신의 기존의 지위를 **유지**하면서 이를 **강화**하는 방안으로 종래의 미등기 전세계약은 그대로 두고 별도로 주택의 소유자와 전세권설정계약을 하고 그 등기를 한 것으로 볼 수 있다.

전세권등기 당시에 이미 임차주택에 제3자 명의로 선순위 근저당권등기가 되어 있는 경우에는 임차인이 전세권등기를 하더라도 그 등기에 의한 완전한 권리확보가 되지 않을 것인데, 임차인이 굳이 주택임대차보호법이 보장한 기존의 지위를 버릴 까닭이 없다. 따라서 국민의 주거생활의 안정을 기하기 위하여 제정된 이 법의 입법취지로 볼 때, 제12조의 규정은 주택의 미등기 전세계약에 확장 적용한다는 취지이지, 대항력을 갖춘 임차인이 그 후 전세권등기를 하게 되면 이 법의 적용대상에서 배제한다는 취지는 아니라고 할 것이다.

따라서 주택에 대한 미등기 전세계약을 체결하여 주택임대차보호법상의 대항력을 갖춘 임차인이 그 후 전세권등기까지 한 경우, 전세권등기보다 선순위의 근저당권 실행으로 전세권등기가 말소되었다 하더라도 임차인의 대항력은 상실하지 않는다. 만약 전세권자로서 배당절차에 참가하여 전세금의 일부에 대하여 우선변제를 받았더라도 변제받지 못한 나머지 보증금에 기한 대항력 또는 우선변제권을 행사할 수 있다.

甲이 주택소유자로서 1986.4.24. 주민등록 전입신고를 하고 거주하여 오다가 乙에게 주택을 매도하면서 1990.11.27. 乙과 사이에 주택 1층에 관하여 전세계약을 체결하고 계속 거주하던 중 1991.7.6. 전세권설정등기를 경료하였는데, 乙이 1991.4.13. 丙에게 근저당권을 설정하였고 丙의 임의경매신청으로 丁이 1991.12. 19. 경락을 받은 경우 甲이 전세권설정등기를 한 이유가, 주택임대차보호법 소정의 임차인의 대항력을 갖추었지만 그의 지위를 강화시키기 위한 것이었다면, 甲 명의의 전세권설정등기가 선순위의 근저당권의 실행에 따른 경락으로 인하여 말소된다 하더라도 그 때문에 甲이 위 전세권설정등기 전에 건물소유자와 전세계약을 맺고 주민등록을 함으로써 주택임대차보호법 제12조, 제3조 제1항에 의하여 확보된 대항력마저 상실하게 되는 것은 아니다(대법원 1993.11.23. 93다10552,10569).

주택임차인으로서의 우선변제를 받을 수 있는 권리와 전세권자로서 우선변제를 받을 수 있는 권리는 근거규정 및 성립요건을 달리하는 별개의 것이므로, 주택임대차보호법상 대항력을 갖춘 임차인이 임차주택에 관하여 전세권설정등기를 경료하였다거나 전세권자로서 배당절차에 참가하여 전세금의 일부에 대하여 우선변제를 받은 사유만으로는 변제받지 못한 나머지 보증금에 기한 대항력 행사에 어떤 장애가 있다고 볼 수 없다(대법원 1993.12.24. 93다 39676).

반면에, 주택임차인이 대항요건을 갖추고서도 그 지위를 강화하고자 별도로 전세권설정등기를 마쳤더라도 그 후 주소를 이전하여 대항요건을 상실하면 주택임대차보호법에 의한 대항력 및 우선변제권을 상실하게 된다.

주택임차인이 그 지위를 강화하고자 별도로 전세권설정등기를 마치더라도, 주택임대차보호법상 주택임차인으로서의 우선변제를 받을 수 있는 권리와 전세권자로서 우선변제를 받을 수 있는 권리는 근거규정 및 성립요건을 달리하는 별개의 것이라는 점, 주택임대차보호법 제3조의3 제1항에서 규정한 임차권등기명령에 의한 임차권등기와 동법 제3조의4 제2항에서 규정한 주택임대차등기는 공통적으로 주택임대차보호법상의 대항요건인 '주민등록일자', '점유개시일자' 및 '확정일자'를 등기사항으로 기재하여 이를 공시하지만 전세권설정등기에는 이러한 대항요건을 공시하는 기능이 없는 점, 주택임대차보호법 제3조의4 제1항에서 임차권등기명령에 의한 임차권등기의 효력에 관한 동법 제3조의3 제5항의 규정은 민법 제621조에 의한 주택임대차등기의 효력에 관하여 이를 준용한다고 규정하고 있을 뿐 주택임대차보호법 제3조의3 제5항의 규정을 전세권설정등기의 효력에 관하여 준용할 법적 근거가 없는 점 등을 종합하면, 주택임차인이 그 지위를 강화하고자 별도로 전세권설정등기를 마쳤더라도 주택임차인이 주택임대차보호법 제3조 제1항의 대항요건을 상실하면 이미 취득한 주택임대차보호법상의 대항력 및 우선변제권을 상실한다(대법원 2007.6.28. 2004다69741).

한편, 주택임대차계약을 체결한 임차인이 자신의 지위를 강화하기 위한 방편으로 따로 전세권설정계약서를 작성하고 전세권설정등기를 한 경우, 전세권설정계약서를 임대차계약서로 볼 수 있고 전세권설정계약서가 첨부된 등기필증에 찍힌 접수인은 확정일자에 해당한다.

주택에 관하여 임대차계약을 체결한 임차인이 자신의 지위를 강화하기 위한 방편으로 따로 전세권설정계약서를 작성하고 전세권설정등기를 한 경우에, 따로 작성된 전세권설정계약서가 원래의 임대차계약서와 계약일자가 다르다고 하여도 계약당사자, 계약목적물 및 보증금액(전세금액) 등에 비추어 동일성을 인정할 수 있다면 그 전세권설정계약서 또한 원래의 임대차계약에 관한 증서로 볼 수 있고, 등기필증에 찍힌 등기관의 접수인은 첨부된 등기원인계약서에 대하여 민법 부칙 제3조 제4항 후단에 의한 확정일자에 해당한다고 할 것이므로, 위와 같은 전세권설정계약서가 첨부된 등기필증에 등기관의 접수인이 찍혀 있다면 그 원래의 임대차에 관한 계약증서에 확정일자가 있는 것으로 보아야 할 것이고, 이 경우 원래의 임대차는 대지 및 건물 전부에 관한 것이나 사정에 의하여 전세권설정계약서는 건물에 관하여만 작성되고 전세권등기도 건물에 관하여만 마쳐졌다고 하더라도 전세금액이 임대차보증금액과 동일한 금액으로 기재된 이상 대지 및 건물 전부에 관한 임대차의 계약증서에 확정일자가 있는 것으로 봄이 상당하다(대법원 2002.11.8. 2001다51725).

5. 채권담보 목적의 전세권등기

전세권은 용익물권적 성격과 담보물권적 성격을 겸비하고 있으므로 당사자가 채권담보의 목적으로 전세권을 설정하였더라도 그 전세권의 효력이 부정되는 것은 아니다. 또 전세금의 지급은 전세권 성립의 요소가 되긴 하지만 전세금의 지급이 반드시 현실적으로 수수되어야 하는 것은 아니고 기존의 채권으로 전세금의 지급에 갈음할 수도 있는 것이다.

따라서 대항력을 갖춘 임차인이 임차보증금반환채권의 담보를 목적으로 다시 전세권을 설정하더라도 그 전세권은 유효하며, 임차보증금반환채권으로 전세금의 지급에 갈음할 수 있다.

전세권이 용익물권적 성격과 담보물권적 성격을 겸비하고 있다는 점 및 목적물의 인도는 전세권의 성립요건이 아닌 점 등에 비추어 볼 때, 당사자가 주로 채권담보의 목적으로 전세권을 설정하였고, 그 설정과 동시에 목적물을 인도하지 아니한 경우라 하더라도, 장차 전세권자가 목적물을 사용·수익하는 것을 완전히 배제하는 것이 아니라면, 그 전세권의 효력을 부인할 수는 없다 할 것이고, 한편 전세금의 지급은 전세권 성립의 요소가 되는 것이지만 그렇다고 하여 전세금의 지급이 반드시 현실적으로 수수되어야만 하는 것은 아니고 기존의 채권으로 전세금의 지급에 갈음할 수도 있다(대법원 1995.2.10. 94다18508).

실제로는 전세권설정계약이 없으면서도 임대차계약에 기한 임차보증금 반환채권을 담보할 목적으로 임차인과 임대인 사이의 합의에 따라 임차인 명의로 전세권설정등기를 경료한 후 그 전세권에 대하여 근저당권이 설정된 경우, 설령 위 전세권설정계약만 놓고 보아 그것이 통정허위표시에 해당하여 무효라 하더라도 이로써 위 전세권설정계약에 의하여 형성된 법률관계를 토대로 별개의 법률원인에 의하여 새로운 법률상 이해관계를 갖게 된 근저당권자에 대하여는 그와 같은 사정을 알고 있었던 경우에만 그 무효를 주장할 수 있다(대법원 2008.3.13. 2006다29372,29389 ; 1998.9.4. 98다20981).

　임대차보증금 반환채권을 담보하기 위하여 전세권설정등기를 경료한 후 그 전세권에 대하여 저당권이 설정된 경우, 임대인과 임차인 사이에 있어서 임대차계약만이 유효하고 외형만 작출된 위 전세권설정계약이 무효라고 하더라도 그와 같은 사정을 알지 못한 제3자인 저당권자에 대하여는 그 무효를 주장할 수 없다고 한 사례(대법원 2006.2.9. 2005다59864).

임대기간 끝나도 전세보증금 반환 안해
이사갈 집 계약금 몰취… 임대인이 배상을

서부지법, 원고승소판결

집주인이 임대기간이 끝났는데도 임차보증금을 반환하지 않은 바람에 세입자가 새로 이사갈 집의 계약금을 위약금으로 몰취 당했다면 이를 배상해 줘야 한다는 판결이 나왔다. 이번 판결은 주택임대차 계약기간이 끝났는데도 새로운 임차인에게 임대차보증금을 받기 전에는 기존 임차인에게 임대차보증금을 돌려주지 않는 소위 '임대차보증금돌려막기'의 관행에 경종을 울린 것으로 볼 수 있다.

서울서부지방법원 민사1부(재판장 김건수 부장판사)는 최근 '보증금을 돌려받지 못해 새 주택임대차 계약금을 몰취당했다'며 최모씨가 임대인 문모씨를 상대로 낸 손해배상청구소송 항소심(2007나6127)에서 원고 패소판결한 1심과 달리 '임대인은 몰취당한 계약금 400만원 전액을 배상하라'며 원고 승소판결했다. 재판부는 판결문에서 "임대인이 임대차보증금 반환의무의 이행을 지체해 원고가 계약금을 몰취당하는 손해를 입었다면 이는 채무불이행으로 인한 통상손해로 봄이 상당하다"고 밝혔다. 재판부는 이어 "설령 통상손해로 볼수 없다 하더라도 당시 임대인은 최씨가 임대차보증금을 돌려받지 못하면 새 임대차계약의 보증금을 낼 수 없게 돼 계약금을 몰취당할 것이라는 사정을 알고 있었기에 손해배상의무가 있다"고 덧붙였다.

최씨는 2006년 9월29일로 정한 임대차만료를 두달여 앞두고 임대인에게 이사를 갈 것이니 임대차보증금을 계약만료일에 돌려달라고 요청했지만 결국 받지 못했고 그 때문에 새로운 임대차계약의 잔금을 내지 못해 계약금 400만원을 위약금으로 몰취 당하자 소송을 냈다.

〈법률신문 2008. 1. 7.자 4면에서 인용〉

제3장 임차권의 대항력

법 제3조(대항력 등) ① 임대차는 그 등기(登記)가 없는 경우에도 임차인(賃借人)이 주택의 인도(引渡)와 주민등록을 마친 때에는 그 다음 날부터 제삼자에 대하여 효력이 생긴다. 이 경우 전입신고를 한 때에 주민등록이 된 것으로 본다.

② 국민주택기금을 재원으로 하여 저소득층의 무주택자에게 주거생활안정을 목적으로 전세임대주택을 지원하는 법인이 주택을 임차한 후 지방자치단체의 장 또는 해당 법인이 선정한 입주자가 그 주택을 인도받고 주민등록을 마쳤을 때에는 제1항을 준용한다. 이 경우 대항력이 인정되는 법인은 대통령령으로 정한다.

③ 임차주택의 양수인(讓受人)(그 밖에 임대할 권리를 승계한 자를 포함한다)은 임대인(賃貸人)의 지위를 승계한 것으로 본다.

④ 이 법에 따라 임대차의 목적이 된 주택이 매매 또는 경매의 목적물이 된 경우에는 「민법」 제575조제1항·제3항 및 같은 법 제578조를 준용한다.

⑤ 제4항의 경우에는 동시이행의 항변권(抗辯權)에 관한 「민법」 제536조를 준용한다.

시행령 제1조의2(대항력이 인정되는 법인) 「주택임대차보호법」(이하 "법"이라 한다) 제3조 제2항 후단에서 "대항력이 인정되는 법인이란 다음 각 호의 법인을 말한다.

1. 「대한주택공사법」에 따른 대한주택공사
2. 「지방공기업법」 제49조에 따라 주택사업을 목적으로 설립된 지방공사

제 1 절 의 의

Ⅰ. 대항력의 의의

법 제3조 제1항은 「임대차는 그 등기(登記)가 없는 경우에도 임차인(賃借人)이 주택의 인도(引渡)와 주민등록을 마친 때에는 그 다음 날부터 제삼자에 대하여 효력이 생긴다. 이 경우 전입신고를 한 때에 주민등록이 된 것으로 본다.」고 규정하고 있다. 여기서 **「제삼자에 대하여 효력이 생긴다」**라는 표현이 바로 임대차의 **대항력**을 의미하는데, 이 부분이 주택임대차보호법의 가장 핵심적인 내용이다.

일반적으로 '대항력' 또는 '대항력이 있다' 라고 함은 '이미 성립한 권리관계를 타인에 대하여 주장할 수 있는 법률상의 힘 또는 그러한 힘을 보유하고 있는 것' 을 말한다. 따라서 주택임대차에 있어서 대항력이 있다는 것은 '임차주택의 양수인 · 임대권한을 승계한 자 기타 임차주택에 관하여 이해관계를 갖게 된 자 등에 대하여 임대차관계의 존속을 주장하면서 임차주택을 계속 점유 · 사용할 수 있고, 임대차기간이 만료되면 양수인 등에게 임차보증금의 반환을 청구할 수 있다' 는 것을 의미한다.

결국 대항력을 갖춘 임차인은 그 이후 권리를 취득한 제3자에 대하여 대항할 수 있음은 물론, 계약기간 중 임차물의 소유자가 바뀌더라도 임대차관계가 소멸되지 않고 임대인의 지위가 당연히 새로운 소유자에게 이전됨으로써 그에게 임차권을 주장할 수 있는 것이다.

Ⅱ. 대항력과 우선변제권의 구별

주택임차권의 대항력과 우선변제권은 개념 · 요건 · 효과에 있어서 명확히 구별하여야 한다.

대항력이 있다는 의미는 임대인이나 소유자가 바뀌더라도 임차인이 새로운 소유자에 대하여 종전의 임대차의 효력을 주장할 수 있다는데 불과할 뿐, 경매나 공매절차에서의 우선변제권까지 인정된다는 뜻은 아니다.

반면에 **우선변제권**이라 함은 특정채권자가 채무자의 전재산 또는 특정재산으로부터 다른 채권자보다 우선하여 채권의 변제를 받을 수 있는 권능 내지 효력을 말한다. 따라서 주택임차인이 우선변제권을 가진다는 것은 임차주택에 관한 경매절차 등에서 부동산담보권과 유사하게 후순위 권리자 기타 일반채권자보다 우선하여 임차보증금을 변제받을 권능 내지 효력을 임차인이 가진다는 것을 의미한다.

주의할 것은, 1999.1.21. 주택임대차보호법이 개정되어 1999.3.1.부터 시행됨에 따라 임대인의 협력을 얻어 민법 제621조의 규정에 의한 주택임대차등기를 한 경우에도 법 제3조의3 제5항 및 제6항이 준용되므로(제3조의4 제1항), 민법에 의한 주택임대차의 등기에 대하여 대항력 이외에 우선변제권이 부여되었다는 점이다(다만 개정규정은 1999.3.1. 전에 이미 마쳐진 임대차등기에 대하여는 적용하지 아니한다).

요컨대, **대항력**은 임차주택의 소유자가 바뀔 경우에 새로운 소유자에 대하여 임차권을 주장할 수 있느냐 하는 문제인 데 반하여, **우선변제권**은 임차주택이 경매 또는 공매된 경우에 그 매각대금으로부터 보증금을 다른 채권자들보다 우선적으로 배당받을 수 있느냐 하는 문제인 것이다.

제2절 대항력의 취득요건

법 제3조 제1항은 「임대차는 그 등기(登記)가 없는 경우에도 임차인(賃借人)이 **주택의 인도**(引渡)와 **주민등록**을 마친 때에는 그 다음 날부터 제삼자에 대하여 효력이 생긴다. 이 경우 **전입신고**를 한 때에 주민등록이 된 것으로 본다.」라고 규정함으로써, 주택임차권의 대항요건으로 **주택의 인도**와 **주민등록 전입신고**라는 두 가지 요건을 나란히 규정하고 있다.

주택임대차보호법상 대항력을 취득하기 위해서는 먼저 그 전제로서 **적법한 임대차계약이 존재**하여야 함은 당연하다. 이에 관해서는 제2장 제2절에서 상세히 설명하였으므로 여기서는 생략한다.

주택의 인도와 주민등록을 제3자에 대한 대항요건으로 정한 **취지**는, 주택의 인도와 주민등록으로 당해 주택이 임대차의 목적이 되어 있다는 사실이 **공시**될 수 있기 때문이다(대법원 1994.6.24. 94다3155).

따라서 주택임대차보호법은 국민의 주거생활의 안정을 보장하기 위한 목적으로 채권관계에 불과한 임대차에 대하여 주택의 인도와 주민등록이라는 간편한 요건을 갖춘 때에는 등기 없이도 물권에 버금가는 강력한 효력인 대항력을 부여하고 있는 것이 특징이다.

Ⅰ. 주택의 인도(引渡)

1. 인도의 의의

주택임차인이 임차권의 대항력을 취득하려면 우선 주택을 인도받아야 한다. **주택의 인도**란 임대차의 목적물인 주택에 대한 점유, 즉 사실상의 지배관계가 임대인으로부터 임차인에게 이전하는 것을 말하며, 주택임차권의 가장 기본적이고 원칙적인 공시방법으로 기능하고 있다.

물건에 대한 **점유**란 사회통념상 어떤 사람의 사실적 지배에 있다고 보이는 객관적 관계를 말하는 것으로서, 사실상의 지배가 있다고 하기 위해서는 반드시 물건을 물리적·현실적으로 지배하는 것만을 의미하는 것이 아니고, 물건과 사람과의 시간적·공간적 관계와 본권관계, 타인 지배의 가능성 등을 고려하여 사회통념에 따라 합목적적으로 판단하여야 한다(대법원 1999.3.23. 98다58924 ; 2001.1.16. 98다20110 ; 2003.11.14. 2001다78867 ; 2005.9.30. 2005다24677).

한편, 주택의 **일부만을 인도**받은 경우에도 대항요건으로서의 주택의 인도에 포함되는 것으로 해석된다.

임차인이 임대인에게 임차주택에 대한 임대차보증금 잔액을 완납한 후 임차주택의 인도를 요구하였으나 임대인의 사정으로 병원에 매달려 있는 상황이라 임차주택의 명도를 조금만 연기해달라고 간청하는 바람에 우선 **임차주택의 방 4칸 중 방 2칸만 인도**받아 임차인의 아들과 딸로 하여금 그곳에 거주토록 하였다면, 임차인은 임차주택에 대한 근저당권설정 당시 이미 자녀들을 통하여 임차주택 중 일부를 인도받아 점유하고 있다고 할 것이고, 따라서 임대인에게 이미 지급된 임대차보증금은 임차인이 자녀들을 통하여 인도받아 점유하고 있는 임차주택 중 일부에 대한 임대차보증금으로써 기능하고 있다고 볼 것이므로, 임차인은 임차주택에 관하여 주택임대차보호법 제3조 제1항 소정의 대항요건과 임대차계약증서상의 확정일자를 갖춘 임차인으로서 그 이후에 임차주택에 관하여 근저당권을 취득한 자보다 우선하여 위 임대차보증금 전액을 변제받을 권리를 갖고 있다(서울고법 1999.12.28. 99나45729).

2. 인도의 유형

(1) 현실의 인도

현실의 인도란 임차인이 임차주택에 거주를 이전하여 현실적으로 입주한다든가, 이삿짐을 옮긴다든가, 임차주택의 열쇠를 교부받는 경우와 같이 사회통념 또는 거래관념상 주택에 대한 사실상의 지배관계가 현실적으로 임대인으로부터 임차인에게 **직접 이전**되는 것을 말한다.

주택임대차보호법 소정의 대항요건으로서 주택의 인도라 함은 주택에 대한 점유 즉 사실상의 지배가 사회통념 또는 거래관념상 임차인에게 이전되는 것으로 인정되는 사실이 있으면 족하다 할 것인데, 임대차계약 직후 임차인이 **임차주택의 출입문 열쇠를 교부받은** 이상 임차주택에 대한 사실상 지배의 이전으로 임차주택의 점유는 임차인에게 이전하였다 할 것이다(서울고법 1997.4.9. 96나32937).

이러한 현실의 인도가 있었다고 하려면 양도인의 물건에 대한 사실상의 지배가 동일성을 유지한 채 양수인에게 완전히 이전되어 양수인은 목적물에 대한 지배를 계속적으로 확고하게 취득하여야 하고, 양도인은 물건에 대한 점유를 완전히 종결하여야 한다(대법원 2003.2.11. 2000다66454).

(2) 간이인도

전대차에 의하여 이미 점유·사용하고 있는 전차인이 주택에 관하여 새로이 소유자와 임대차계약을 체결하고 임차인으로서 계속 거주하는 경우와 같이 이미 임차인이 그 주택을 사실상 지배하고 있는 경우에 현실의 인도 없이 **당사자의 의사표시**만으로 인도가 이루어지는 것을 간이인도라고 한다.

이와 같은 간이인도는 임차주택을 이미 점유하고 있기 때문에 외부적으로는 새로운 공시가 없다는 문제점이 있지만, 주택임차권의 대항요건으로서의 주택의 인도에 포함된다고 해석하는 것이 일반적이다.

(3) 점유개정에 의한 인도

자기 소유의 주택을 타인에게 매각한 후 다시 그 타인으로부터 임차하여 계속 점유하는 경우 점유이전의 합의만으로써 점유는 이전되고, 양수인은 양도인을 직접 점유자로 하여 스스로는 간접점유를 취득하게 되는 것을 점유개정이라고 하며, 주택임차권의 대항요건인 인도에 포함되는 것으로 보는 것이 다수의 견해이다.

판례도 점유개정에 의한 인도가 대항요건에 포함된다는 전제에서 '주민등록에 의하여 표상되는 점유관계가 **임차권을 매개로 하는 점유**임을 제3자가 인식할 수 있는 정도는 되어야 한다' 면서 대항력의 발생시기에 일정한 제한을 가하는 태도를 취하고 있다(대법원 2000. 2. 11. 99다59306 ; 2000. 3. 23. 99다67970 ; 2001. 1. 30. 2000다58026).

> 甲이 1988. 8. 30. 당해 주택에 관하여 자기 명의로 소유권이전등기를 마치고 같은 해 10. 1. 그 주민등록 전입신고까지 마친 후 이에 거주하다가 1993. 10. 23. 乙과의 사이에 그 주택을 乙에게 매도함과 동시에 그로부터 이를 다시 임차하되 매매잔금 지급기일인 1993. 12. 23.부터는 주택의 거주관계를 바꾸어 甲이 임차인의 자격으로 이에 거주하는 것으로 하기로 약정하고 계속하여 거주해 왔으나, 위 매매에 따른 乙 명의의 소유권이전등기는 1994. 3. 9.에야 비로소 마쳐진 경우, 제3자로서는 그 주택에 관하여 甲으로부터 乙 앞으로 소유권이전등기가 경료되기 전에는 甲의 주민등록이 소유권 아닌 **임차권을 매개로 하는 점유**라는 것을 인식하기 어려웠다 할 것이므로, 甲의 주민등록은 그 주택에 관하여 乙 명의의 소유권이전등기가 경료된 1994. 3. 9. 이전에는 주택임대차의 대항력 인정의 요건이 되는 적법한 공시방법으로서의 효력이 없고, 그 이후에야 비로소 甲과 乙 사이의 임대차를 공시하는 유효한 공시방법이 된다고 본 사례(대법원 1999. 4. 23. 98다32939).

(4) 목적물반환청구권의 양도에 의한 인도

제3자가 거주하고 있는 주택을 임차한 임차인이 임대인으로부터 제3자에 대한 주택인도청구권을 양도받는 경우를 말한다. 이와 같은 목적물반환청구권의 양도에 의한 인도에 관하여 반대견해도 있으나, 이를 주택임차권의 대항요건인 인도로 인정하는 것이 다수견해이다.

Ⅱ. 주민등록 전입신고

1. 주민등록의 의의

주택임차인이 임차권의 대항력을 취득하기 위해서는 주택을 인도받을 뿐만 아니라 임차주택의 소재지에 적법하게 주민등록을 마쳐야 한다.

주민등록이란 시·군·구의 주민을 등록하게 함으로써 주민의 거주관계 등 인구의 동태를 상시로 명확히 파악하여 주민생활의 편익을 증진시키고 행정사무의 적정한 처리를 도모함을 목적으로(주민1), 30일 이상 거주할 목적으로 어떤 곳에 주소 또는 거소를 가진 자가 거주지의 시장·군수 또는 구청장에게 일정한 사항을 신고하여 주민등록표에 등록하는 것을 말한다(주민6①).

주민등록법은 주민의 거주관계 등 인구의 동태를 항상 명확하게 파악하여 주민생활의 편익을 증진시키고 행정사무를 적정하게 처리하는 것을 목적으로 하는 것이지 투기 방지를 목적으로 하는 것이 아니며, 투기 방지 등의 목적은 주민등록법이 예정하고 있지 아니한 사실상 간접적인 효과에 불과할 뿐이므로, 행정관청이 투기나 전입신고에 따른 이주대책 요구 등을 막기 위하여 10년 이상 거주지에서 실제로 거주하고 있는 주민의 주민등록 전입신고 수리를 거부하는 것은 주민등록법의 입법목적과 취지 등에 비추어 허용될 수 없다(서울행법 2007.11.15. 2007구합27332).

주민등록법 제6조 제1항이 규정하는 주민등록 대상자의 요건인 '30일 이상 거주할 목적으로 그 관할구역 안에 주소 또는 거소를 가질 것'이란 단순히 외형상 그러한 요건을 갖춘 경우를 말하는 것이 아니라, 주민등록법의 입법목적과 주민등록의 법률상 효과 및 지방자치의 이념에 부합하는 실질적 의미에서의 거주지를 갖춘 경우를 의미하는 것이고, 주민등록을 담당하는 행정청으로서는 주민등록 대상자가 이러한 실질적 요건을 갖추지 못하였다고 볼 만한 특별한 사정이 있는 경우에는 그 등록을 거부할 수 있다고 보아야 한다고 전제한 후, 관할 동장이 적법한 절차에 의하여 사용권을 확보하지 아니한 불법점유 가설물에 거주하는 주민들의 주민등록 전입신고를 거부한 처분에 대하여, 주민들이 주민등록법 제6조 제1항에서 정하는 '주소 또는 거소를 가진 자'의 요건을 외형상 갖추었을 뿐 주민등록법의 입법목적과 주민등록의 법률상 효과 및 지방자치의 이념에 부합하는 실질적 의미에서의 거주지를 관할구역 내에 갖추지 못하였다는 이유로 적법하다고 본 사례(서울행법 2007.11.23. 2007구합22009).

주택임대차보호법 제3조 제1항에서 주택의 인도와 더불어 대항력의 요건으로 규정하고 있는 주민등록은 거래의 안전을 위하여 임차권의 존재를 제3자가 명백히 인식할 수 있게 하는 **공시방법**으로서 마련된 것이라고 볼 것이므로, 주민등록이 어떤 임대차를 공시하는 효력이 있는지 여부는 일반사회 통념상 그 주민등록으로 당해 임대차건물에 임차인이 주소 또는 거소를 가진 자로 등록되어 있다고 인식할 수 있는지 여부에 따라 결정되어야 한다(대법원 2003.5.16. 2003다10940 ; 2003.6.10. 2002다59351).

그러나 주민등록법의 개정으로 주민등록표의 열람 또는 등·초본의 교부신청은 원칙적으로 본인이나 세대원만이 할 수 있게 되어 다른 사람의 주민등록표를 쉽게 발급받을 수 없다(주민29②). 예외적으로 관계법령에 따른 소송·비송사건·경매목적 수행상 필요한 경우나 채권·채무관계 등 정당한 이해관계가 있는 자가 신청하는 경우 제3자라도 주민등록표의 열람 등을 할 수 있다(주민29②단서).

따라서 주민등록이 주택임대차의 공시기능을 충분히 다하지 못하고 있는 것이 현실이지만, 주민등록으로 **거주의 시기**를 공적으로 증명하는 기능은 여전히 남아 있다고 할 것이다.

2. 주민등록의 대상자

(1) 가족의 주민등록

법 제3조 제1항에는 **임차인**이 주민등록을 마쳐야 하는 것으로 규정되어 있으나, 이 법의 제정목적인 국민 주거생활의 안정보장은 임차인 본인뿐만 아니라 가족 등 생활공동체의 주거안정도 함께 보장함으로써만 달성될 수 있는 것이다. 따라서 주민등록이라는 요건을 폭 넓게 인정하여 임차인 본인의 주민등록뿐만 아니라 배우자나 자녀 등 **가족의 주민등록**도 대항요건에 포함되는 것으로 해석하여야 할 것이다.

한편, 시골에 거주하는 부모가 학업 때문에 자식을 도시로 보내면서 자식의 거주를 위하여 주택을 임차하는 경우와 같이 임차인이 점유보조자에 의하여 임차주택을 점유하는 경우에도 **점유보조자의 주민등록**에 의하여 임차인이 대항력을 취득할 수 있다고 보아야 할 것이다. 왜냐하면 점유보조자는 타인의 지시를 받아 사실상의 지배를 하는 자이므로, 그 지시를 한 타인만을 점유자로 보며 점유보조자의 주민등록도 그 타인만을 위한 것으로 해석되기 때문이다.

판례도 임차인의 배우자나 자녀 등 가족의 주민등록도 대항요건으로서의 주민등록에 포함되는 것으로 넓게 해석하여 임차인을 보호하려는 입장을 취하고 있다.

국민의 주거생활의 안정을 보장함을 목적으로 하고 있는 주택임대차보호법의 입법취지나 주택의 인도와 주민등록이라는 공시방법을 요건으로 하는 동법 제3조 제1항의 취지에 비추어 볼 때, 주민등록이라는 대항요건은 임차인 본인 뿐 아니라 그 **배우자의 주민등록**을 포함한다(대법원 1987.10.26. 87다카14).

주택임대차보호법 제3조 제1항에서 규정하고 있는 주민등록이라는 대항요건은 임차인 본인뿐 아니라 그 **배우자나 자녀 등 가족의 주민등록**을 포함하므로, 임차인이 위 건물에 입주하고 점유보조자인 그의 가족이 주민등록을 마침으로써 그 임차권의 대항력을 취득하였다(대법원 1988.6.14. 87다카3093,3094).

그런데, 주민등록이라는 대항요건을 갖춘 것으로 인정받을 수 있는 **가족의 범위**에 관하여 분명하게 기준을 제시한 대법원판례는 아직 없는 것으로 보이고, 하급심 판례는 견해가 나뉘고 있다.

대항력이 인정되는 '가족' 의 주민등록은 **임차인과 세대를 같이하고 있던 가족**으로서 주택을 임차한 후에도 **임차인과 공동으로 임차주택에 거주하고 있는 동거가족**에 한한다고 할 것이고, 이와 달리 그 가족이 임차인과 세대를 달리하고 있었고 임차 후에도 임차인은 입주하지 아니한 채 그 가족만 입주하여 거주하고 있었다면 그 가족의 전입신고만으로 당연히 임차인이 대항력을 취득한다고 볼 수는 없다고 할 것인바, 부자지간이지만 세대를 달리하고 있었고 임차인인 아버지가 직접 입주하지 않은 채 세대를 달리하고 있던 아들만 전입신고를 하고 입주한 경우에는 대항력을 인정할 수 없다고 한 사례(서울지법 1998.12.17. 98나25022).

임차인 乙이 세대를 달리하는 자녀인 A가 살 곳을 마련할 목적으로 주택을 임차한 다음 임대인 B의 양해 아래 A로 하여금 거주하도록 하였고, 그에 따라 A가 계속하여 임차주택에 주민등록을 두고 거주하여 온 사안에서, 乙은 자신이 직접 주택을 인도받거나 전입신고를 마치지 않았으나 주택을 임차함과 동시에 임대인의 양해를 얻어 이를 A에게 전차(사용대차)하였고, 전차인인 A가 임차주택에 주민등록 전입신고를 마쳐둠으로써 임차인으로서의 대항력을 취득하였다고 판단한 후, 임차인과 전입신고를 마친 그의 가족이 세대를 달리하는 경우에는 그 가족의 주민등록으로 임차인이 대항력을 갖출 수 없으므로 乙이 대항력을 취득하지 못하였다며 배당이의 소송을 제기한 甲의 주장에 대하여, 임차인과 전입신고인이 세대를 같이 하는 가족일 것이 요구되는 것은 전입신고인의 점유가 임차인의 점유보조자로서 하는 점유일 경우라고 봄이 상당한데, 임차주택의 소유자 변동 및 점유관계, 임대차계약 체결 경위 등에 비추어 볼 때 A가 임차주택에 거주하며 이를 점유한 것이 乙의 점유보조자로서 한 것이라고 볼 수 없다고 하여, 甲의 주장을 배척한 사례(춘천지법 속초지원 2006.11.15. 2006가단3518).

주택임대차보호법이 국민들의 주거생활 안정 보장을 목적으로 하는 점, 같은 법 제9조는 임차인의 사망시 가정공동생활을 하는 사실상의 혼인관계에 있는 자도 임대차상의 권리·의무를 승계하도록 규정하고 있는 점, 제3자로서는 임차인과 공동생활을 하는 자가 법률혼 관계인지 여부를 알 수 있는 방법이 없는 점, 임차인의 점유보조자의 주민등록에 대하여도 대항력이 발생하는 점 등에 비추어보면 법률상의 배우자뿐만 아니라 **임차인과 공동생활을 하는 사실혼 배우자**도 임차인의 점유보조자로서 그 주민등록이 주택임대차보호법상 대항력의 발생 및 존속요건이 된다(전주지법 2007.8.17. 2007가단1120).

(2) 직접점유자의 주민등록

법 제3조 제1항 소정의 대항력은 임차인이 당해 주택에 거주하면서 이를 직접점유하는 경우뿐만 아니라 타인의 점유를 매개로 하여 이를 간접점유하는 경우에도 인정될 수 있을 것이다.

그런데 이 경우 당해 주택에 실제로 거주하지 아니하는 간접점유자인 임차인은 주민등록의 대상이 되는 '당해 주택에 주소 또는 거소를 가진 자'가 아니어서 그 자의 주민등록은 주민등록법 소정의 적법한 주민등록이라고 할 수 없다.

따라서 간접점유자에 불과한 임차인 자신의 주민등록으로는 대항력의 요건을 적법하게 갖추었다고 할 수 없으며, 임차인과의 점유매개관계에 기하여 당해 주택에 실제로 거주하는 **직접점유자**가 자신의 주민등록을 마친 경우에 한하여 비로소 그 임차인의 임대차가 제3자에 대하여 적법하게 대항력을 취득할 수 있다(대법원 2001.1.19. 2000다55645).

(3) 다른 세대의 동거인으로 전입신고 한 주민등록

임차인이 전입신고시 독립된 세대를 구성하지 않고 **다른 세대의 동거인**으로 전입신고를 하여 등재된 경우에도 대항력이 인정된다고 본다.

임차인 甲이 임대차계약을 체결하고 그의 처, 자녀, 동생 등 가족과 함께 입주하였으나 자신의 주민등록은 사업상의 필요에 의하여 다른 곳에 그대로 둔 채 자신의 동생인 乙을 세대

주로 하고 甲의 처와 자녀들을 乙의 동거가족으로 하여 주민등록 전입신고를 마쳤다가 나중에 자기가 직접 세대주가 되어 전입신고를 한 사안에서 甲의 배우자와 자녀가 乙의 동거인으로 전입신고한 때에 대항요건을 구비한 것으로 인정하였다(대법원 1988.6.14. 87다카3093,3094).

소액임차인의 경우 그 전입신고를 함에 있어서 제3자가 그 임대차 사실을 쉽게 인식할 수 있도록 반드시 독립세대주로 신고를 하여야 하는 것은 아니라 할 것이다(서울지법 1998.11.11. 98나38493).

따라서 임차주택에 대한 담보권을 설정하기 위해 임차권 유무를 확인하려는 제3자로서는 임차인 본인뿐만 아니라 가족이나 다른 세대원 또는 전차인 등 전입세대 전체의 주민등록 등·초본을 확인할 필요가 있다.

(4) 외국인의 주민등록

주민등록법상 외국인은 주민등록 대상자가 아니지만, 국내에 거주하면서 주택을 임차한 외국인이 출입국관리법에 의한 외국인등록 및 체류지 변경신고를 하면 주민등록 및 전입신고에 갈음하므로, 주택임대차보호법에 의한 보호를 받을 수 있다.

주민등록법에서 위임된 사항과 그 시행에 필요한 사항을 규정함을 목적으로 하여 제정된 주민등록법시행령 제6조에서 외국인의 주민등록에 관한 신고는 출입국관리법에 의한 거류신고로서 갈음하며, 외국인의 주민등록표는 출입국관리법에 의한 외국인등록표로서 갈음한다고 규정하고 있으므로, 외국인으로서는 위와 같이 출입국관리법에 의한 거류지변경신고를 함으로써 거래의 안전을 위하여 임차권의 존재를 제3자가 명백히 인식할 수 있는 공시의 방법으로 마련된 주택임대차보호법 제3조의2, 제3조 제1항 소정의 주민등록을 마쳤다고 볼 수 있을 것이다(서울민사지법 1993.12.16. 93가합73367).

(5) 재외동포의 주민등록

주민등록법상 외국의 영주권을 취득한 우리 국민(재외국민)은 국내의 주민등록을 말소하도록 하고 영주권을 포기하기 전에는 주민등록을 회복할 수 없도록 규정하고 있다. 이러한 재외국민이 국내에서 주택임차인이 되더라도 주민등록을 갖출 수 없어 주택임대차보호법의 보호를 받을 수 없는 문제가 있다.

그러나 1999.9.2. 제정된 **'재외동포의 출입국과 법적지위에 관한 법률'**이 1999.12.3.부터 시행됨에 따라, 재외국민(외국의 영주권을 취득한 자 또는 영주할 목적으로 외국에 거주하고 있는 자) 및 **외국국적동포**(대한민국의 국적을 보유하였던 자 또는 그 직계비속으로서 외국국적을 취득한 자)도 국내에 30일 이상 거주할 목적으로 체류하는 경우 국내거소신고를 할 수 있고, 이러한 거소신고는 주민등록과 동일한 효력을 갖는 것으로 인정되므로, 주택임대차보호법의 보호를 받는 데는 문제가 없을 것이다.

(6) 주택임차인이 법인인 경우

(가) 법인이 소속 직원들의 주거안정이라는 복리후생 차원에서 법인 명의로 주택을 임차하고 소속 직원으로 하여금 주민등록을 마치고 거주하게 하는 사례가 많다. 이러한 경우 **판례**는, 주택임차인이 법인인 경우 주택임대차보호법 소정의 대항력 내지 우선변제권의 적용을 받을 수 없다고 한다.

주택임차인이 주택임대차보호법 제3조의2 제1항 소정의 우선변제권을 주장하기 위하여는 같은 법 제3조 제1항 소정의 대항요건과 임대차계약증서상의 확정일자를 갖추어야 하고, 그 대항요건은 주택의 인도와 주민등록을 마친 때에 구비된다 할 것인 바, 같은 법 제1조는 '이 법은 주거용 건물의 임대차에 관하여 민법에 대한 특례를 규정함으로써 국민의 주거생활의 안정을 보장함을 목적으로 한다.' 라고 규정하고 있어 위 법이 자연인인 서민들의 주거생활의 안정을 보호하려는 취지에서 제정된 것이지 법인을 그 보호대상으로 삼고 있다고는 할 수 없는 점, 법인은 애당초 같은 법 제3조 제1항 소정의 대항요건의 하나인 주민등록을 구비할 수 없는 점 등에 비추어 보면, 법인의 직원이 주민등록을 마쳤다 하여 이를 법인의 주민등록으로 볼 수는 없다 할 것이므로, 법인이 아파트를 인도받고 임대차계약서상의 확정일자를 구비하였다 하더라도 우선변제권을 주장할 수 없다(대법원 1997.7.11. 96다7236).

최근 판례에서는 임차인인 법인이 **지방자치단체**인 경우에도 마찬가지로 주택임대차보호법이 적용되지 않는다고 판시하였다.

지방자치단체(인천광역시 ○구)가 장애인의 거주를 위하여 한국사회복지협회장 명의로 임대차계약을 체결하고 장애인으로 하여금 전입신고를 하여 그때부터 계속 거주하게 하다가 지방자치단체 명의로 재계약을 하였다고 하더라도 **지방자치단체**는 주택임대차보호법 소정의 대항력 있는 임차인이 해당하지 아니한다는 원심의 판단을 정당하다고 수긍한 사례(대법원 2004.3.11. 2003다50788).

한편, **상가건물임대차보호법**의 대항요건인 사업자등록신청은 법인도 할 수 있고 같은 법 제3조 제1항에서 대항요건으로 사업자등록신청을 규정하면서 법인세법 제111조의 규정에 의한 사업자등록신청을 인정하고 있으므로 법인도 상가건물임대차보호법의 적용대상이 된다.

따라서 법인이 주택임차인인 경우 임대인이 임대주택을 양도하더라도 그 양수인이 주택임대차보호법에 의하여 임대인의 지위를 당연히 승계하는 것은 아니므로 임대인의 법인에 대한 임차보증금반환채무는 소멸하지 않는다.

법인에게 주택을 임대한 경우에는 법인은 주택임대차보호법 제3조 제1항 소정의 대항요건의 하나인 주민등록을 구비할 수 없으므로 임대인이 위 임대주택을 양도하더라도 그 양수인이 주택임대차보호법에 의하여 임대인의 지위를 당연히 승계하는 것이 아니고 따라서 임대인의 임차보증금반환채무를 면책시키기로 하는 당사자들 사이의 특약이 있다는 등의 특별한 사정이 없는 한 임대인의 법인에 대한 임차보증금반환채무는 소멸하지 아니한다(대법원 2003. 7. 25. 2003다2918).

결국 주택을 법인 명의로 임차하여 소속 직원들을 입주시키고자 하는 경우 전세금 또는 임차보증금의 반환확보를 위해서는 전세권설정등기 또는 임차권설정등기를 마치거나 전세보증금반환청구권을 피담보채권으로 하는 근저당권을 설정하는 것이 필요하다.

소속 직원들에게 주택자금을 대여한 후 그 직원들로 하여금 직접 임대차계약을 체결하고 대항요건 및 확정일자를 갖추도록 함과 아울러 임대차계약 종료시 반환받을 임차보증금의 반환청구채권을 미리 양도받아 놓거나 임대인으로부터 채권양도승낙서를 징구하고 확정일자를 받는 방안도 가능할 것이다.

(나) 한편, 2007. 8. 3. 개정법에서는, 일정한 법인이 국민주택기금을 재원으로 하여 저소득층의 무주택자에게 주거생활안정을 목적으로 전세임대주택을 지원하는 경우에는 그 법인이 주택을 임차한 후 지방자치단체의 장 또는 해당 법인이 선정한 **입주자가 그 주택에 관하여 인도와 주민등록을 마친 때**에는 제3자에 대하여 효력이 생기도록 개정하였으므로(법3②), 여기에 해당하는 법인은 대항력 내지 우선변제권의 적용을 받을 수 있게 되었다.

무주택 소년소녀가정 및 교통사고 유자녀가정 등 사회취약계층 및 저소득층의 주거생활안정 및 주거수준의 향상을 위해 국민주택기금의 지원으로 전셋집을 마련해주는 정부정책사업을 수행하고 이 과정에서 전세보증금의 보존을 위해 전세권을 설정하고 있으나 전세권설정 요구시 집주인이 전세계약을 기피하여 전세주택 확보에 많은 어려움이 있다. 현재 전세주택의 임대차계약시 법인은 제3자에 대한 대항력 및 최우선 변제의 대상이 되지 않아 전세보증금의 보존 및 확보가 어려운 실정이므로 국민주택기금을 지원으로 법인이 소년, 소녀 가장을 비롯한 무주택 저소득층의 주거안정을 위해 전세임대주택을 지원할 경우에 법인에게 대항력 및 우선변제권을 부여함으로서 원활한 전세임대 주택공급으로 무주택 저소득층의 주거생활 안정을 도모하고자 함이 개정이유이다.

2007.10.23. 개정된 시행령 제1조의2에서는 대항력이 인정되는 법인으로서 「대한주택공사법」에 따른 **대한주택공사**, 「지방공기업법」 제49조에 따라 **주택사업을 목적으로 설립된 지방공사**를 규정하고 있다

3. 유효한 주민등록

(1) 의의

주택의 인도와 주민등록이라는 공시방법은 어디까지나 원칙적인 공시방법인 등기에 갈음하여 마련된 것이고, 보통 제3자는 주택의 표시와 권리관계에 관한 사항을 등기부를 통하여 파악하고 있으므로, 주민등록이 임대차의 유효한 공시방법이 되기 위해서는 원칙적으로 등기부상 주택의 현황과 일치하여야 한다.

(2) 판단기준

법 제3조 제1항에서 주택의 인도와 더불어 대항력의 요건으로 규정하고 있는 주민등록은 거래의 안전을 위하여 임대차의 존재를 **제3자**가 명백히 인식할 수 있게 하는 **공시방법**으로 마련된 것이라고 볼 것이므로, 주민등록이 어떤 임대차를 공시하는 효력이 있는가의 여부는 일반사회통념상 그 주민등록으로 당해 임대차건물에 임차인이 주소 또는 거소를 가진 자로 등록되어 있는지를 **인식할 수 있는가**의 여부에 따라 판단하여야 한다(대법원 2002.6.14. 2002다15467 ; 2003.5.16. 2003다10940 ; 2003.6.10. 2002다59351 ; 2004.11.26. 2004다46502 ; 2007.2.8. 2006다70516).

즉, 이해관계가 대립되는 경매절차에 있어서 임대차의 공시방법으로서의 주민등록은 당해 건물의 주관적인 사정이나 임차인의 의도가 아니라 사회통념상 그 주민등록으로 당해 임차건물에 임차인이 주소 또는 거소를 가진 자로 등록되어 있는지를 인식할 수 있는지 여부에 따라 결정해야 하는 것이다.

건축중인 주택의 임차인이 마친 주민등록이 보존등기 후 등기를 마친 저당권자에 대한 관계에서 임대차를 공시하는 효력이 있는지 여부의 판단 기준 : 건축중인 주택을 임차하여 주민 등록을 마친 임차인의 주민등록이 그 후 소유권보존등기가 경료되고 이를 바탕으로 저당권을 취득하여 등기부상 이해관계를 가지게 된 제3자에 대한 관계에서 임대차를 공시하는 효력이 있는지 여부는 그 제3자의 입장에서 보아 사회통념상 그 주민등록으로 당해 주택에 임차인이 주소 또는 거소를 가진 자로 등록되어 있다고 인식할 수 있는지 여부에 따라 판단하여야 한다(대법원 2008.2.14. 2007다33224).

4. 부실한 주민등록

(1) 의의

임차인이 거주하는 주택의 실제상황과 주민등록상의 주소가 일치하지 아니한 부실한 주민등록으로 인하여 피해를 입는 임차인이 많다. 부실한 주민등록이 발생하는 원인은 착오에 의한 부실신고, 담당공무원의 업무착오 및 토지의 분할·합병·등록전환·구획정리 등이 있으나, 임차인의 무지 또는 착오로 인한 경우도 상당하다. 실제 임대차분쟁에 있어서 부실한 주민등록에 대하여 주택임대차보호법상의 대항력을 인정할 것인가 아니면 제3자의 신뢰를 보호할 것인가를 두고 심각하게 다투어지고 있다.

(2) 실제 지번과 불일치한 주민등록

(가) 원칙

임차주택의 실제 지번과 임차인의 주민등록이 된 지번이 서로 일치하지 아니하거나 실제로 존재하지도 않는 지번으로 주민등록을 한 경우에는 부실한 주민등록으로서 원칙적으로 대항력을 취득할 수 없다.

① 등기부상 97-40과 주민등록상 97-7

임차건물의 실제 지번인 **남○동 97의 40**이 아닌 **같은 동 97의** 7에 전입신고를 하였다가 그 후 관계공무원이 직권정정을 하면서 같은 동 97의 40으로 전입신고가 있었던 것처럼 기재하는 방식으로 정정하였다면 임차건물의 실제 지번과 명백하게 불일치한 같은 동 97의 7로 된 임차인의 주민등록은 임대차의 공시방법으로서 유효한 것이라고 할 수 없고, 실제 지번에 맞게 주민등록이 정리된 이후에야 비로소 대항력을 취득한다고 판시한 사례(대법원 1987.11.10. 87다카1573).

② 등기부상 분할 후 지번인 166-16과 주민등록상 분할 전 지번인 166-1

임차인이 **십○동 166의 16** 지상 건물 2층 부분을 임차한 다음 **같은 동 166의 1**에 주민등록을 한 사안에서, (분할전의 위 십정동 166의 1에서 166의 301, 166의 4, 166의 5 등이 순차로 분할되고, 다시 166의 6부터 13 등 8필지가, 그 후 166의 19, 20 등 2필지가 각 분할되어 나왔으며, 또 위 166의 6에서 166의 16 등이 분할되어 나왔더라도, 위 166의 1에서 분할되어 나온 토지 중 위 166의 16 지상에만 건물이 건립되어 있다는 등의 다른 특별한 사정이 없는 한), 일반사회통념상 위 166의 1에 등재된 주민등록으로 위 166의 16 지상 건물부분에 임차인이 주소를 가진 자로 등록되었다고 제3자가 인식할 수 있다고는 단정할 수 없으므로 임차인은 대항력을 가질 수 없다고 한 사례(대법원 1989.6.27. 89다카3370).

③ 등기부상 260-3과 주민등록상 206-3

임차인이 종전 거주지에서 전출신고를 할 당시에는 신 거주지를 **260의 3**으로 정확히 기재하였으나, 전입신고를 함에 있어서는 신 거주지를 206의 3으로 신고함으로써 그 206의 3으로 주민등록이 등재되었다가 그 후에 260의 3으로 정정 등재된 사안에서, **206의 3**은 따로 실재하는 지번으로서 현재 다른 사람의 주민등록이 되어 있는 경우, 일반 사회통념상 임차권자가 그 206의 3에 등재된 주민등록으로 임차건물 부분에 주소를 가진 자로 등록되었다고 제3자가 인식할 수는 없을 것이므로, 위 정정 전의 주민등록은 임차인의 임대차의 공시방법으로서 유효한 것이라고 볼 수 없다 할 것이며, 설사 임차인이 위 전입신고를 함에 있어서 신 거주지를 착오로 잘못 기재하였고, 담당공무원도 이를 발견하지 못하고 그대로 주민등록에 등재하였다고 하더라도 그 주민등록의 효력을 달리 볼 수 없다고 판시한 사례(대법원 1997.7.11. 97다10024).

④ 분할 후 2007-47과 주민등록상 2007-10

임차인이 1987.11.1. **대구 달서구 '송○동 2007의 10'**에 위치한 2층 주택 중 1층을 당시 소유자로부터 임차하여 적법한 전입신고를 마친 후에, 1990.4.6. 위 주택의 대지가 '송현동 2007의 10'과 '2007의 47'로 **분할**됨으로써 1991.3.21. 위 주택의 지번이 '**송○동 2007의 47**'로 변경되었고(분할 후의 '송○동 2007의 10' 대지 위에는 위 주택과는 별도의 2층 주택이 존재하고 있음), 이에 따라 임차인과 임대인 사이에 체결된 1990.10.30.자 및 1996.10.30.자의 각 갱신된 임대차계약서에도 위 주택의 지번이 '송○동 2007의 47'로 표시되었으나, 임차인의 주민등록상의 주소는 1997.7.5. 위 주택에 대한 경매개시결정의 기입등기가 마쳐진 이후인 1998.2.3.에야 비로소 '송○동 2007의 10'에서 '2007의 47'로 변경한 경우, 임차인은 임대차 목적물인 위 주택 중 1층에 관하여 유효한 공시방법인 주민등록을 갖추었다고 볼 수 없어 그 임차권으로써 강제경매절차에서 위 주택을 낙찰받아 1998.8.25. 소유권이전등기를 경료한 자에게 대항할 수 없다고 판시한 사례(대법원 2000.4.21. 2000다1549,1556).

⑤ 건축물관리대장상 산 53-60이나 등기부상 산 53과 주민등록상 53-6

임차건물의 실제 지번인 '**금○동 산 53의 6**'이나 등기부상 지번인 '**금○동 산 53**'과 일치하지 아니한 '금ㅇ동 53의 6'에 등재된 임차인의 주민등록으로는 임차인이 위 건물 소재지에 주소를 가진 자로 등록되었다고 제3자가 인식할 수 없다고 하여야 할 것이므로, '금ㅇ동 53의 6'에 등재된 주민등록은 임대차의 공시방법으로 유효한 것이라고 볼 수 없고, 위 건물의 양수인이 건물의 실제 지번과 등기부상 지번이 다르다는 것을 알고 있었다거나 임차인이 위 건물의 실제 지번을 주소지로 주민등록 전입신고를 하려고 의도하였다는 등의 주관적인 사정은 위와 같은 주민등록이 임대차의 공시방법으로 유효한 것인지 여부를 판단하는 데 아무런 영향이 없다고 판시한 사례(대법원 2000.6.9. 2000다8069).

⑥ 등기부상 313-3과 주민등록상 313-2

임차주택의 부지는 **서울 종로구 숭ㅇ동 313의 1**이고, 그 토지가 주차장으로 사용되고 있는 같은 동 312의 2 및 같은 동 313의 24와 인접하여 있고 세 필의 토지가 같은 담장 안에 위치하여 있으며 그 지상에는 임차주택 이외의 다른 건물이 건립되어 있지 아니하였는데도 임차인이 **같은 동 312의 2**로 주민등록을 마친 사안에서, 312의 2라는 지번은 임차주택의 부지인 313의 1 토지와 인접하기는 하지만 이와 명백히 구별되는 별개의 부동산을 표상하고 있으므로 일반사회의 통념상 제3자가 피고를 주민등록상 313의 1에 소재한 건물에 주소 또는 거소를 가진 자로 등록되어 있다고 인식할 수 있다고 보기 어렵다는 이유로 임차인이 313의 1에 소재한 임차주택에 주택임대차보호법 제3조 제1항 소정의 유효한 공시방법인 주민등록을 마쳤다고 볼 수 없다고 한 사례(대법원 2001.4.24. 2000다44799).

⑦ 등기부상 37-86과 주민등록상 37-169

임차인이 당해 건물 중 2층 부분을 임차하고 주민등록을 할 당시 그 건물 부지의 지번이 **경기 화성군 태안읍 안ㅇ리 '37-86'**이었는데 주민등록은 **안ㅇ리 '37-169'**로 하였고, 또 임차인이 주민등록을 한 37-169 번지는 당해 건물에 대한 근저당권이 설정될 당시 '37-86' 토지에서 분할된 당해 건물 부지의 지번 '37-175'와는 별도로 존재하는 지번인 점 등에 비추어 볼 때, 임차인의 주민등록은 당해 건물에 대하여 근저당권을 취득한 자와의 관계에서 주택임대차보호법상 임대차의 공시방법으로서 유효한 것으로 볼 수 없다는 취지로 판단한 원심을 수긍한 사례(대법원 2002.4.23. 2002다4702,4719).

(나) 예외

임차인이 소유자로부터 건물을 임차하고 주택을 인도받은 후 당시 지번에 따라 올바르게 전입신고를 마친 뒤 사후적으로 건물의 대지가 임야에서 대지로 **등록전환** 등의 사정에 따라 지번이 변경되거나, 대지가 **분할·합병**된 경우 임차인이 이미 취득한 대항력에는 영향이 없다고 한 사례도 있음을 **유의**하여야 한다.

① 주민등록이 임대차를 공시하는 효력이 있는지의 여부는 **임차인이 전입신고를 할 당시의 지번을 기준**으로 일반사회통념에 따라서 판단하여야 할 것인바, 임차인이 하나빌라 B동

(다가구주택) 301호를 임차하여 전입신고할 당시를 기준으로 하여 보면 비록 건축물관리대장 및 등기부가 작성되기 이전이지만 그 전입신고 내용이 실제 건물의 소재지 지번인 **안ㅇ리 37의 86**과 정확히 일치하여 일반사회통념상 그 주민등록으로 당해 임대차건물에 임차인이 주소 또는 거소를 가진 자로 등록되어 있다는 것을 충분히 인식할 수 있었으므로 그 무렵 임차인은 주택임대차보호법 제3조 제1항에 의하여 대항력을 취득하였다고 할 것이고, 그 이후 **토지 분할** 등의 사정으로 지번이 **안ㅇ리 37의 175**로 변경되고 변경된 지번으로 건물의 소유권보존등기가 경료되었다고 하여 이미 취득한 대항력을 상실한다고 할 수 없다고 판시한 사례(대법원 1999. 12. 7. 99다44762,44779).

② 주택의 소유권보존등기가 이루어진 후 **토지의 분할** 등으로 인하여 지적도, 토지대장, 건축물대장 등의 주택의 지번 표시가 분할 후의 지번으로 등재되어 있으나 등기부에는 여전히 분할 전의 지번으로 등재되어 있는 경우, 임차인이 주민등록을 함에 있어 토지대장 및 건축물대장에 일치하게 주택의 지번과 동호수를 표시하였다면 설사 그것이 등기부의 기재와 다르다고 하여도 일반의 사회통념상 원고가 그 지번에 주소를 가진 것으로 제3자가 인식할 수 있다고 봄이 상당하므로 유효한 임대차의 공시방법이 된다고 보아야 할 것이라고 전제한 후, 당해 아파트의 소유권보존등기 당시 등기부상 지번은 대구 북구 **복ㅇ동 산 33**이었으나, 그 후 같은 동 산 33과 산 33-2로 **분할**되어 당해 아파트의 등기부상 지번은 산 33-2로 변경되어 그 지번이 현재까지 계속 등기부에 등재되어 있으며, 임야대장상으로는 복ㅇ동 산 33이 같은 동 산 33과 산 33-2로 분할됨과 동시에 당해 아파트가 위치한 산 33-2는 **100-1로 등록전환**되어 산 33-2는 말소되었고, 건축물관리대장에도 당해 아파트의 지번이 복ㅇ동 100-1로 기재되어 있을 뿐만 아니라 지적도상 산 33-2라는 지번은 더 이상 존재하지 않고 100-1로 표시되어 있는 사안에서, 임차인이 당해 아파트에 전입을 함에 있어 아파트의 지번을 건축물관리대장상의 복ㅇ동 100-1 소라아파트 비이동 105호로 신고하여 한 주민등록은 당해 아파트에 관한 임대차의 유효한 공시방법이라고 판단한 원심을 수긍한 사례(대법원 2001. 12. 27. 2001다63216).

③ 임차인이 **연ㅇ동 산 108-32**로 주민등록 전입신고를 한 후 임대인의 신청에 의하여 토지가 **연ㅇ동 874-14로 등록전환**되고 임차건물의 소재 지번도 등록전환된 지번으로 변경되었으나, 임차인은 등록전환에 따른 주민등록변경을 하지 아니한 채 거주해 오다가 당해 주택이 경매로 낙찰된 사안에서, 대법원은, "비록 임차인의 주민등록이 등록전환된 당해 건물의 소재지번으로 변경되지 아니한 채 등록전환 전의 지번으로 계속 등록되어 있었다 하더라도 임차인의 임대차를 공시하는 방법으로 유효하므로, 임차인은 주택임대차보호법 제3조 제2항의 규정에 따라 당해 건물의 낙찰자 및 그로부터 당해 건물을 매수한 자에게 그 임대차로써 대항할 수 있고, 따라서 당초의 임대인이 부담하고 있던 임대차보증금반환의무는 낙찰자 및 매수인에게 순차로 승계되었다고 한 원심의 판단은 정당하다."고 수긍한 사례(대법원 2003. 1. 10. 2002다60382,60399).

④ 주택임차인이 주민등록 전입신고를 할 당시는 건물등기부가 작성되기 전이지만 그 전입신고 내용이 실제 건물의 소재지 지번과 정확히 일치하는 경우라면, 그 후 **토지분할** 등의 사정으로 **지번이 변경**되었다고 하더라도 주택임대차보호법 제3조 제1항에 규정된 주민등록으로서 여전히 유효하다고 보아야 하며, 그 임대차계약의 내용에 변동이 없는 이상 비록 임차인이 주택의 부지가 분할된 사정을 알고 있었음에도 불구하고 뒤늦게 주민등록상의 지번 정정신고를 하였다고 하더라도 이와 달리 볼 것은 아니라고 전제한 후, 乙이 1997.9.24.경 A로부터 분할 전의 **구미시 신ㅇ동 70-206** 지상에 건립되어 있던 다가주택의 1층 중 북쪽 부분을 임대차보증금 4,000만원에 임차한 다음, 위 부지가 같은 동 **70-464로 분할되기 이전**인 1997.10.1. '구미시 신평동 70-206'으로 전입신고를 마침으로써 임차부분에 관하여 적법하게 대항력을 취득하였고, 그 후 위 부지가 분할되면서 다가구주택의 지번이 변경되었더라도 여전히 대항력을 유지하고 있다고 한 원심의 결정을 수긍한 사례(대법원 2004.10.18. 2004마600).

(3) 공동주택에서의 부실한 주민등록

(가) 공동주택의 의의

주택법 제2조에 의하면, **주택**이라 함은 세대의 세대원이 장기간 독립된 주거생활을 영위할 수 있는 구조로 된 건축물의 전부 또는 일부 및 그 부속토지를 말하며, 이를 단독주택과 공동주택으로 구분하고, **공동주택**이라 함은 건축물의 벽·복도·계단 그 밖의 설비 등의 전부 또는 일부를 공동으로 사용하는 각 세대가 하나의 건축물 안에서 각각 독립된 주거생활을 영위할 수 있는 구조로 된 주택을 말하며, 그 종류와 범위는 대통령령으로 정한다고 규정하고 있고, 동법 시행령 제2조 제1항에서는, 공동주택의 종류와 범위는 건축법시행령 별표 1 제2호 가목 내지 다목의 규정이 정하는 바에 의한다고 규정하고 있다.

건축법시행령 별표 1의 '용도별 건축물의 종류'에 의하면, 주택을 단독주택과 공동주택으로 구분한 후 공동주택의 종류를 아파트·연립주택·다세대주택으로 분류하고 있다. **아파트**는 주택으로 쓰이는 층수가 5개층 이상인 주택, **연립주택**은 주택으로 쓰이는 1개 동의 연면적(지하주차장 면적을 제외)이 660㎡를 초과하고, 층수가 4개층 이하인 주택, **다세대주택**은 주택으로 쓰이는 1개 동의 연면적(지하주차장 면적을 제외)이 660㎡ 이하이고, 층수가 4개층 이하인 주택을 말한다.

(나) 주민등록방법

주민등록법시행령 제9조 제3항은 「주택법에 따른 공동주택의 경우에는 지번 다음에 건축물관리대장 등에 따른 공동주택의 명칭과 동·호수를 기록한다.」라고 규정하고 있다. 따라서 아파트·연립주택·다세대주택과 같은 공동주택의 특정세대를 임차한 자가 주택임대차보호법상의 대항력을 취득하기 위해서는 일반사회통념상 각 세대 중 어느 세대를 임차하여 몇 층 몇 호에 거주하고 있는지를 명백히 알 수 있는 주민등록을 갖추어야 하므로, 건물소재지 지번 다음에 공동주택의 명칭과 동·층·호수까지 구체적으로 정확히 기재하여야 한다.

(다) 유효한 공시방법이 될 수 없다고 한 판례

공동주택의 임차인이 전입신고시 동·호수의 표시를 누락하고 지번만을 기재하거나 실제의 동·호수 표시와 불일치한 경우에는 주택임차권의 유효한 공시방법으로 인정받을 수 없어 대항력을 취득할 수 없음이 원칙이다. 공동주택에 관한 판례의 주류적인 경향은 주민등록상의 표시와 실제의 상황이 **엄격히 일치**할 것을 요구하고 있다. 이러한 점에서 임차인 보호보다는 **제3자 내지 거래의 안전보호**를 더 중시하고 있는 것으로 보인다.

① **아파트 호수를 잘못 기재** : 신축중인 아파트를 임차하여 입주하고 주민등록 전입신고를 '범○동 204의1 **아파트 5호**'로 한 후 보존등기에는 건물의 표시가 범○동 204의1 **아파트 1호**로 되고, 당해 아파트에 설정된 근저당권에 기하여 경매개시결정이 내려진 후 임차인의 주민등록표상의 주소가 같은 번지 아파트 1호로 정정되고, 그 후 당해 아파트에 관하여 경락을 원인으로 소유권 이전등기가 경료된 사안에서, '범○동 204의1 아파트 5호'로 된 임차인의 주민등록은 임차건물에 관한 임차권의 유효한 공시방법으로 볼 수 없으므로 임차인은 그 임차권으로 건물을 취득한 경락인에게 대항할 수 없다고 한 사례(대법원 1990.5.22. 89다카 18648).

② **건축물대장 작성시 동표시 변경** : 송○동 401의 8 지상에 신축되어 '라' 동, '마' 동으로 칭하여진 다세대주택 2개동 중 '**라' 동 101호**를 임차하여 전입신고를 하였으나, 그 후 준공검사가 이루어지고 건축물관리대장이 작성되면서 '라' 동이 '가' 동으로, '마' 동이 '나' 동으로 표시되어 등재되고 이에 따라 등기부 작성시에도 '**가' 동 101호**로 표시된 사안에서, "다세대주택을 임차할 당시 칭하여진 동·호수로 주민등록은 이전하고 임대차계약서에 확정일자를 받았는데, 준공검사 후 건축물관리대장이 작성되면서 동·호수가 바뀌어 등기부 작성시에도 임대계약서와 다른 동·호수가 등재된 경우, 그 주택에 대하여 근저당권자의 신청에 의한 임의경매절차가 진행되던 중 임차인이 위 확정일자의 임대차계약서를 근거로 경매법원에 임차보증금반환채권에 대한 권리신고 및 배당요구를 하였다가 뒤늦게 그 주택의 표시가 위

와 같이 다르게 되었다는 것을 알게 되어, 동장에게 그 주민등록 기재에 대하여 이의신청을 하여 주민등록표상의 주소를 등기부상 동·호수로 정정하게 하였다면, 그 주택의 실제의 동 표시와 불일치한 임차인의 주민등록은 임대차의 공시방법으로서 유효한 것이라고 할 수 없고, 임차인은 실제 동표시와 맞게 주민등록이 정리된 이후에야 비로소 대항력을 취득하였다."고 한 사례(대법원 1994.11.22. 94다13176).

③ **연립주택의 동·호수 누락** : 임차인이 소유자로부터 '평○리 258의 1 지상 3층 연립주택 **가동 1층 102호**' 건물을 미등기전세를 하여 입주하고 주민등록 전입신고를 함에 있어서 **동·호수 등의 표시 없이** 주소를 '평○4리 258의 1'로 신고하여 주민등록표가 정리된 사안에서, 위 평○리 258의 1로 된 임차인의 주민등록으로는 일반사회통념상 미등기전세권자가 위 평○리 258의 1 지상 3층 연립주택 중 가동 1층 102호인 건물에 주소를 가진 자로 등록되었다고 제3자가 인식할 수는 없는 것이므로 위 건물에 관한 임차인의 미등기전세의 유효한 공시방법으로 볼 수 없고, 따라서 임차인은 후순위 근저당권자가 그러한 사실을 알았는지 여부와 상관없이 그 미등기전세권으로써 위 건물을 취득한 경락인에게 대항할 수 없다고 한 사례(대법원 1995.4.28. 94다27427).

④ **연립주택의 호수를 잘못 기재** : 신축중인 연립주택 중 1층 소재 주택을 임차한 임차인이 연립주택의 공사가 완료되어 입주하고 주민등록을 이전하면서 임차주택이 1층에 위치하고 있음에도 현관문에 부착된 호수의 표시대로 공○동 371의 5 고○연립 '**1층 201호**'로 기재하여 전입신고를 하여 주민등록표에 그와 같이 기재되었으나, 그 후 위 연립주택에 대하여 준공검사가 이루어지고 건축물관리대장이 작성되면서 위 주택이 '1층 101호'로 표시되어 등재되고, 등기부 작성에도 '1층 101호'로 표시되어 소유권보존등기가 경료되었다면, 임차인이 한 위 주민등록은 위 주택의 표시와 달라 임대차를 공시하는 효력이 없다고 한 사례(대법원 1995.8.11. 95다177).

⑤ **다세대주택의 층·호수 누락** : 소유자로부터 임차한 주택은 탄○리 605의 16 및 같은 번지의 23 양지상의 다세대주택 3동 19세대 중 C동 **1층 101호** 및 C동 **2층 201호**임에 비하여, 그 주민등록은 위 같은 리 '605의 22'로만 등재된 사안에서, 위 주민등록으로는 일반사회통념상 임차인들이 위 다세대주택의 C동 1층 101호 또는 C동 2층 201호에 주소를 가진 것으로 제3자가 인식할 수 없는 것이므로, 임차인들은 위 임차한 주택에 관한 임대차의 유효한 공시방법을 갖추었다고 볼 수 없다고 한 사례(대법원 1996.2.23. 95다48421).

⑥ **다세대주택의 층·호수 누락** : 도○동 334의 2, 334의 4의 양 지상에 건축된 다세대주택 총 15세대 중 **3층 301호**를 임차하여 주민등록 전입신고를 함에 있어서, 주민등록지의 주소를 위 3층 301호로 하지 않고 위 다세대주택 부지의 지번 중의 하나인 334의 4로만 기재하여 전입신고를 한 사안에서, 위와 같은 주민등록으로는 일반사회통념상 임차권자가 세대별로

구분등기가 되어 있는 위 다세대주택 3층 301호에 주소를 가진 자로 등록되었다고 제3자가 인식할 수 없을 것이므로 위 주민등록을 위 임대차의 공시방법으로써 유효한 것이라고 볼 수 없다고 한 사례(대법원 1996.3.12. 95다46104).

⑦ **다세대주택의 호수를 잘못 기재** : 반지하층을 포함하여 총 6세대로 구성된 다세대주택 1동 건물의 일부를 임차한 임차인이 임대차계약을 체결함에 있어 그 **등기부상 표시(2층 202호)**와 다르게 편지함과 **현관문에 부착된 호수의 표시대로** 302호로 표시하고 그 무렵 위 주택에 입주하여 임대차계약서상의 표시대로 전입신고를 하고 그와 같이 주민등록표에 기재되게 한 후 위 임대차계약서에 확정일자를 부여받았는데, 집행력 있는 채무명의에 기한 위 주택에 대한 강제경매절차에서 경매법원이 임차인에게 대항력을 갖춘 임차인임을 전제로 임차보증금을 배당하는 내용의 배당표를 작성하자 경매신청 채권자가 배당이의를 한 사안에서, 주택의 실제 표시(2층 202호)와 불일치한 302호로 된 임차인의 주민등록은 임대차의 공시방법으로 유효한 것으로 볼 수 없어 임차인은 대항력을 가지지 못하므로 선순위 근저당권자들과 지방세 교부청구권자에게 배당한 나머지 배당금을 강제경매신청자에게 배당되어야 한다고 한 사례(대법원 1996.4.12. 95다55474).

⑧ **공부작성시 동·호수의 변경** : 임차인이 신축 중이던 다세대주택 중 **'다'동 '402'호**로 칭하여진 건물을 임차하여 입주하면서 '가', '나', '다'의 3동으로 분류된 동 표시를 'A', 'B', 'C'의 3동으로 변경할 예정이라는 통지에 따라 '탄○리 605의 23 영성빌라 **C동 402호**'로 주민등록을 이전하고 임대차계약서에 확정일자를 받았는데, 그 후 위 다세대주택에 대하여 준공검사가 이루어지고 건축물관리대장이 작성되면서 위 '다'동이 **'A'동**으로, 위 '402'호가 **'401'호**로 표시되어 소유권보존등기 및 소유권이전등기와 근저당권설정등기가 순차 마쳐진 후, 임의경매절차에서 확정일자를 갖춘 임차인이라는 이유로 임대차보증금의 배당을 요구하였으나 경매법원은 임차인을 배당에서 제외한 사안에서, 임차건물의 실제의 동, 호수 표시(A동 401호)와 불일치한 위 'C동 402호'로 된 주민등록은 임대차의 공시방법으로서 유효한 것이라고 할 수 없으므로 임차인은 임대차보증금을 우선변제받을 권리가 없다고 한 원심을 수긍한 사례(대법원 1997.1.24. 96다43577).

⑨ **동표시의 불일치** : 임차주택의 등기부상 동·호수의 표시인 「D동 103호」와 불일치한 「라동 103호」로 된 임차인의 주민등록은 그로써 당해 임대차건물에 임차인이 주소 또는 거소를 가진 자로 등록되어 있는지를 인식할 수 있다고 보이지 아니하므로, 위 주민등록은 임차인의 임대차의 공시방법으로서 유효하다고 할 수 없다고 한 사례(대법원 1999.4.13. 99다4207).

⑩ **다가구주택을 다세대주택으로 용도변경하여 사용승인** : 신○동 1197의 9 지상의 지하 1층, 지상 3층 주택은 원래 다가구용 단독주택으로 허가받았다가 그 후 다세대주택으로 용도

변경되어 사용승인을 받은 후 다세대주택으로 각 층·호마다 구분하여 소유권보존등기가 경료되었고, 이에 따라 부동산의 등기부상의 표시도 당초와 달리 그 층, 호수가 특정되어 표시되어, 그 달라진 표시를 전제로 근저당권설정등기가 마쳐졌는데, 임차인은 부동산이 건축중인 동안에 건축허가 당시의 주택의 현황을 기초로 그 주소를 '신ㅇ동 1197의 9'로만 기재하여 주민등록 전입신고를 마쳤다가 부동산이 등기부상으로 그 층, 호수가 특정되어 등재되었음에도 그 주민등록을 등기부상의 표시와 맞게 정정하지 않고 있다가 근저당권설정등기가 경료된 후에 비로소 이를 정정한 사안에서, "건축중인 주택을 임차하여 주민등록을 마친 임차인의 주민등록이 그 후 소유권보존등기가 경료되고 이를 바탕으로 저당권을 취득하여 등기부상 이해관계를 가지게 된 제3자에 대한 관계에서 임대차를 공시하는 효력이 있는지의 여부는 그 제3자의 입장에서 보아 일반 사회통념상 그 주민등록으로 당해 주택에 임차인이 주소 또는 거소를 가진 자로 등록되어 있다고 인식할 수 있는가의 여부에 따라 판단되어야 할 것이다. 따라서, 소유권보존등기가 경료되기 전에 마친 임차인의 주민등록상의 주소 기재가 그 당시의 주택의 현황과 일치한다 하더라도 그 후 사정변경으로 등기부상의 주택의 표시가 달라졌다면, 주민등록상의 주소가 주민등록법시행령 제5조 제5항에 따라 건축물관리대장의 기재에 근거하여 된 것이라는 등의 특별한 사정이 없는 한, 달라진 주택의 표시를 전제로 등기부상 이해관계를 가지게 된 제3자로서는 당초의 주민등록에 의하여 당해 주택에 임차인이 주소 또는 거소를 가진 자로 등록되어 있다고 인식하기 어렵다 할 것이므로 그 주민등록은 그 제3자에 대한 관계에서 유효한 임대차의 공시 방법이 될 수 없다고 할 것이다. 더구나 주민등록상의 주소 기재가 전입신고 당시의 주택의 현황과 일치하는지 여부나, 그 주소 기재가 등기부상의 표시와 일치하지 않게 된 데 대하여 임차인에게 귀책사유가 있었는지의 여부에 의하여 결론이 달라지는 것은 아니라고 할 것이다."라고 전제한 후, "당초와 달리 신ㅇ동 1197의 9 지층 비101호 48.84㎡로 소유권보존등기가 경료된 부동산에 관하여 달라진 주택의 표시를 전제로 비로소 등기부상으로 이해관계를 가지게 된 근저당권자로서는 소유권보존등기가 경료되기 전에 마친 '신ㅇ동 1197의 9'라는 당초의 임차인의 주민등록상의 주소 기재에 의하여서는 위 부동산에 임차인이 주소 또는 거소를 가진 자로 등록되어 있다고 인식하기 어려웠다 할 것이므로, 임차인의 위 주민등록은 근저당권자에 대한 관계에서는 유효한 임대차의 공시 방법이 될 수 없다."고 한 사례(대법원 1999.9.3. 99다15597).

⑪ **연립주택의 층·호수 누락** : 임차인이 상ㅇ리 164의 1 지상에 신축중인 지상 4층의 연립주택 중 4층 402호를 임차하여 주민등록 전입신고를 함에 있어서 주소를 '상ㅇ리 164의 1(6/4) 4층 402호'로 하지 않고 연립주택 부지의 지번인 '상ㅇ리 164의 1(6/4)'로만 기재하여 전입신고를 하였다가 그 후 위 연립주택에 관하여 준공검사가 이루어지면서 건축물관리대장이 작성되자 위 주택의 주소를 '상ㅇ리 164의 1(6/4) 연립주택 402호'로 정정신고를 한 사안에서, "임차인의 종전 전입신고에 따른 위와 같은 주민등록으로는 일반 사회통념상 임차권자가 세대별로 구분되어 있는 위 연립주택의 4층 402호에 주소를 가진 자로 등록되었다

고 제3자가 인식할 수는 없을 것이므로, 위 주민등록을 위 임대차의 공시방법으로서 유효한 것이라고 볼 수 없고, 위 전입신고 당시 건축물대장이 아직 작성되어 있지 아니하였다 하여 달리 볼 것은 아니다."라고 한 사례(대법원 2000.4.7. 99다66212).

⑫ **공부작성시 동표시 변경** : 임차인이 임차주택에 대한 분양광고 및 외벽표기에 따라 '109동 201호'로 전입신고를 마쳤으나, 그 후 건축물관리대장 및 등기부상으로 '제비(B)동 201호'로 표기됨에 따라 주민등록상 건축물 표시와 등기부상의 건축물 표시가 일치하지 않게 된 사안에서, "신축 중인 주택을 임차하여 주민등록을 마친 임차인의 주민등록이, 그 후 소유권보존등기가 경료되고 이를 바탕으로 저당권을 취득하여 등기부상 이해관계를 가지게 된 제3자에 대한 관계에서 임대차를 공시하는 효력이 있는지외 여부는 일반 사회통념상 그 주민등록으로 당해 주택에 임차인이 주소 또는 거소를 가진 자로 등록되어 있다고 인식할 수 있는가의 여부에 따라 판단되어야 하는 것"이라고 전제한 후, 위와 같은 임차인의 전입신고에 따른 주민등록은 일반 사회통념상 임차주택에 대한 유효한 공시방법이라고 인식할 수는 없을 것이므로, 임차인의 위 주민등록은 유효한 임대차의 공시방법이 될 수 없다고 한 사례(대법원 2002.2.22. 2001다78478).

⑬ **동표시를 잘못 기재** : 건설회사가 주택을 분양하면서 제에이(A)동을 제104동으로 표기하여 광고하고 당해 주택의 외벽에도 104동이라는 표시가 되어 있지만, 당해 주택의 등기부 등본과 건축물관리대장에는 모두 당해 주택의 동·호수의 표시가 'A동 302호'로 기재되어 있었는데 임차인이 당해 주택의 등기부와 건축물관리대장이 작성되기 전에 'ㅇㅇ맨션타운 104-302'로 주민등록 전입신고한 사안에서, 당해 건물의 실제의 동·호수 표시와 불일치한 임차인의 주민등록은 임대차의 공시방법으로 유효한 것이라고 할 수 없다고 한 원심의 판단을 수긍한 사례(대법원 2002.12.6. 2002다43981).

⑭ **공부작성시 동표시 변경** : 임대차계약서 및 외벽표기에 따라 주민등록상의 주소를 '현 ㅇ맨션타운 104동 301호'로 하여 전입신고를 마쳤으나, 그 후 당해 건물이 건축물관리대장 및 등기부상으로 '에이(A)동 301호'로 표기됨에 따라, 주민등록상의 건축물 표시와 등기부상의 건축물 표시가 일치하지 않게 된 사안에서, "신축 중인 주택을 임차하여 주민등록을 마친 임차인의 주민등록이 그 후 소유권 보존등기가 경료되고 이를 바탕으로 저당권을 취득하여 등기부상 이해관계를 가지게 된 제3자에 대한 관계에서 임대차를 공시하는 효력이 있는지의 여부는 일반 사회통념상 그 주민등록으로 당해 주택에 임차인이 주소 또는 거소를 가진 자로 등록되어 있다고 인식할 수 있는가의 여부에 따라 판단되어야 한다."고 전제한 후, 위 전입신고에 따른 주민등록은 유효한 임대차의 공시방법이 될 수 없다고 한 사례(대법원 2003.3.14. 2002다66687).

⑮ **공부작성시 동표시 변경** : 임차인이 당해 건물의 소유자로부터 신축될 당시 각 동 입구

에 '가', '나', '다' 동으로 표시된 다세대주택 신ㅇ영빌라 3동 중 '다' 동 내의 한 세대를 임차하여 입주한 후 '수ㅇ동 472-196 다-302'로 전입신고 하였는데, 다세대주택들이 준공되고 집합건축물대장이 작성되면서 그 건축물대장에 '수ㅇ동 472-195 외 1필지 B동 302호'로 등재되었고, 소유권보존등기가 경료되면서 그 표제부에 '수ㅇ동 472-195, 472-196 제비(B)동 제3층 제302호'로 등재된 사안에서, "건축중인 주택에 대한 소유권보존등기가 경료되기 전에 그 일부를 임차하여 주민등록을 마친 임차인의 주민등록상의 주소 기재가 그 당시의 주택의 현황과 일치한다고 하더라도 그 후 사정변경으로 등기부 등의 주택의 표시가 달라졌다면 특별한 사정이 없는 한 달라진 주택의 표시를 전제로 등기부상 이해관계를 가지게 된 제3자로서는 당초의 주민등록에 의하여 당해 주택에 임차인이 주소 또는 거소를 가진 자로 등록되어 있다고 인식하기 어렵다고 할 것이므로 그 주민등록은 그 제3자에 대한 관계에서 유효한 임대차의 공시방법이 될 수 없다고 할 것이며, 이러한 이치는 입찰절차에서의 이해관계인 등이 잘못된 임차인의 주민등록상의 주소가 건축물관리대장 및 등기부상의 주소를 지칭하는 것을 알고 있었다고 하더라도 마찬가지라고 할 것"이라고 한 사례(대법원 2003.5.16. 2003다10940).

⑯ **오피스텔의 공부작성시 층·호수 변경** : 건축중인 오피스텔을 임차하여 "에이스텔 404호"로 주민등록을 마친 임차인의 주민등록상 주소가 그 후 작성된 건축물관리대장 및 등기부상 표시된 실제 호수인 "에이스텔 4층 304호"와 일치하지 아니하여 당해 임대차의 유효한 공시방법이 될 수 없다고 한 원심의 판단을 정당하다고 수긍한 사례(대법원 2008.2.14. 2007다33224).

(라) 유효한 공시방법으로 인정한 예외적 판례

최근에 와서 주민등록상의 주소 표시와 등기부상의 표시가 완벽하게 일치할 것을 요구하는 주류적인 판례와는 달리 융통성을 인정하는 판결도 다수 선고되고 있다. 따라서 주민등록상 동·호수의 표시가 등기부상의 표시와 형식상 약간의 차이가 있더라도 **다른 동·호수로 오인될 여지가 없어 사회통념상 제3자가 충분히 인식할 수 있는 정도**의 것이라면 유효한 공시방법으로 인정할 수 있다는 점에서 대항력을 인정한 사례들을 주의 깊게 살펴볼 필요가 있다.

① 임차인이 임차주택을 임차하여 1992.1.27. "경기 화성군 향ㅇ면 제ㅇ리 454의 9 우ㅇ빌라 402호"로 주민등록신고를 마쳤는데, 임차주택은 4층 다세대주택의 2층 일부로서 그에 관한 등기부에는 "2층 402호"로, 건축물관리대장의 호명칭란에는 "402호"로 각 표시되어 있고, 층을 달리하여 402호가 중복하여 존재하지 아니한 사안에서, 주민등록법시행령 제9조 제3항에서 주민등록표 등 주민등록관계서류의 주소는 공동주택의 경우에는 지번 다음에 건축

물관리대장 등에 의한 공동주택의 명칭과 동·호수를 표기하도록 규정하고 있는 점에 비추어 보면 일반 사회통념상 공동주택의 경우에는 당해 동·호수가 그 주소를 특정하는 것이므로 임차주택이 등기부상 "2층 402호"로 되어 있다면 이는 특별한 사정이 없는 한 "402호"를 지칭하는 것으로 제3자가 인식함이 통례라 할 것이어서 임차인의 주민등록이 "2층 402호"가 아닌 "402호"로 되어 있다고 하여도 임차주택에 관한 임대차 공시방법으로서 유효하다고 판시한 사례(대법원 2001.5.29. 2001다1119).

② 임차인이 집합건축물대장의 작성과 소유권보존등기의 경료 전에 연립주택의 1층 101호를 임차하여 현관문상의 표시대로 1층 표시 없이 '101호'로 전입신고를 하였고 그 후에 작성된 집합건축물대장상에도 역시 호수가 현황대로 '101호'로 기재되었으나 등기부에는 '제1층'의 기재가 추가되어 '제1층 101호'로 등재된 사안에서, "임차인은 실제 건물의 현황과 정확히 일치되게 주민등록 전입신고를 하였고, 그 후 작성된 집합건축물대장의 기재 또한 현황과 같으므로 일반 사회통념상 그 주민등록으로 당해 임대차 건물에 임차인이 주소 또는 거소를 가진 자로 등록되어 있다는 것을 충분히 인식할 수 있다고 할 것이어서, 등기부와 같이 '제1층'이라는 기재를 하지 않았다고 하더라도 임차인의 주민등록은 임대차의 공시방법으로 유효하다."고 한 사례(대법원 2002.5.10. 2002다1796).

③ '관○리 140-11,101 나나빌라 라-별층'으로 전입신고를 하여 주민등록이 되었는데 그 후 보존등기당시 등기부상 표시는 '관○리 140-11 지하층 01호'로 된 사안에서, 대법원은, 등기부상 건물내역이 '1층, 2층, 3층, 각 72.96㎡, 지층 69.54㎡'의 철근콘크리트조 평슬래브 지붕 3층 다세대주택'으로 표시되어 있고, 집합건축물대장상에는 당해 구분소유 부분이 '관○리 140-11 나나빌라 라동 B01호'로 표시되어 있으며, '나나빌라'는 가동, 나동, 다동, 라동의 4개의 독립된 동이 하나의 단지를 이루고 있으나 위 관○리 140-11 토지 위에는 지상 3층, 지하 1층의 라동 건물(당해 다세대 주택)만 존재하고, 각 층이 1개의 구분소유 부분으로 이루어져 있으므로, 임차인의 최초 주민등록 주소는 '관청리 140-11, 나나빌라 라동 별층 101호'로 해석된다고 전제한 후, "당해 다세대 주택의 등기부상의 건물내역과 임차인의 최초 주민등록 주소를 비교하여 볼 때, 주민등록상의 별층에 해당할 만한 건물 부분이 건물내역상 지하층 외에는 없고 그 지하층이 1개의 구분소유 부분으로 이루어져 있으므로, 당해 다세대 주택에 실제로 옥상층 등 별층에 해당할 만한 부분이 있지 아니하고 위 지하층을 주소지로 한 다른 주민등록자가 없는 한 통상적인 주의력을 가진 사람이라면 어렵지 않게 주민등록상의 '별층 101호'가 등기부상의 '지하층 01호'를 의미한다고 인식할 수 있을 것으로 여겨지는 바, 그렇다면 일반사회 통념상 임차인의 주민등록으로 당해 구분소유 부분에 임차인이 주소 또는 거소를 가진 자로 등록되어 있다고 인식할 수 있다고 봄이 상당하다."고 판시한 사례(대법원 2002.6.14. 2002다15467).

④ 등기부상 중○동 75-46 '지층 01호'로 기재되어 있는 주택의 임차인이 전입신고 주소

를 중ㅇ동 ○○빌라 'B01호' 로 기재한 사안에서, 중ㅇ동 75-46 지상에는 당해 다세대주택 1 동만이 존재하고 당해 부동산이 그 다세대주택의 유일한 지하 세대인 사실, 주소지를 표시할 때 지하층의 경우 그 호수 앞에 영어로 지하실(Basement)의 첫 글자 B를 붙여서 표시하는 것이 일반적으로 통용되고 있는 사정을 고려할 때 통상적인 주의력을 가진 사람이라면 어렵지 않게 위 주민등록상의 'B01호' 가 당해 부동산 등기부상의 '지층 01호' 를 의미한다고 인식할 수 있다고 판시하면서, 주민등록상의 호수표시가 등기부상의 표시와 형식적으로 일치하지 않는다는 점만으로 유효하지 않다고 판단한 원심을 파기한 사례(대법원 2003.4.22. 2003다6590).

⑤ 등기부상 표제부에 '에이(A)동' 이라고 기재되어 있는 연립주택의 임차인이 전입신고를 함에 있어 주소지를 '가동' 으로 신고하였으나 주소지 대지 위에는 2개 동의 연립주택 외에는 다른 건물이 전혀 없고, 그 2개 동도 층당 세대수가 한 동은 4세대씩, 다른 동은 6세대씩으로서 크기가 달라서 외관상 혼동의 여지가 없으며, 실제 건물 외벽에는 '가동' , '나동' 으로 표기되어 사회생활상 그렇게 호칭되어 온 사안에서, 사회통념상 '가동' , '나동' , '에이동' , '비동' 은 표시 순서에 따라 각각 같은 건물을 의미하는 것이라고 인식될 여지가 있고, 더욱이 경매기록에서 경매목적물의 표시가 '에이동' 과 '가동' 으로 병기되어 있었던 이상, 경매가 진행되면서 낙찰자를 포함하여 입찰에 참가하고자 한 사람들로서도 위 임대차를 대항력 있는 임대차로 인식하는 데에 아무런 어려움이 없었다는 이유로 임차인의 주민등록이 임대차의 공시방법으로 유효하다고 판시한 사례(대법원 2003.6.10. 2002다59351).

⑥ 토지 위에는 당해 다세대주택 1동 외에는 다른 건물이 전혀 없는 점, 임차인이 원래 당해 다세대주택의 지번과 호수를 정확히 기재하여 전입신고를 하였다가 동사무소 담당 공무원의 권유에 따라 그 전입신고서에 '수ㅇ빌라트' 를 보충 기재하게 되었는데, 당시 당해 다세대주택은 이러한 명칭으로 알려져 있어 사회생활상 그렇게 호칭되어 온 점 등의 여러 사정들에 비추어 통상적인 주의를 가진 사람이라면 어렵지 않게 임차인의 주민등록상 주소인 '상ㅇ동 1087-8 수ㅇ빌라트 103호' 가 당해 주택의 등기부상 주소인 '상ㅇ동 1087-8 상ㅇ동빌라 103호' 를 의미함을 인식할 수 있었으므로 위와 같은 주민등록은 그 임차인의 임대차의 공시방법으로 유효하다고 판시한 사례(대법원 2004.11.26. 2004다46502).

(4) 집합건물의 공용부분 임대차와 주민등록

연립주택의 공용부분인 지하실·창고·지하대피소 등을 주거용으로 개조하고 특정 공유자들이 각각의 지분에 맞게 구분하여 사용하기로 합의함에 따라 각각의 구분된 지하층에 호수를 부여하고 단독으로 임대하는 경우가 있다. 이러한 임대차에 대항력을 인정할 것인지에 관하여 반대견해도 있으나, **임대인 소유의 전유부분**

인 동·호수로 전입신고를 하면 대항력을 인정할 수 있다고 본다.

건물이 구분소유권의 대상인 전유부분과 그 이외의 공용부분으로 서로 구분되는 집합건물에 있어서, 공유부분은 전유부분에 대한 부가물 또는 종물인 성격을 갖는 것으로서 구분소유자의 전유가 아니라 전원의 공유에 속한다. 그리고 공유부분에 대한 공유지분은 전유부분과 분리하여 처분할 수 없고 전유부분에 대한 처분에 따르므로 집합건물에 있어서 거래의 대상은 전유부분이고 공용부분은 독립적인 거래의 대상이 되지 못한다. 더 나아가 임대차의 공시방법으로 마련된 주민등록이 거래의 안전확보를 목적으로 하는데 거래의 대상이 아닌 공용부분에 대한 임대차를 공시하는 것만으로는 그 목적을 달성할 수 없는 것이다. 따라서 집합건물의 공용부분에 대한 임차인이 주택임대차보호법상의 대항력을 부여받기 위한 요건인 주민등록을 마쳤는지 여부는 임차인이 어떤 공용부분에 거소를 가진 자로 등록되어 있는지가 아니라 **임대인의 전유부분**에 거소를 가진 자로 등록되어 있는지를 기준으로 판단하여야 한다.

이 문제에 관하여 정면으로 입장을 밝힌 대법원 판결은 아직 없는 것으로 보이나, 아래 하급심 판결에 대한 상고심에서 심리불속행 기각을 선고한 것으로 보아 대법원의 입장도 동일한 것으로 짐작된다.

모두 6가구로 구성되어 있는 연립주택의 공용부분인 지층을 소유자들의 합의에 따라 6등분하여 주거용으로 개조한 후 각 가구가 1개씩 독립적으로 사용하면서 편의상 자신 소유 전유부분 가구 호수와 같은 호수를 부여하고 그 앞에 지층이라고 표시함으로써 지상과 구분하여 왔고, 임차인이 연립주택 302호의 소유자로부터 지층 302호를 임차하고 그 전입신고도 지층 302호로 한 사안에서, 재판부는, 연립주택의 각 소유자들이 공유부분인 지하층을 각각의 소유지분에 맞게 구분해서 사용하기로 함에 따라 각각 구분된 지하층 중 302호 소유자의 지분인 지하 302호실을 임차한 임차인은 주택임대차법보호상의 정당한 주민등록으로 인정받기 위해서는 전유부분인 302호로 주민등록 전입신고를 했어야 하는데, 자신이 임차한 지하 302호실(공유부분)로 주민등록을 한 것은 정당한 공시절차로 볼 수 없다고 한 사례(서울지법 1998.6.18. 98나8508).

연립주택의 소유자들이 지하대피소 부분을 공유지분 비율에 따라 분할, 주거용으로 개조한 후 임대하였고, 임차인이 연립주택 204호에 부속된 지하 공용부분을 주거목적으로 임차하고 204호에 전입신고를 하여 주민등록이 된 사안에서, 재판부는 집합건물의 공유지분은 전유부분과 분리처분할 수 없고 거래의 대상은 전유부분에만 해당하고 공용부분은 독립적인 거래 대상이 되지 못하며, 주민등록은 공용부분이 아닌 전유부분에 대해서만 가능하므로, 임차인이 전유부분인 2층 204호에 따라 분할된 공용부분인 지하층에 살면서도 전입신고를 전유부분인 204호에 한 만큼 임대차의 공시방법으로 유효하다고 한 사례(서울지법 2001.4.26. 2000나59219).

다세대주택 구분소유자들의 합의로 2층과 지붕 사이의 공간(옥상)에 1층을 증축하여 방 6개를 설치한 후 나눠 갖고 그 중 원래 주택 102호에 종속해 새로이 305호로 표시한 부분을 임대하여 임차인이 305호로 전입신고를 한 사안에서, 재판부는 공용부분인 305호는 등기부상 독립적으로 등재된 호수도 아니고, 전유부분인 102호의 부가물로서 독립적인 거래의 객체가 되지 못하므로, 공시의 기능을 제대로 수행하기 위해서는 부가물 또는 종물에 불과한 305호가 아닌 전유부분인 102호에 주민등록 전입신고를 하여야 한다고 전제한 후, 임차인이 공용부분에 전입신고를 한 만큼 대항력이 없다고 한 사례(서울지법 2001.8.16. 2001나12248).

(5) 다가구용 단독주택의 주민등록

(가) 의의
다가구주택이란 주택으로 쓰이는 층수가 **3개층 이하**이고, 1개 동의 주택으로 쓰이는 바닥면적의 합계가 660㎡ **이하**이며, 19**세대 이하**가 거주할 수 있는 주택으로서 공동주택에 해당하지 아니하는 것을 말한다.

(나) 주민등록방법
다가구주택의 임차인이 전입신고를 할 때 건물 소재지의 지번만 기재하는 것으로 충분하고, 편의상 구분하여 놓은 호수까지 기재할 의무나 필요가 없다. 다가구주택의 대지가 2필지 이상으로 되어 있는 경우에는 그 중 하나의 지번으로만 전입신고를 하여도 유효한 주민등록이 된다.

다가구주택의 임차인이 **지번을 정확히 기재**하여 전입신고를 한 이상 일반 사회통념상 그 주민등록으로 다가구주택에 임차인이 주소 또는 거소를 가진 자로 등록되어 있는지를 인식할 수 있어 임대차의 공시방법으로 유효하다고 할 것이고, 설사 위 건물의 소유자나 거주자 등이 부르는 대로 지층 1호를 1층 1호로 잘못 알고, 이에 따라 전입신고를 '연립-101'로 하였더라도 달리 볼 것은 아니다(대법원 1997.11.14. 97다29530).

임차인이 다가구주택의 주소인 '웅ㅇ동 97번지 57호 101'로 지번을 정확하게 기재하여 전입신고를 마친 이상 일반사회통념상 그 주민등록으로 위 건물에 위 임차인이 주소 또는 거소를 가진 자로 등록되어 있는지를 인식할 수 있어 임대차의 공시방법으로 유효하다고 할 것이고, 그 임차인이 그 후 위 건물 중 종전에 임차하고 있던 부분에서 다른 부분으로 이사를 하면서 그 옮긴 부분으로 다시 전입신고를 하였다고 하더라도 이를 달리 볼 것은 아니고 원래의 전입신고가 유효한 공시방법이 된다(대법원 1998.1.23. 97다47828).

다만, 하나의 대지 위에 다가구용 단독주택과 다세대주택이 함께 건립되어 있는 등의 **특수한 상황**이 있는 경우 단독주택에 대하여도 소재지의 지번뿐만 아니라 동·호수의 기재가 필요하다고 한 사례가 있다.

　　하나의 대지 위에 단독주택과 다세대주택이 함께 건립되어 있고, 등기부상으로 단독주택과 다세대주택의 각 구분소유 부분에 대하여 지번은 동일하나 그 동·호수가 달리 표시되어 있으며, 나아가 단독주택에 대하여 등기부와 같은 지번과 동·호수로 표시된 집합건축물관리대장까지 작성된 경우라면, 단독주택의 임차인은 그 지번 외에 등기부와 집합건축물관리대장상의 동·호수까지 전입신고를 마쳐야만 그 임대차의 유효한 공시방법을 갖추었다고 할 것이라고 전제한 후, 임차인이 당해 주택을 임차하여 인도받고 주민등록 전입신고를 한 지번 및 동·호수는 당해 주택의 지번과는 일치하나, 등기부와 집합건축물관리대장상의 동·호수와는 다르므로 임차인의 위 주민등록은 임대차의 공시방법으로서 효력이 없다고 한 사례(대법원 2002.3.15. 2001다80204).

(다) 구분등기가 되었으나 집합건축물대장이 작성되지 않은 경우

원래 구분소유가 불가능한 다가구 단독주택으로 건축허가를 받아 준공을 하고 건축물대장을 작성한 후 보존등기를 하였으나, 그 후 소유자의 신청에 의해 각 세대별로 구분등기가 된 주택을 종종 볼 수 있다. 이렇게 등기부상으로 구분등기가 되면 각 세대별로 매매·담보설정·임대차가 행하여지지만, 건축물대장은 변동 없이 일반건축물대장으로 남게 되어 등기부와 건축물대장이 불일치한 경우가 많다.

판례는 건축물관리대장에는 구분소유가 불가능한 다가구용 주택으로 등재되어 있지만 등기부상으로 구분등기가 마쳐진 경우 임차인이 전입신고시 **지번까지만 기재**했더라도 임대차의 공시방법으로 유효하다는 입장이다.

　　원래 단독주택으로 건축허가를 받아 건축되고, 건축물관리대장에도 구분소유가 불가능한 건물로 등재된 이른바 다가구용 단독주택에 관하여 나중에 집합건물의소유및관리에관한 법률에 의하여 구분건물로의 구분등기가 경료되었음에도 불구하고, 소관청이 종전에 단독주택으로 등록한 일반건축물관리대장을 그대로 둔 채 집합건축물관리대장을 작성하지 않는 경우에는, 주민등록법시행령 제5조 제5항에 따라 임차인이 위 건물의 일부나 전부를 임차하여 전입신고를 하는 경우 **지번만 기재하는 것으로 충분**하고, 나아가 그 전유부분의 표시까지 기재할 의무나 필요가 있다고 할 수 없으며, 임차인이 실제로 위 건물의 어느 부분을 임차하여 거주하고 있는지 여부의 조사는 단독주택의 경우와 마찬가지로 위 건물에 담보권을 설정하려는 이해관계인의 책임하에 이루어져야 할 것이므로, 임차인이 위 건물의 지번으로 전입신고를 한 이상 일반 사회통념상 그 주민등록으로 위 건물에 위 임차인이 주소 또는 거소를 가진 자로 등록되어 있는지를 인식할 수 있는 경우에 해당된다고 할 것이고, 따라서 임대차의 공시방법으로 유효하다(대법원 1999.5.25. 99다8322 ; 1999.9.7. 99다25600 ; 2002.3.15. 2001다80204).

(라) 다가구주택의 전환(용도변경)에 따른 주민등록 정정

IMF 사태 이후 침체된 부동산 경기의 활성화와 임대사업의 다각화를 위하여 분양 및 구분등기를 엄격히 규제하고 있던 다가구주택을 쉽게 다세대주택으로 용도변경할 수 있도록 건축법령이 개정됨에 따라 1999.5.9. 이후 다가구주택을 다세대주택으로 용도변경하는 사례가 증가하였다.

이와 같이 기존 다가구주택이 다세대주택으로 용도변경되는 경우 임대인은 임차인에게 변경사실을 통지하여야만 건축물대장을 전환할 수 있고, 집합건물로 전환된 건축물대장을 첨부하여야만 건물의 구분등기를 할 수 있으므로, 임차인으로서는 용도변경된 다세대주택의 구분등기 이전에 동·호수와 일치하게 주민등록을 정정할 수 있는 절차가 마련되어 있다.

그러나 다세대주택으로 전환되기 전부터 임차인이 대항요건을 갖추고 다가구주택에 거주하고 있었던 경우 그 임차권의 대항력은 당초 전입신고를 한 때 소급하여 유효한지 아니면 다세대주택의 동·호수에 맞추어 주민등록을 정정한 때로부터 발생하는지에 관하여 입법의 불비로 명시적인 규정이 없다.

만약, 임차인이 주민등록 전입신고를 할 당시에는 다가구주택이었고 그 전입신고의 내용이 실제 건물의 소재지 지번과 정확히 일치하였던 경우 그 후 다가구주택이 다세대주택으로 용도변경되어 임차인이 그에 맞추어 주민등록을 정정하였다면 그 임차권의 대항력은 처음 주민등록을 마친 때로 소급하여 유효하다고 해석된다.

통상의 경우 등기부상 이해관계를 가지려는 제3자는 등기부를 통해 당해 주택의 표시에 관한 사항과 주택에 관한 권리에 관한 사항을 파악할 수 있으므로, 처음에는 다가구용 단독주택으로 소유권보존등기가 경료되었다가 나중에 다세대 주택으로 변경된 경우 당해 주택에 관해 등기부상 이해관계를 가지려는 제3자는 위와 같이 다가구용 단독주택이 다세대 주택으로 변경되었다는 사정을 등기부상 확인할 수 있고, 따라서 지번의 기재만으로 당해 다세대 주택에 주소 또는 거소를 가진 자로 등록된 자가 존재할 가능성을 인식할 수 있다 할 것이므로, 처음에 다가구용 단독주택으로 소유권보존등기가 경료된 건물의 일부를 임차한 임차인은 이를 인도받고 임차 건물의 지번을 정확히 기재하여 전입신고를 하면 주택임대차보호법 소정의 대항력을 적법하게 취득하고, 나중에 다가구용 단독주택이 다세대 주택으로 변경되었다는 사정만으로 임차인이 이미 취득한 대항력을 상실하게 되는 것은 아니다(대법원 2007.2.8. 2006다70516).

(6) 부실한 주민등록의 정정

(가) 원칙

임차인이 착오로 임차주택의 지번과 다른 지번에 전입신고를 하였다가 그 후 실제 지번에 맞게 주민등록을 정정하거나, 동·호수와 같은 특수주소 일부를 착오로 누락하였다가 나중에 추가하는 형태로 정정한 경우에 원칙적으로 그 효력은 소급하지 않고 **정정한 다음날**에야 대항력이 생기게 된다.

(나) 예외

판례는 임차인이 전입신고를 올바르게 하였는데 **담당공무원의 잘못**으로 부실한 주민등록이 된 경우에는 당초의 전입신고시에 **소급**하여 대항력이 생긴다는 입장이다.

임차인이 건물일부를 임차하고 입주하여 그 전입신고를 함에 있어 그 건물소재지 지번인 '안양동 545의 5'로 올바르게 기재하였는데도, 담당공무원이 실수로 주민등록표의 신거주지를 '안양동 545의 2'로 잘못 기입한 것이라면(그 후 임차인의 요청에 의하여 그 착오도 정정되었다) 당초의 임차인의 전입신고는 적법한 것이어서 그 주민등록시 취득한 대항력에 지장이 없으므로 그 임대차는 제3자에 대하여 효력이 있다(대법원 1991.8.13. 91다18118).

동사무소의 담당공무원이 다세대주택을 다가구용 단독주택으로 착각하고 임차인이 전입신고시에 기재한 동·호수를 삭제하여 주민등록을 한 사안에서, 임차인이 주택 중 일부를 임차하여 거주하면서 전입신고를 올바르게 하고 적법한 주소지를 근거로 일상생활을 해 왔으며, 그 주택만을 대상으로 한 경매과정에서도 그가 임차인임을 전제로 절차가 진행된 이상 설사 담당공무원의 착오로 주민등록표상에 동·호수의 기재가 누락되었다고 하더라도 적법한 대항요건을 갖춘 것으로 보아야 할 것이라고 한 사례(서울지법 2001.6.27. 2000나64235).

(다) 특수주소변경의 방법에 의한 주민등록 정정

주민등록의 실무상 실제의 지번이 아닌 건물의 명칭이나 동·호수 등을 이른바 **특수주소**라고 부르고 있으며 당사자의 신청이나 직권으로 변경할 수 있다. 특수주소의 변경은 일반주소변경과 구분하기 위하여 사용되는 용어로서, 공동주택에서 건물의 명칭이나 동·호수 등을 추가하거나 변경하는 것에 불과할 뿐 대항력 발생 시점에 관하여 특별한 의미가 있는 것은 아니다.

공동주택의 임차인이 전입신고를 하면서 공동주택의 명칭이나 동·호수를 기재하지 않고 누락하였다가 나중에 특수주소변경의 방법에 의해 이를 추가하는 경우에도 그 대항력의 발생시점은 당초의 전입신고 시점으로 소급하는 것이 아니라, 특수주소변경에 의하여 정정된 이후부터이다.

제3절 대항력의 발생시기

I. 대항요건을 갖춘 그 다음날

1. 원칙

(1) 대항요건을 모두 갖춘 다음날 오전 0시부터

법 제3조 제1항은 「임대차는 그 등기가 없는 경우에도 임차인이 주택의 인도와 주민등록을 마친 때에는 **그 다음 날부터** 제삼자에 대하여 효력이 생긴다」라고 규정하고 있다. 따라서 임차인이 주택의 인도와 주민등록이라는 요건을 **모두 갖춘 다음 날**부터 대항력이 생긴다. 만약 주민등록을 먼저 마치고 나중에 주택을 인도받은 경우에는 그 **인도받은 다음 날부터** 대항력이 생긴다. 여기서 다음 날의 의미는 **다음 날 오전 0시**를 의미한다(대법원 1999.5.25. 99다9981 ; 2001.9.18. 2001다30902).

(2) 다음 날로 규정한 이유

대항력의 발생시기를 대항요건을 갖춘 바로 그 때가 아닌 그 다음 날로 규정한 것은, 인도와 주민등록이 등기와 달리 간이한 공시방법이어서 인도 및 주민등록과 제3자 명의의 등기가 같은 날 이루어진 경우에 그 선후관계를 밝혀 선순위 권리자를 정하는 것이 사실상 곤란한 데다가, 제3자가 인도와 주민등록을 마친 임차인이 없음을 확인하고 등기까지 마쳤음에도 그 후 같은 날 임차인이 인도와 주민등록을 마침으로 인하여 입을 수 있는 불측의 피해를 방지하기 위하여 임차인보다 등기를 마친 권리자를 우선시키고자 하는 취지이다(대법원 1997.12.12. 97다22393 ; 2000.3.23. 99다67970).

(3) 대항력을 갖추어야 하는 시기

경매나 공매로 인하여 임차주택의 소유권이 변동된 경우에는 임차주택에 저당권, 가압류·압류, 담보가등기 중 가장 빠른 등기가 마쳐진 시점을 기준으로 그 전까지 대항력을 갖추어야 한다. 만약 임차주택에 이와 같은 등기가 되어 있지 아니한 경우에는 경매개시결정 또는 체납처분에 의한 압류의 효력이 발생하기 전까지 대항력을 갖추면 된다.

반면에, 경매 또는 공매 이외의 원인으로 임차주택의 소유권이 변동된 경우에는 양수인 앞으로의 소유권이전등기일 이전에 대항력을 갖추어야 한다. 다만, 순위보전을 위한 가등기 또는 처분금지가처분등기에 기하여 소유권이전등기가 마쳐지는 경우에는 가등기 또는 가처분의 등기일 이전에 대항력을 갖추어야 한다.

(4) 구체적 판단

대항요건을 갖춘 **그 날**에 제3자 명의의 등기가 이루어진 경우 대항력은 그 다음 날부터 발생하므로 임차인이 등기부를 확인하고 오전에 주택의 인도 및 주민등록을 마친 경우라도 그 날 오후에 등기된 근저당권에 기한 경매절차의 낙찰자에게 대항할 수 없어 임차인이 피해를 입을 수 있다.

반면에, 대항요건을 갖춘 **다음 날**에 근저당권이 설정된 경우 대항력은 그 다음날 0시부터 발생하고 근저당권은 아무리 빨라도 오전 9시 전에는 이루어질 수 없으므로 주택임차인의 대항력에는 지장이 없다.

임차주택의 인도와 주민등록을 마친 다음날인 1997.10.23. 00:00부터 임차인으로서 대항력을 취득하였다고 할 것이므로 1997.10.23. 경료된 근저당권의 실행에 기하여 임차주택을 낙찰받은 낙찰자 및 그로부터 임차주택을 매수하여 임대인의 지위를 승계한 자에게 대항할 수 있다(대법원 2001.9.18. 2001다30902).

2. 대항력의 발생시기에 관한 제한

(1) 의의

주택의 소유자가 주민등록을 마치고 거주하다가 그 주택을 타인에게 매각한 후 다시 그 타인으로부터 임차하여 계속 사용하는 경우(**점유개정**) 임차권의 대항력이 발생하는 시기는 언제부터인가?

판례는, 주민등록이 대항력의 요건을 충족시킬 수 있는 공시방법이 되려면 단순히 형식적으로 주민등록이 되어 있다는 것만으로는 부족하고, 주민등록에 의하여 표상되는 점유관계가 **임차권을 매개로 하는 점유**임을 제3자가 인식할 수 있는 정도는 되어야 한다는 판단기준을 제시하면서 구체적인 사안에 따라 조금씩 태도를 달리하고 있다.

(2) 구체적인 사례

(가) 소유권이전등기가 마쳐진 이후라고 한 사례

부동산 소유자가 주택을 매도하고 동시에 임차인이 된 경우 소유권이전등기가 매수인에게 마쳐짐으로써 비로소 전 소유자이자 임차인의 주민등록이 임대차를 공시하는 유효한 공시방법이 된다는 것을 처음으로 밝힌 사례이다.

甲이 1988.8.30. 당해 주택에 관하여 자기 명의로 소유권이전등기를 경료하고 같은 해 10.1. 그 주민등록 전입신고까지 마친 후 이에 거주하다가 1993.10.23. 乙과의 사이에 그 주택을 乙에게 매도함과 동시에 그로부터 이를 다시 임차하되 매매잔금 지급기일인 1993.12.23.부터는 주택의 거주관계를 바꾸어 甲이 임차인의 자격으로 이에 거주하는 것으로 하기로 약정하고 계속하여 거주해 왔으나, 위 매매에 따른 乙 명의의 **소유권이전등기는 1994.3.9.**에야 비로소 경료된 사안에서, 제3자로서는 그 주택에 관하여 甲으로부터 乙 앞으로 소유권이전등기가 경료되기 전에는 甲의 주민등록이 소유권 아닌 임차권을 매개로 하는 점유라는 것을 인식하기 어려웠다 할 것이므로, 甲의 주민등록은 그 주택에 관하여 乙 명의의 소유권이전등기가 경료된 1994.3.9. 이전에는 주택임대차의 대항력 인정의 요건이 되는 적법한 공시방법으로서의 효력이 없고, **1994.3.9. 이후**에야 비로소 甲과 乙 사이의 임대차를 공시하는 유효한 공시방법이 된다고 본 사례(대법원 1999.4.23. 98다32939).

이 판례는, 소유관계를 임대차관계로 전환하기로 하여 실제로 **등기부상 소유권이 변동된 시점**에 비로소 종전의 소유자로서의 주민등록이 임차인을 표상하는 주민등록으로 변환된다는 취지이다. 다만, 대항력의 발생시기가 구체적으로 소유권이전등기 시점인지 소유권이전등기를 한 다음날인지는 쟁점이 되지 않았으나, 적어도 소유권이전등기를 마친 바로 그 때 대항력이 발생한다는 취지로 보기는 어렵다.

(나) 소유권이전등기 다음날부터라고 한 사례

주택의 소유자가 임차인으로 지위가 바뀐 경우 새로운 소유자 앞으로의 소유권이전등기일 다음날부터 대항력이 발생한다고 한 판례이다.

甲이 소유권이전등기를 마치고 주민등록 전입신고까지 마친 다음 처와 함께 거주하다가 乙에게 주택을 매도함과 동시에 그로부터 이를 다시 임차하여 계속 거주하기로 약정하고 임차인을 甲의 처로 하는 임대차계약을 체결한 후에야 乙 명의의 소유권이전등기가 경료된 경우, 제3자로서는 주택에 관하여 甲으로부터 乙 앞으로 소유권이전등기가 경료되기 전에는 甲의 처의 주민등록이 소유권 아닌 임차권을 매개로 하는 점유라는 것을 인식하기 어려웠다 할 것이므로, 甲의 처의 주민등록은 주택에 관하여 乙 명의의 소유권이전등기가 경료되기 전에는 주택임대차의 대항력 인정의 요건이 되는 적법한 공시방법으로서의 효력이 없고 乙 명의의 소유권이전등기가 마쳐진 날에야 비로소 甲의 처와 乙 사이의 임대차를 공시하는 유효한 공시방법이 된다고 할 것이며, 주택임대차보호법 제3조 제1항에 의하여 유효한 공시방법을 갖춘 다음날인 乙 명의의 **소유권이전등기일 익일부터** 임차인으로서 대항력을 갖는다고 한 사례(대법원 2000.2.11. 99다59306 ; 2000.4.11. 99다70556 ; 2001.12.14. 2001다61500).

甲이 1993.12.7. 전입신고를 마친 이래 거주하여 온 그 소유의 아파트를 1997.6.7. A에게 매도함과 동시에, A가 甲에게 지급할 매매대금 중 7,500만원을 임대차보증금으로 전환하여 위 아파트에 관하여 甲을 임차인, A를 임대인, 기간을 12개월, 명도일을 1997.6.9.로 하는 임대차계약을 A와 사이에 체결한 다음 甲은 1997.6.9. 그 임대차계약서에 확정일자를 받았는데, 그 다음날인 1997.6.10. 위 아파트에 관하여 매매를 원인으로 하는 A 명의의 소유권이전등기와 乙 명의의 근저당권설정등기가 각기 마쳐진 사안에서, 법 제3조의2 제1항에 규정된 우선변제적 효력은 대항력과 마찬가지로 주택임차권의 제3자에 대한 물권적 효력으로서 임차인과 제3자 사이의 우선순위를 대항력과 달리 규율하여야 할 합리적인 근거도 없으므로, 법 제3조의2 제1항에 규정된 확정일자를 인도 및 주민등록과 같은 날 또는 그 이전에 갖춘 경우에는 우선변제적 효력은 대항력과 마찬가지로 인도와 주민등록을 마친 다음날을 기준으로 발생하는 것이므로 甲의 임차권의 우선변제적 효력은 甲의 주민등록이 임대차를 공시하는 유효한 공시방법이 되는 A 명의의 **소유권이전등기일의 다음날**인 1997.6.11. 오전 영시부터 발생하게 되고, 그 전날인 1997.6.10.에 이미 근저당권설정등기를 마친 乙이 오히려 甲에 우선하여 배당을 받을 권리가 있다고 한 사례(대법원 2000.3.23. 99다67970).

(다) 소유권이전등기 즉시 대항력이 발생한다고 본 특이한 사례

전차인이 전입신고를 마치고 거주하던 중 임차인이 소유권을 취득하고 근저당권을 설정한 경우에는 전차인은 임차인 앞으로의 소유권이전등기가 마쳐진 다음날이 아니라 **즉시** 대항력을 취득하므로 근저당권에 기한 경매절차에서 소유권을 취득한 자에게 대항할 수 있다고 한 사례이다.

甲이 丙 회사 소유 임대아파트의 임차인인 乙로부터 아파트를 임차하여 전입신고를 마치고 거주하던 중, 乙이 丙 회사로부터 위 아파트를 분양받아 자기 명의로 소유권이전등기를 경료한 후 근저당권을 설정한 사안에서, 비록 임대인인 乙이 甲과 위 임대차계약을 체결한 이후에, 그리고 甲이 위 전입신고를 한 이후에 위 아파트에 대한 소유권을 취득하였다고 하더라도, 주민등록상 전입신고를 한 날로부터 소유자 아닌 甲이 거주하는 것으로 나타나 있어서 제3자들이 보기에 甲의 주민등록이 소유권 아닌 임차권을 매개로 하는 점유라는 것을 인식할 수 있었으므로 위 주민등록은 甲이 전입신고를 마친 날로부터 임대차를 공시하는 기능을 수행하고 있었다고 할 것이고, 따라서 甲은 乙 명의의 **소유권이전등기가 경료되는 즉시** 임차권의 대항력을 취득하였다고 본 사례(대법원 2001. 1. 30. 2000다58026,58033).

(라) 종전 임차인이 낙찰자와 새로이 임대차계약을 체결한 경우

근저당권에 기한 임의경매절차에서 매각대금을 완납하고 소유권을 취득하기 전의 매수인(낙찰자)이 종전 임차인(전소유자로부터 주택을 임차하여 거주하며 주민등록은 되어 있으나 대항력은 없는 임차인)과의 사이에 새로이 임대차계약을 체결한 경우 종전 임차인은 매수인이 매각대금을 납부하여 **소유권을 취득하는 즉시** 임차권의 대항력을 취득한다.

경매절차에서 낙찰인이 주민등록은 되어 있으나 대항력은 없는 종전 임차인과의 사이에 새로이 임대차계약을 체결하고 낙찰대금을 납부한 경우, 낙찰인이 낙찰대금을 납부하기 이전부터 당해 주택에 관하여 주민등록상 소유자 아닌 임차인이 거주하는 것으로 나타나 있어서 제3자들이 보기에 종전 임차인의 주민등록이 소유권 아닌 임차권을 매개로 하는 점유라는 것을 인식할 수 있었으므로, 종전 임차인의 주민등록은 낙찰인의 소유권취득 이전부터 낙찰인과 종전 임차인 사이의 임대차관계를 공시하는 기능을 수행하고 있었으므로, 종전 임차인은 당해 부동산에 관하여 **낙찰인이 낙찰대금을 납부하여 소유권을 취득하는 즉시 임차권의 대항력을 취득한다**(대법원 2002. 11. 8. 2002다38361,38378).

(마) 임차인이 주택의 소유권을 취득하였다가 타인에게 매각한 경우

임차인이 일단 주택임대차의 대항력을 갖추었다고 할지라도 이후 임차인 앞으로

임차주택에 관한 소유권보존등기(혹은 소유권이전등기)가 마쳐졌다면 그 등기가 마쳐진 기간 동안에는 대항력을 상실하게 되고, 다시 임차인으로부터 다른 사람 앞으로 소유권이전등기가 마쳐진 날의 다음날에야 비로소 대항력을 재취득하게 되므로, 임차주택에 관한 근저당권자와의 우선순위는 **대항력을 재취득한 날을 기준**으로 판단한다.

甲이 2002.5.10. A와 사이에 다가구주택 중 일부를 임차하기로 하는 임대차계약을 체결하였는데, 甲은 그 이전인 2002.1.경 임차주택을 인도받아 2002.3.18. 주민등록 전입신고를 마쳤고, 2002.5.13. 임대차계약서상에 확정일자를 받았다. 그 후 임차주택에 관하여 2002.5.30. 甲 앞으로 소유권보존등기가, 2002.7.18. 甲으로부터 B 앞으로의 소유권이전등기가, 같은 날 채권최고액 137,500,000원, 채무자 B, 근저당권자 C은행의 제1순위 근저당권설정등기가 마쳐졌다. 임차주택에 대한 임차권의 대항력을 갖춘 시점은 언제인지, 나아가 그 시점으로부터 C은행의 근저당권설정등기시까지 그 대항력을 유지하여 甲의 임차권이 C의 근저당권에 우선하는지 여부가 쟁점이 된 사안이다.

법원은, 임차주택에 관하여 甲 명의의 소유권보존등기가 마쳐져 있었던 기간 동안에는 제3자가 甲의 주민등록이 소유권이 아닌 임차권을 매개로 하는 점유라는 것을 인식하기 어려웠다 할 것이므로 甲의 주민등록은 임차주택에 관하여 甲 명의의 소유권보존등기가 마쳐진 2002.5.30.부터 B 앞으로 소유권이전등기가 마쳐진 2002.7.18. 이전까지의 기간 동안에는 주택임대차의 대항력 인정의 요건이 되는 적법한 공시방법으로서의 효력이 없고, B 앞으로 소유권이전등기를 마친 이후에야 비로소 甲과 A 또는 A로부터 임대인의 지위를 승계한 B 사이의 임대차를 공시하는 유효한 공시방법이 된다 할 것이므로, 甲이 2002.5.10. 임차권의 대항력을 취득하였다고 하더라도 2002.5.30.부터 2002.7.18.까지의 기간 동안에는 이를 상실하였다가 주택임대차보호법 제3조 제1항에 의하여 그 유효한 공시방법을 갖춘 2002.7.18.의 다음날인 2002.7.19.에야 비로소 다시 대항력을 취득하였다고 할 것이므로, 甲의 임차권은 C은행의 근저당권보다 후순위이므로 강제경매절차에서의 매수인에게 대항할 수 없다고 판단하였다(대구지법 2007.5. 11. 2006라140).

II. 전입신고를 한 때

법 제3조 제1항 후단에 「이 경우 전입신고를 한 때에 주민등록이 된 것으로 본다」라고 규정하고 있으므로, 대항요건으로서의 주민등록은 실제로는 전입신고를 한 때에 갖추게 된다.

1. 주민등록법의 개정

종전에는 주민이 거주지를 이동한 때에는 전거주지를 전출한 날부터 14일 이내에 전출신고를 하고 전출신고를 한 날부터 14일 이내에 전입신고를 하여야 했으나, 1994.7.1.부터 시행되고 있는 현행 주민등록법에서는 전출신고가 폐지되고 신거주지에 전입한 날로부터 14일 이내에 전입신고만 하도록 개정되었다.

주민이 거주지를 이동하면 전출신고→전입신고→주민등록표의 이송→주민등록표의 정리 및 작성의 순서로 주민등록절차가 진행되므로, 전입신고를 하더라도 주민등록이 되기까지는 시간적 간격이 있고, 그 공백을 메우기 위하여 전입신고를 한 때에 주민등록이 된 것으로 본다고 규정한 것이다. 그러나 주민등록법의 개정으로 전출신고 없이 전입신고를 곧바로 할 수 있고 전산조직으로 주민등록 자료가 곧바로 이송되기 때문에 행정절차상의 지연에 따른 임차인의 피해는 대폭 줄어들었다고 할 수 있다.

2. 전입신고일의 판단

종전에는 주민등록표 변동사항란의 전입일자칸에 전출신고일자의 다음날을, 변동일칸에 실제 전입신고일을 각 기재하고 있었으나, 1994.7.1. 이후에는 전입일자칸에 실제 전입신고일을, 변동일자칸에 주민등록카드정리일(전출동에서 전산자료가 이송되어 온 날)을 각 기재하고 있다.

따라서 주민등록일자로 간주되는 전입신고일을 판단함에 있어 1994.6.30.까지 전입신고를 한 경우에는 **변동일칸**에 기재된 날짜를 기준으로, 1994.7.1. 이후에 전입신고를 한 경우에는 **전입일칸**에 기재된 날짜를 기준으로 하여야 한다.

제4절 대항력의 존속요건

Ⅰ. 서 설

1. 의 의

주택의 인도와 주민등록은 대항력의 취득요건일 뿐만 아니라 그 존속요건이라는 것이 판례의 일관된 태도이다. 따라서 임차인이 주택을 인도받고 전입신고를 마친 후 다른 곳으로 이사를 가거나 주민등록을 이전하게 되면 그때부터 대항력을 상실하므로 제3자에게 임차권을 주장할 수 없게 되는 것이 원칙이다.

주택임차인에게 주택의 인도와 주민등록을 그 요건으로 명시하여 등기된 물권에 버금가는 강력한 대항력을 부여하고 있는 주택임대차보호법의 취지에 비추어 볼 때 달리 공시방법이 없는 주택임대차에 있어서 주택의 인도 및 주민등록이라는 대항요건은 그 대항력 취득시에만 구비하면 족한 것이 아니고 그 대항력을 유지하기 위하여서도 계속 존속하고 있어야 한다(대법원 2000.9.29. 2000다37012 ; 2002.10.11. 2002다20957).

주택임차인이 그 지위를 강화하고자 별도로 전세권설정등기를 마치더라도, 주택임대차보호법상 주택임차인으로서의 우선변제를 받을 수 있는 권리와 전세권자로서 우선변제를 받을 수 있는 권리는 근거규정 및 성립요건을 달리하는 별개의 것이라는 점, 주택임대차보호법 제3조의3 제1항에서 규정한 임차권등기명령에 의한 임차권등기와 동법 제3조의4 제2항에서 규정한 주택임대차등기는 공통적으로 주택임대차보호법상의 대항요건인 '주민등록일자', '점유개시일자' 및 '확정일자'를 등기사항으로 기재하여 이를 공시하지만 전세권설정등기에는 이러한 대항요건을 공시하는 기능이 없는 점, 주택임대차보호법 제3조의4 제1항에서 임차권등기명령에 의한 임차권등기의 효력에 관한 동법 제3조의3 제5항의 규정은 민법 제621조에 의한 주택임대차등기의 효력에 관하여 이를 준용한다고 규정하고 있을 뿐 주택임대차보호법 제3조의3 제5항의 규정을 전세권설정등기의 효력에 관하여 준용할 법적 근거가 없는 점 등을 종합하면, 주택임차인이 그 지위를 강화하고자 별도로 전세권설정등기를 마쳤더라도 주택임차인이 주택임대차보호법 제3조 제1항의 대항요건을 상실하면 이미 취득한 주택임대차보호법상의 대항력 및 우선변제권을 상실한다고 봄이 상당하다(대법원 2007.6.28. 2004다69741).

다만, 1999.1.21. 신설된 법 제3조의3에 따라 1999.3.1.부터는 임차인이 법원에 **임차권등기명령**을 신청하여 그 임차권등기가 마쳐진 이후에는 주민등록을 옮기거나 이사를 하여도 대항력을 상실하지 아니한다.

2. 대항요건을 유지하여야 할 종기

주택의 인도와 주민등록이라는 대항요건을 언제까지 유지하여야 하느냐는 주택의 양수인에 대하여 **대항력**을 주장하기 위한 경우와 경매절차에서 **우선변제권**을 행사하기 위한 경우가 반드시 일치하는 것은 아니다.

(1) 대항력을 주장하기 위한 경우

임차인이 임차주택의 양수인에 대하여 임차권의 대항력을 주장하기 위해서는 주택의 점유와 주민등록이라는 대항요건을 어느 시점까지 계속하여 갖추고 있어야 하는지 명문의 규정이 없지만, 임차주택의 **소유권이 양수인에게 이전되는 시점**까지는 대항요건을 계속 갖추고 있어야 한다고 본다. 따라서 매매 등 법률행위로 인하여 소유권이 이전되는 경우에는 **소유권이전등기**가 마쳐질 때까지 유지하여야 하고, 경매절차의 매수인(낙찰자)에 대항하기 위해서는 **매각대금납부시**까지 계속 유지하여야 할 것이다.

판례도 임차인이 대항력을 갖춘 후 임차주택이 양도되어 양수인이 임대인의 지위를 승계하게 된 이후에는 임차인이 주민등록을 다른 곳으로 옮기더라도 이미 발생한 양수인의 보증금반환채무가 소멸하는 것은 아니라고 하였다(대법원 1993.12.7. 93다36615).

(2) 우선변제권을 행사하기 위한 경우

경매절차에 있어서 확정일자를 갖춘 임차인이나 소액임차인이 우선변제권을 행사하기 위해서는 대항요건을 **배당요구의 종기**까지 유지하고 있어야 한다. 구 민사소송법하에서는 배당요구의 종기가 **경락(낙찰)기일**까지였으나, 2002.7.1.부터 시행된 민사집행법하에서 배당요구의 종기는 **첫 매각기일 이전으로서 집행법원이 정한 날**이 된다. 즉, 주택임대차보호법상 우선변제의 요건인 주택의 인도와 주민등록의 존속기간의 종기는 민사집행법상 배당요구의 종기가 된다.

주택임대차보호법 제8조에서 임차인에게 같은 법 제3조 제1항 소정의 주택의 인도와 주민
등록을 요건으로 명시하여 그 보증금 중 일정액의 한도 내에서는 등기된 담보물권자에게도
우선하여 변제받을 권리를 부여하고 있는 점, 위 임차인은 배당요구의 방법으로 우선변제권
을 행사하는 점, 배당요구시까지만 위 요건을 구비하면 족하다고 한다면 동일한 임차주택에
대하여 주택임대차보호법 제8조 소정의 임차인 이외에 같은 법 제3조의2 소정의 임차인이
출현하여 배당요구를 하는 등 경매절차상의 다른 이해관계인들에게 피해를 입힐 수도 있는
점 등에 비추어 볼 때, 공시방법이 없는 주택임대차에 있어서 주택의 인도와 주민등록이라는
우선변제의 요건은 그 우선변제권 취득시에만 구비하면 족한 것이 아니고, **민사집행법상 배
당요구의 종기**까지 계속 존속하고 있어야 한다(대법원 2007.6.14. 2007다17475).

Ⅱ. 대항요건 상실의 효력

1. 점유의 상실

(1) 점유의 자발적인 상실

주택임대차보호법은 주택임차권의 대항요건으로서 임차주택의 점유와 주민등록
이라는 두 가지 요건을 병렬적으로 규정하고 있다. 따라서 임차인이 임대인으로부
터 아직 임차보증금을 반환받지 못한 채 먼저 임차주택의 점유를 임대인에게 이전
하고 퇴거한 때에는 주민등록을 남겨두었더라도 대항요건 중 하나를 갖추지 못한
결과가 되어 임차권의 대항력은 상실된다고 본다.

대항력 및 우선변제권을 갖춘 임차인이 임차주택에 대한 경매절차 도중 배당요구의 종기
전에 주민등록만 그대로 둔 채 아무런 시설이나 집기를 남겨두지 않고 새로 구입한 빌라로
이사하면서 집을 구하는 사람에게 보여주기 위한 목적에서 자신이 출입문 열쇠를 계속 소지
한 채 주택의 출입문을 잠그지 아니한 상태로 타인의 자유로운 출입을 배제할 수 있는 별다
른 조치를 취하여 두지 않았던 사안에서, 주택임대차보호법이 임차인의 대항력과 우선변제
권의 요건으로 주민등록과 함께 별도로 주택에 대한 점유의 인도를 요구하고 있는 점, 주민
등록제도는 행정사무의 적정한 처리를 도모함을 목적으로 하고 있을 뿐 사인간의 권리관계,
특히 주민등록소재지의 거주관계나 그 지상주택의 점유관계를 증명하기 위한 제도가 아닌
점, 주민등록사실 자체만으로는 이른바 무단전출이나 위장전입을 구별하기가 어려운 점 등

에 비추어 볼 때 임차주택 부분의 주민등록 유지사실로부터 곧바로 그 점유사실이 추단된다고 할 수 없고, 타인의 자유로운 출입을 배제할 수 있는 별다른 조치를 취하여 두지 않은 이상 외부에서 객관적으로 인식할 수 없는 사정에 불과한 출입문 열쇠의 소지사실만으로 임차인이 사회통념상 임차주택 부분을 사실상 지배하는 객관적 관계에 있었다고 볼 수도 없다고 하여, 우선변제의 요건인 '주택의 인도'가 계속되지 않았다고 본 사례(대구지법 2006.3.15. 2005나10249).

따라서 대항력 및 확정일자를 갖춘 임차인이 임차보증금을 반환받지 못한 채 사정상 다른 주택으로 이사하는 경우에 그 보증금 반환을 확보하기 위해서는 그 주택을 임대인에게 명도하지 말고 일부 가재도구 등을 그 주택에 남겨 두고 문을 잠가 두는 방법을 취하면서 임차인 자신이 계속 점유하여야 할 것이고 주민등록도 이전하지 않아야 할 것이다. 또한 법원에 임차권등기명령을 신청하여 주택임차권등기가 마쳐진 후에 이사를 가는 것이 보다 확실하고 안전한 방법이 될 것이다.

(2) 점유의 침탈

일단 주택의 인도를 받은 임차인이 제3자에 의하여 점유를 위법하게 침탈당한 경우에는 임차인의 자발적인 의사에 기하지 아니한 침탈이기 때문에 대항력을 상실하지 않는다고 볼 것이다. 왜냐하면 이러한 임차인은 점유권에 기한 점유회복의 소를 제기하여 점유를 회복하게 되면 점유는 계속된 것으로 볼 수 있고, 임차인 의사와 상관없이 타인에 의해 임의로 점유 침탈이 이루어진 경우에는 대항력이 상실되지 않는다고 해석되기 때문이다.

아파트 임차인이 대항력을 주장하면서 임의경매절차에서 이를 낙찰받은 매수인에 대하여 인도를 거절하던 중 매수인이 아파트 자물쇠를 임의로 교체하자 아파트에 대한 자신의 점유를 회복하는 과정에서 매수인 소유의 자물쇠를 손괴한 행위가 정당행위에 해당한다고 본 사례(서울서부지법 2007.7.3. 2007노433).

한편, 임차인이 임대차기간 종료 후 임차주택의 열쇠를 잠가 놓았는데 임대인이 열쇠를 열고 제3자에게 임대를 함으로써 임차인이 자신의 귀책사유 없이 점유를 침탈당하고, 그 임차주택에 새로운 선의의 임차인이 들어와 임대차관계가 형성된 경우, 주택임대차보호법의 보호를 받을 임차인이 누구인지 문제된다.

이에 관하여 종전 임차인은 새로운 임차인에게 대항력을 주장할 수 없으므로, 종전 임차인은 낙찰대금으로부터 배당을 받을 수 없고 새로운 임차인이 보증금을 우선변제 받을 수 있다고 판시한 하급심판결도 있다.

> 乙은 주택임대차보호법에 따른 전입신고, 확정일자를 받은 임차인인데, 임대차기간이 만료되었는데도 임대인이 보증금을 반환하지 않자 일부 짐을 남긴 채 열쇠를 잠가 두고 다른 곳으로 이사를 갔으나, 임대인이 사정을 잘 모르는 乙의 어머니로부터 열쇠를 교부받아 짐을 빼버리고 새로운 임차인인 甲에게 임대를 하였고, 임차주택이 경매에 붙여지자 甲과 乙 모두 배당요구를 한 사안에서, 법원은, 乙의 어머니가 임대인 A에게 열쇠를 교부하여 A가 乙의 점유를 무단 침탈하였다고 하더라도, 乙 또는 그의 어머니에게 점유 상실에 대한 귀책사유가 전혀 없다고 보기 어려운 점, 임차인이 임대인에 의하여 불법적으로 점유를 침탈당한 경우 임대인에 대하여는 점유의 계속을 주장하여 대항력을 주장할 수 있지만 임차인이 점유를 회복하기 전에 그러한 사정을 모른 채 임차주택에 관하여 새로운 이해관계를 맺은 선의의 제3자에 대하여는 그 대항력을 주장할 수는 없다고 보는 것이 공평의 관념에 부합하다 할 것인데 甲은 임대인 A로부터 빈집 상태에서 임차주택을 인도받아 점유를 시작한 선의의 제3자에 해당하므로 결국 乙은 甲에게 대항할 수 없다고 판단되는 점 등에 비추어 볼 때 乙의 주장 사실이 인정된다 하더라도 그와 같은 사정을 들어 乙이 甲에 우선하여 배당을 받을 수는 없다고 판시한 사례(광주지법 2007.3.13. 2006가단49494).

2. 주민등록의 이전

(1) 주민등록의 종국적 이탈

단독세대주가 주민등록을 이전하거나 임차인이 가족 모두와 함께 주민등록을 옮긴 경우에는 대항력을 상실하는 것이 원칙이다.

(2) 주민등록의 일시적 이탈

임차인이 가족과 함께 임차주택에 계속 거주하면서 그 **가족들의 주민등록은 그대로 둔 채** 자신만 주민등록을 일시 다른 곳으로 옮긴 경우에는 전체적으로나 종국적으로 주민등록의 이탈이라고 볼 수 없으므로 대항력을 상실하지 않는다(대법원 1989.1.17. 88다카143 ; 1996.1.26. 95다30338). 따라서 부득이한 사정으로 임차인이 주민등록을 다른 곳으로 이전하는 경우에도 배우자나 가족들의 주민등록은 그대로 남겨두어야 한다.

일단 주택의 임차인이 그 주택의 소재지로 전입신고를 마치고 입주함으로써 임차권의 대항력을 취득한 후 임차인과 그 가족의 일부가 다른 곳으로 이사하면서 그들의 주민등록을 새로운 주택의 소재지로 옮겼다고 하더라도 동일 세대에 속하였던 가족의 일부가 남아 여전히 당해 임차주택을 점유하면서 주민등록을 계속 존속시키고 있었다면, 전체적으로 주민등록의 이탈이라고 볼 수 없어 그 임대차의 제3자에 대한 대항력을 상실하지 아니한다(대법원 1998.6.12. 98다5968).

(3) 임차인의 의사와 상관없는 주민등록의 이전

임차인의 의사와 상관없이 소유자 또는 제3자에 의해 임의로 주민등록이 이전되었고, 그와 같이 주민등록이 잘못 이전된 데 대하여 임차인에게 책임을 물을 만한 사유도 없는 경우에는 임차인이 이미 취득한 대항력은 상실되지 않고 그대로 유지된다(대법원 2000.9.29. 2000다37012).

임차인이 근저당권설정등기 이전에 이미 주민등록을 마치고 임대차계약서상의 확정일자를 받았으며 임차주택에 거주하고 있는 이상 주택임대차보호법 소정의 대항요건 및 우선변제권을 적법하게 취득하였다 할 것이고, 그 후 근저당권설정 무렵에 임차인의 의사와는 관계없이 타인에 의하여 무단으로 일시 주민등록의 변경이 이루어졌다 하더라도 그와 같은 사정만으로는 이미 취득한 대항력을 상실한다고는 볼 수는 없으며, 주택임대차보호법상의 대항요건은 그 대항력 취득시 뿐만 아니라 그 대항력을 계속 유지하기 위해서도 존속하고 있어야 한다고 해석함이 상당하다 할지라도 임차인의 의사에 기하지 아니하고 무단으로 주민등록이 변경된 경우에까지 그와 같이 해석할 수는 없다(서울지법 1997.9.26. 96가합33315).

3. 주민등록의 직권말소

(1) 대항력의 상실시기

위장전입이나 무단전출 등으로 인하여 임차인의 주민등록이 직권말소되는 경우에는 원칙적으로 대항력이 상실된다. 다만 대항력의 상실시기는 직권말소의 이유와 원인에 따라 다르게 보아야 한다. 만약 위장전입을 이유로 직권말소된 경우에는 처음부터 유효한 주민등록이 아니므로 대항력은 처음부터 발생하지 않는다. 반면에 무단전출로 인한 직권말소의 경우에는 대항력이 발생하였다가 무단전출한 그때에 대항력이 소멸되는 것으로 해석된다.

(2) 주민등록의 회복과 대항력

임차인의 주민등록이 직권말소된 경우에는 원칙적으로 대항력이 상실되지만, 말소된 주민등록이 회복되거나 재등록이 이루어지면 그 대항력이 소급하여 인정된다. 다만 직권말소가 주민등록법 소정의 이의절차에 의하여 회복된 것이 아닌 경우에는 선의의 제3자에게 그 소급효를 주장할 수 없다.

주택임차인이 임대차계약기간이 만료된 후 보증금을 반환받지 못한 상태에서 어머니의 병간호를 위하여 당해 임차주택 내에 가재도구의 일부를 남겨둔 채 문을 잠그고 어머니가 거주하는 곳으로 이사를 하였는데, 그 후 관할 동사무소에서 주민등록일제정리계획에 의거하여 주민등록법 소정의 절차에 따라 공고를 한 후 임차인의 주민등록을 직권말소하였고, 임차인이 그러한 사실을 뒤늦게 알고 이의를 제기하여 당해 건물로 재등록이 이루어진 사안에서, "주민등록이 대항력의 존속요건이라고 보는 이상, 주택임차인의 의사에 의하지 아니하고 주민등록법 및 동법시행령에 따라 시장·군수 또는 구청장에 의하여 직권조치로 주민등록이 말소된 경우에도 원칙적으로 그 대항력은 상실된다고 할 것이지만, 주민등록법상의 직권말소제도는 거주관계 등 인구의 동태를 상시로 명확히 파악하여 주민생활의 편익을 증진시키고 행정사무의 적정한 처리를 도모하기 위한 것이고, 주택임대차보호법에서 주민등록을 대항력의 요건으로 규정하고 있는 것은 거래의 안전을 위하여 임대차의 존재를 제3자가 명백히 인식할 수 있게 하기 위한 것으로서 그 취지가 다르므로, 직권말소 후 동법 소정의 이의절차에 따라 그 말소된 주민등록이 회복되거나 동법시행령 제29조에 의하여 재등록이 이루어짐으로써 주택임차인에게 주민등록을 유지할 의사가 있었다는 것이 명백히 드러난 경우에는 소급하여 그 대항력이 유지된다고 할 것이고, 다만, 그 직권말소가 주민등록법 소정의 이의절차에 의하여 회복된 것이 아닌 경우에는 직권말소 후 재등록이 이루어지기 이전에 주민등록이 없는 것으로 믿고 임차주택에 관하여 새로운 이해관계를 맺은 선의의 제3자에 대하여는 임차인은 대항력의 유지를 주장할 수 없다고 봄이 상당하다 할 것이다."라고 판시한 사례(대법원 2002.10.11. 2002다20957).

주택임차인이 1996.4.8. 당해 주택으로 주민등록 전입신고를 마쳤는데, 위 주민등록이 1999.2.26. 직권조치로 말소되었다가 2000.5.31. 주민등록법시행령 제29조에 의하여 재등록되었으므로, 1997.7.28. 경료된 근저당권에 기한 당해 주택의 임의경매절차에서 2001.4.3. 당해 주택을 낙찰받아 같은 해 5.10. 그 낙찰대금을 납부한 낙찰자는 임차인에게 대항할 수 없어 당해 주택의 임대인의 지위를 승계한다고 본 원심의 판단을 정당하다고 한 사례(대법원 2003.7.25. 2003다25461).

4. 주민등록 재전입의 효력

(1) 의의

임차인이 가족들의 주민등록을 그대로 둔 채 자신의 주민등록만 일시 옮긴 경우에는 대항력을 상실하지 않으므로 문제가 되지 않는다. 그러나 단독세대주인 임차인이나 임차인을 포함한 세대원 전원이 주민등록을 다른 곳으로 옮겼다가 다시 전입신고를 하면 당초에 소급하여 대항력이 회복되는지에 관하여 견해의 대립이 있다.

(2) 재전입한 때부터 새로운 대항력 발생

판례는 주민등록 이전 후 재전입하기 전에 새로운 담보권자나 압류채권자 등이 출현하였는지에 상관없이 대항력은 회복되지 않고 주민등록을 복귀(재전입)한 시점부터 다시 대항력이 발생할 뿐이라고 해석하고 있다.

단독세대주인 임차인이 대항요건을 모두 구비한 다음 근저당권이 설정되었고, 그 후 임차인이 주민등록만을 약 6개월간 다른 곳으로 이전하였다가 다시 원상태로 회복하였는데, 그 후 근저당권의 실행으로 임차주택을 낙찰받은 자가 임차인을 상대로 주택의 명도를 청구한 사안에서, "주택임대차보호법이 그 제3조 제1항에서 주택임차인에게 주택의 인도와 주민등록을 요건으로 명시하여 등기된 물권에 버금가는 강력한 대항력을 부여하고 있는 취지에 비추어 볼 때 달리 공시방법이 없는 주택임대차에 있어서 주택의 인도 및 주민등록이라는 대항요건은 그 대항력 취득시에만 구비하면 족한 것이 아니고 그 대항력을 유지하기 위하여서도 계속 존속하고 있어야 한다고 해석함이 상당하다"고 전제한 후, 주택에 대한 점유를 계속하는 한 사정에 의하여 주민등록만을 일시 다른 곳으로 이전하였다 하더라도 일단 취득한 대항력은 계속되는 것이라고 판단한 원심판결을 파기환송한 사례(대법원 1987.2.24. 86다카1695).

임차인이 1995.7.10. 다가구용 단독주택 중 일부에 관하여 임대차계약을 체결하고 그 무렵 입주하였으며, 이에 앞서 임차인은 1995.6.16. 미리 위 주택의 소재지로 가족들과 함께 주민등록법상의 전입신고를 마쳤고, 그 후 1995.12.16. 위 주택의 대지 및 건물에 관하여 근저당권이 설정되었으나, 임차인은 위 주택에 입주한 이래 그 주택에서 사실상 계속 거주하여 오면서도 1996.1.26. 자녀교육을 위한 학교전학의 편의상 자신을 포함한 가족들 모두의 주민등록을 형식적으로 다른 곳으로 일시 옮겨 두었다가 같은 해 2.27. 다시 위 주택의 소재지로 복귀시킨 사안에서, "주택의 임차인이 그 주택의 소재지로 전입신고를 마치고 그 주택에 입주함으로써 일단 임차권의 대항력을 취득한 후 어떤 이유에서든지 그 가족과 함께 일시적이나

마 다른 곳으로 주민등록을 이전하였다면 이는 전체적으로나 종국적으로 주민등록의 이탈이라고 볼 수 있으므로 그 대항력은 그 전출 당시 이미 대항요건의 상실로 소멸되는 것이고, 그 후 그 임차인이 얼마 있지 않아 다시 원래의 주소지로 주민등록을 재전입하였다 하더라도 이로써 소멸되었던 대항력이 당초에 소급하여 회복되는 것이 아니라 그 재전입한 때부터 그와는 동일성이 없는 새로운 대항력이 재차 발생하는 것이다."라고 전제한 후, 임차인이 1995.7.10. 무렵 취득한 임차권의 대항력을 1996.1.26. 주민등록의 일시 이전으로 인하여 이미 상실하였고, 그 후 다시 원래의 주소지로 주민등록을 재전입한 1996.2.27. 종전의 그것과는 동일성이 없는 새로운 임차권의 대항력을 재차 취득한 셈이므로, 그 대항력의 취득시기가 근저당권설정등기 이후임이 분명한 만큼, 임차인이 새로이 취득한 임차권의 대항력으로써 그 취득 이전의 근저당권자에게 대항할 수 없다고 한 사례(대법원 1998.1.23. 97다43468).

주민등록 전입신고를 마치고 임차주택에 거주하던 임차인이 대출을 위해 주민등록을 잠시 이전해 달라는 임대인의 요청에 따라 다른 곳으로 전출신고를 하였다가 선순위 근저당권이 설정된 후 재전입한 경우, 임차인의 대항력은 재전입시점을 기준으로 판단하여야 하므로 낙찰에 의해 소유권을 취득한 낙찰인에 대하여 임차보증금의 동시이행항변을 주장할 수 없다고 한 사례(대전지법 천안지원 2004.9.2. 2004가단12178).

(3) 주민등록의 재전입과 종전 확정일자의 효력

주택임차인이 대항력을 취득하고 임대차계약서상에 확정일자를 갖춘 후 다른 곳으로 주민등록을 이전하였다가 재전입한 경우 다시 확정일자를 받지 않았더라도 임차인이 재전입 이후에 그 주택에 관하여 담보물권을 취득한 자보다 우선하여 보증금을 변제받을 수 있다.

주택의 임차인이 그 주택의 소재지로 전입신고를 마치고 입주함으로써 임차권의 대항력을 취득한 후 일시적이나마 다른 곳으로 주민등록을 이전하였다면 그 전출 당시 대항요건을 상실함으로써 대항력은 소멸하고, 그 후 임차인이 다시 그 주택의 소재지로 주민등록을 이전하였다면 대항력은 당초에 소급하여 회복되는 것이 아니라 재전입한 때로부터 새로운 대항력이 다시 발생하며, 이 경우 전출 이전에 이미 임대차계약서상에 확정일자를 갖추었고 임대차계약도 재전입 전후를 통하여 그 동일성을 유지한다면, 임차인은 재전입시 임대차계약서상에 다시 확정일자를 받을 필요 없이 재전입 이후에 그 주택에 관하여 담보물권을 취득한 자보다 우선하여 보증금을 변제받을 수 있다(대법원 1998.12.11. 98다34584).

Ⅲ. 양도 · 전대와 대항력의 존속

1. 의의

임차권의 양도라 함은 종전 임차인이 임차권을 그 동일성을 유지하면서 양수인에게 이전하는 계약을 말하고, **임차주택의 전대**라 함은 임차인이 그 임차주택을 다시 제3자(전차인)로 하여금 사용 · 수익하게 하는 계약을 말한다.

임차권이 양도되면 양도인은 임차인으로서의 지위에서 벗어나고 양수인이 그 지위를 승계하여 임차인으로서의 권리 · 의무를 취득하게 되는데 반하여, 전대에 있어서 임차인은 종전의 임대차계약상의 지위를 그대로 유지하면서 그것과는 별도로 전차인과의 사이에 새로운 임대차관계를 성립한다는 점에서 임차권의 양도와 다르다.

이러한 양도나 전대에 있어서 임대인은 그 계약의 당사자가 아니므로 양도인과 양수인 또는 전대인과 전차인 사이의 계약만으로 유효하게 성립한다. 다만, 양수인이나 전차인이 임대인 기타의 제3자에 대한 관계에 있어서 유효하게 임차권을 취득하는지 여부는 **임대인의 동의**가 있었는지 유무에 의하여 결정된다.

임대인이 양도나 전대에 대하여 **승낙하는 방법**은 임차권양도양수계약서나 전대차계약서에 임대인이 승낙의 문구를 기재하는 것이 간편하지만 별도의 승낙서를 작성하는 것도 무방하다.

2. 무단양도 및 전대와 임대차의 해지

민법은 원칙적으로 임차권의 양도와 임차물의 전대를 허용하지 않고, 다만 임대인의 동의가 있는 경우에만 유효하게 양도 · 전대를 할 수 있으며, 임차인이 이에 위반한 때에는 임대인은 **계약을 해지**할 수 있도록 규정하고 있다(민629).

■ 계약해지통지 내용증명 작성례

내 용 통 지 서

　수　신 : 서울 서초구 ○○동 123 ○○아파트 ○○동 ○○○호
　　　　　김 ○ ○ 귀하
　제　목 : **무단양도(또는 무단전대)로 인한 임대차계약 해지의 통지**
　　1. 귀하는 본인 소유의 서울 서초구 ○○동 456 ○○아파트 ○○동 ○○○호에 관하여 2007. 2. 15.
임대보증금 80,000,000원, 임대차기간은 2007. 3. 1.부터 2년간으로 정하여 임대차계약을 체결한 바
있습니다.
　　2. 그런데 최근 귀하는 본인의 승낙도 없이 무단으로 타인에게 임차권을 양도(또는 임차목적물을
전대)한 사실을 알게 되었습니다.
　　3. 귀하의 이러한 행위는 위 임대차계약에 명백히 위반되고 본인과의 신뢰관계를 깨뜨리는 행위로
서, 본인은 이를 묵과할 수 없기에 본 건 내용증명의 통지로서 귀하와의 임대차계약을 해지하는 바입
니다.
　　4. 따라서 귀하는 2008. 2. 15.까지 임차목적물을 본인에게 명도하여 주시기 바랍니다. 만약 이에
불응할 경우 법적인 조치를 취할 수밖에 없으며 이에 따른 모든 비용은 귀하께서 부담하시게 된다는
사실을 양지하시기 바랍니다.
　　　　　　　　　　　　　　　　　　　　　2008. 1. 15.
　　통지인 : 서울 서초구 ○○동 456 ○○아파트 ○○○동 ○○○호
　　　　　　　　　　　　　　　　최　○　○ ㊞

　이처럼 민법이 무단양도 및 전대를 원칙적으로 금지하고 임대인의 동의를 받도록
요구하는 것은 **임대인을 보호**하기 위한 것이다. 즉 물건을 사용·수익하는 방법은
사람마다 다르기 때문에 무단양도 및 전대를 방치하면 임대인으로서는 예기치 못
한 불이익을 당할 수 있기 때문이다.

　민법상의 임대차계약은 원래 당사자의 개인적 신뢰를 기초로 하는 계속적 법률관계임을
고려하여 임대인의 인적 신뢰나 경제적 이익을 보호하여 이를 해치지 않게 하고자 함에 있으
며, 임차인이 임대인의 승낙없이 제3자에게 임차물을 사용·수익시키는 것은 임대인에게 임
대차관계를 계속시키기 어려운 배신적 행위가 될 수 있는 것이기 때문에 임대인에게 일방적
으로 임대차관계를 종지시킬 수 있도록 하고자 함에 있다(대법원 1993.4.27. 92다45308 ;
2007.11.29. 2005다64255).

　하지만, 오늘날 사회현실에서 임대차관계에 있어서의 인적 신뢰관계는 상당히 옅
어지고 있다는 점에서 임대차의 양도와 임차주택의 전대의 제한에 관한 민법 제629

조 제2항은 실정에 맞지 않는 전근대적 규정이라는 지적이 있고, 판례도 민법 제 629조 제2항에 의한 임대인의 해지권을 제한적으로 해석하려는 시도(**배신행위 이론**)를 보이고 있다.

임대인이 자신의 동의 없이 임차권이 이전되었다는 것만을 이유로 임대차계약을 해지할 수 없는 특별한 사정이 있는 경우 및 그에 대한 주장·입증책임의 소재 : 임차인의 변경이 당사자의 개인적인 신뢰를 기초로 하는 계속적 법률관계인 임대차를 더 이상 지속시키기 어려울 정도로 당사자간의 신뢰관계를 파괴하는 임대인에 대한 배신행위가 아니라고 인정되는 **특별한 사정이 있는 때**에는 임대인은 자신의 동의 없이 임차권이 이전되었다는 것만을 이유로 민법 제629조 제2항에 따라서 임대차계약을 해지할 수 없고, 그와 같은 특별한 사정이 있는 때에 한하여 경락인은 임대인의 동의가 없더라도 임차권의 이전을 임대인에게 대항할 수 있다고 봄이 상당한바, 위와 같은 특별한 사정이 있는 점은 경락인이 주장·입증하여야 한다 (대법원 1993.4.13. 92다24950).

임차인이 임대인으로부터 별도의 승낙을 얻은 바 없이 제3자에게 임차물을 사용·수익하도록 한 경우에 있어서도 임차인의 당해 행위가 임대인에 대한 배신적 행위라고 인정할 수 없는 **특별한 사정이 있는 경우**에는 위 법조항에 의한 해지권은 발생하지 않는다고 전제한 후, 임차권의 양수인이 본래의 임차인과 동일한 사업을 수행하면서 그 형식적인 사업주체의 인격만 변경된 것 뿐이고, 더구나 본래의 임차인과 부부간으로서 한 세대를 구성하고 임차건물에서 동거하면서 함께 가구점을 경영해 오고 있었던 터이었고, 그 후 다시 본래의 임차인과 혼인하여 같은 건물에 동거하고 있는 바여서, 실질적으로 임대인의 인적 신뢰나 경제적 이익을 해치는 것도 아니고, 이와 같은 경우에는 임대차관계를 계속시키기 어려운 배신적 행위라고 인정할 수 없는 특별한 사정이 있는 경우에 해당한다고 봄이 상당하므로, 임대인에게는 계약해지권이 발생하지 아니하고 임차권 양수인은 위 임차권의 양수나 이에 터잡은 사용·수익을 임대인에게 주장할 수 있다고 보는 것이 옳을 것이라고 한 사례(대법원 1993.4.27. 92다45308).

임차인이 비록 임대인으로부터 별도의 승낙을 얻지 아니하고 제3자에게 임차물을 사용·수익하도록 한 경우에 있어서도, 임차인의 당해 행위가 임대인에 대한 배신적 행위라고 할 수 없는 특별한 사정이 인정되는 경우에는, 임대인은 자신의 동의 없이 전대차가 이루어졌다는 것만을 이유로 임대차계약을 해지할 수 없으며, 전차인은 그 전대차나 그에 따른 사용·수익을 임대인에게 주장할 수 있다 할 것이다(대법원 2007.11.29. 2005다64255).

한편, 임차인이 임대인의 동의 없이 임차물을 제3자에게 전대한 경우, 임대인이 제3자에게 손해배상청구나 부당이득반환청구를 할 수 있는지 여부에 관해 판례는 원칙적 소급의 입장을 취하고 있다.

임차인이 임대인의 동의를 받지 않고 제3자에게 임차권을 양도하거나 전대하는 등의 방법으로 임차물을 사용·수익하게 하더라도, 임대인이 이를 이유로 임대차계약을 해지하거나 그 밖의 다른 사유로 임대차계약이 적법하게 종료되지 않는 한 임대인은 임차인에 대하여 여전히 차임청구권을 가지므로, 임대차계약이 존속하는 한도 내에서는 제3자에게 불법점유를 이유로 한 차임상당 손해배상청구나 부당이득반환청구를 할 수 없다(대법원 2008.2.28. 2006다10323 ; 2006.12.7. 2005다55121).

3. 양도 · 전대와 주택임차권의 대항력

(1) 무단양도 · 전대의 경우

임차인이 임대인의 동의 없이 임차권을 양도하거나 임차주택을 전대하면 임차인이나 양수인·전차인은 임차권의 양도나 전대를 가지고 제3자에게는 물론 임대인에게도 대항할 수 없다.

따라서 비록 임차인이 대항력을 갖추었다고 하더라도 임대인의 동의가 없는 이상 임차권의 양수인이나 전차인은 임차인의 대항력을 원용하거나 자신의 고유한 대항력을 취득할 수 없는 것이다.

(2) 임대인의 동의를 얻은 양도 · 전대의 경우

임차인이 대항력을 갖춘 후 임대인의 동의를 얻어 적법하게 임차권을 제3자에게 양도하거나 임차주택을 전대하고 당해 주택에서 이탈한 후 양수인이나 전차인이 점유 및 주민등록을 한 경우이다. 이 경우 원래의 임대차는 동일성을 유지한 채로 존속하되, 주택의 점유와 주민등록이 양수인 또는 전차인의 것으로 바뀌게 될 뿐이므로, 변경 전후의 공시방법이 단절되지 않고 연속되어 있는 한 임차권의 대항력 또한 소멸되지 않고 그대로 존속한다고 해석된다.

판례는 양수인이나 전차인이 임차인의 주민등록 퇴거일로부터 **주민등록법상의 전입신고기간**내 전입신고를 마치고 주택을 인도받아 점유를 계속할 것을 기준으로 제시하고 있다.

주택임대차보호법 제3조 제1항에 의한 대항력을 갖춘 주택임차인이 임대인의 동의를 얻어 적법하게 임차권을 양도하거나 전대한 경우에 있어서 양수인이나 전차인이 임차인의 주민등록 퇴거일로부터 **주민등록법상의 전입신고기간**내에 전입신고를 마치고 주택을 인도받아 점유를 계속하고 있다면 비록 위 임차권의 양도나 전대에 의하여 임차권의 공시방법인 점유와 주민등록이 변경되었다 하더라도 원래의 임차인이 갖는 임차권의 대항력은 소멸되지 아니하고 동일성을 유지한 채로 존속한다고 보아야 한다(대법원 1988. 4. 25. 87다카2509).

다만, 1994. 7. 1.부터 시행되고 있는 개정 주민등록법에서는 전출신고제도가 폐지되어 주민등록의 퇴거라는 개념이 없어졌으므로, 양수인이나 전차인이 임차인의 주민등록 신거주지 전입일로부터 주민등록법상의 전입신고기간 내에 전입신고를 마치면 무방하다고 본다.

(3) 대항력 존속의 효과

임차인이 임차권을 양도하거나 임차주택을 전대한 이후에도 임차권의 대항력이 소멸되지 아니하고 그대로 존속하는 경우, 임차인은 그가 대항력을 취득한 후에 임차주택에 설정된 근저당권의 실행으로 소유권을 취득한 낙찰자에 대하여 임차보증금반환청구권에 기한 동시이행항변권을 행사하여 그 반환을 받을 때까지는 그 주택을 적법하게 점유할 권리를 갖게 된다.

또한 임차인으로부터 임차주택을 전차한 전차인은 임차인의 대항력을 승계하는 것은 아니므로 임차인의 동시이행항변권을 원용하여 임차인이 보증금의 반환을 받을 때까지 그 주택을 적법하게 점유 · 사용할 권리를 갖게 된다.

4. 전차인이 직접 대항요건을 갖춘 경우

임차인 자신은 주택을 인도받지 아니하고 주민등록도 이전하지 아니한 채 임대인의 승낙을 얻어 임차주택을 전대함으로써 처음부터 전차인이 직접 주택의 인도와 주민등록을 마친 경우가 있다.

이와 같이 임차인이 주택을 직접점유하여 거주하지 않고 임대인의 승낙을 받아 임차주택을 전대함으로써 간접점유하는 경우, 간접점유자인 임차인의 주민등록으로는 대항력의 요건을 적법하게 갖추었다고 할 수 없다. 따라서 **직접점유자인 전차인**이 주택을 인도받아 주민등록을 마쳐야만 임차인은 제3자에 대하여 대항력을 취득한다.

주택임차인이 임차주택을 직접 점유하여 거주하지 않고, 간접 점유하여 자신의 주민등록을 이전하지 아니한 경우라 하더라도 임대의 승낙을 받아 임차주택을 전대하고 그 전차인이 주택을 인도받아 자신의 주민등록을 마친 때에는 그 때로부터 임차인은 제3자에 대하여 대항력을 취득한다. 왜냐하면, 주택임대차보호법 제3조 제1항에서 주택의 인도와 주민등록을 제3자에 대한 대항요건으로 정한 취지는, 주택의 인도와 주민등록으로 당해 주택이 임대차의 목적이 되어 있다는 사실이 공시될 수 있기 때문이라고 할 것인데, 설사 임차인이 주택을 직접 인도받지 않았거나 자신의 주민등록을 임차주택으로 이전하지 아니하였다고 하더라도 임대인의 승낙을 받아 전대를 하고 그 전차인이 그 주택을 인도받고 주민등록을 마쳤다면 이로써 당해 주택이 임대차의 목적이 되어 있다는 사실을 충분히 공시될 수 있고 이러한 경우 다른 공시방법도 있을 수 없으므로 승낙있는 전차인이 주택을 인도받고 그의 주민등록을 마친 때로부터 임차인이 제3자에 대하여 대항력을 취득하게 된다고 볼 것이고 그렇게 보더라도 제3자는 불측의 손해를 입을 염려가 없고, 또한 이렇게 해석하는 것이 서민의 주거생활의 안정을 보호하려는 주택임대차법의 취지에도 부합하기 때문이다(대법원 1994.6.24. 94다3155 ; 1995.6.5. 94마2134).

주택임대차보호법 제3조 제1항 소정의 대항력은 임차인이 당해 주택에 거주하면서 이를 직접 점유하는 경우뿐만 아니라 타인의 점유를 매개로 하여 이를 간접점유하는 경우에도 인정될 수 있을 것이나, 그 경우 당해 주택에 실제로 거주하지 아니하는 간접점유자인 임차인은 주민등록의 대상이 되는 '당해 주택에 주소 또는 거소를 가진 자'가 아니어서 그 자의 주민등록은 주민등록법 소정의 적법한 주민등록이라고 할 수 없고, 따라서 간접점유자에 불과한 임차인 자신의 주민등록으로는 대항력의 요건을 적법하게 갖추었다고 할 수 없으며, 임차인과의 점유매개관계에 기하여 당해 주택에 실제로 거주하는 **직접점유자**가 자신의 주민등록을 마친 경우에 한하여 비로소 그 임차인의 임대차가 제3자에 대하여 적법하게 대항력을 취득할 수 있다(대법원 2001.1.19. 2000다55645).

주택임대차보호법 제3조 제1항에 정한 대항요건은 임차인이 당해 주택에 거주하면서 이를 직접 점유하는 경우뿐만 아니라 타인의 점유를 매개로 하여 이를 간접점유하는 경우에도 인정될 수 있는바, 주택임차인이 임차주택을 직접 점유하여 거주하지 않고 그곳에 주민등록을 하지 아니한 경우라 하더라도, 임대인의 승낙을 받아 적법하게 임차주택을 전대하고 그 전차인이 주택을 인도받아 자신의 주민등록을 마친 때에는, 이로써 당해 주택이 임대차의 목적이 되어 있다는 사실이 충분히 공시될 수 있으므로, 임차인은 위 법에 정한 대항요건을 적법하게 갖추었다고 볼 것이다. ……주택의 전대차가 그 당사자 사이뿐만 아니라 임대인에 대하여도 주장할 수 있는 적법 유효한 것이라고 평가되는 경우에 있어서는, 전차인이 임차인으로부터 주택을 인도받아 자신의 주민등록을 마치고 있다면 이로써 주택이 임대차의 목적이 되어 있다는 사실은 충분히 공시될 수 있고 또 이러한 경우 다른 공시방법도 있을 수 없으므로, 결국 임차인의 대항요건은 전차인의 직접 점유 및 주민등록으로써 적법 유효하게 유지

존속한다고 보아야 할 것이다. 이와 같이 해석하는 것이 임차인의 주거생활의 안정과 임차보증금의 회수확보 등 주택임대차보호법의 취지에 부합함은 물론이고, 또 그와 같이 해석한다고 해서 이미 원래의 임대차에 의하여 대항을 받고 있었던 제3자에게 불측의 손해를 준다거나 형평에 어긋나는 결과가 되는 것도 아니다(대법원 2007.11.29. 2005다64255).

한편, **상가건물**을 임차하고 **사업자등록**을 마친 사업자가 당해 사업을 개시하지 않거나 사실상 폐업한 경우 그 사업자등록은 부가가치세법 및 상가건물임대차보호법이 상가임대차의 공시방법으로 요구하는 적법한 사업자등록이라고 볼 수 없으므로 임차인이 상가건물임대차보호법상의 대항력 및 우선변제권을 유지하기 위해서는 상가건물을 **직접 점유**하면서 사업을 운영하는 전차인의 명의로 사업자등록을 하여야 하고(대법원 2006.1.13. 2005다64002), 그 사업자가 폐업신고를 하였다가 다시 같은 상호 및 등록번호로 사업자등록을 하였다고 하더라도 상가건물 임대차보호법상의 대항력 및 우선변제권이 그대로 존속한다고 할 수 없다(대법원 2006.10.13. 2006다56299).

제5절 대항력의 내용과 범위

주택임차인은 대항요건을 갖춘 다음 날부터 제3자에 대하여 대항력을 주장할 수 있다(법 제3조 제1항). 여기서의 **제3자**란 임대차계약의 당사자 및 그 승계인 이외의 모든 사람을 말한다. 또한 임차주택의 양수인 기타 임대할 권리를 승계한 자는 **임대인의 지위를 승계**한 것으로 본다(법 제3조 제2항).

따라서 주택임대차에 있어서 대항력이 있다는 것은 임차주택의 양수인·임대권한을 승계한 자 기타 임차주택에 관하여 이해관계를 갖게 된 자 등에 대하여 임대차관계의 존속을 주장하면서 임차주택을 계속 점유·사용할 수 있고, 임대차기간이 만료되면 양수인 등에게 임차보증금의 반환을 청구할 수 있다는 것을 의미한다.

Ⅰ. 임대인의 지위승계

1. 권리취득 원인

임대인의 지위를 승계하는 것으로 보게 되는 양수인의 권리취득 원인은 묻지 않으나 주택을 임대할 권리나 이를 수반하는 권리를 **종국적·확정적으로** 이전받게 되는 경우라야 한다(대법원 2002.2.26. 2001다80785 ; 2002.4.12. 2000다70460).

따라서 매매·증여·교환·대물변제·신탁·명의신탁 등 **법률행위**에 의하여 임차주택의 소유권을 취득하는 경우뿐만 아니라, 상속·공용징수·판결·경매·공매 등 **법률의 규정**에 의하여 소유권을 취득하는 경우도 포함된다. 그러나 **양도담보**에 의한 권리취득은 이에 해당하지 않는다.

2. 지위승계의 의미

(1) 법률상 당연승계

승계되는 임대인의 지위란 임대차계약상 임대인에게 귀속되는 권리·의무의 주체가 되는 자격을 말한다. 승계에 관하여 양도인과 양수인 사이에 합의가 필요 없이 대항력의 당연한 효과로서 양수인의 종전 임대인의 권리의무를 **포괄적으로 승계**한다. 이러한 지위승계는 **법률상 당연승계**이므로 임대인에게의 통지나 임차인의 동의·승낙이 필요 없다.

주택임대차보호법 제3조 제1항 및 제2항에 의하면, 임차인이 주택의 양수인에 대하여 대항력이 있는 임차인인 이상 양수인에게 임대인으로서의 지위가 당연히 승계된다 할 것이고, 그 주택에 대하여 임차인에 우선하는 다른 권리자가 있다고 하여 양수인의 임대인으로서의 지위의 승계에 임차인의 동의가 필요한 것은 아니다(대법원 1996.2.27. 95다35616).

(2) 종전 임대인의 지위승계(=면책적 승계)

주택임대차보호법상의 대항력을 갖춘 후 임대부동산의 소유권이 이전되어 그 양수인이 임대인의 지위를 승계하는 경우에는 임대차보증금반환채무도 부동산의 소유권과 결합하여 일체로서 이전하는 것이며 이에 따라 양도인의 보증금반환채무는 소멸한다(대법원 1987.3.10. 86다카1114). 즉 보증금반환채무는 임대차에 종속하는 것이므로 양수인의 선의·악의에 관계없이 그리고 양도인·양수인의 채무인수계약의 유무에 관계없이 당연히 양수인에게 이전되고, 종전의 임대인은 임대차관계에서 **이탈**하는 것이다.

따라서 주택의 양수인이 임차인에게 임차보증금을 반환하더라도 이것은 자신의 채무를 변제한 것에 불과할 뿐 양도인의 채무를 대위변제한 것으로 볼 수는 없으므로 양도인에 대하여 부당이득반환 또는 구상청구도 할 수 없다(대법원 1989.10.24. 88다카13172).

주택의 임차인이 제3자에 대한 대항력을 구비한 후 임차주택의 소유권이 양도된 경우에는 그 양수인이 임대인의 지위를 승계하게 되고 임차보증금반환채무도 주택의 소유권과 결합하여 일체로서 이전하며, 이에 따라 양도인의 임대인으로서의 지위나 임차보증금의 반환채무는 소멸한다 할 것이므로, 甲이 A에게 임대차보증금을 반환하였다 하더라도 이는 甲 자신의 채무를 변제한 것에 불과할 뿐 乙의 채무를 대위변제한 것이라거나 乙이 위 금액 상당의 반환채무를 면함으로써 법률상 원인 없이 이익을 얻고 甲이 그로 인하여 위 금액 상당의 손해를 입었다고 할 수 없다고 판시하여 甲의 청구를 배척한 사례(대법원 1993.7.16. 93다17324).

또한 법 제3조 제1항의 대항요건을 갖춘 임차인의 임대차보증금반환채권에 대한 압류 및 전부명령이 확정된 후 소유자인 임대인이 당해 주택을 매도한 경우에도, 종전 임대인은 법 제3조 제2항에 따라 전부채권자에 대한 보증금지급의무를 면하게 된다.

주택임대차보호법 제3조 제1항의 대항요건을 갖춘 임차인의 임대차보증금반환채권에 대한 압류 및 전부명령이 확정되어 임차인의 임대차보증금반환채권이 집행채권자에게 이전된 경우 제3채무자인 임대인으로서는 임차인에 대하여 부담하고 있던 채무를 집행채권자에 대하여 부담하게 될 뿐 그가 임대차목적물인 주택의 소유자로서 이를 제3자에게 매도할 권능은 그대로 보유하는 것이며, 위와 같이 소유자인 임대인이 당해 주택을 매도한 경우 주택임대차보호법 제3조 제2항에 따라 전부채권자에 대한 보증금지급의무를 면하게 되므로, 결국 임대인은 전부금지급의무를 부담하지 않는다(대법원 2005.9.9. 2005다23773).

한편, 임대인의 지위승계 후 임차인이 대항요건을 상실하거나 양수인이 소유권을 상실하더라도 양수인의 보증금반환의무에는 영향이 없다.

임차인이 대항력을 구비한 후에 임차주택의 소유권이 양도되어 양수인이 임대인의 지위를 승계하게 되면, 임대인의 보증금반환채무도 양수인에게 이전되는 것이므로, 양수인이 보증금반환채무를 부담하게 된 이후에 임차인이 주민등록을 다른 곳으로 옮겼다 하여 이미 발생한 양수인의 임차보증금반환채무가 소멸하는 것은 아니다(대법원 1993.12.7. 93다36615).

임차주택의 양수인에 대하여 대항력 있는 임차인인 이상 양수인에게 임대인으로서의 지위가 당연히 승계되는 것이고, 그 후에 비록 임차주택에 대하여 임차인에 우선하는 선순위 근저당권의 실행으로 임차주택의 양수인이 소유권을 상실하게 되었더라도, 이미 임대인의 지위를 승계한 양수인의 임차보증금반환의무에는 영향을 미치지 아니한다(대법원 2004.4.16. 2003다58010).

주의할 것은, 법 제3조 제2항에서 말하는 임차주택의 양수인은 주택임차권의 대항을 받는 양수인이라는 의미로 해석되므로, 임차인이 대항요건의 미비로 양수인에 대하여 대항력을 주장할 수 없는 경우에는 양수인이 임대인의 지위를 승계하지 않으며, 종전 임대인이 임대인으로서의 지위를 그대로 보유하고 임차보증금을 반환할 의무를 그대로 부담하는 것이다.

임차인이 주택임대차보호법상의 대항력을 갖추지 못한 경우에는 임대인이 임대주택을 양도하더라도 그 양수인이 임대인의 지위를 당연히 승계하는 것은 아니어서, 임대인의 임차보증금반환채무를 면책시키기로 하는 임차인을 포함한 당사자들 사이의 특약이 있다는 등의 특별한 사정이 없는 한 임대인의 임차보증금반환채무는 소멸하지 아니하며, 임대인과 양수인 사이에 양수인이 임차보증금반환채무를 면책적으로 인수하기로 하는 특약이 있었다고 하더라도 채권자인 임차인의 승낙이 있어야 그 채무인수의 효력이 발생한다고 할 것이다(대전지법 2005.3.17. 2004가합7716).

(3) 임차인의 이의제기

양도인과 양수인이 결탁하여 자력이 부족한 양수인에게 주택을 양도하여 보증금반환채무를 면탈함으로써 임차인 보호에 역행하는 경우가 생길 수 있다. 따라서 임차인이 양수인에 의한 임대인 지위승계를 원하지 아니하는 경우에는 임차주택의 양도사실을 안 때로부터 **상당한 기간** 내에 이의를 제기하여 승계되는 임대차관계의 구속으로부터 벗어날 수 있고, 이 경우에는 양도인의 임차인에 대한 보증금반환채무는 소멸하지 않는다고 할 것이다.

"양수인이 임대인의 지위를 승계하는 경우에는 임대차보증금 반환채무도 부동산의 소유권과 결합하여 일체로서 이전하는 것이므로 양도인의 임대인으로서의 지위나 보증금 반환채무는 소멸하는 것이지만, 임차인의 보호를 위한 주택임대차보호법의 입법취지에 비추어 임차인이 임대인의 지위승계를 원하지 않는 경우에는 임차인이 임차주택의 양도사실을 안 때로부터 상당한 기간내에 이의를 제기함으로써 승계되는 임대차관계의 구속으로부터 벗어날 수 있다고 봄이 상당하고, 그와 같은 경우에는 양도인의 임차인에 대한 보증금 반환채무는 소멸하지 않는다"고 판시한 후, "임차인이 임차보증금 반환채권을 피보전권리로 하여 임대인인 양도인 소유의 건물을 가압류하였음에도 불구하고, 양수인이 임차인에게 보증금을 반환하겠다는 의사를 표시하였고, 이에 임차인은 양수인에게 수령거절의 의사표시를 아니한 채 오히려 임차주택에 관한 임의경매절차가 개시되자 그 경매법원에 임차인으로서 권리신고 및 배당요구를 한 사정에 비추어 임차인은 양수인이 임대인의 지위를 승계하는 것을 전제로 행동하였다고 봄이 상당하다"고 하여 임대인의 지위승계에 대하여 임차인이 이의 제기를 한 것으로 인정하지 아니한 사례(대법원 2002.9.4. 2001다64615).

한편, 임차인에게 임대차승계를 저지할 수 있는 일방적인 권리를 인정하게 되면 임대차의 승계여부에 따라 커다란 이해관계를 갖고 있는 임차주택의 양도인과 양수인은 매우 불안정한 지위에 놓이게 된다.

임대인이 임차건물의 양수인에게 임차건물을 매도할 때에는 양수인이 임대차관계를 승계하는 것을 전제로 매매대금을 정하는 것이 보통이므로, 이러한 경우 임대인을 어떻게 보호할 것인지 여부가 문제될 것인데, 이에 대해서는 깊은 논의가 되고 있지는 않은 것으로 보인다.

그러나 주택임대차와 같은 계속적 계약관계에 있어서는 당사자의 신뢰성이 강하게 요청된다. 특히 임차인으로서는 보증금의 환수에 관심이 있는 만큼 임대인의 교체가 채무이행의 확실성에 영향을 미치기 때문에 임차인의 의사를 존중해야 한다. 또한 임대차관계로부터 벗어나고자 임대차를 종료시킨 임차인에게 임대인의 면책적 지위승계를 수인케 하는 것은 이 법의 규정이 임차인을 위한 편면적 강행규정인 점에 비추어 볼 때 타당하지 아니하다. 따라서 임차인은 임차주택의 양도가 있음을 안 때로부터 상당한 기간 내에 그에 대하여 이의를 제기함으로써 임대차를 확정적으로 종료시킬 수 있다고 보는 것이 타당하다.

① 甲은 2002.12.9. 乙로부터 주택을 보증금 3,500만원, 기간 2002.12.25.부터 2년으로 정하여 임차하여, 2002.12.26. 주민등록 전입신고를 마치고 거주하였고, 乙은 2003.5.2. X에게 위 주택을 매도하면서 X가 甲에 대한 주택의 보증금반환채무를 인수하기로 약정하고서

2003.6.11. 위 주택에 대하여 소유권이전등기를 경료하여 주었으나, 乙은 甲에게 주택의 양도사실을 알려주지 않았다. ② 甲은 2004.6.15.경 임차주택에 대한 등기부등본을 발부받아 본 후에야 위 양도사실을 알게 되어 乙에게 항의하면서 임차보증금 지급의 확약을 요구하였으나 乙로부터의 확약이 없자 2004.7.19. 甲의 보증금 3,500만원의 반환채권을 피보전권리로 하여 乙 소유 부동산에 대하여 가압류신청을 하고 그 결정을 받아 집행하고, 2004.9.10. 임대차계약을 해지하고 임차보증금의 반환을 구하는 소송을 제기하였다. ③ 한편, 甲에 우선하는 권리자인 근저당권자 Y은행의 위 주택에 관한 임의경매신청에 의한 경매개시결정에 따라 위 주택에 대하여 임의경매절차가 진행되었으며, 甲은 2004.8.24 집행법원에 권리신고 및 배당요구신청을 하였다가 배당요구 종기일인 2004.11.10.이 지난 2005.1.12.에 배당요구를 취하하였다. ④ 재판부는, 임차인인 甲이 乙에게 임차목적물의 양도사실을 안 때로부터 상당한 시일 내에 임차보증금 반환을 요구하였으므로 임대차관계의 승계를 저지하는 이의를 제기한 것으로 볼 수 있고, 임차보증금반환채권을 피보전권리로 하여 임차목적물에 대한 가압류신청을 한 것은 '누구로부터든지 보증금만 회수하면 된다'는 단순한 생각에서 비롯된 것으로 보이며, 또한 임차목적물의 경매절차에서 배당요구신청을 하였다가 배당요구를 취하한 점을 고려해 볼 때 임차인인 甲은 임대차관계의 승계를 저지하는 이의의 의사표시를 명백히 한 것으로 판단하여, 甲과 종전 임대인인 乙 사이에 임대차종료에 따른 법률효과에 따라, 乙은 甲에게 임차보증금반환의무를 부담한다고 판시하였다(대전지법 2005.3.17. 2004가합7716).

위와 같이 대항력 있는 임차인이 임차주택의 양도사실을 안 때로부터 상당한 기간 내에 이의를 제기하면 양도인의 임차인에 대한 보증금반환채무는 소멸하지 않는다는 판례(대법원 2002.9.4. 2001다64615)는 기간만료나 당사자의 합의 등으로 **임대차가 종료된 상태**에서 임차주택이 양도되었으나 임차인이 임대인의 지위승계를 원하지 않는 경우에 한정되어 적용될 뿐, **임대차기간이 존속 중** 임차주택의 양도가 이루어진 경우에는 위 판례가 적용되지 않으므로, 임대인의 지위는 양수인에게 승계되어 임차인은 양수인에게 보증금의 반환을 구해야 한다고 제한적 해석을 한 하급심 판결이 최근에 나왔다.

① 임차인 甲은 2006.7.4. 전주시 소재 원룸 1채를 소유자인 乙로부터 보증금 4,000만원에 임차기간은 1년 6개월로 정하여 임차한 후, 보증금을 완납하고 이를 인도받아 2006.7.14. 전입신고 및 확정일자 부여를 마쳤고, 乙은 2006.8.15. A에게 위 원룸을 매도하였고, 매수인 A는 2006.8.24. 위 원룸에 관한 소유권이전등기를 경료하였으며, 그 후 2007.2.9. 위 원룸에 관하여 근저당권을 설정한 B신용협동조합의 신청에 따라 위 원룸에 관한 임의경매 개시결정이 되었다. ② 甲은, 자신이 임차한 위 원룸에 대하여 경매가 진행 중이고, 甲은 乙로부터 A

에게로의 임대인 지위를 승계를 원하지 않으므로 임대차계약을 해지하고, 乙로부터 보증금 4,000만원의 반환을 구하였다. ③ 대항력 있는 주택임대차에 있어 계약기간이 종료되지 않은 상태에서 임차주택이 양도되었으나, 신소유자의 채권자에 의한 임차주택에 대한 경매개시신청 등을 이유로 임차인이 임대인의 지위승계를 원하지 않는 경우, 임차인이 양도사실을 안 때로부터 상당한 기간 내에 이의를 제기하면 양도인의 임차인에 대한 보증금 반환채무는 소멸하지 않게 되는 것인지 여부가 쟁점이 되었다. ④ 법원은 甲이 주택임대차보호법 소정의 제3자에 대한 대항력을 갖춘 이후 임대차기간이 종료되기 전에 위 원룸이 양도되었으므로 임대인 지위는 양수인인 A에게 승계되었다고 판단하고, 양도인인 乙이 甲에 대한 보증금반환채무를 계속 부담하기로 약정하였다고 인정할 별다른 증거가 없는 점 등을 참작하면, 乙의 보증금반환채무는 소멸하였다고 봄이 상당하므로, 甲의 청구를 기각하였다(전주지법 2007.11.13. 2007가단7883).

(4) 당연승계 배제특약

종전의 임대인과 양수인과의 당연승계 배제의 특약은 효력이 없다. 또한 임차인과 양수인 사이에서 당연승계의 효과를 배제하는 내용의 특약을 하더라도 임차인에게 불리한 약정으로서 무효이다(법10). 다만 임차인이 새로운 소유자와 합의하여 새로운 임대차계약을 체결하는 것은 무방하며, 이러한 경우에도 종전 임대차의 동일성은 그대로 유지된다고 볼 것이다.

주택의 매수인이 잔대금을 지급함에 있어 주택임대차보호법상의 대항력을 갖춘 임차인과 임대차계약관계를 그대로 인수하고 확인하는 의미에서 동일자로 임차인에게 자기명의로 된 임대차계약서 및 전세보증금의 영수증을 작성 교부해 준 것이라면 이는 종전 임대차계약을 소멸시키고 새로운 임대차계약을 체결한 것이 아니라 종전 임대차계약을 동일성을 해함이 없이 그대로 승계한 것으로 봄이 상당하다(서울고법 1986.3.5. 85나3083,3948).

3. 승계되는 임대차관계의 내용

(1) 차임

차임의 액수, 지급시기 및 방법에 관한 약정이나 차임증감에 관한 특약은 모두 그대로 승계된다. 그러나 양수인이 소유권을 취득한 때를 기준으로 이미 발생한 연체차임채권은 따로 채권양도의 요건을 갖추지 않는 한 당연히 승계되지는 않는다. 또한 임차주택이 양도될 것을 예상하여 임대인과 임차인 사이에 합리적인 이유 없이 차임을 면제 또는 감액한 경우에 이러한 특약까지 승계된다고 보기는 어렵다.

(2) 임차보증금 · 전세금

계약종료시 발생하는 임차보증금 또는 전세금의 반환채무도 양수인에게 면책적으로 이전된다. 그 전까지 연체된 차임이 있을 경우 양수인에게 승계될 보증금에서 당연히 공제되고 잔액의 보증금만이 승계된다는 것이 다수의 견해이다. 또한 양수인이 임차보증금의 수수사실을 알고 있었는지 여부, 신소유자가 종전 소유자와의 사이에 보증금을 따로 교부받거나 이에 관하여 계산을 마쳤는지 여부를 불문하고 당연히 승계된다.

한편, 임대차가 종료한 후에 임차주택이 양도된 경우에도 임대인의 지위가 승계되므로 양수인에게 보증금반환을 청구할 수 있다.

(3) 양도, 전대의 특약

임차인과 종전 임대인 사이에 미리 임차권을 자유롭게 양도하거나 임차주택을 전대할 수 있도록 특약을 한 경우에 그러한 특약도 양수인에게 승계된다. 따라서 양수인의 동의 없이도 임차인은 임차권을 양도하거나 임차주택을 전대할 수 있다. 이에 따라 임차권 양수인이나 전차인은 이러한 승계에 터잡아 임차주택의 양수인에게 자기의 임차권 또는 전차권의 적법함을 주장할 수 있다. 그러나 양수인이나 낙찰자로부터 다시 주택을 전득하는 제3자에 대하여 대항하기 위해서는 대항요건을 갖추어야 한다고 본다.

(4) 존속기간

임대차의 존속기간도 종전과 같으므로 잔여기간이 승계된 기간이 되고, 기간의 정함이 없는 경우나 갱신된 경우 등도 그 상태대로 양수인에게 승계된다.

(5) 비용상환청구권 등

임차인의 유익비상환청구권, 부속물매수청구권은 임대차의 종료시에 행사할 수 있는 권리이므로 임차인은 당연히 양수인에게 이를 행사할 수 있다. 그러나 필요비상환청구권은 지출한 때에 곧 행사할 수 있는 것이고 종전 소유자에게 이미 발생한 권리이므로 이를 새로운 양수인에게 행사할 수 있는지 의문이 있으나, 목적물의 보존을 위하여 지출한 비용이므로 그 채무도 당연히 새로운 양수인에게 승계된다고 본다.

　　임대차계약 전에 이미 근저당권이 설정되어 있었고, 甲은 위 근저당권의 실행으로 위 건물을 낙찰받았으므로 甲이 종전임대인의 지위를 승계한 것으로 볼 수 없어 甲을 상대로 민법 626조 소정의 필요비, 유익비를 구할 수는 없다고 판단한 사례(춘천지법 속초지원 2008.4.16. 2007가단1601).

(6) 갱신거절통지

종전 임대인이 주택임대차보호법 제6조 제1항에 따라 행한 갱신거절의 통지도 그대로 승계된다고 할 것이다.

(7) 기타 위약사항 등 임대차 해지사유

지위승계 전에 이미 발생한 임차인의 위약사항 등 임대차 해지사유가 새로운 소유자에게 승계되는지에 관하여 견해가 대립하나, 소유자의 교체에 의하여 임차인이 위약상태에서 벗어나는 것은 불합리하므로 해지사유도 그대로 승계된다고 볼 것이다. 다만 지위승계 전의 차임연체를 해지사유로 하는 경우에는 양수인이 연체차임채권을 따로 양수받은 경우에 한하여 해지사유로 할 수 있을 것이다.

Ⅱ. 대항력이 미치는 인적 범위

1. 통상의 양수인

(1) 소유권이전등기를 마친 양수인

대항력 발생 후에 매매·교환·증여·대물변제·상속 등을 원인으로 임차주택을 양수하여 소유권이전등기를 마친 양수인은 임대인의 지위를 승계하므로 임차인은 양수인에게 대항할 수 있다. 비록 경매개시결정등기 후 소유권을 취득하고 매각(낙찰)으로 인하여 소유권이전등기가 말소된 경우에도 양수인은 임대인의 지위를 승계한다고 보아야 할 것이다.

임차주택에 설정된 근저당권의 실행에 의한 경매기입등기가 경료된 후 양수인 명의의 소유권이전등기가 경료되었다고 하더라도 경매기입등기로 인한 처분금지의 효력은 상대적인 것이어서 양수인 명의의 소유권이전등기가 원인무효라고 볼 수는 없으므로 양수인은 그 소유권이전등기를 경료할 때에 임차주택의 양수인으로서 임대인의 지위를 승계하였다고 할 것이고, 그 후 비록 양수인 명의의 소유권이전등기가 경락으로 인하여 경락인에게 대항할 수 없어 말소되었다고 하더라도 이미 승계한 임대인의 지위마저 소급하여 소멸되었다고 볼 수 없다(서울지법 1996.6.11. 96나11289).

(2) 재산분할로 인한 양수인

재산분할의 방법으로 부동산의 소유권을 이전받은 양수인도 임대인의 지위를 승계하는 양수인에 포함된다.

부부 사이의 이혼 등의 사유로 부동산이 분할되는 때에도 분할의 대상이 되는 부동산이 주거용 건물이고 임차인이 주택의 인도와 주민등록을 마쳐 대항력을 갖추고 있는 경우에는 재산분할의 방법으로 소유권을 이전받은 임차주택의 양수인이 주택임대차보호법에 따라 임대인의 지위를 당연히 승계하는 것이므로 양수인이 임대차보증금반환채무를 면책적으로 인수한 것이 된다(대법원 1997.8.22. 96므912).

(3) 대물변제로 인한 양수인

임대인의 지위를 승계한 것으로 보는 양수인에는 임차주택을 **대물변제의 방법으로 양수**한 사람도 포함된다.

H개발은 1994.5.24. 마산시 합포구 해○동 53 소재 신○비치아파트 신축공사를 S건설에 도급주었다가 공사대금을 일부 지급하지 못하자 1995.10.경 당해 아파트를 포함한 20세대 아파트를 공사잔대금의 지급에 갈음하여 **대물변제**하였고, S건설은 1995.10.18. 乙에게 당해 아파트를 임대차보증금 6천만원, 임대차기간은 명도일인 1995.11.1.부터 24개월간으로 정하여 임대하고 그 무렵 임대차보증금을 乙로부터 수령하였으며, 한편 임차인 乙은 1995.10.20. 미리 위 아파트의 주소지로 전입신고를 마쳤고, 그 후 S건설은 1996.4.경 A에 대한 대여금채무의 변제에 갈음하여 당해 아파트를 A에게 대물변제하였으며, 당해 아파트의 건축명의가 H개발로 되어 있어 1996.4.10. 편의상 일단 H개발 명의로 소유권보존등기를 하고 S건설 명의의 소유권이전등기를 생략하는 방법으로 1996.4.30. A가 지정하는 甲에게 소유권이전등기를 경료한 후, 소유자 甲이 점유자 乙을 상대로 건물명도 및 부당이득금의 반환을 청구한 사안에서, 乙은 정당한 처분권자인 S건설로부터 위 아파트를 임차하여 인도받고 주민등록

전입신고를 마쳤으므로 주택임대차보호법상의 대항력 있는 임차인이라 할 것이고, 그 후 위 아파트를 **대물변제**받은 甲은 임대인의 지위를 승계한 것으로 볼 것이므로 임대차계약이 기간의 만료로 종료한 이 시점에서 임차인인 乙은 甲으로부터 임대차보증금을 반환받음과 상환으로 위 아파트를 명도할 의무만을 부담한다고 한 사례(창원지법 1998.1.7. 96가단20379).

(4) 계약해제로 소유권을 회복한 자

소유권을 취득하였다가 계약해제로 인하여 소유권을 상실하게 된 임대인으로부터 그 계약이 해제되기 전에 주택을 임차받아 주택의 인도와 주민등록을 마침으로써 법 제3조 제1항에 의한 대항요건을 갖춘 임차인은 민법 제548조 제1항 단서의 규정에 따라 계약해제로 인하여 권리를 침해받지 않는 제3자에 해당한다. 따라서 임대인의 임대권원의 바탕이 되는 계약의 해제에도 불구하고 임차인은 자신의 임차권을 새로운 소유자에게 대항할 수 있다(대법원 1996.8.20. 96다17653). 이 경우 계약해제로 소유권을 회복한 제3자는 법 제3조 제2항에 따라 임대인의 지위를 승계한다(대법원 2003.8.22. 2003다 12717).

한편, 주택임차인이 대항력을 취득한 후 **사해행위**를 원인으로 한 채권자취소 소송의 확정판결에 따라 임대인이 임차주택의 소유권을 상실한 경우, 사해행위취소의 효력은 상대적 효력 밖에 없는 것이므로 임차주택에 관한 임대인 명의의 소유권이전등기가 원인무효라는 이유만으로는 임차인의 대항력에 지장을 줄 수 없는 것으로 생각된다.

예외적으로 주택 매도인이 매매잔금 미지급을 해제조건으로 매수인에게 임대권한을 부여한 후 그 매수인으로부터 주택을 임차하였으나 매수인이 잔금을 지급하지 않아 해제조건이 성취된 사안에서 임차인의 대항력을 부정한 판례가 있다.

매도인으로부터 매매계약의 해제를 해제조건부로 전세권한을 부여받은 매수인이 주택을 임대한 후 매도인과 매수인 사이의 매매계약이 해제됨으로써 해제조건이 성취되어 그 때부터 매수인이 주택을 전세 놓을 권한을 상실하게 되었다면, 임차인은 전세계약을 체결할 권한이 없는 자와 사이에 전세계약을 체결한 임차인과 마찬가지로 매도인에 대한 관계에서 그 주택에 대한 사용수익권을 주장할 수 없게 되어 매도인의 명도청구에 대항할 수 없게 되는 바, 이러한 법리는 임차인이 그 주택에 입주하고 주민등록까지 마쳐 주택임대차보호법상의 대항요건을 구비하였거나 전세계약서에 확정일자를 부여받았다고 하더라도 마찬가지이다(대법원 1995.12.12. 95다32037).

한편, 주택임차인이 대항력을 갖춘 후 임대인이 주택을 양도하였는데 양도인과 양수인간에 체결된 주택에 관한 매매계약에 대하여 사해행위취소판결이 확정된 경우, 주택의 소유권과 결합하여 일체로서 이전되었던 임대차보증금반환채무는 다시 임대인에게 복귀하게 된다.

임차인이 주택임대차보호법이 정하는 대항력을 갖춘 후 임대인이 주택을 양도하였는데 양도인과 양수인 간에 체결된 주택에 관한 매매계약에 대하여 사해행위취소판결이 확정된 경우, 위 매매계약은 소급적으로 그 효력이 상실되어 주택의 소유권이 임대인에게 반환되는 효과가 발생하고, 이는 민법 제407조의 유추해석상 임대인에 대한 임대차보증금반환채권을 상실한 임차인을 위하여도 그 효력이 있다고 할 것이므로 주택의 소유권과 결합하여 일체로서 양수인에게 이전되었던 임대차보증금반환채무는 다시 임대인에게 돌아가게 된다(서울지법 2000.8.24. 2000나19822).

(5) 미등기나 무허가 주택의 사실상 양수인

주택이 미등기나 무허가인 관계로 소유권이전등기를 마치지는 못하였지만 이를 양수받아 **사실상 소유권을 행사하는 자**도 전소유자로부터 주택을 임차한 자에 대한 관계에서는 주택의 양수인으로서 임대인의 지위를 승계한다.

주택임대차보호법이 주거용 건물의 임대차에 관하여 민법에 대한 특례를 규정함으로서 국민의 주거생활의 안정을 보장함을 목적으로 하고 있고, 그 제3조 제2항이 임차주택의 소유권을 취득한 자로 한정하지 아니하고, 널리 그 주택에 관하여 임대할 권리를 승계한 자를 포함한 임차주택의 양수인은 임대인의 지위를 승계한 것으로 본다고 규정하고 있는 점에 비추어 볼 때 피고가 비록 이 사건 건물에 관하여 소유권이전등기를 경료하지 못하였다 하더라도 위 건물에 대하여 사실상 소유자로서의 권리를 행사하고 있는 이상 전소유자로부터 그 일부를 임차한 원고에 대한 관계에서는 그 주택의 양수인으로서 임대인의 지위를 승계하였다고 보는 것이 상당하다 할 것이다(대법원 1987.3.24. 86다카164).

(6) 대지만을 낙찰받은 경우

판례는, **임차주택의 대지**만을 낙찰받은 자는 법 제3조 제2항 소정의 임차주택의 양수인에 해당하지 않는다고 한다.

주택임대차보호법 제3조 제2항에서 말하는 임대인의 지위를 승계한 것으로 보는 임차주택의 양수인이라 함은 같은 법 제1조 및 제2조의 규정 내용에 비추어 보면 임대차의 목적이 된 주거용 건물의 양수인을 의미하고, 같은 법 제3조의2 제1항이 같은 법에서 정한 대항요건을 갖춘 임차인에게 경매 또는 공매에 의한 임차주택의 대지의 환가대금에서 후순위 권리자들보다 보증금을 우선변제받을 권리를 인정하였다고 하여도 그 대지를 경락받은 자를 위에서 말하는 임차주택의 양수인이라고 할 수 없다(대법원 1998.4.10. 98다3276).

2. 경매절차에서의 매수인(낙찰자)

(1) 매각으로 소멸하는 선순위 권리자가 없는 경우

(가) 강제경매의 경우

경매개시결정은 처분금지의 효력이 있고 매수인(낙찰자)는 그 상태대로의 소유권을 취득하므로 **압류의 효력발생시**(경매개시결정이 채무자에게 송달된 때와 경매개시결정의 등기가 행하여진 때 중 빠른 때)를 기준으로 판단한다.

따라서 대항력이 발생한 후에 경매개시결정의 등기가 되었을 때에는 임차인은 낙찰자에게 대항할 수 있다. 그러나 그 이후에 대항력을 취득한 임차인은 낙찰자에게 대항할 수 없다.

(나) 담보권실행을 위한 경매의 경우

임차권의 대항력 발생시점과 담보권설정**등기일자의 선후**에 의하여 우열이 결정된다. 따라서 주택임차인이 대항력을 갖춘 후 설정된 근저당권이 실행되더라도 낙찰자는 임대인의 지위를 승계하게 되므로, 임차인은 낙찰자에 대하여 임대차계약상의 모든 권리를 주장할 수 있고 임대차가 종료되면 낙찰자는 임차보증금을 반환할 의무를 지게 된다.

한편, 대지와 건물은 별개의 독립된 부동산이므로 대지에 대하여 근저당권을 설정하였더라도 그 효력은 대지에만 미치고 건물에 대하여는 미치지 않는다. 이러한 법리는 대지와 건물을 함께 **일괄경매** 하는 경우에도 그대로 적용된다. 따라서 주택임차인이 대항요건을 구비할 당시 건물에 아무런 가압류·압류·담보물권이 존재하지 아니한 경우에는 대지의 근저당권 설정순위와 상관없이 낙찰자에 대하여 대항할 수 있다(대법원 2001.7.13. 2001다1355). 대지와 건물의 근저당권설정일자가 다른 경우에는 **건물**의 근저당권설정일자를 기준으로 하기 때문이다.

물론 임차인이 임대차계약서에 확정일자까지 갖춘 경우에는 우선변제권을 행사하여 건물의 낙찰대금에서 뿐만 아니라 대지의 낙찰대금에서도 담보물권 등과 비교하여 그 **순위에 따른 배당**을 받을 수 있다.

(2) 매각으로 소멸하는 선순위 권리자가 있는 경우

이미 근저당권설정등기가 되어 있는 주택을 임차한 경우라도 대항요건을 갖추면 선순위 근저당권자의 존재여부에 관계없이 대항력을 갖게 되는 것이고 근저당권이 실행되기 전까지는 선순위 근저당권이 설정되어 있다는 사실만으로는 아무런 지장이 없다.

그러나 근저당권이 실행되면 비로소 낙찰에 의하여 선순위의 근저당권이 소멸하고 따라서 그보다 후순위인 임차권도 함께 소멸하게 되며 낙찰자는 선순위 근저당권자의 지위에서 주택을 낙찰받는 것이므로 임차인은 낙찰자에게 대항하지 못한다.

주택의 임대차는 그 등기가 없는 경우에도 임차인이 주택의 인도와 주민등록을 마친 때에는 그 익일부터 제3자에 대하여 효력이 생기고, 그 경우 임차주택의 양수인은 임대인의 지위를 승계한 것으로 보게 되나, 이와 같은 대항요건을 갖춘 주택임차인이라고 하더라도 그에 앞서 담보권을 취득한 담보권자에게는 대항할 수 없고, 그러한 경우에는 그 주택임차인은 그 담보권에 기한 환가절차에서 당해 주택을 취득하는 취득자에 대하여도 자신의 임차권을 주장할 수 없다(대법원 2001.1.5. 2000다47682).

(3) 이른바 '중간임차인' 의 경우

임차주택에 근저당권이 설정된 후에 임차인이 대항력을 갖추게 된 경우 강제경매나 후순위 근저당권의 실행으로 임차주택이 낙찰되어 선순위 근저당권이 소멸하면 비록 후순위 근저당권자에게는 대항할 수 있는 임대차라도 선순위 근저당권과 함께 소멸하므로 낙찰자에게는 임대차를 가지고 대항할 수 없다. 따라서 중간임차인의 경우 대항력은 유명무실해지고 마는 것이다.

주택에 관한 임차권은 주택임대차보호법 제3조 소정의 대항요건을 갖추면 선순위 근저당권자의 존재여부에 관계없이 위 법조 소정의 대항력을 갖게 되고, 다만 제3자의 강제경매 신청으로 인하여 그 주택이 경락되어 선순위 근저당권이 소멸되면 그보다 후순위인 임차권도 소멸되어 대항력이 없어지게 되는데, 이는 근저당권설정등기와 강제경매 신청 사이에 대항력을 갖춘 임차권자가 있는 경우 그 임차권자가 경락인에게 대항할 수 있다고 하면 경락인은 임차권의 부담을 지게 되므로 부동산의 경매가격이 그만큼 떨어질 수밖에 없고 이는 임차권보다 선행한 담보권을 해치는 결과가 되어 설정 당시의 교환가치를 담보하는 담보권의 취지에 맞지 않기 때문이다(대법원 1996.2.9. 95다49523).

후순위 저당권의 실행으로 목적부동산이 경락된 경우에는 선순위 저당권까지도 당연히 소멸하는 것이므로, 이 경우 비록 후순위 저당권자에게는 대항할 수 있는 임차권이라 하더라도 소멸된 선순위 저당권보다 뒤에 등기되었거나 대항력을 갖춘 임차권은 함께 소멸하는 것이고, 따라서 그 경락인은 주택임대차보호법 제3조에서 말하는 임차주택의 양수인 중에 포함된다고 할 수 없을 것이므로 경락인에 대하여 그 임차권의 효력을 주장할 수 없다(대법원 1999.4.23. 98다32939 ; 2000.2.11. 99다59306).

선순위 저당권 성립 후에 주택임차인이 대항력을 취득한 경우 그 후 진행된 가등기담보 등에 관한 법률상의 사적실행 절차에서 위 주택임차권이 저당권의 소멸과 함께 대항력을 상실한다고 한 사례(부산고법 2007.12.21. 2007나8266,8273).

(4) 경매절차 진행 중 선순위 저당권의 소멸

(가) 후순위 임차권의 대항력

예컨대, 1번 근저당권자, 대항요건을 갖춘 주택임차인, 2번 근저당권자가 있는 주택에 대하여 2번 근저당권자 또는 일반채권자의 신청에 의하여 개시된 경매절차에서 임차인이나 채무자(또는 소유자)가 1번 근저당권의 피담보채무를 변제하여 1번 근저당권이 소멸되었다면 낙찰자는 임차권을 인수하므로 임차인은 낙찰자에게 대항력을 주장할 수 있다.

임차인이 주택임대차보호법 제3조 소정의 대항요건을 갖추었고, 경락인이 임차주택을 강제경매에 의하여 **경락받기 이전**에 그 임차권보다 선순위인 근저당권설정등기가 말소되었다면, 그 임차권은 대항요건을 갖춘 때로부터 대항력을 갖게 되었다 할 것이고, 그 대항력이 존속하여도 담보가치가 손상될 선순위의 근저당권이 없는 이상, 임차주택의 경락을 이유로 그 임차권의 대항력이 소멸되지 않는 것이다(대법원 1996.2.9. 95다49523).

(나) 임차권 인수여부의 기준시점

후순위의 임차인이 자신의 권리를 보전하기 위하여(즉, 낙찰자에 대한 대항력을 확보하기 위하여) 선순위 저당권자 등의 채권을 대위변제하고 그 등기를 말소할 수 있는 최종시점은 매각으로 인하여 근저당권이 소멸하고 매수인이 소유권을 취득하게 되는 시점인 **매각대금납부기일**까지이다.

담보권 실행을 위한 부동산의 입찰절차에 있어서 주택임대차보호법 제3조에 정한 대항요건을 갖춘 임차권보다 선순위의 근저당권이 있는 경우에는 낙찰로 인하여 선순위 근저당권이 소멸하면 그보다 후순위의 임차권도 선순위 근저당권이 확보한 담보가치의 보장을 위하여 그 대항력을 상실하는 것이지만, 낙찰로 인하여 근저당권이 소멸하고 낙찰인이 소유권을 취득하게 되는 시점인 **낙찰대금지급기일** 이전에 선순위 근저당권이 다른 사유로 소멸한 경우에는 대항력 있는 임차권의 존재로 인하여 담보가치의 손상을 받을 선순위 근저당권이 없게 되므로 임차권의 대항력이 소멸하지 아니한다(대법원 1998.8.24. 98마1031 ; 2002.6.28. 2002다14273 ; 2003.4.25. 2002다70075).

(다) 낙찰자의 구제방법

　　선순위 담보권의 소멸로 인하여 매수인(낙찰자)이 예상치 못하게 임차권을 인수하게 되면 엄청난 손해를 입게 된다. 이와 같이 부동산에 관한 중대한 권리관계가 변동된 사실이 매각허가결정의 확정 뒤에 밝혀진 경우에는 **매수인은 대금을 낼 때까지 매각허가결정의 취소신청**을 할 수 있다(민집127①).

　　매각대금을 납부한 후에는 채무자에 대하여 계약해제 또는 감액청구를, 채무자가 무자력인 때에는 배당을 받은 채권자 등에게 대금의 전부나 일부의 반환을 청구함으로써 구제받을 수 있다.

(라) 임차인의 대처방안

　　선순위의 담보권이나 가압류·압류등기가 마쳐진 상태에서 주택을 임차하고 대항요건을 갖춘 임차인은 임차주택에 관한 경매절차가 진행될 경우 자신에게 가장 유리한 방안을 찾아야 한다.

　　임차인이 임대차계약서에 확정일자를 갖추지 못하였거나, 확정일자의 시기가 늦어 임차보증금의 일부 또는 전액을 배당받지 못할 것으로 예상된다면, 낙찰대금납부기일 전에 선순위 저당권이나 선행하는 가압류·압류채권자의 채권을 대위변제하는 등의 방법으로 소멸시키고 자신의 대항력을 유지시키는 것이 훨씬 유리할 경우도 있을 것이다.

3. 수탁자

(1) 명의신탁에 의한 수탁자

임차인이 명의신탁자와의 사이에 임대차계약을 체결한 후, 명의수탁자가 명의신탁자로부터 주택을 임대할 권리를 포함하여 주택에 관한 처분권한을 종국적으로 이전받는 경우에 임차인이 주택의 인도와 주민등록을 마친 이상 명의수탁자는 법 제3조 제2항의 규정에 의하여 임차인과의 관계에서 그 주택의 양수인으로서 임대인의 지위를 승계한다(대법원 1999. 4. 23. 98다49753).

한편, **부동산실권리자명의의등기에관한법률** 제4조는 원칙적으로 명의신탁약정과 그 명의신탁약정에 따라 행하여진 등기에 의한 부동산에 관한 물권변동을 무효로 규정하고 있으나, 동법 제4조 제3항에서 그 무효는 제3자에게 대항하지 못하도록 규정하고 있고, 이 때의 제3자는 그 선의·악의를 묻지 아니하므로(대법원 2000. 3. 28. 99다56529), 임차주택의 양수인이 비록 명의수탁자라고 하더라도 명의신탁약정에 따른 등기의 무효를 들어 제3자에 해당하는 임차인에게 대항할 수 없다고 할 것이다(대법원 2004. 4. 16. 2003다58010).

(2) 신탁법에 의한 신탁의 수탁자

신탁법상의 신탁은 위탁자가 수탁자에게 특정의 재산권을 이전하거나 기타의 처분을 하여 수탁자로 하여금 신탁 목적을 위하여 그 재산권을 관리·처분하게 하는 것이다(신탁1②). 따라서 부동산의 신탁에 있어서 수탁자 앞으로 소유권이전등기를 마치게 되면 대내외적으로 소유권이 수탁자에게 완전히 이전되고, 위탁자와의 내부관계에 있어서 소유권이 위탁자에게 유보되어 있는 것은 아니다. 이와 같이 신탁의 효력으로서 신탁재산의 소유권이 수탁자에게 이전되는 결과 수탁자는 대내외적으로 신탁재산에 대한 관리권을 갖는 것이므로, 임대차의 목적이 된 주택을 담보목적으로 신탁법에 따라 신탁한 경우에도 수탁자는 주택임대차보호법 제3조 제2항에 의하여 임대인의 지위를 승계한다(대법원 2002. 4. 12. 2000다70460).

신탁법 3조는 '등기 또는 등록하여야 할 재산에 관하여는 신탁은 그 등기 또는 등록을 함으로써 제3자에게 대항할 수 있다' 고 규정하며, 부동산등기법 123조, 124조 등의 각 규정상 신탁의 등기를 신청함에 있어 제출하여야 하는 '위탁자와 수탁자 및 수익자의 성명·주소와 신탁재산의 관리방법 기타 신탁의 조항 등을 기재한 서면' 즉 신탁원부는 이를 등기부의 일부로 보게 되어 있는 바, 이에 비추어 만일 신탁원부에 신탁재산인 부동산의 임대와 관련한 임차보증금반환채무 등을 모두 위탁자가 부담한다는 취지의 내용이 기재되어 있다면, 수탁자는 그 대항력으로써 임차인의 임차보증금반환요구 등을 거절할 수 있다고 보는 것이 상당하기는 하다고 전제한 후, 그러나 등기된 신탁원부의 기재에 의하면, 부동산관리신탁계약의 특약사항에서는 '부동산관리신탁계약의 목적이 임대 아파트에 관한 등기부상 소유자관리에 한하고, 그 이외의 실질적인 관리업무 일체는 위탁자의 책임하에 실행하며, 신탁등기 이후 한국주택은행에서 취급되는 입주자의 전세자금은 위탁자 통장에 입금하여 위탁자가 운영·관리하도록 한다'고 정하고 있는 데 불과하므로, 이러한 규정만으로는 임대차계약서에 직접 임대인임을 표시하여 날인한 수탁회사가 임차인에 대한 보증금반환채무를 부담하지 않는다고 해석하기 어렵다고 하여, 수탁회사가 임대차계약에 따른 임차보증금반환채무를 면할 수 없다고 판시한 사례(춘천지법원주지원 2007.3.28. 2006가단11134).

4. 양도담보권자

(1) 주택의 양도담보권자

양도담보는 채권담보를 위하여 신탁적으로 양도담보권자에게 소유권이 이전될 뿐이어서, 특별한 사정이 없는 한 양도담보권자가 주택의 사용·수익권을 갖게 되는 것이 아니다. 또 주택의 소유권이 양도담보권자에게 확정적·종국적으로 이전되는 것도 아니므로 양도담보권자는 법 제3조 제2항에서 말하는 양수인에 해당하지 아니한다(대법원 1993.11.23. 93다4083 ; 2002.2.26. 2001다80785).

일반적으로 부동산을 채권담보의 목적으로 양도한 경우 특별한 사정이 없는 한 목적부동산에 대한 사용수익권은 채무자인 **양도담보설정자**에게 있는 것이므로 설정자와 양도담보권자 사이에 양도담보권자가 목적물을 사용수익하기로 하는 약정이 없는 이상 목적부동산을 임대할 권한은 양도담보설정자에게 있다(대법원 2001.12.11. 2001다40213).

(2) 양도담보권자인 대지소유자

甲이 乙의 대지를 매수하여 주택을 건축하되 그 대지대금의 담보를 위하여 건축허가 및 등기를 乙 명의로 한 경우, 甲으로부터 건물을 임차한 丙에 대하여 乙은 명도청구를 할 수 없다.

건축주가 타인의 대지를 매수하여 연립주택을 신축하면서 대지 소유자와의 합의에 따라 대지 매매대금 채무의 담보를 위하여 그 연립주택에 관한 건축허가 및 그 소유권보존등기를 대지 소유자의 명의로 하여 두었다면, 완성된 연립주택은 일단 이를 건축한 건축주가 원시적으로 취득한 후 대지 소유자 명의로 소유권보존등기를 마침으로써 담보 목적의 범위 내에서 대지 소유자에게 그 소유권이 이전되었다고 보아야 하고, 이러한 경우 원시취득자인 건축주로부터 연립주택을 적법하게 임차하여 입주하고 있는 임차인에 대하여 대지 소유자가 그 소유자임을 내세워 명도를 구할 수는 없다(대법원 1996.6.28. 96다9218).

(3) 선순위 양도담보권이 실행된 경우

대항요건을 갖춘 주택임차인이라 할지라도 그보다 앞서 담보권을 취득한 담보권자 또는 그 담보권에 기한 환가절차에서 당해 주택을 취득하는 취득자에 대하여는 자신의 임차권을 주장할 수 없다는 법리는 양도담보의 경우에도 그대로 적용된다. 따라서 대항요건을 갖추기 전에 양도담보가 설정된 주택을 임차한 임차인은 양도담보권자가 담보권의 실행으로서 건물의 명도를 요구할 경우 대항력을 주장할 수 없는 것이다.

채무의 담보를 위하여 채무자가 자기의 비용과 노력으로 신축하는 건물의 건축허가 명의를 채권자 명의로 하였다면 이는 완성될 건물을 양도담보로 제공하기로 하는 담보권 설정의 합의로서, 완성된 건물에 관하여 자신 명의로 소유권보존등기를 마친 채권자는 채무자가 변제기를 도과하여 피담보채무의 이행지체에 빠졌을 때에는 담보계약에 의하여 취득한 목적 부동산의 처분권을 행사하기 위한 환가절차의 일환으로서 즉, 담보권의 실행으로서 채무자에 대하여 그 건물의 명도를 구할 수 있고, 제3자가 채무자로부터 적법하게 건물의 점유를 이전받아 있는 경우에는 그 제3자를 상대로 명도청구를 할 수도 있으며, 여기의 제3자에는 담보권 설정 후에 대항요건을 갖춘 주택임차인도 당연히 포함된다고 할 것이다. 주택의 임대차는 그 등기가 없는 경우에도 임차인이 주택의 인도와 주민등록을 마친 때에는 그 익일부터 제3자에 대하여 효력이 생기고, 그 경우 임차주택의 양수인은 임대인의 지위를 승계한 것으로 보게 되나, 이와 같은 대항요건을 갖춘 주택임차인이라고 하더라도 그에 앞서 담보권을 취득한 담보권자에게는 대항할 수 없고, 그러한 경우에는 그 주택임차인은 그 담보권에 기한 환가절차에서 당해 주택을 취득하는 취득자에 대하여도 자신의 임차권을 주장할 수 없다고 할 것인바, 이러한 법리는 채무의 담보를 위하여 부동산의 소유권을 이전하는 양도담보의 경우에도 그대로 타당하다고 할 것이므로, 임차인이 채무자로부터 건물을 임차한 후 이를 인도받아 주민등록을 마침으로써 주택임대차보호법 소정의 대항요건을 갖추었다고 하더라도 임차인은 그러한 사유를 들어 그에 앞서 담보권을 취득한 채권자나 그 담보권에 기한 환가절차에서 이 사건 건물을 취득하는 취득자에 대하여 자신의 임차권을 주장할 수 없으며, 이는 그 환가절차가 담보권자 자신에게 목적물의 소유권을 귀속시키는 귀속정산의 방법으로 이루어진다고 하여 달리 볼 수 없다(대법원 2001.1.5. 2000다47682).

5. 그 밖의 양수인

(1) 가등기에 기하여 본등기를 경료한 자

(가) 소유권이전등기청구권 가등기

대항력 발생시기와 가등기 시기의 선후에 따라 대항력이 미치는지 여부를 결정하여야 하므로 가등기 후에 대항력을 갖춘 임차인은 가등기에 기하여 본등기를 경료한 자에게는 대항하지 못한다. 가등기에 기한 소유권이전등기를 마친 경우에는 가등기의 **순위보전의 효력**에 의하여 중간처분이 실효되는 효과가 있기 때문이다.

주택임대차보호법의 적용을 받는 임대목적 부동산에 관하여 제3자가 가등기를 하고 그 가등기에 기하여 본등기가 마쳐진 경우에 있어서는 임대인과 임차인 사이에 그 가등기후 그 보증금을 인상하기로 약정하였다 하더라도 그 인상분에 대하여는 그 등기권리자에게 대항하지 못한다 할 것이다. 왜냐하면 가등기를 하고 그에 기하여 본등기를 마친 경우에는 비록 물권취득의 효력이 가등기시에 소급하는 것은 아니지만 가등기가 갖는 순위보전의 효력에 의하여 중간처분이 실효되는 효과를 가져오게 되므로 이와 같은 가등기권자는 임대인의 권리를 승계하는 물권의 취득자와 동일하게 보아야 할 뿐만 아니라 가등기후에 임대인과 임차인 사이에 보증금을 마음대로 올릴 수 있다면 가등기권리자에게 뜻하지 않은 손해를 주어 가등기의 목적을 달성할 수 없게 될 우려가 있기 때문이다. 그리고 이와 같은 이치는 그 임대차에 관한 등기가 되었거나 안되었거나 간에 다같이 적용된다고 할 것이다(대법원 1986.9.9. 86다카757).

소유권이전등기청구권을 보전하기 위하여 가등기를 경료한 자가 그 가등기에 기하여 본등기를 경료한 경우에 가등기의 순위보전의 효력에 의하여 중간처분이 실효되는 효과를 가져 오므로, 가등기가 경료된 후 비로소 상가건물임대차보호법 소정의 대항력을 취득한 상가건물의 임차인으로서는 그 가등기에 기하여 본등기를 경료한 자에 대하여 임대차의 효력으로써 대항할 수 없다(대법원 2007.6.28. 2007다25599).

(나) 담보가등기

가등기담보등에관한법률이 적용되는 소위 **담보가등기**의 경우에는 동법이 정한 청산기간이 경과되어야 본등기를 청구할 수 있고 소유권이전등기가 경료된 경우에는 청산금을 채무자에게 지급한 때에 목적부동산의 소유권을 취득하게 된다. 따라서 담보가등기 후에 대항력을 취득한 주택임차인이라도 가등기담보권리자가 청산기간이 경과하고 본등기를 경료한 후 청산금을 지급할 때까지는 임차권이 소멸하지 아니할 것이다.

위와 같은 절차를 마치면 주택임차인은 담보가등기권자에게 대항할 수 없어 소멸할 것이나, 동법은 제5조 제5항에서 담보가등기 후에 대항력 있는 임차권을 취득한 자에게는 청산금의 범위 안에서 민법 제536조(동시이행의 항변권)의 규정을 준용한다는 특칙을 두어, 대항력을 갖춘 임차인에게 청산금의 범위 안에서 동시이행의 항변을 할 수 있도록 임차인을 적극적으로 보호하고 있다.

(2) 처분금지가처분에 기한 소유권자

임차인이 처분금지가처분등기 후에 대항력을 갖추었다면 후일 가처분권자가 승소확정판결에 기하여 소유권이전등기를 하게 되면 이에 대항할 수 없다. 따라서 처분금지가처분권자가 나중에 소유권이전등기를 마친 경우에도 가처분등기일자와 대항력 발생시기의 선후에 따라 대항력 유무를 결정하여야 한다.

주택임대차보호법 제3조 제2항 소정의 '양수인'은 임차주택에 관하여 소유권이전등기를 경료받아 소유권을 취득한 자를 의미하는 것이므로 甲이 乙로부터 이 사건 부동산을 양도받기로 약정한 것이 임차인들의 임대차 계약체결 이전이고 또한 甲이 위 법률의 시행전에 위 부동산에 대하여 가처분등기를 한 다음 그에 대한 본안판결에 의하여 위 부동산에 관하여 甲 앞으로 소유권이전등기를 경료한 자라 할지라도 위 부동산에 관하여 甲 명의의 소유권이전등기가 위 법률의 시행 후에 경료되었다면 甲은 위 부동산에 관한 위 법조 소정의 양수인으로서 乙의 위 임차인들에 대한 임대인으로서의 지위를 승계한다(대법원 1987.6.23. 86다카2408).

(3) 점유이전금지가처분 후 본안소송에서 승소한 자

점유이전금지가처분은 가처분채권자가 목적물의 인도 또는 명도청구권을 보전하기 위하여 본집행시까지 가처분채무자로 하여금 목적물의 점유를 타인에게 이전하거나 점유명의를 변경하지 못하도록 금지하는 가처분이다.

이러한 가처분은 가처분채권자의 신청에 의하여 법원이 가처분결정을 하고 가처분채권자는 집행관에게 가처분결정정본을 교부하여 집행을 위임하며 집행관은 목적물의 점유를 집행관이 보관한다는 취지의 공시서를 목적물의 명백한 부분에 부착함으로써 집행이 완료된다.

이와 같이 주택에 점유이전금지가처분이 집행된 후에 임차인이 대항요건을 갖추었다면 후일 가처분채권자가 본안소송에서 승소판결을 받아 확정되면 이에 대항할 수 없다. 따라서 점유이전금지가처분권자가 나중에 명도집행을 하더라도 가처분집행일자와 대항력 발생시기의 선후에 따라 대항력 유무를 결정하여야 한다.

(4) 예고등기의 원인이 되는 소송에서 승소한 원고

예고등기는 등기원인의 무효 또는 취소로 인한 등기의 말소 또는 회복의 소가 제기되었음을 제3자에게 경고하여 계쟁 부동산에 관하여 법률행위를 하고자 하는 제3자로 하여금 소송의 결과 발생할 수도 있는 불측의 손해를 방지하려는 목적에서 하는 것이다. 즉 예고등기는 등기말소소송 등이 제기된 사실을 경고하는 목적을 가질 뿐 그 부동산에 대한 처분을 금지하는 효력까지 생기는 것이 아니다. 따라서 예고등기가 되어 있는 주택을 임차한 경우라도 예고등기 자체만으로는 임차인의 대항력에 아무런 지장이 없다고 할 것이며, 이러한 상태에서 주택이 경매 또는 공매되더라도 임차인은 낙찰자 등에게 대항할 수 있다.

그러나 문제는 예고등기의 원인이 된 소송에서 원고가 승소한 경우에 발생한다. 즉 원고가 본안소송에서 승소로 확정되거나 청구의 인낙 또는 등기원인이 무효임을 확인하는 화해가 성립되어 원고의 이익으로 끝난 경우에 원고가 소유권을 소급하여 회복하게 되면 임차인은 결국 정당한 임대권한이 없는 무권리자로부터 임차한 결과가 되기 때문에 그 임차권으로서 원고에 대항할 수 없게 되는 것이다. 왜냐하면 원고가 주장하는 무효 또는 취소로써 선의의 제3자에게 대항할 수 없는 경우에는 애당초 예고등기가 되지 않기 때문에 임차인은 선의의 제3자로서 보호를 받을 수 없는 것이다.

결국 예고등기가 되어 있는 경우 소송의 결과에 따라 임차인의 대항력이 무력화될 수도 있기 때문에 이러한 주택은 임차하지 않는 것이 상책이라고 본다.

(5) 가압류채권자

(가) 가압류채무자로부터 주택을 임차한 경우

임차주택에 대하여 가압류를 한 자가 나중에 집행권원을 확보하여 강제경매를 신청한 경우, **가압류등기일자를 기준**으로 하여 그 전에 임차인이 대항력을 갖춘 때에만 낙찰자에게 대항할 수 있고 가압류등기 이후에 대항력을 갖춘 때에는 낙찰자에게 대항할 수 없다. 다만, 임차인이 확정일자를 갖추었다면 선행 가압류채권액과 비례하여 평등배당을 받을 수는 있다(대법원 1992. 10. 13. 92다30597).

임차인이 주민등록 전입신고를 마치고 입주사용함으로써 주택임대차보호법 제3조에 의하여 그 임차권이 대항력을 갖는다 하더라도 부동산에 대하여 가압류등기가 마쳐진 후에 그 채무자로부터 그 부동산을 임차한 자는 가압류집행으로 인한 처분금지의 효력에 의하여 가압류사건의 본안판결의 집행에 의하여 그 부동산을 취득한 경락인에게 그 임대차의 효력을 주장할 수 없다(대법원 1983. 4. 26. 83다카116).

(나) 가압류 후의 제3취득자로부터 주택을 임차한 경우

이미 가압류가 된 주택을 양수한 제3취득자로부터 주택을 임차하여 입주 후 주민등록을 마쳤다 하더라도 그 후 가압류채권자가 본안소송에서 승소판결을 얻어 주택에 대한 강제경매를 신청한 경우에는 임차인은 낙찰자에게 대항할 수 없다.

예컨대, A의 채권자 B가 가압류를 한 주택을 C가 매수하였고, 甲이 C로부터 이를 임차하여 입주하고 주민등록 전입신고 및 확정일자까지 받았는데, 가압류채권자 B가 A와의 본안소송에서 승소하여 그 확정판결로 위 주택에 대한 강제경매를 신청한 경우에는, B에 대한 관계에서는 가압류의 처분금지적 효력(상대적 효력) 때문에 C의 위 주택 매수행위는 무효가 되고, 그러한 C로부터 주택을 임차한 甲의 임차권으로서는 B가 신청한 경매절차에서 위 주택을 낙찰받은 자에게 대항할 수 없는 것이다.

(6) 체납처분에 의한 압류권자

주택에 대하여 체납처분에 의한 압류등기가 된 후 대항요건을 갖춘 임차인은 경매 또는 공매로 소유권을 취득한 자에게 대항할 수 없다. 즉 체납처분에 의한 압류는 민사소송법상의 압류와 마찬가지로 압류등기가 행하여진 때에 처분금지의 효력이 발생하므로, 주택에 체납처분에 의한 압류의 등기가 되어 있는 경우에는 압류등기가 경료된 시점을 기준으로 하여 그 전까지 대항요건을 갖추지 못하면 임차인은 낙찰자에게 대항할 수 없는 것이다.

이 경우에도 압류권자가 스스로 경매를 신청하거나 체납처분을 할 것을 요하지 아니한다는 점에 유의하여야 한다. 즉 그보다 후순위의 저당권자나 일반채권자가 경매를 신청하거나 후순위의 채권에 기한 체납처분을 하여도 임차권은 소멸하여 대항력을 주장하지 못하는 것이다.

(7) 용익물권자 또는 다른 임차권자

동일한 주택에 관하여 임차권과 용익물권 또는 임차권끼리 경합되는 경우에는 그 우열은 어느 쪽이 먼저 대항력을 갖추었는가에 의하여 결정된다. 따라서 임대차의 대항력 발생 후에 등기한 용익물권자 또는 대항력을 갖춘 다른 임차권자에게는 대항할 수 있을 것이다.

제6절 관련되는 몇 가지 문제

Ⅰ. 대항력 주장과 신의칙 위반

1. 신의칙의 의의

민법은 제2조 제1항에서 「권리의 행사와 의무의 이행은 신의에 좇아 성실히 하여야 한다」라고 하여 권리행사와 의무이행의 한계를 규정하고 있는데, 이를 **'신의성실의 원칙'** 또는 줄여서 **'신의칙'** 이라고 한다.

신의성실의 원칙은 「사적자치의 원칙이 지배하는 특정 개인간의 거래관계에 있어서 그 권리의 행사와 이행에 관하여 사회공동체의 일원으로서 상호간 신뢰를 버리지 않는 성실성을 요하는 것」 또는 「법률관계의 당사자는 상대방의 이익을 배려하여 형평에 어긋나거나 신의를 저버리는 내용 또는 방법으로 권리를 행사하거나 의무를 이행하여서는 안된다는 추상적 규범을 말하는 것」 등으로 정의되고 있다(대법원 1996.5.10. 95다12217).

한편, **금반언의 원칙**이라 함은 자신의 선행행위와 모순되는 행위는 허용되지 않는다는 것으로서 신의성실의 원칙으로부터 파생된 원칙이며, **모순행위금지의 원칙**이라고 부르기도 한다.

이러한 신의칙에 위배된다는 이유로 그 권리행사를 부정하기 위하여는 상대방에게 신의를 공여하였다거나 객관적으로 보아 상대방이 신의를 가짐이 정당한 상태에 이르러야 하고, 이와 같은 상대방의 신의에 반하여 권리를 행사하는 것이 정의관념에 비추어 용인될 수 없는 정도의 상태에 이르러야 한다(대법원 2001.5.15. 99다53490 ; 2001.7.13. 2000다5909).

2. 대항력 주장과 신의칙 위반과의 관계

(1) 의의

금융기관이 주택을 담보로 대출을 할 경우 담보가치를 파악하기 위하여 미리 임대차조사를 하게 된다. 이 때 임차인은 임대인의 부탁 등 여러 가지 사정 때문에 은행직원이나 은행의 위임을 받은 감정평가사에게 임대차사실이 없다고 진술하거나 임차보증금의 액수를 줄여서 말하게 되고, 또한 그러한 내용의 확인서까지 작성해 주는 수가 있다.

그런데, 정작 임차주택이 경매절차에서 매각(낙찰)되어 매수인(낙찰자)으로부터 명도요구를 받게 되면 임차인은 자신의 임차권의 대항력을 주장하게 되고, 이에 대하여 낙찰자는 당초 임대차조사시에 임차인이 진술한 내용이나 확인서를 근거로 임차인이 금반언 또는 신의칙을 위반하였다는 주장을 하게 되는 것이다.

이와 같이 대항력 있는 주택임차인이 일시적으로 임차권의 존재를 속이거나 묵비하였다가 나중에 대항력을 주장하는 경우 과연 이러한 주장이 금반언 또는 신의칙과 관련하여 용납될 것인지가 문제된다.

(2) 판단기준

임차인의 전후 모순된 주장이 금반언 또는 신의칙에 위반되는지 여부를 판단함에 있어서는 **임차인이 어느 정도 적극적으로 숨겼는지** 및 **경매절차에서 임대차관계가 판명되었는지 여부**가 중요한 요소로 작용한다. 따라서 경매절차와 직접 관계가 없는 임대차유무 확인조사 당시에 일시 임대차 사실을 숨긴 것만으로는 부족하고, 경매절차에서도 그 임대차사실이 판명되지 아니하여 매수인(낙찰자)이 경매절차가 종결될 때까지 이를 모르고 있었을 것을 요한다고 할 것이다.

결국, 임차인 입장에서는 임대인의 부탁이나 기타 어떠한 사정으로 부득이하게 은행 등 금융기관의 직원 등이 행하는 임대차조사에서 일시적으로 임대차사실을 은폐하였더라도 경매절차 중 집행관이 행하는 현황조사에서는 임대차관계를 분명히 밝혀야 할 것이다. 또한 금융기관으로서도 대출채무자나 임차인의 진술 또는 확인서에만 의존할 것이 아니라 경매절차에서 각종 경매기록을 통해 임대차 및 그 대항력 유무를 신중히 판단하여야 할 것이다.

최근 대법원은 임차인의 주민등록상의 주소가 등기부상 표시와 다르다는 이유로 임대차의 대항력을 부정한다는 근저당권자의 주장을 신의칙에 위배된다는 이유로 배척하기 위한 요건을 제시하면서, 실제로 임차인의 주민등록이 잘못되었다는 사실을 알았는지 여부 등의 임대차조사 경위, 그 임대차보증금을 고려하여 근저당권을 설정하였는지 여부 등의 대출 경위 등과 같은 근저당권자의 임대차 대항력 결여 주장이 임차인에 대하여 신의칙에 반한다고 볼 수 있는지에 관한 구체적인 사정에 대하여 아무런 심리도 없이 통상의 경우에 비추어 대항력 있는 임대차의 존재를 인식하고 임차보증금 상당액을 고려한 상태에서 근저당권을 취득하였다고 추측함으로써 근저당권자의 권리 행사가 신의칙에 반한다고 단정한 원심판결에 심리미진의 위법이 있다고 하여 파기하였다.

근저당권자가 임차인의 주민등록상의 주소가 등기부상 표시와 다르다는 이유로 임대차의 대항력을 부정하는 주장이 신의칙에 비추어 용납할 수 없는 경우에는 예외적으로 그 주장을 배척할 수 있을 것이지만, 이는 주택임대차보호법에 의하여 인정되는 법률관계를 신의칙과 같은 일반원칙에 의하여 제한하는 것이어서 법적안정성을 해칠 수 있으므로 신중을 기하여야 한다. 건축 중인 주택을 임차하여 주민등록을 마친 임차인의 주민등록이 그 후 소유권보존등기가 마쳐지고 이를 바탕으로 저당권을 취득하여 등기부상 이해관계를 가지게 된 제3자에 대한 관계에서 임대차를 공시하는 효력이 있는지의 여부는 그 제3자의 입장에서 보아 일반 사회통념상 그 주민등록으로 당해 주택에 임차인이 주소 또는 거소를 가진 자로 등록되어 있다고 인식할 수 있는지의 여부에 따라 판단되어야 하므로, 근저당권자가 근저당권 설정에 앞서 임차인의 주민등록상의 주소가 등기부상 표시와 다르다는 사정을 알았거나 알 수 있었다는 사정만으로는 임대차의 대항력을 부정하는 근저당권자의 주장이 신의칙에 위배된다고 할 수 없고, 임차인의 주민등록이 잘못되었다는 사실을 알면서 그 임차인을 선순위의 권리로 인정하고 그만큼 감액한 상태의 담보가치를 취득하겠다는 전제에서 근저당권을 설정하였으면서도 부당한 이익을 얻으려는 의도에서 사후에 임차인의 손해는 전혀 고려함이 없이 그 주민등록의 잘못에 따른 임대차의 대항력 결여를 주장하는 경우와 같이, 근저당권자의 권리행사가 상대방의 신의에 반하고 정의관념에 비추어 용인될 수 없는 정도의 상태에 이른다는 사정이 구체적으로 인정되어야 한다(대법원 2008.2.14. 2007다33224).

3. 구체적 사례

(1) 대항력 주장이 신의칙에 위반되는 사례

(가) 임대인이 임대건물을 은행에 담보로 제공함에 있어 임차인이 임대인의 부탁으로 은행직원에게 보증금 없이 입주하고 있다고 말하고 그와 같은 내용의 확약서까지 만들어 줌으로써 은행으로 하여금 담보가치를 높게 평가하도록 하여 계속 대출하도록 하였고 경매절차가 끝날 때까지도 은행이 임대차관계를 모르고 있었다면, 낙찰자(은행)의 건물명도청구에 있어서 임차인이 이를 번복하면서 임차보증금의 반환을 내세워 그 명도를 거부하는 것은 금반언 및 신의칙에 위반된다고 한 사례(대법원 1987.5.12. 86다카2788).

(나) 임차인이 주택에 관하여 사실은 전세금을 주고 채권적 전세를 얻었으면서도 은행의 직원에게 임대차계약을 체결하거나 그 보증금을 지급할 바가 없다고 하여 그와 같은 내용의 각서까지 작성해 주었다면 이는 은행으로 하여금 주택에 대한 담보가치를 높게 평가하도록 하여 임대인에게 대출하도록 한 것이고 또 만일 은행이 주택에 대한 경매절차가 끝날 때까지도 임대인과 임차인 사이의 채권적 전세관계를 알지 못하였다면 임차인이 낙찰자(은행)의 건물명도청구에 즈음하여 이를 번복하면서 위 전세금반환을 내세워 그 명도를 거부하는 것은 특단의 사정이 없는 한 금반언 내지 신의칙에 위반된다고 한 사례(대법원 1987. 11.24. 87다카1708).

(다) 임대인이 자기 소유의 주택을 담보로 제공하고 은행융자를 받음에 있어 임차인은 임대인이 주택의 담보가치를 높게 평가받도록 하기 위하여 은행 직원에게 아무런 임료도 지급함이 없이 무상으로 거주하고 있다는 거짓내용의 확인서를 작성해 주었으며, 임차주택에 대한 경매절차가 끝날 때까지도 그 임대차관계를 밝히지 아니하여 낙찰자가 이를 알지 못하였다면 임차인이 낙찰자의 명도청구에 즈음하여서 태도를 번복하여 그 전세금반환을 요구하면서 그 명도를 거부하는 것은 특단의 사정이 없는 한 금반언 내지 신의칙에 위반된다고 한 사례(대법원 1987.12.8. 87다카1738).

(라) 임차인은 임차주택을 보증금 2,200만원에 임차한 후 인도 및 전입신고를 마쳐 대항력 있는 임차인의 지위에 있음에도 주택의 소유자가 마을금고로부터 대출을 받기 위하여 주택을 담보로 제공하려고 하자 임대차계약을 체결하거나 보증금을 지급한 바가 없을 뿐더러 향후 임차보증금에 대한 권리주장을 하지 않겠다는 내용의 확인서를 직접 작성하여 인감증명서와 함께 마을금고에 제출함으로써 확인서의 내용을 믿은 마을금고로 하여금 주택에 대한 담보가치를 높게 평가하여 2,100만원을 대출하도록 하였음에도 불구하고 경매절차에서 이를 번복하여 대항력을 갖춘 임대차의 존재를 주장함과 아울러 마을금고보다 우선적 지위를 가지는 확정일자부 임차인임을 내세워 그 임차보증금반환채권에 대한 배당요구를 하는 것은 특별한 사정이 없는 한 금반언 및 신의칙에 위반되어 허용될 수 없다고 한 사례(대법원

1997.6.27. 97다12211).

(2) 신의칙에 위반되지 않는 사례

(가) 주택에 대한 임의경매절차에 있어서 집행관이 작성한 임대차조사보고서에는 임차인이 보증금 2천만원으로 주택에 무기한으로 입주하고 있는 사실이 조사 보고되어 있는 이상 대출은행은 위 경매절차에서 은행의 근저당권에 대항할 수 있는 임차인이 있다는 사실을 알고 있었다 할 것이고 한편 임차인이 은행직원이 경매절차와는 아무런 관련도 없이 행한 임대차조사에서 자신의 임대차사실을 숨겼다 하여도 경매절차에서는 이를 분명히 한 이상 낙찰자(은행)로 하여금 경매가격을 결정하게끔 신뢰를 준 것이라고는 할 수 없다 할 것이므로 일시 임대차관계를 숨긴 사실만을 가지고서 임차인의 동시이행의 항변이 신의성실의 원칙에 반하는 것이라고는 볼 수 없다고 한 사례(대법원 1987.1.20. 86다카1852).

(나) 금전대출을 실시하는 금융기관 또는 금융기관으로부터 건물의 담보가치를 조사하도록 의뢰받은 감정평가기관의 직원이 직접 임차인들을 만나 임대차관계를 조사한 것이 아니라, 단지 금전대출을 신청한 건물의 소유자에게 그 조사를 의뢰하여 그가 임대차조사서 서식의 공란에 기재될 내용에 관하여 어떠한 설명도 없이 임차인들로부터 기명날인만 받고 임대차 금액란에 실제 임대차보증금보다 적은 금액을 기재한 경우, 임차인들이 부동산경매절차에서 위 조사서에 기재된 사항과는 다른 내용의 주장을 하면서 배당을 요구한다고 하여 금반언이나 신의칙에 반한다고 볼 수 없다고 한 사례(서울지법 동부지원 2000.11.30. 2000가단8695).

4. 관련사례

(1) 배당요구가 신의칙에 위반되는 사례

(가) 임대차가 종료된 경우에 배당요구를 한 임차인은 우선변제권에 의하여 낙찰대금으로부터 임차보증금을 배당받을 수 있으므로, 일반 매수희망자(낙찰자 포함)는 그 주택을 낙찰받게 되면 그 임대차에 관한 권리·의무를 승계하지 않을 것이라는 신뢰하에 입찰에 참가하게 되는 것인바, 이러한 믿음을 기초로 하여 낙찰자가 임대차보증금을 인수하지 않을 것이라는 전제하에 낙찰이 실시되어 최고가 매수희망자를 낙찰자로 하는 낙찰허가결정이 확정되었다면, 그 후에 이르러 임차인이 배당요구시의 주장과는 달리 자신의 임대차기간이 종료되지 않았음을 주장하면서 우선변제권의 행사를 포기하고 명도를 구하는 낙찰자에게 대항력을 행사하는 것은, 임차인의 선행행위를 신뢰한 낙찰자에게 예측하지 못한 손해를 입게 하는 것이어서 위와 같은 입장 변경을 정당화할 만한 특별한 사정이 없는 한 금반언 및 신의칙에 위배되어 허용될 수 없다고 한 사례(대법원 2001.9.25. 2000다24078).

(나) 임차인이 실제의 확정일자보다 앞선 날짜에 확정일자를 받은 것처럼 허위의 임대차

계약서를 제출하여 배당요구를 하였으나 배당절차에서 그 사실이 밝혀져 배당에서 제외된 사안에서, 우선변제권이 있는 임차인이 경매절차에서 배당요구를 하였을 경우 그는 낙찰대금으로부터 임차보증금을 배당받을 수 있으므로, 이와 같은 경우에 일반 매수희망자(낙찰자 포함)는 그 주택을 낙찰받게 되면 그 임차인이 배당받은 보증금 부분에 대하여는 임대차에 관한 권리·의무를 승계하지 않을 것이라는 신뢰하에 입찰에 참가하게 되는 것인바, 이러한 믿음을 기초로 하여 낙찰자가 임대차보증금을 인수하지 않을 것이라는 전제 아래 낙찰이 실시되어 낙찰허가결정이 확정되었다면, 이러한 매수인의 신뢰는 보호되어야 한다고 전제하고, 당초에 신고한 허위의 확정일자를 기준으로 할 경우 그 임차인이 배당받을 수 있었던 금액에 상당하는 보증금액 부분에 한해서는 낙찰인에게 대항할 수 없다고 한 사례(대법원 2002.1.25. 2001다76427).

(2) 임차인의 손해배상 책임을 인정한 사례

(가) 주택임차인이 금융기관의 위임을 받은 감정평가사에게 임차보증금의 액수를 줄여서 허위로 진술함에 따라 이를 믿은 금융기관이 담보가치를 넘는 초과대출을 해줬다가 손해를 입었다면 허위진술을 한 임차인이 손해의 70%를 배상하여야 한다고 한 사례(서울지법 1998.9.23. 98나11702).

(나) 주택소유자 겸 임대인으로부터 임대차조사서에 서명·날인을 요구받은 임차인은 위 조사서에 자신들의 임대차관계를 기재하게 된 이상 그 서식의 기재사항을 잘 읽어보고 정확한 내용의 기재를 함으로써 적절한 담보가치의 조사가 이루어지도록 하여야 함에도, 임대차 금액란을 전혀 기재하지 아니한 채로 임대인에게 위 조사서를 교부함으로써 그로 하여금 임의로 허위의 기재를 하게 한 과실이 있다 할 것이고, 이러한 과실은 임대인의 불법행위와 경합하여 금융기관으로 하여금 임대인에 대한 채권 중 임차보증금 액수를 과소평가함으로써 배당받지 못하게 된 금액 상당의 손해를 입게 한 원인이 되었다 할 것이므로, 임차인은 임대인과 각자 위 손해를 배상할 책임이 있다 할 것이고, 다만 금융기관으로서는 임대인이 작성하여 온 위 조사서에만 의존하여 달리 별도의 확인 절차를 거치지 아니한 채 임대차관계를 평가하여 임대인에게 금전대출을 하여 준 과실이 있다 할 것이므로 임차인의 손해배상책임을 40%로 제한한 사례(서울지법 동부지원 2000.11.30. 2000가단8695).

(3) 낙찰자의 신의칙에 반하는 건물명도 청구

임차인이 거주하는 주택을 싼값에 낙찰받은 후 임차인의 대항력에 흠결이 있음을 기화로 부당한 이익을 얻으려는 의도에서 임차인의 손해는 전혀 생각함이 없이 임차인에게 건물명도를 구하는 것은 신의칙상 허용될 수 없다는 취지의 하급심 판결이 있다.

당초 당해 건물의 감정평가액은 8,500만원에 달하였는데, 6차례에 걸친 경매법원의 입찰기일공고를 통해 임차인 乙의 임차보증금이 5,700만원임을 알게 된 甲은 이를 고려해서 22,510,000원에 입찰하여 주택을 낙찰받았다. 甲은 乙의 주민등록에 흠이 있음을 알게 되자 이를 기화로 2,251,000원의 입찰보증금만을 납부하고 아직 낙찰대금을 납부하지조차 아니한 상태에서 乙에게 '乙의 임차권으로는 甲에게 대항할 수 없으니 임차보증금은 포기하고, 4,500만원을 甲에게 추가로 지급하면 위 건물의 소유권을 乙에게 넘겨주겠다' 고 제의하였고 이에 대하여 乙이 금액을 깎아줄 것을 요구하여 서로 줄다리기를 벌이다가 결국 협상이 결렬되었다. 甲은 낙찰대금을 납부하기도 전에 소유권을 취득하지 못한 상태에서 乙을 상대로 건물명도 청구소송을 제기한 사안이다. 甲으로서는 乙의 임차보증금 상당액을 고려하여 현저하게 저렴한 가격으로 주택을 취득하고서도 위 임대차의 대항력 결여를 기화로 부당한 이익을 얻으려는 의도에서 乙의 손해는 전혀 생각함이 없이 주택의 명도를 구하고 있다고 봄이 상당하므로, 甲의 이러한 청구는 신의칙상 허용될 수 없다고 판시하여 甲의 건물명도청구를 기각한 사례이다(서울지법 2001.6.8. 2000나73901).

II. 임차주택의 매매 · 경매와 담보책임

1. 매도인의 담보책임

(1) 의의

매매의 목적인 재산권에 하자가 있어 이로 말미암아 그 재산권의 전부 또는 일부를 이전할 수 없거나 또는 그 재산권의 객체인 물건에 하자가 있는 것을 급부한 경우에 **매수인을 보호**하기 위하여 민법 제570조 내지 제584조에서 매도인에게 일정한 담보책임을 부과하는 규정을 두고 있는데, 이를 **매도인의 담보책임**이라고 한다.

매도인의 담보책임에 따라 매수인 등에게 부여되는 권리로는 **계약해제권, 손해배상청구권, 대금감액청구권**이 있으나, 담보책임의 유형에 따라 그 적용에 차이가 있다.

(2) 민법규정의 준용

주택임대차는 임차인이 주택의 인도와 주민등록을 마치는 것만으로 임차권의 대항력을 쉽게 취득하지만, 등기와는 달리 공시방법으로서 불완전하기 때문에 매수인 또는 낙찰자가 대항력이 있는 임차인이 존재한다는 사실을 모르고 매매 또는 경매로 주택을 취득하는 경우가 있을 수 있다. 그 결과 매수인 또는 낙찰자가 보증금 반환채무를 부담하거나, 거주의 목적으로 취득한 주택을 사용·수익하지 못하는 등 불측의 손해를 입는 상황이 생길 수 있다.

이에 따라 매수인 또는 낙찰자를 보호하고 거래의 안전을 도모하기 위하여 민법상의 매도인의 담보책임에 관한 규정 중 일부를 임대차의 목적이 된 주택이 매매 또는 경매의 목적물이 된 경우에 준용하도록 하고 있다.

주택임대차보호법 제3조 제3항은 「민법 제575조 제1항·제3항 및 제578조의 규정은 이 법에 의하여 임대차의 목적이 된 주택이 매매 또는 경매의 목적물이 된 경우에 이를 준용한다」라고 규정하고, 제4항은 「민법 제536조의 규정은 제3항의 경우에 이를 준용한다」라고 규정하고 있다. 따라서 대항력 있는 임대차의 목적이 된 **주택이 매매의 목적물**이 된 경우에 있어서는 권리의 하자에 대한 담보책임 중 용익적 권리에 의한 제한이 있는 경우에 관한 민법 제575조 제1항 및 제3항이 준용된다. 또한 임대차의 목적이 된 **주택이 경매의 목적물**이 된 경우에 있어서는 경매에 있어서의 담보책임에 관한 민법 제578조의 규정이 준용된다.

2. 주택의 매매와 담보책임

(1) 의의

민법 제575조 제1항은 「매매의 목적물이 지상권, 지역권, 전세권, 질권 또는 유치권의 목적이 된 경우에 매수인이 이를 알지 못한 때에는 이로 인하여 계약의 목적을 달성할 수 없는 경우에 한하여 매수인은 **계약을 해제**할 수 있다. 기타의 경우에는 **손해배상**만을 청구할 수 있다」라고 규정하고 있다.

민법은 매매의 목적물에 대하여 매수인의 사용·수익권을 제한하는 제3자의 권리가 존재하는 경우에 매도인에게 담보책임을 인정하여, 이러한 사정으로 말미암아 더 이상 계약의 목적을 달성할 수 없는 경우에는 매수인에게 계약해제권을 인정하고, 그 밖의 경우에는 손해배상청구권만을 인정하고 있다.

위 규정은 주택임대차보호법 제3조 제3항에 의해 임대차의 목적이 된 주택이 매매의 목적물이 된 경우에 준용된다. 따라서 매수인이 취득한 주택에 대항력 있는 임차인이 존재하는 관계로 매수인이 자신의 목적대로 주택을 충분히 사용·수익할 수 없게 된 경우에 매도인의 담보책임이 인정된다.

(2) 담보책임의 요건

매도인의 담보책임이 인정되기 위해서는, ① 당해 주택에 대항력을 갖춘 임차인이 존재하여야 하고, ② 임대차의 목적이 된 당해 주택이 매매의 목적물이 되어야 하며, ③ 매수인이 선의일 것이 요구된다.

매도인의 선의 · 악의는 불문하나, 매수인은 매매의 목적물인 주택에 임차인이 존재하고 있다는 사실과 그 임차인이 대항력이 있다는 사실에 대하여 선의이어야 한다. 하지만 임대인인 매도인과 임차인이 통모하여 매수인을 속이지 않는 한 매수인이 대항력 있는 임대차의 존재를 모른다는 것은 거의 있을 수 없는 일이므로, 대항력 있는 임차인의 존재에 대하여 매수인의 악의를 추정하여도 무방하다고 본다.

주택에 대한 매매계약은 특별한 사정이 없는 한 대부분 부동산중개업자의 중개로 행하여지고, 중개업자는 주택의 임대차관계를 확인 · 설명해 줄 의무가 있으며, 임대차보증금이 주택가액의 60~70%에 육박하고 있는 현실에서 대항력 있는 임차인의 존재를 확인하지 않고 주택의 매매계약을 체결하는 것은 거의 있을 수 없는 일이라는 점 등 거래실정을 고려하면, 매수인이 주택을 매수함에 있어서 대항력 있는 임차인의 존재를 몰랐다고 하는 것은 쉽게 수긍할 수 없는 일이다.

한편, 매수인이 선의인 한 과실로 인하여 대항력을 갖춘 임차인이 존재함을 알지 못하였다는 사실은 매도인의 담보책임의 성립에 아무런 방해가 되지 않는다.

(3) 담보책임의 내용

담보책임의 요건이 성립되면 그 내용으로서 선의의 매수인에게 **계약해제권**과 **손해배상청구권**이 인정된다.

거주의 목적으로 주택을 매수하였는데 거주할 수 없게 된 경우와 같이 대항력 있는 임차인이 존재하기 때문에 그로 인하여 **계약의 목적을 달성할 수 없는 경우**에 한하여 매수인은 **계약을 해제**할 수 있다. 또한 보증금반환채무를 승계하거나 임차인을 퇴거시키기 위한 이사비용이나 명도소송비용 등을 지출한 경우와 같이 계약의 목적은 달성할 수 있으나 그로 인하여 손해를 입게 된 경우에는 **손해배상을 청구**할 수 있다. 선의의 매수인은 계약을 해제할 수 있는 때에는 그것과 아울러 손해배상도 청구할 수 있고, 계약을 해제할 수 없는 때에는 손해배상만을 청구할 수 있다.

한편, 대항력 있는 임차권이 존재한다고 해서 매매의 목적인 소유권이전이 전혀 불가능한 것은 아니기 때문에 **대금감액청구권**은 인정되지 않는다.

3. 주택의 경매와 담보책임

(1) 의의

채권자가 권리의 실행으로서 채무자의 재산을 경매하는 경우에 그 목적물에 하자가 있었던 때에는 낙찰자를 보호할 필요가 있다. 따라서 민법 제578조 제1항, 제2항은 매매의 일종인 경매에 있어서 그 목적물의 하자로 인하여 낙찰자가 경매의 목적인 재산권을 완전히 취득할 수 없을 때에 매매의 경우에 준하여 매도인의 위치에 있는 경매의 채무자나 채권자에게 담보책임을 부담시켜 낙찰자를 보호하고 있다.

주택임대차보호법 제3조 제3항에 따라 임대차의 목적이 된 주택이 경매의 목적물이 된 경우에 민법규정이 준용됨으로써, 낙찰자가 취득한 주택에 대항력 있는 임차권이 존재하는 관계로 낙찰자 자신의 목적대로 주택을 충분히 사용·수익할 수 없게 된 경우에 매도인에 해당하는 채무자나 채권자의 담보책임이 명문으로 인정되고 있다.

(2) 담보책임의 요건

(가) 당해 주택에 대항력을 갖춘 임차인이 존재할 것

경매에 있어서의 담보책임이 인정되기 위해서는, 당해 주택에 인도와 주민등록에 의하여 대항력을 갖춘 임차인이 존재하여야 한다. 다만, 대항력 있는 임차인이 우선변제권을 행사하여 보증금을 전부 배당받아 가는 경우에는 담보책임이 문제될 여지가 없다.

(나) 임대차의 목적이 된 당해 주택이 경매의 목적물이 될 것

담보책임이 인정되기 위해서는, 그 임대차의 목적이 된 주택이 경매의 목적물이 되어야 한다. 경매는 집행권원에 기한 강제경매이든, 담보권실행을 위한 경매(임의경매)이든 불문한다.

(다) 경매절차가 유효할 것

담보책임은 경매절차는 유효하게 이루어졌으나 경매의 목적이 된 권리의 전부 또는 일부가 타인에게 속하는 등의 하자로 낙찰자가 완전한 소유권을 취득할 수 없거나 이를 잃게 되는 경우에 인정되는 것이다. 따라서 경매 자체가 무효가 되는 경우에는 담보책임이 성립하지 않으므로 낙찰자는 담보책임에 의한 보호를 받을 수 없다.

(라) 채무자 및 배당채권자의 고의·과실 여부

채무자는 원칙적으로 고의·과실이 없더라도 담보책임을 부담하나, 손해배상에 있어서만은 예외적으로 대항력을 갖춘 임차인의 존재사실을 알고 고지하지 아니한 때에만 손해배상의무를 진다. 또한 채무자의 무자력으로 낙찰대금을 배당받은 채권자가 대금반환의무를 부담할 경우에도 고의·과실을 요하지 아니하나, 손해배상책임은 대항력을 갖춘 임차인의 존재사실을 알고서도 경매를 청구한 때에만 부담한다.

(마) 매수인(낙찰자)가 선의일 것

대항력을 갖춘 임차인의 존재사실을 낙찰자가 알지 못했어야 한다. 그 사실을 알고서 주택을 낙찰받은 자는 그 사정을 고려하여 낙찰대금을 정할 것이므로 보호할 필요가 없어 담보책임을 추궁할 수 없다. 또한 낙찰자가 선의인 이상 과실이 있는지 여부는 채무자의 담보책임에 영향을 주는 것이 아니며, 과실상계의 법리도 적용되지 않는다.

주택임대차보호법 제3조 제3항, 민법 제575조, 제578조를 모아보면 임대차의 목적이 된 주택이 경매의 목적물이 된 경우 이로 인하여 경락인이 권리에 제한을 받게 되면 경락인은 계약의 목적을 달성할 수 없는 경우에 한하여 계약을 해제하고 채무자 또는 채무자에게 자력이 없는 때에는 배당을 받은 채권자에게 그 대금의 전부나 일부의 반환을 구할 수 있고, 위 계약해제와 함께 또는 이와 별도로 경매목적물에 위와 같은 흠결이 있음을 알고 고지하지 아니한 채무자나 이를 알고 경매를 신청한 채권자에게 손해배상을 청구할 수 있다 할 것인데, 경락인의 이와 같은 권리는 <u>경락인이 경매의 목적물에 대항력 있는 임대차가 존재하는 사실을 모르고 있었다는 것을 전제로 한다</u>(인천지법 1998.4.1. 97가합19461).

임차주택의 경매에 있어서는 임대차의 기간, 차임, 보증금, 주민등록 전입일자 등이 매각물건명세서에 기재되어 일반인의 열람에 제공될 뿐만 아니라 매각기일의 공고에도 포함되므로, 통상적으로는 낙찰자는 대항력 있는 임차인의 존재를 알았다고 보아야 할 것이다. 만일 집행관의 임대차조사보고서가 부실하여 대항력 있는 임대차의 존재사실이 매각물건명세서 및 매각기일의 공고내용에서 누락된 채 경매절차가 그대로 진행되어 매각허가결정이 확정되었다면 이 경우에는 낙찰자는 선의라고 보아 담보책임을 물을 수 있을 것이다.

임차인보다 선순위인 저당권이 이미 소멸하였으나 등기부상 말소되지 않고 그대로 방치된 상태에서 경매가 진행되어, 낙찰자가 선순위 저당권자로 인하여 임차권에 대항력이 없는 것으로 판단하고 낙찰을 받은 경우, 사실은 선순위 저당권이 존재하지 않아 임차인이 대항력을 갖고 따라서 그 임차권을 인수하여야 하는 불측의 손해를 입게 되므로 담보책임에 구제를 받을 수 있다고 본다.

한편, 제1순위 근저당권자, 대항요건을 갖춘 임차인, 제2순위 근저당권자가 있는 주택에 관하여 제2순위 근저당권자나 일반채권자의 신청에 의하여 개시된 경매절차에서 제1순위 근저당권의 존재로 그보다 후순위인 임차권이 소멸하는 것으로 알고 낙찰을 받았는데, 낙찰대금 납부 전에 제1순위 근저당권이 변제 등의 사유로 소멸하면 낙찰자가 뜻하지 않게 임차권을 인수하게 된다. 이 경우 낙찰자가 그러한 사실을 알지 못하여 낙찰대금을 납부한 후에 비로소 그 사실을 알게 되었다면 담보책임의 추궁이 가능하다고 본다.

부동산의 경매절차에 있어서 주택임대차보호법 제3조에 정한 대항요건을 갖춘 임차권보다 선순위의 근저당권이 있는 경우에는, 낙찰로 인하여 선순위 근저당권이 소멸하면 그보다 후순위의 임차권도 선순위 근저당권이 확보한 담보가치의 보장을 위하여 그 대항력을 상실하는 것이지만, 낙찰로 인하여 근저당권이 소멸하고 낙찰인이 소유권을 취득하게 되는 시점인 낙찰대금지급기일 이전에 선순위 근저당권이 다른 사유로 소멸한 경우에는, 대항력이 있는 임차권의 존재로 인하여 담보가치의 손상을 받을 선순위 근저당권이 없게 되므로 임차권의 대항력이 소멸하지 아니하고, 선순위 근저당권의 존재로 후순위 임차권이 소멸하는 것으로 알고 부동산을 낙찰받았으나, 그 후 채무자가 후순위 임차권의 대항력을 존속시킬 목적으로 선순위 근저당권의 피담보채무를 모두 변제하고 그 근저당권을 소멸시키고도 이 점에 대하여 낙찰자에게 아무런 고지도 하지 않아 낙찰자가 대항력 있는 임차권이 존속하게 된다는 사정을 알지 못한 채 대금지급기일에 낙찰대금을 지급하였다면, 채무자는 민법 제578조 제3항의 규정에 의하여 낙찰자가 입게 된 손해를 배상할 책임이 있다 할 것이다(대법원 2003.4.25. 2002다70075).

(바) 담보책임의 추궁이 가능한 시기

매각(낙찰)허가결정이 확정되기 전이라면 낙찰자는 낙찰에 관한 이의를 할 수 있고(민집121vi), 경매법원은 낙찰자가 이의를 하지 않더라도 직권으로 매각불허가결정을 한다(동법 제123조 제2항). 매각허가결정이 확정된 후 **대금납부 전**이라면 민집법 제127조에 의하여 낙찰자에게 매각허가결정에 대한 취소신청이 허용되므로 별 문제가 없다.

그러나 낙찰자가 **낙찰대금을 납부한 후**에 비로소 대항력 있는 임차권의 존재사실을 알게 된 경우 **배당이 실시되기 전**까지는 민사집행법 제127조를 유추적용하여 낙찰자에게 낙찰허가결정에 대한 취소신청을 인정하려는 견해가 유력하다. 이에 따르면 담보책임의 법리가 적용되는 것은 **배당이 실시된 후**로 국한될 것이다.

(3) 담보책임의 내용

선의의 낙찰자는 채무자에게 **계약의 해제** 또는 **대금의 감액**을 청구할 수 있고(민578①), 채무자가 무자력일 때에는 낙찰대금을 배당받은 채권자에 대하여 그 대금의 전부나 일부의 반환을 청구할 수 있으며(민578②), 채무자가 대항력 있는 임대차의 존재를 알고 고지하지 아니하거나 채권자가 이를 알고 경매를 청구한 때에는 그 사실을 알고 있던 채무자나 경매신청채권자에 대하여 **손해배상**을 청구할 수 있다(민578③).

(가) 계약해제권

거주의 목적으로 주택을 낙찰받았으나 거주할 수 없게 된 경우와 같이 대항력 있는 임대차의 존재로 인하여 낙찰자가 낙찰받은 **목적을 달성할 수 없는 경우**에 한하여 계약을 해제할 수 있다(민578①).

민법 제578조 제1항의 법문상 **해제의 상대방**은 '채무자'로 규정되어 있는데, 물상보증인이 제공한 담보물이 경매의 목적물로 된 경우에는 물상보증인이 해제의 상대방이다. 또한 **해제의 효과**로서 채무자 또는 물상보증인은 낙찰자에게 낙찰대금을 전액 반환하여야 하고, 낙찰자는 그 앞으로 경료된 소유권이전등기를 말소하여 채무자에게 소유권을 회복시켜 주어야 한다.

민법 제578조 제1항의 채무자에는 임의경매에 있어서의 **물상보증인도** 포함되는 것이므로 경락인이 그에 대하여 적법하게 계약해제권을 행사했을 때에는 물상보증인은 경락인에 대하여 원상회복의 의무를 지는 것이다(대법원 1988.4.12. 87다카2641).

1차 책임자인 채무자가 무자력인 때에는 낙찰대금의 배당을 받은 채권자들이 **2차적 보충책임**을 지므로, 낙찰자는 배당채권자들에게 대금의 전액이나 일부의 반환을 청구할 수 있다(민578②). 배당채권자들이 낙찰자에게 배당받은 금액을 반환하게 되면 채무자에 대하여 이를 구상할 수 있다고 할 것이다.

(나) 대금감액청구권

대항력 있는 임대차가 존재하기는 하나 낙찰자가 경매의 목적을 달성할 수 없는 정도가 아닌 경우에는 대금감액을 청구할 수 있다. 이것은 대항력 있는 임대차의 보증금액만큼 감액하는 것을 말하며, 낙찰자가 그 액수만큼 채무자(또는 물상보증인)로부터 돌려받으면 된다. 그리고 채무자가 무자력인 경우에는 배당받은 채권자들로부터 돌려받으면 된다.

이와 관련하여 판례는 계약의 해제를 전제로 하지 않는 대금감액청구를 허용하지 않는 입장에 있다.

경매의 목적물에 대항력 있는 임대차가 존재하는 경우에 경락인이 이를 알지 못한 때에는 경락인은 이로 인하여 계약의 목적을 달성할 수 없는 경우에 한하여 계약을 해제하고 채무자 또는 채무자에게 자력이 없는 때에는 배당을 받은 채권자에게 그 대금의 전부나 일부의 반환을 구하거나, 위 계약해제와 함께 또는 이와 별도로 경매목적물에 위와 같은 흠결이 있음을 알고 고지하지 아니한 채무자나 이를 알고 경매를 신청한 채권자에게 손해배상을 청구할 수 있을 뿐, 계약을 해제함이 없이 채무자나 경락대금을 배당받은 채권자들을 상대로 경매목적물상의 대항력 있는 임차인에 대한 임대차보증금에 상당하는 경락대금의 전부나 일부를 부당이득 하였다고 하여 바로 그 반환을 구할 수 있는 것은 아니다(대법원 1996.7.12. 96다7106).

(다) 손해배상청구권

경매는 채무자의 의사에 의하지 않은 것이기 때문에 손해배상까지 부과시키는 것은 너무 가혹하므로 낙찰자는 매매계약의 해제 또는 대금감액의 청구를 할 수 있을 뿐 손해배상청구를 할 수 없는 것이 원칙이다. 그러나 채무자가 경매주택에 대항력 있는 임차권이 존재한다는 것을 알고서 고지하지 아니하거나 채권자가 이를 알고 경매를 신청한 때에는 낙찰자는 채무자나 채권자에 대하여 손해배상을 청구할 수 있다(민578③).

선순위 근저당권의 존재로 후순위 임차권이 소멸하는 것으로 알고 부동산을 낙찰받았으나, 그 후 채무자가 후순위 임차권의 대항력을 존속시킬 목적으로 선순위 근저당권의 피담보채무를 모두 변제하고 그 근저당권을 소멸시키고도 이 점에 대하여 낙찰자에게 아무런 고지도 하지 않아 낙찰자가 대항력 있는 임차권이 존속하게 된다는 사정을 알지 못한 채 대금지급기일에 낙찰대금을 지급하였다면, 채무자는 민법 제578조 제3항의 규정에 의하여 낙찰자가 입게 된 손해를 배상할 책임이 있다 할 것이다(대법원 2003.4.25. 2002다70075).

낙찰자의 손해배상청구는 낙찰을 해제하고 할 수도 있고, 낙찰을 해제하지 않고도 할 수 있다. 판례도 같은 입장에서 대금감액청구의 경우와는 다른 태도를 취하고 있다.

경매의 목적물에 대항력 있는 임대차가 존재하는 경우에 경락인이 이를 알지 못한 때에는 … 계약해제와 함께 **또는** 그와 **별도로** 경매목적물에 위와 같은 흠결이 있음을 알고 고지하지 아니한 채무자나 이를 알고 경매를 신청한 채권자에게 손해배상을 청구할 수 있다(대법원 1996.7.12. 96다7106).

4. 권리행사기간 및 동시이행관계

(1) 권리행사기간

담보책임에 따른 매수인 또는 낙찰자의 권리는 매수인 또는 낙찰자가 대항력 있는 임차인의 존재사실을 **안 날로부터 1년** 이내에 행사하여야 한다(민575③). 이 기간의 성질은 **제척기간**으로서, 재판상 또는 재판외의 권리행사기간이며 재판상 청구를 위한 출소기간이 아니라고 함이 판례의 일관된 태도이다(대법원 2000.6.9. 2000다15371 ; 2004.1.27. 2001다24891).

낙찰자가 대금을 납부한 후 임차인을 상대로 명도청구를 한 경우에 임차인이 대항력을 주장하며 명도를 거부하거나, 임차인이 낙찰자를 상대로 임차보증금의 반환을 청구하는 경우에 비로소 대항력 있는 임차인의 존재사실을 알게 되는 것이 보통이다. 다만, 대항력의 유무에 관한 다툼이 생겨 소송으로 발전한 경우에는 대항력의 존재를 인정하는 판결이 확정된 때부터 기산한다.

한편, 채무자의 무자력으로 배당받은 채권자들에게 2차적으로 대금반환을 청구하는 경우에는 채무자가 무자력임을 안 날로부터 1년 이내에 권리를 행사하면 된다고 본다.

(2) 동시이행관계

매수인(또는 낙찰자)이 담보책임을 추궁하여 계약을 해제한 경우에 매도인(또는 채무자)에 대하여 대금의 반환 또는 손해배상을 청구할 수 있는 반면, 취득한 소유권이나 명도받은 주택을 반환하여야 한다.

이와 같이 매수인과 매도인이 부담하는 이러한 의무는 서로 밀접한 관계가 있기 때문에 그 이행에 관하여 견련성을 인정하는 것이 공평하므로 동시이행에 관한 민법 제536조를 준용하여 매도인과 매수인의 의무가 동시이행의 관계에 있음을 규정하고 있다(제3조 제4항). 또한 채무자가 무자력이어서 낙찰대금으로부터 배당을 받은 채권자들이 대금반환의무를 지는 경우에는 낙찰자와 채권자들의 의무가 동시이행관계에 있다고 할 것이다.

반면, 낙찰을 해제하지 않고 단지 대금감액을 청구하거나 손해배상만을 청구하는 경우에는 낙찰자가 부담하는 의무가 없으므로 동시이행의 관계가 성립할 수 없다.

5. 담보책임과 부당이득반환청구와의 관계

(1) 경매절차가 적법한 경우

담보책임은 경매절차는 유효하게 이루어졌으나 경매의 목적이 된 권리의 전부 또는 일부가 타인에게 속하는 등의 하자로 낙찰자가 완전한 소유권을 취득할 수 없거나 이를 잃게 되는 경우에 인정되는 것이다.

따라서 채권자가 배당절차에서 낙찰대금을 배당받았다 하더라도 낙찰자는 이를 부당이득이라고 하여 그 반환을 구할 수 없다. 민법상의 **담보책임**에 의하여 채무자에 대하여 계약을 해제하고 채무자 또는 채무자가 무자력인 때에는 낙찰대금을 배당받은 채권자에게 그 대금의 반환을 구하여야 한다.

강제경매절차에서 甲이 부동산을 낙찰받아 낙찰대금을 완납하였고, 乙이 그 낙찰대금 중 일부를 채권변제조로 배당을 받았는데, 낙찰부동산에 관하여 경매개시결정이 있기 전에 이미 A 명의의 매매예약에 의한 소유권이전등기청구권의 순위보전 가등기가 경료되어 있었고,

A가 그 가등기에 기한 본등기를 경료함으로써 甲이 낙찰부동산을 취득할 수 없게 되자, 乙을 상대로 배당금의 반환을 청구한 사안에서, 채무명의에 기한 강제경매신청에 의하여 경매목적부동산에 대한 매각허가결정이 확정된 경우에는 비록 경매개시결정이 있기 전에 경료된 제3자 명의의 가등기에 기하여 그 제3자 명의로 소유권이전 본등기가 경료됨으로써 낙찰자가 낙찰부동산의 소유권을 취득하지 못하게 되었다 하더라도 그 사유만으로서 매각허가결정이 무효로 돌아가는 것은 아니므로 채권자가 낙찰대금 중에서 채권의 변제조로 교부받은 배당금을 법률상 원인없이 취득한 부당이득이라고는 말할 수 없는 것이라고 한 사례(대법원 1986.9.23. 86다카560).

(2) 경매절차 자체가 무효인 경우

경매절차 자체가 무효인 경우에는 채무자나 배당채권자의 담보책임은 인정될 여지가 없고, **부당이득의 법리**에 따라 반환을 청구할 수 있을 뿐이다.

경락인이 강제경매절차를 통하여 부동산을 경락받아 대금을 납부하고 그 앞으로 소유권이전등기까지 마쳤으나, 그 후 위 강제집행의 채무명의가 된 약속어음공정증서가 위조된 것이어서 무효라는 이유로 그 소유권이전등기의 말소를 명하는 판결이 확정됨으로써 경매부동산에 대한 소유권을 취득하지 못하게 된 경우 경락인은 경매채권자에게 경매대금 중 그가 배당 받은 금액에 대하여 일반 부당이득의 법리에 따라 반환을 청구할 수 있을 뿐, 민법 제578조 제2항에 의한 담보책임을 물을 수는 없다(대법원 1991.10.11. 91다21640).

경락인이 강제경매절차를 통하여 부동산을 경락받아 대금을 완납하고 그 앞으로 소유권이전등기까지 마쳤으나, 그 후 강제경매절차의 기초가 된 채무자 명의의 소유권이전등기가 원인무효의 등기이어서 경매부동산에 대한 소유권을 취득하지 못하게 된 경우, 이와 같은 강제경매는 무효라고 할 것이므로 경락인은 경매채권자에게 경매대금 중 그가 배당받은 금액에 대하여 일반 부당이득의 법리에 따라 반환을 청구할 수 있고, 민법 제578조 제1항, 제2항에 따른 경매의 채무자나 채권자의 담보책임은 인정될 여지가 없다(대법원 2004.6.24. 2003다59259).

Ⅲ. 혼동으로 인한 임차권의 소멸 여부

- 임차인이 임차주택의 소유권을 취득한 경우의 법률관계 -

1. 혼동의 의의

혼동이란 서로 대립하는 두 개의 법률상의 지위 또는 자격이 동일인에게 귀속하는 것을 말한다. 이러한 혼동의 경우에 두 개의 지위를 존속시키는 것이 무의미하므로 그 한 쪽은 다른 쪽에 흡수되어서 소멸하는 것이 원칙이다. 다만 소멸될 권리가 제3자의 권리의 목적이 된 경우와 같이 그 권리를 유지시켜야 할 특별한 이유가 있는 때에만 예외적으로 존속하게 된다.

2. 혼동으로 인한 물권의 소멸

(1) 원칙

동일한 물건에 대한 소유권과 다른 물권(제한물권)이 동일한 사람에게 귀속한 때에는 다른 물권은 소멸한다(민191① 본문). 소유권은 물건을 전면적으로 지배할 수 있는 권리이므로 소유권과 양립할 수 없는 다른 물권은 소멸하는 것이다. 또한 지상권 위에 설정된 저당권의 경우와 같이, 소유권 이외의 물권과 그를 목적으로 하는 다른 권리가 동일한 사람에게 귀속한 때에도 다른 권리는 소멸한다(민191②).

한편, 동일인에게 서로 대립되는 물권이 귀속하게 된 법률상의 원인은 불문한다. 즉 매매 등의 법률행위에 의한 경우이든, 상속 등의 법률의 규정에 의한 경우이든 이를 묻지 않는다.

다만 경매의 경우, 매각부동산 위의 모든 저당권은 순위에 관계없이 매각(경매)으로 인하여 소멸되므로(민집91②) 혼동의 문제가 발생할 여지가 없다. 또한 매각부동산 위에 존재하는 지상권·지역권·전세권 및 등기된 임차권으로서 저당권·압류채권·가압류채권에 대항할 수 없는 경우에는 매각으로 소멸하므로(민집91③), 그 전에 등기된 권리자와의 사이에서만 혼동의 문제가 발생한다.

(2) 예외

소멸할 물권이나 권리가 제3자의 권리의 목적이 된 때에는 혼동이 생기더라도 소멸하지 않는다(민191①단서). 그렇지 않으면 그러한 물권이나 권리를 기초로 하여 그 위에 성립하는 제3자의 권리가 소멸하여 제3자는 부당하게 불이익을 받게 되기 때문이다.

> 한 물건에 대한 소유권과 제한물권이 한 사람에게 돌아갔을 때는 제한물권은 소멸하는 것이 원칙이나 그 물건이 제3자의 권리 목적으로 되어 있고 또한 제3자의 권리가 혼동된 제한물권보다 아래 순위에 있을 때에는 혼동된 제한물권이 소멸하지 아니한다(대법원 1999. 4. 13. 98도4022).

소멸할 물권 또는 권리가 본인 또는 제3자의 이익을 위하여 필요한 경우에도 혼동으로 소멸하는가? 명문의 규정은 없으나, 서로 상반되는 권리가 동일한 권리자에게 귀속된 때에도 본인 또는 제3자의 이익을 위하여 필요한 경우에는 혼동으로 소멸하지 않는다는 것이 통설이다.

> 어떠한 물건에 대한 소유권과 다른 물권이 동일한 사람에게 귀속한 경우 그 제한물권은 혼동에 의하여 소멸하는 것이 원칙이지만, 본인 또는 제3자의 이익을 위하여 그 제한물권을 존속시킬 필요가 있다고 인정되는 경우에는 민법 제191조 제1항 단서의 해석에 의하여 혼동으로 소멸하지 않는다(대법원 1998. 7. 10. 98다18643).

3. 혼동으로 인한 채권의 소멸

(1) 원칙

채권과 채무가 동일한 주체에 귀속한 때에는 채권은 소멸한다(민507본문). 자기에 대하여 급부를 청구하는 것이 무의미하기 때문이다.

(2) 예외

그러나 그 채권이 제3자의 권리의 목적인 때에는 소멸하지 않는다(민507단서). 이러한 경우 만약 채권이 소멸한다고 해석한다면 소멸하는 채권을 기초로 하여 그 위에 성립한 제3자의 권리가 소멸하게 되어 제3자는 부당하게 불이익을 받게 될 것이기 때문이다.

민법 제507조가 혼동을 채권의 소멸사유로 인정하고 있는 것은 채권과 채무가 동일한 주체에 귀속한 때에 채권과 채무의 존속을 인정하여서는 안 될 적극적인 이유가 있어서가 아니고 그러한 경우에 채권과 채무의 존속을 인정하는 것이 별다른 의미를 가지지 않기 때문에 채권·채무의 소멸을 인정함으로써 그 후의 권리의무 관계를 간소화하려는 데 그 목적이 있는 것이라고 여겨지므로, 채권과 채무가 동일한 주체에 귀속하게 되더라도 그 채권의 존속을 인정하여야 할 특별한 이유가 있는 때에는 그 채권은 혼동에 의하여 소멸되지 아니하고 그대로 존속한다고 봄이 상당함에 비추어, 채권과 채무가 동일인에게 귀속되는 경우라도 그 채권의 존재가 채권자 겸 채무자로 된 사람의 제3자에 대한 권리행사의 전제가 되는 관계로 채권의 존속을 인정하여야 할 정당한 이익이 있을 때에는 그 채권은 혼동에 의하여 소멸하는 것이 아니다(대법원 1995.5.12. 93다48373 ; 1995.7.14. 94다36698).

(3) 물권과 채권이 동일인에게 귀속하는 경우

물권과 채권은 각기 다른 원인으로 발생·소멸하는 것이 원칙이므로, 어느 물건에 대한 물권과 채권이 동일한 사람에게 귀속하더라도 그 채권이 혼동으로 소멸하는 것과 같은 외관을 보이는 것일 뿐이며, 그 채권이 혼동으로 소멸한다고 단정할 수는 없다.

채권은 채권과 채무가 동일한 주체에 귀속한 때에 한하여 혼동으로 소멸하는 것이 원칙이므로, 어느 특정의 물건에 관한 채권을 가지는 자가 그 물건의 소유자가 되었다는 사정만으로는 채권과 채무가 동일한 주체에 귀속한 경우에 해당된다고 할 수 없어 그 물건에 관한 채권이 혼동으로 소멸하는 것은 아니다(대법원 1995.12.26. 95다29888).

4. 혼동으로 인한 임차권의 소멸 여부

(1) 부동산임차권의 물권화 경향

원래 부동산임차권은 임차인이 임차물을 사용·수익하는 권리로서 채권에 불과한 것이다. 그러나 부동산의 소유자보다 경제적·사회적 약자인 부동산 임차인을 보호하려는 사회적 요청에 따라 보통의 채권과는 달리 부동산임차권을 강화하여 물권적인 성격을 부여하는 추세에 있다.

우리 민법도 부동산임차권의 강화의 일환으로 등기된 임차권에 대항력을 부여하고 있고, 특히 주택임대차보호법은 주택임차인이 주택의 인도와 주민등록을 마친 때에 대항력을 부여하고 있는 것이다.

(2) 임대차관계에 있어서의 혼동 문제

임차인이 부동산을 임차한 후 그 부동산의 소유권을 취득하였을 경우에는 부동산 경매절차에서 임차권의 존속여부를 간과하기 쉬우므로 주의하여야 한다. 주택임차인이 임차주택에 대한 경매절차에서 주택을 낙찰받아 소유권을 취득하는 경우에 임차부동산의 소유권과 물권화된 임차권의 관계에서 혼동이 생겨 임차권이 소멸하는지 여부가 문제된다.

(가) 혼동으로 임차권이 소멸하는 경우

임차권등기에 의하여 대항력을 취득하거나 주택임대차보호법에 의한 대항력을 갖춘 임차권은 민법 제191조의 제한물권에 준한다고 할 수 있다. 따라서 대항력 있는 임차인이 임차주택의 소유권을 취득하는 경우에는 원칙적으로 동일한 물건에 대하여 소유권과 다른 물권이 동일인에게 귀속되는 경우와 같이 취급하여 혼동으로 그 임차권이 소멸하고 임대차는 종료된다.

임차주택의 양수인에게 대항할 수 있는 주택임차인이 당해 임차주택을 경락받아 그 대금을 납부함으로써 임차주택의 소유권을 취득한 때에는, 그 주택임차인은 임대인의 지위를 승계하는 결과 그 임대차계약에 기한 채권이 혼동으로 인하여 소멸하게 되므로 그 임대차는 종료된 상태가 된다(대법원 1998.9.25. 97다28650 ; 1998.12.8. 98다47238).

(나) 혼동으로 임차권이 소멸하지 않는 경우

대항력 있는 임대차의 경우에만 혼동의 법리가 적용되므로, 근저당권설정 이후에 주민등록을 마쳐 대항력을 갖추지 못한 임차인이 경매절차에서 임차주택을 낙찰받은 때에는, 임대차는 종료되지만 낙찰자로서의 임차인은 임대인의 지위를 승계하는 양수인이 아니어서 보증금반환청구채권은 혼동으로 소멸하지 않는다.

또한 임차권이 제3자의 권리의 목적이 되어 법적으로 보호된 제3자의 권리가 침해될 염려가 있다든지 혹은 그 임차권의 소멸로 인해 제3자가 부당하게 이득을 보게 되고 본인이 손해를 보게 되는 부당한 결과를 초래할 경우에는 예외적으로 혼동된 임차권이 소멸되지 않는다고 할 것이다.

부동산에 대한 소유권과 임차권이 동일인에게 귀속하게 되는 경우 임차권은 혼동에 의하여 소멸하는 것이 원칙이지만, 그 임차권이 대항요건을 갖추고 있고 또한 그 대항요건을 갖춘 후에 저당권이 설정된 때에는 혼동으로 인한 물권소멸 원칙의 예외 규정인 민법 제191조 제1항 단서를 준용하여 임차권은 소멸하지 않는다(대법원 2001.5.15. 2000다12693).

임차인 乙은 2000.5.12. 시동생인 丙과 사이에 임차주택에 관하여 임대차보증금 2천만원에 임대차계약을 체결한 후 같은 달 17. 전입신고를 마치고 같은 달 26. 확정일자를 받은 자인데, 임차주택에 관하여 2001.4.16. 채권최고액 9천만원의 근저당권설정등기가 마쳐지고, 乙은 2002.12.23. 임차주택에 관하여 소유권이전등기를 나쳐 그 소유권을 취득하였으며, 그 후 임차주택에 관한 근저당권설정등기에 기하여 경매절차가 진행되어 그 경매절차에서 甲이 낙찰받아 2005.12.20. 소유권이전등기를 마친 후 乙을 상대로 임차주택의 명도를 구한 사안에서, 乙이 대항요건을 갖춘 이후인 2001.4.16. 근저당권이 설정되었으므로, 비록 乙이 2002.12.23. 임차주택에 관하여 소유권을 취득하였다 하더라도 임대차계약에 기한 임차권은 소멸하지 않는다고 판단한 사례(서울동부지법 2007.6.27. 2006가단65317).

더 나아가 임차인이 임차주택의 소유권을 취득하였더라도 그 취득 목적이 담보를 위한 것인 때에는 소유자로서의 사용·수익권을 갖지 못하기 때문에 대항력을 갖춘 임차권은 혼동에 의하여 소멸하지 않는다.

주택임대차보호법에 의해 가압류권자나 강제집행신청인 모두에 대해 대항할 수 있는 임차권을 가진 임차인이 다른 채권의 담보 목적으로 임차주택의 소유권을 취득했다고 해서 그 임차권이 혼동으로 소멸한다고 하면 위 제3자인 위 가압류채권자나 강제경매 신청인 등이 부당한 이익을 보게 되고 임차인은 예측 못한 불이익을 보는 부당한 결과를 초래하게 되므로 이와 같은 경우에는 혼동의 예외로서 임차권이 소멸하지 않는다(부산지법 1986.2.28. 85가단4151).

5. 혼동의 효과

(1) 임차권의 소멸

대항력과 우선변제권을 모두 갖춘 임차인이 경매절차에서 배당요구를 하고 또 임차주택을 직접 낙찰받아 소유권을 취득하는 경우에는 혼동으로 그 임차권이 소멸하고 그 임대차는 종료된 상태가 되므로 낙찰대금으로부터 임차보증금을 우선변제받을 수 있다.

(2) 보증금반환채권의 소멸

대항력 있는 임차인이 당해 주택을 양수한 경우에 종전 임대인에 대하여 보증금 반환청구나 부당이득반환청구를 할 수도 없다. 왜냐하면 임차인은 임대인의 자신에 대한 보증금반환채무를 인수하게 되어 결국 임차인의 보증금반환채권은 혼동으로 인하여 소멸하기 때문이다.

주택의 임차인이 제3자에 대한 대항력을 갖춘 후 임차주택의 소유권이 양도되어 그 양수인이 임대인의 지위를 승계하는 경우에는, 임대차보증금의 반환채무도 부동산의 소유권과 결합하여 일체로서 이전하는 것이므로 양도인의 임대인으로서의 지위나 보증금반환채무는 소멸하는 것이고, 대항력을 갖춘 임차인이 양수인이 된 경우라고 하여 달리 볼 이유가 없으므로, 대항력을 갖춘 임차인이 임대인의 자신에 대한 보증금반환채무를 인수하게 되어, 결국 임차인의 보증금반환채권은 혼동으로 인하여 소멸하게 되는 것이며, 임차주택의 양도로 인하여 임대인의 임차보증금반환채무가 소멸하는 것을 가리켜 특별한 사정이 없는 한 임대인이 부당이득을 한 것이라고 할 수는 없는 것이다(대법원 1996. 11. 22. 96다38216).

(3) 소멸한 권리의 부활 여부

혼동에 의하여 물권 또는 채권은 절대적으로 소멸하므로 혼동 이전의 상태가 어떤 이유로 복귀하더라도 일단 소멸한 권리는 부활하지 않는다. 그러나 혼동을 생기게 한 원인이 부존재이거나 또는 원인행위가 무효·취소·해제 등으로 효력을 가지지 않는 때에는 혼동은 생기지 않았던 것이 된다.

제4장 임차보증금의 반환확보

우리나라에서 주택임대차의 현실은 순수한 월세의 경우를 제외하고는 대부분 임차보증금을 주고받는다. 따라서 임차인으로서는 임대차 종료시 임대인에게 지급하였던 보증금을 얼마나 신속하고 확실하게 반환받느냐 하는 것이 대단히 중요한 문제이다. 특히 전재산에 가까운 보증금의 반환을 확실히 보장하는 것이야말로 주택임차인의 주거생활의 안정을 통한 생존권보장과 직결되는 것이다.

주택임대차보호법은 임차인이 임차보증금을 반환받을 수 있도록 여러 가지 제도적 장치를 마련하고 있다. 그 중 주택임차권의 **대항력**(법3①) 및 임차주택의 양수인이 임대인의 지위를 승계하도록 한 **법정승계제도**(법3②)는 이미 살펴보았고, 임대차가 종료하더라도 임차인이 보증금을 반환받을 때까지 임대차관계가 존속하는 것으로 의제하는 **법정임대차관계**(법4②)에 관하여는 뒤에서 살펴보기로 하고, 여기서는 **확정일자를 갖춘 임차인의 우선변제권과 소액임차인의 최우선변제권** 및 **임차보증금 반환지연에 대한 대책** 등에 관하여 살펴본다.

제1절 확정일자 임차인의 우선변제권

법 제3조의2(보증금의 회수) ② 제3조제1항 또는 제2항의 대항요건(對抗要件)과 임대차계약증서(제3조제2항의 경우에는 법인과 임대인 사이의 임대차계약증서를 말한다)상의 확정일자(確定日字)를 갖춘 임차인은 「민사집행법」에 따른 경매 또는 「국세징수법」에 따른 공매(公賣)를 할 때에 임차주택(대지를 포함한다)의 환가대금(換價代金)에서 후순위권리자(後順位權利者)나 그 밖의 채권자보다 우선하여 보증금을 변제(辨濟)받을 권리가 있다.
③ 임차인은 임차주택을 양수인에게 인도하지 아니하면 제2항의 규정에 따른 보증금을 받을 수 없다.
④ 제2항에 따른 우선변제의 순위와 보증금에 대하여 이의가 있는 이해관계인은 경매법원 또는 체납처분청에 이의를 신청할 수 있다.
⑤ 제4항에 따라 경매법원에 이의를 신청하는 경우에는 「민사집행법」 제152조부터 제161조까지의 규정을 준용한다.

⑥ 제4항에 따라 이의신청을 받은 체납처분청은 이해관계인이 이의신청일부터 7일 이내에 임차인을 상대로 소(訴)를 제기한 것을 증명하면 해당 소송이 끝날 때까지 이의가 신청된 범위에서 임차인에 대한 보증금의 변제를 유보(留保)하고 남은 금액을 배분하여야 한다. 이 경우 유보된 보증금은 소송의 결과에 따라 배분한다.

Ⅰ. 서 설

1. 의의

(1) 우선변제권의 의의

우선변제권이란 특정 채권자가 채무자의 전재산 또는 특정재산으로부터 다른 채권자보다 우선하여 채권의 변제를 받을 수 있는 권능 내지 효력을 말한다. 따라서 법 제3조의2 제2항에서 주택임차인이 우선변제권을 가진다는 것은 임차주택이 경매 또는 체납처분 등에 의하여 매각됨으로써 임대차관계가 소멸될 경우 임차주택의 환가대금으로부터 보증금반환채권을 후순위 권리자 기타 채권자보다 우선하여 변제받을 수 있는 권능을 임차인이 가진다는 뜻이다.

(2) 법적 성질

(가) 법정담보물권

법 제3조의2 제2항에서 규정하고 있는 임차보증금의 우선변제권은 담보목적을 위하여 임차주택을 직접 지배할 수 있다는 의미에서 **물권성**을 가지고, 다른 경합채권에 대하여 우선권을 갖는다는 면에서 **배타성**을 가진 **법정담보물권**이다.

주택임대차보호법 제3조의2 제1항은 대항요건(주택인도와 주민등록전입신고)과 임대차계약증서상의 확정일자를 갖춘 주택임차인은 후순위권리자 기타 일반채권자보다 우선하여 보증금을 변제받을 권리가 있음을 규정하고 있는바, 이는 임대차계약증서에 확정일자를 갖춘 경우에는 **부동산 담보권에 유사한 권리**를 인정한다는 취지이다(대법원 1992.10.13. 92다30597 ; 2007.11.15. 2007다45562).

주택임대차보호법 제8조에 규정된 소액보증금반환청구권은 임차목적 주택에 대하여 저당권에 의하여 담보된 채권, 조세 등에 우선하여 변제받을 수 있는 이른바 **법정담보물권**이다 (대법원 2003.9.5. 2001다66291).

(나) 불완전한 물권

임차보증금의 우선변제권은 경매 또는 체납처분절차에 참가하여 우선변제권을 주장할 수 있을 뿐 직접 임차목적물에 대한 경매신청권이 부여되어 있지 않기 때문에 **물권으로서의 불완전한 성질**을 지닌다.

(다) 불완전한 공시방법

임차보증금의 우선변제권은 공시방법으로 주택의 인도와 주민등록을 요구하는 점에서 등기를 요건으로 하는 저당권 등 약정담보물권과 비교할 **공시방법이 불완전**하다.

(라) 특정 목적물에 대한 우선특권

임차보증금의 우선변제권은 임차주택 및 그 대지라는 **특정목적물에 한정**하여 인정되고 채무자의 다른 재산에 대하여는 인정되지 않는다.

2. 법 제3조의2의 신설배경

(1) 대항력의 한계

선행하는 가압류·압류 또는 선순위 담보물권 등이 전혀 존재하지 아니한 상태에서 임차인이 주택을 임차하여 대항력을 취득하면 그 후에 임차주택이 매매되거나 경매절차에서 매각(낙찰)되더라도 매수인(낙찰자)에게 대항할 수 있다.

이러한 임차인은 매수인 또는 낙찰자에게 대항력을 주장하여 종전의 임대차에서 약정한 그대로 주택을 사용·수익할 수 있고, 임대차기간이 만료되면 매수인 또는 낙찰자로부터 임대보증금을 돌려받을 수 있으므로 우선변제권이 인정되지 않더라도 대항력만으로 보증금확보가 가능하다.

하지만, 현실적으로 대부분의 서민주택에는 금액의 많고 적음을 떠나 선순위로 담보권이 설정되어 있거나 가압류·압류가 되어 있는 경우가 많다. 이러한 주택을 임차하는 자(이른바 **중간임차인**)는 아무리 빨리 대항요건을 갖추더라도 선순위 근저당권 다음으로 대항력을 갖추게 되는 것이므로 매우 심각한 문제가 발생한다.

주택을 임차할 당시에 선순위 저당권의 채권최고액이 주택의 시세에 비하여 아주 소액이어서 자신의 보증금반환에는 지장이 없을 것으로 예상하고 임대차계약을 체결하여 대항요건을 갖추게 된다. 그런데 나중에 후순위 저당권이 설정되고 그 중 어느 저당권의 실행으로 임차주택이 매각되면 비록 임차인은 후순위 저당권자보다는 앞서 대항요건을 갖추기는 하였지만 소멸주의를 취하고 있는 경매절차의 법리상 임차인보다 선순위의 저당권도 함께 소멸하게 되고, 낙찰자에 대한 임차인의 대항력 유무는 선순위 저당권자와 비교하여 결정되므로, 결국 임차인은 낙찰자에게 대항하지 못하고 쫓겨나게 되는 것이다. 또한 일반채권자가 강제경매를 신청한 경우에도 마찬가지 결과가 된다.

이러한 결과는 주택임차인의 입장에서는 거의 치명적이라고 할 수 있다. 결국 임차권의 대항력만으로는 중간임차인을 보호하는데 한계가 있음이 드러난 셈이다.

(2) 법 제3조의2의 신설

위와 같은 주택임차인의 피해로 인하여 사회적으로 심각한 문제가 제기되자, 이를 입법적으로 해결하기 위하여 1989.12.30. 주택임대차보호법 개정시 제3조의2가 신설되었다. 즉, 임차인이 주택을 임차하고 주택의 인도와 주민등록 및 임대차계약서상의 확정일자를 갖추면 임차인은 부동산담보권과 유사한 권리를 취득하게 되어 경매 또는 공매시 임차주택(대지를 포함)의 환가대금에서 후순위 권리자 기타 채권자 보다 우선하여 보증금을 변제받을 권리, 이른바 **우선변제권**을 인정한 것이다.

이에 따라 주택임차인의 보호가 한층 강화되었으며, 특히 선순위 저당권자와 후순위 저당권자 사이의 이른바 **중간임차인**이 후순위 담보권자 기타 일반채권자보다 우선적으로 임차보증금을 변제받을 수 있게 됨으로써 낙찰자에게 대항하지 못하는 중간임차인의 보증금반환이 제도적으로 보장된 것이다.

한편, 일정한 요건을 갖춘 주택임차인에 대하여 임차보증금의 우선변제권을 인정하고 있는 법 제3조의2 제2항(종전 제1항)은 주택의 소유자와 후순위 권리자, 양수인 등 이해관계인의 헌법상 보장된 평등권과 재산권을 본질적으로 침해하는 것은 아니므로 헌법에 위반된다고 볼 수는 없다.

법 제3조 제1항이 주택의 인도와 주민등록을 마친 익일부터 제3자에 대하여 효력이 생기도록 한 것은 위 규정에 따른 주택임차인을 보호하되, 한편으로 등기를 경료함으로써 담보물권 등을 취득하는 자의 보호와도 균형을 두기 위한 합리적인 근거가 있는 것이므로, 법 제3조 제1항과 구 법 제3조의2 제1항 본문이 평등권을 보장한 헌법 제11조나 거주·이전의 자유를 보장한 헌법 제14조, 재산권을 보장한 헌법 제23조 및 과잉입법금지의 원칙을 보장한 헌법 제37조 제2항에 본질적으로 위배된다고 볼 수 없다(대법원 2000.4.11. 98다50791).

Ⅱ. 우선변제권의 요건

1. 대항요건의 취득 및 존속

(1) 대항요건의 취득

주택임차인의 우선변제권은 법 제3조 제1항에서 요구하는 **주택의 인도와 주민등록**이라는 대항요건을 취득한 임차인에게만 인정된다. 따라서 임차인이 이러한 대항요건을 취득하지 못하면 비록 임대차계약서에 확정일자를 갖추더라도 애당초 우선변제권은 인정되지 않는다.

(2) 대항요건의 존속

주택임대차보호법은 일정한 요건을 갖춘 임차인에게 우선변제권이 있다고만 규정하고 있을 뿐, 우선변제권을 가진 임차인이 경매·공매절차의 어느 단계까지 대항요건을 유지하고 있어야 하는지에 관하여 아무런 언급이 없다.

구 민소법하에서 판례는 우선변제권을 행사하기 위한 대항요건의 존속기한은 **배당요구의 종기인 경락(낙찰)기일**까지라고 하였다(대법원 1998.6.12. 98다16333). 더 나아가 배당요구의 종기인 경락기일은 신경매 또는 재경매를 하는 경우에 있어서는 **최종적인 경락기일**을 의미한다고 하였다(대법원 2002.8.13. 2000다61466).

2002.7.1.부터 시행되고 있는 민사집행법에서는 집행법원이 배당요구의 종기를 첫 매각기일 이전으로 정하도록 규정하고 있으므로(민집84①), 주택임대차보호법상 우선변제의 요건인 주택의 인도와 주민등록의 존속기간의 종기는 민사집행법상 배당요구의 종기가 된다.

주택임대차보호법 제8조에서 임차인에게 같은 법 제3조 제1항 소정의 주택의 인도와 주민등록을 요건으로 명시하여 그 보증금 중 일정액의 한도 내에서는 등기된 담보물권자에게도 우선하여 변제받을 권리를 부여하고 있는 점, 위 임차인은 배당요구의 방법으로 우선변제권을 행사하는 점, 배당요구시까지만 위 요건을 구비하면 족하다고 한다면 동일한 임차주택에 대하여 주택임대차보호법 제8조 소정의 임차인 이외에 같은 법 제3조의2 소정의 임차인이 출현하여 배당요구를 하는 등 경매절차상의 다른 이해관계인들에게 피해를 입힐 수도 있는 점 등에 비추어 볼 때, 공시방법이 없는 주택임대차에 있어서 주택의 인도와 주민등록이라는 우선변제의 요건은 그 우선변제권 취득시에만 구비하면 족한 것이 아니고, **민사집행법상 배당요구의 종기**까지 계속 존속하고 있어야 한다(대법원 2007.6.14. 2007다17475).

　　주의할 것은 임차인이 대항요건을 배당요구의 종기까지 유지하면 족하다고 하더라도 배당요구의 종기 이후 안심하고 주민등록을 이전하거나 이사를 갈 경우 임차인은 예상치 않은 피해를 입을 수도 있다는 점이다. 왜냐하면 특별한 사정에 의해 배당요구의 종기가 연기되거나 배당요구의 종기가 변경되는 경우에는 **연기 또는 변경된 종기**까지가 대항요건의 존속기한이 되기 때문이다. 이러한 점을 감안하면, 임차인으로서는 매각(낙찰)대금이 납부될 때까지는 대항요건을 유지하고 있는 것이 보다 안전할 것이다. 다만, 임대차가 종료된 후 임차인이 법원에 **임차권등기명령**을 신청하여 임차권등기가 촉탁으로 경료되었거나, 임대인의 협조를 얻어 **임차권설정등기**를 마친 경우에는 이사를 하고 주민등록을 옮기는 등 대항요건을 유지하지 않아도 우선변제권은 상실되지 아니한다.

2. 임대차계약증서상에 확정일자를 갖출 것

　　주택임차인이 임차보증금의 우선변제권을 행사하기 위해서는 대항요건(주택의 인도와 주민등록) 이외에 임대차계약증서에 확정일자를 갖추어야 한다(법3의2②). 따라서 대항요건만 구비하고 확정일자를 갖추지 못한 임차인은 우선변제권을 갖지 못하므로 배당을 받을 수 없다. 다만, 소액보증금의 경우에는 확정일자를 필요로 하지 아니한다.

(1) 확정일자의 의의

　　확정일자란 어떤 증서에 대하여 그 작성한 일자에 관한 완전한 증거가 될 수 있는 것으로 법률상 인정되는 일자로서, 당사자가 나중에 변경하는 것이 불가능한 확정된 일자를 가리킨다. 또 **확정일자 있는 증서**란 위와 같은 일자가 있는 증서로서 민법 부칙 제3조 소정의 증서를 말한다.

민법 부칙 제3조 : 공증인 또는 법원서기의 확정일자인 있는 사문서는 그 작성일자에 대한 공증력이 있고(①), 공정증서에 기입한 일자 또는 공무소에서 사문서에 어느 사항을 증명하고 기입한 일자는 확정일자로 한다(④).

임대차계약서에 확정일자를 갖추는 방법은, ① 공증기관(공증인사무소, 법무법인 또는 공증인가 합동법률사무소)에서 임대차계약서를 **공정증서**로 작성하는 방법, ② 사문서로 된 임대차계약서에 위 공증기관, 법원이나 등기소, 동사무소의 공무원으로부터 **확정일자인**을 받는 방법, ③ 사문서로 된 임대차계약서에 공증기관에서 **사서인증**을 받는 방법이 있다.

법무법인이 사서증서인 임대차계약서에 대하여 공증인법의 규정에 따라 **사서증서의 인증절차**를 마쳤다면, 그 인증일자가 곧 확정일자이므로, 인증받은 임대차계약서는 민법 부칙 제3조 제1항에서 말하는 공증인의 확정일자인 있는 사문서에 해당한다(대법원 1998.10.2. 98다28879).

요컨대, 공증기관에서 임대차계약서를 **공정증서**로 작성하거나 당사자가 작성한 임대차계약서를 **사서인증**하는 경우에도 그곳에 기재된 날짜는 당연히 확정일자가 되는 것이지만, 대부분 공정증서의 작성이나 사서인증을 하지 않고 단순히 임대차계약서상에 **확정일자인**을 날인하는 방법을 이용하고 있다.

(2) 확정일자의 기능

우선변제권의 요건으로 임대차계약증서상의 확정일자를 갖추도록 규정한 것은 당해 임대차의 존재 사실을 제3자에게 공시하기 위한 것이 아니라, 임대인과 임차인 사이의 담합으로 임차보증금의 액수를 사후에 변경함으로써 다른 권리자를 해하는 것을 방지하기 위한 것이다(대법원 1999.6.11. 99다7992).

주택임대차보호법은 … **임대인과 임차인의 담합에 의한 보증금의 사후변경 내지 조작을 방지**하기 위하여 임대차계약증서에 확정일자를 부여받도록 요구하고 있어 후순위권리자 등 이해관계인의 재산권의 침해방지책을 강구하고 있다(헌재 1998.2.27. 97헌바20).

(3) 확정일자를 갖추는 구체적인 절차

(가) 확정일자를 받을 수 있는 자

확정일자를 받을 수 있는 자는 임차인 본인이 아니라도 무방하다. **누구라도** 임대차계약서를 가지고 확정일자를 취급하는 곳에 가서 **말로** 확정일자를 찍어 줄 것을 요구할 수 있다. 임대인의 동의나 임차인과의 관계 또는 신원을 증명할 필요도 없다.

(나) 확정일자를 취급하는 곳

확정일자를 취급하는 곳은 공증인 · 공증인가 법무법인 · 공증인가 합동법률사무소 · 지방법원 또는 지방법원 지원 및 등기소이며, 1997.9.1.부터는 읍 · 면 · 동사무소 및 출장소에서도 확정일자를 받을 수 있게 되었다.

(다) 확정일자를 받을 임대차계약서

확정일자를 받을 임대차계약서는 임대인 · 임차인의 서명 또는 기명날인이 있는 **원본**으로서 **완성**된 것이어야 한다. 계약서의 일부에 공란이 있는 경우에는 그 부분을 지우고 쌍방이 날인하여야 한다.

(라) 확정일자 날인의 절차

확정일자 부여의 청구를 받은 공무원 등은 **확정일자부**라는 장부에 청구자의 주소 · 성명 · 문서명목을 기재하고 **확정일자인**을 찍는다. 그리고 임대차계약서의 여백 또는 뒷면에 **기부번호인**(또는 등부번호인)을 찍고 그 번호란에 **넘버링**으로 번호를 기입하며 확정일자인을 찍는다. 또한 임대차계약서와 확정일자부 사이에 계인(연결도장)을 찍는다.

(마) 확정일자 수수료

수수료는, 공증인 · 법무법인 · 공증인가 합동법률사무소에서는 1,000원이고, 법원 · 등기소와 읍 · 면 · 동 · 출장소에서는 600원이다.

■ 확정일자부의 양식

제 **129** 호	청구자의 주소,성명	*임차할 물건지의 주소와 임차인의 성명을 기재함	
	문서명목	*'전세계약서' 또는 '임대차계약서'라고 기재함	
일 자 인 과 계 인		*확정일자인을 찍는 곳	*임대차계약서와 확정일자부를 연결하여 계인을 찍는 곳
제 **130** 호	청구자의 주소,성명	서울 금천구 가산동 **769** 두산아파트 **123-456** 김 인 차	
	문서명목	부동산 임대차계약서	
일 자 인 과 계 인			
제 호	청구자의 주소,성명		
	문서명목		
일 자 인 과 계 인			

■ 확정일자인의 모양 (법무법인에서 사용하는 것)

■ 기부번호인(등부번호인)의 모양

확정일자제 130 호

(4) 확정일자를 갖추어야 할 종기(終期)

법문상 우선변제권의 취득요건으로서 언제까지 확정일자를 갖추어야 하는지 제한을 두고 있지 않다. 이 점에서 반드시 첫 경매개시결정등기 전에 대항요건을 갖추어야 하는 소액보증금의 최우선변제권과는 차이가 있다.

다만, 확정일자를 늦게 갖출수록 우선순위에 뒤져 보증금을 전부 또는 일부 배당받지 못할 가능성이 많을 뿐이다. 하지만, 임차보증금의 우선변제권을 행사하여 배당요구를 하기 위해서는 확정일자를 갖춘 임대차계약서가 필요하므로 늦어도 배당요구시까지는 대항요건과 확정일자를 갖추어야 함은 당연하다.

(5) 확정일자와 관련된 몇가지 문제

(가) 임대차계약서가 아닌 곳에 부여받은 확정일자의 효력

임대차계약서에 확정일자를 받아야만 우선변제권의 효력이 있다. 보증금 지급후 받은 영수증이나 현금보관증은 임대인 · 임차인 · 임대차목적물 · 임대차보증금 · 차임 등이 기재되어 임대차관계를 특정할 수 있는 임대차계약증서라고 할 수 없으므로 그곳에 확정일자를 받아도 우선변제권이 생기지 않는다. 임대차를 갱신하면서 보증금을 증액하고 그 영수증에 확정일자를 받은 때에는 증액부분에 대하여 우선변제권을 주장할 수 없다.

(나) 전세권설정계약서가 첨부된 등기필증에 찍힌 등기소의 접수인

주택임대차계약을 체결한 임차인이 자신의 지위를 강화하기 위한 방편으로 따로 전세권설정계약서를 작성하고 전세권설정등기를 한 경우, 전세권설정계약서를 임대차계약서로 볼 수 있다. 또한 전세권설정계약서가 첨부된 등기필증에 찍힌 접수인은 확정일자에 해당한다.

주택에 관하여 임대차계약을 체결한 임차인이 자신의 지위를 강화하기 위한 방편으로 따로 전세권설정계약서를 작성하고 전세권설정등기를 한 경우에, 따로 작성된 전세권설정계약서가 원래의 임대차계약서와 계약일자가 다르다고 하여도 계약당사자, 계약목적물 및 보증금액(전세금액) 등에 비추어 동일성을 인정할 수 있다면 그 전세권설정계약서 또한 원래의 임대차계약에 관한 증서로 볼 수 있고, 등기필증에 찍힌 등기관의 접수인은 첨부된 등기원인 계약서에 대하여 민법 부칙 제3조 제4항 후단에 의한 확정일자에 해당한다고 할 것이므로,

위와 같은 전세권설정계약서가 첨부된 등기필증에 등기관의 접수인이 찍혀 있다면 그 원래의 임대차에 관한 계약증서에 확정일자가 있는 것으로 보아야 할 것이고, 이 경우 원래의 임대차는 대지 및 건물 전부에 관한 것이나 사정에 의하여 전세권설정계약서는 건물에 관하여만 작성되고 전세권등기도 건물에 관하여만 마쳐졌다고 하더라도 전세금액이 임대차보증금액과 동일한 금액으로 기재된 이상 대지 및 건물 전부에 관한 임대차의 계약증서에 확정일자가 있는 것으로 봄이 상당하다(대법원 2002.11.8. 2001다51725).

(다) 확정일자를 받은 임대차계약서를 분실·멸실한 경우

대항요건을 갖추고 임대차계약서에 확정일자를 받아 우선변제권을 취득한 임차인이 나중에 어떤 사정으로 그 임대차계약서를 분실·멸실한 경우라도 우선변제권이 소멸되는 것은 아니다. 왜냐하면 임차인이 분실·멸실 등의 사정으로 배당요구 과정에서 확정일자를 부여받은 임대차계약서를 제출하지 못하더라도 다른 사정에 의하여 확정일자를 부여받은 사실이 증명된다면 우선변제권 행사에는 지장이 없기 때문이다.

임차인으로부터 종전의 임대차계약서를 돌려받은 임대인이 그 임대차계약서를 폐기하였지만 공증인가 ○○법무법인의 사무소에 보관된 확정일자 발급대장에 의하면 임차인이 종전의 임대차계약에 확정일자를 받은 사실이 증명되므로, 주택임대차보호법상의 대항요건을 갖추고 임대차계약증서에 확정일자를 받아 주택임대차보호법 제3조의2 제1항의 소정의 우선변제권을 취득한 임차인이 나중에 그 임대차계약서를 분실하거나 그 임대차계약서가 멸실되었다고 하여 그 우선변제권이 소멸하는 것은 아니라고 한 사례(대법원 1996.6.25. 96다12474).

따라서 분실 또는 멸실 등의 사정으로 인하여 확정일자를 부여받은 임대차계약서를 경매법원에 제출할 수 없는 임차인은 당초 확정일자를 부여받은 기관으로부터 해당 **확정일자부를 사본**으로 교부받고 임대인이나 부동산중개업소에 보관중인 **임대차계약서 부본**을 함께 경매법원에 제출하면 된다. 다만, 확정일자 취급기관에서는 확정일자를 찍어준 임대차계약서 사본을 보관하지는 않으므로 평소에 확정일자를 받은 계약서를 복사하여 별도로 보관하는 것이 필요하다.

(라) 임대차계약서에 임대차 목적물을 표시를 일부 누락한 경우

임대차계약서는 임대차계약사실을 입증하는 증거서류에 불과할 뿐 대항요건이나 우선변제권의 취득요건이 아니고, 실제로 임대차계약서에 임차목적물의 표시를 정확하게 기재하지 않는 경우도 흔하다.

따라서 확정일자를 받은 임대차계약서에 임대차 목적물의 지번이 누락되었거나 잘못 기재된 경우, 공동주택의 동·호수의 표시가 누락되었거나 잘못 기재된 경우라도 대항요건으로서 주민등록에서 요구하는 것과 같은 엄격한 것을 요구하는 것은 아니므로, 확정일자로서의 요건에는 아무런 지장이 없고 우선변제권을 행사하는 데에는 아무런 영향이 없다.

임대차계약서에 확정일자를 요구하는 것은 임대인과 임차인 사이의 담합으로 임차보증금의 액수를 사후에 변경하는 것을 방지하고자 하는 취지일 뿐, 대항요건으로 규정된 주민등록과 같이 당해 임대차의 존재 사실을 제3자에게 공시하고자 하는 취지는 아니므로, 확정일자를 받은 임대차계약서가 당사자 사이에 체결된 당해 임대차계약에 관한 것으로서 진정하게 작성된 이상, 위와 같이 임대차계약서에 임대차 목적물을 표시하면서 아파트의 명칭과 그 전유 부분의 동·호수의 기재를 누락하였다는 사유만으로 주택임대차보호법 제3조의2 제2항에 규정된 확정일자의 요건을 갖추지 못하였다고 볼 수는 없다(대법원 1999.6.11. 99다7992).

한편, **상가건물임대차**에 있어서는 임대차계약서가 사업자등록의 첨부서류로서 공시되는 것이므로 임대차계약서의 목적물의 표시가 건축물관리대장 또는 등기부등본상의 목적물의 표시와 정확히 일치하여야 비로소 대항력이 생긴다고 할 것이다.

(마) 주민등록 재전입시 확정일자를 다시 받아야 하는지 여부

주택임차인이 임차권의 대항력을 취득하고 임대차계약서에 확정일자를 갖춘 후 다른 곳으로 주민등록을 이전하였다가 재전입한 경우, 재전입 전후를 통하여 **임대차계약의 동일성이 유지**된다면 다시 확정일자를 받지 않아도 무방하다.

주택임차인이 그 주택의 소재지로 전입신고를 마치고 입주함으로써 임차권의 대항력을 취득한 후 일시적이나마 다른 곳으로 주민등록을 이전하였다면 그 전출 당시 대항요건을 상실함으로써 대항력은 소멸하고, 그 후 임차인이 다시 그 주택의 소재지로 주민등록을 이전하였다면 대항력은 당초에 소급하여 회복되는 것이 아니라 재전입한 때로부터 새로운 대항력이 다시 발생하며, 이 경우 전출 이전에 이미 임대차계약서상에 확정일자를 갖추었고 임대차계약도 재전입 전후를 통하여 그 동일성을 유지한다면, 임차인은 재전입시 임대차계약서상에 다시 확정일자를 받을 필요 없이 재전입 이후에 그 주택에 관하여 담보물권을 취득한 자보다 우선하여 보증금을 변제받을 수 있다(대법원 1998.12.11. 98다34584).

3. 임차주택이 경매 또는 공매에 의하여 매각될 것

주택임차인이 우선변제권을 행사하기 위해서는 당해 임차주택이 경매 또는 공매에 의하여 매각되어야 한다. 따라서 경매나 공매에 의하지 않고 매매·교환 등의 법률행위에 의하여 임차주택이 양도되는 경우에는 우선변제권을 행사할 수 없다. 이 경우에는 임차인이 임차주택의 양수인에게 대항력을 주장할 수 있는지 여부만이 문제가 될 뿐이다.

(1) 민사집행법에 의한 경매

경매란 채무자 소유의 부동산을 압류·현금화하여 그 매각대금을 가지고 채권자의 금전채권의 만족을 얻음을 목적으로 하는 강제집행절차를 말한다. 즉, 국가나 지방자치단체 등의 공공기관이 아닌 일반 私人의 금전채권을 만족시키기 위하여 국가기관인 법원이 채무자의 재산을 압류하고 이를 환가하여 그 대금을 채권자에게 교부하는 제도이다.

(2) 국세징수법에 의한 공매

국세징수법에 의한 공매절차에도 임차인의 우선변제권이 인정된다.

다만 공매는 압류→환가→청산으로 이어지는 체납처분의 절차 중 환가의 한 방법일 뿐이고, 환가의 방법에는 공매 외에도 수의계약에 의한 매각방법도 있으므로 공매라는 용어는 적절하지 못하다는 지적이 있다. 따라서 법문상의 공매라는 용어는 조세 등의 강제징수절차를 포괄하는 개념인 **체납처분**으로 해석하는 것이 타당하다고 본다. **체납처분**이라 함은 국가나 지방자치단체 등 공공기관(체납처분청)이 조세 기타 공공요금의 강제징수를 위하여 직접 체납자의 재산을 압류하여 환가하고 그 대금에서 조세 등을 걷는 제도를 말한다. 체납처분의 절차에 관하여는 국세징수법(제24조 내지 제87조)에서 상세히 규정하고 있고 또한 이러한 규정은 지방세법·산업재해보상보험법·국민건강보험법·국민연금법 기타 여러 법률에서 준용되고 있다.

따라서 주택임대차보호법 제3조의2 제2항이 '국세징수법에 의한 공매'라고만 규정하고 있으나, 확정일자를 갖춘 임차인의 우선변제권은 국세징수법의 체납처분의 예에 의하여 임차주택을 체납처분하는 경우에 널리 적용되는 것으로 보아야 할 것이다.

상가건물 임대차보호법 제5조 제2항에서 말하는 '국세징수법에 의한 공매' 란 민사집행법 상의 경매에 대응하는 개념으로 사용된 것으로 국세체납처분절차 중의 환가의 한 방법만을 뜻하는 것이 아니라 국세체납처분절차를 포괄적으로 지칭하는 것으로서 국세징수법의 체납 처분의 예에 의하여 임차건물을 체납처분하는 모든 경우를 포함한다(서울행정법원 2006.4.18. 2005구합27734).

(3) 파산절차상의 별제권 인정여부

종전 파산법 제84조는 「파산재단에 속하는 재산상에 존재하는 유치권, 질권, 저 당권 또는 전세권을 가진 자는 그 목적인 재산에 관하여 별제권을 가진다」라고만 규정하고 있어 임대인이 파산선고를 받은 경우 파산절차에서 주택임차인의 임차보 증금반환채권을 어떻게 보호할 것인지 문제되었다.

예컨대 건설회사가 임대주택의 형식으로 지은 아파트에 입주한 임차인의 경우 임대인인 건설회사가 파산하면 임차보증금은 파산법상의 일반 파산채권으로 분류되어 파산재단으로 부터 다른 채권자와 평등한 취급을 받는 정도에 그친다면, 이는 서민의 주거생활의 안정을 보장하기 위하여 제정된 주택임대차보호법의 목적과도 부합하지 아니한다.

2006.4.1.부터 시행되는 **채무자회생및파산에관한법률**(통합도산법)에서는 주택임 대차보호법에 의한 대항요건과 확정일자를 갖춘 임차인 및 대항요건을 갖춘 소액 임차인에 대하여 별제권자로서의 지위를 인정함으로써 파산절차에서 우선적으로 보호하려는 규정을 마련하고 있다.

> **채무자회생및파산에관한법률 제415조 【주택임차인 등】** ① 주택임대차보호법 제3조(대항 력 등) 제1항의 규정에 의한 대항요건을 갖추고 임대차계약증서상의 확정일자를 받은 임차인 은 파산재단에 속하는 주택(대지를 포함한다)의 환가대금에서 후순위권리자 그 밖의 채권자보 다 우선하여 보증금을 변제받을 권리가 있다. ② 주택임대차보호법 제8조(보증금 중 일정액의 보호)의 규정에 의한 임차인은 같은 조 규정에 의한 보증금을 파산재단에 속하는 주택(대지를 포함한다)의 환가대금에서 다른 담보물권자보다 우선하여 변제받을 권리가 있다. 이 경우 임 차인은 파산신청일까지 주택임대차보호법 제3조(대항력 등)제1항의 규정에 의한 대항요건을 갖추어야 한다. ③ 제1항 및 제2항의 규정은 상가건물임대차보호법 제3조(대항력 등)의 규정 에 의한 대항요건을 갖추고 임대차계약증서상의 확정일자를 받은 임차인과 같은 법 제14조 (보증금 중 일정액의 보호)의 규정에 의한 임차인에 관하여 준용한다.

4. 배당요구 또는 우선권행사의 신고를 하였을 것

주택임차인이 임차주택의 환가대금으로부터 임차보증금을 우선변제받기 위해서는 반드시 경매법원에 배당요구를 하거나 체납처분청에 우선권행사의 신고를 하여야 한다.

(1) 배당요구의 의의

집행력 있는 정본을 가진 채권자, 경매개시결정이 등기된 뒤에 가압류를 한 채권자, 민법·상법 그 밖의 법률에 의하여 우선변제청구권이 있는 채권자는 배당요구를 할 수 있다(민집88①). 여기서 **배당요구**란 다른 채권자에 의하여 개시된 집행절차에 참가하여 동일한 재산의 매각대금에서 변제를 받으려는 집행법상의 행위를 말하며, 다른 채권자의 강제집행절차에 편승한다는 점에서 종속적인 성질을 가진다.

한편, **권리신고**라 함은 배당요구와는 달리 부동산 위의 권리자가 집행법원에 신고를 하고 그 권리를 증명하는 것을 말하며, 이러한 권리신고에 의해 경매절차상의 이해관계인이 된다(민집90④). 다만, 권리신고를 한 것만으로 당연히 배당을 받게 되는 것은 아니므로 별도의 배당요구를 하여야 한다(민집148참조). 그러나 엄격한 의미의 배당요구가 없더라도 임차인이 권리신고를 하면서 배당요구의 자격을 소명하는 데 필요한 서면을 모두 첨부한 경우에는 그 실질로 보아 배당요구를 한 것으로 보아야 할 경우도 있다.

주택임대차보호법상의 대항요건을 갖춘 임차인이 구 민사소송법 제607조 제4호 소정의 이해관계인인 경매 목적 부동산 위의 권리자라고 하더라도 그러한 사실만으로 당연히 이해관계인이 되는 것이 아니고 집행법원에 스스로 그 권리를 증명하여 신고하여야 비로소 이해관계인으로 되는 것이다(대법원 2004.5.14. 2003마385 ; 2004.2.13. 2003마44 ; 2002.12.3. 2001마6254).

주택임대차보호법에 의하여 우선변제청구권이 인정되는 임대차보증금반환채권은 현행법상 **배당요구가 필요한 배당요구채권**에 해당한다(대법원 1998. 10.13. 98다12379). 이와 같은 배당요구채권자는 배당요구를 한 경우에 한하여 비로소 배당을 받을 수 있고, 적법한 배당요구를 하지 아니한 경우에는 실체법상 우선변제청구권이 있는 채권자라 하더라도 그 낙찰대금으로부터 배당을 받을 수는 없다(대법원 2002.1.25. 2001다11055).

확정된 배당표에 의하여 배당을 실시하는 것은 실체법상의 권리를 확정하는 것이 아니므로 배당을 받아야 할 자가 배당을 받지 못하고 배당을 받지 못할 자가 배당을 받은 경우에는 배당을 받지 못한 우선채권자는 배당을 받은 자에 대하여 부당이득반환청구권이 있다고 할 것이나, 민사소송법 제728조에 의하여 준용되는 제605조 제1항에서 규정하는 배당요구 채권자는 경락기일까지 배당요구를 한 경우에 한하여 비로소 배당을 받을 수 있고, 적법한 배당요구를 하지 아니한 경우에는 실체법상 우선변제청구권이 있는 채권자라 하더라도 그 경락대금으로부터 배당을 받을 수는 없다(대법원 1998.10.13. 98다12379).

다만, 첫 경매개시결정등기 전에 임차권등기명령에 의하거나 임대인의 협력을 얻어 **임차권등기를 한 임차인**은 임차주택의 경매절차에서 배당요구를 하지 않아도 배당을 받을 수 있는 채권자에 해당한다.

임차권등기명령에 의하여 임차권등기를 한 임차인은 우선변제권을 가지며, 위 임차권등기는 임차인으로 하여금 기왕의 대항력이나 우선변제권을 유지하도록 해 주는 담보적 기능을 주목적으로 하고 있으므로, 위 임차권등기가 첫 경매개시결정등기 전에 등기된 경우, 배당받을 채권자의 범위에 관하여 규정하고 있는 민사집행법 제148조 제4호의 "저당권·전세권, 그 밖의 우선변제청구권으로서 첫 경매개시결정 등기 전에 등기되었고 매각으로 소멸하는 것을 가진 채권자"에 준하여, 그 임차인은 별도로 배당요구를 하지 않아도 당연히 배당받을 채권자에 속하는 것으로 보아야 한다(대법원 2005.9.15. 2005다33039).

(2) 배당요구의 시기(始期) 및 종기(終期)

언제부터 배당요구를 할 수 있는지에 관하여는 특별한 규정이 없으나 **압류의 효력발생시**(채무자에게 경매개시결정이 송달된 때와 경매개시결정의 등기가 된 때 중 빠른 때를 의미) 이후라고 할 것이다. 압류의 효력발생 전에 배당요구가 있으면 압류의 효력발생시에 배당요구의 효력이 발생한다.

2002.1.26. 새로 제정된 민사집행법은 배당요구의 **종기**를 첫 매각기일 이전으로 정하고 이를 공고하는 등 배당요구에 관한 규정을 대폭 변경하였다. 민사집행법하에서 배당요구의 종기는 **첫 매각기일 이전으로서 집행법원이 정한 때**이다(민집84 ①).

(3) 주택임차인에 대한 경매절차 진행사실의 통지

경매법원은 집행관의 현황조사보고서 등의 기재에 의하여 주택임차인으로 판명된 자, 임차인인지 여부가 명백하지 아니한 자, 임차인으로 권리신고를 하고 배당요구를 하지 아니한 자에 대하여 통지서를 송부하여 법제3조 제1항 또는 제2항이 정하는 대항요건과 임대차계약서(제3조 제2항의 경우에는 법인과 임대인 사이의 임대차계약서를 말함)상의 확정일자를 구비한 임차인 또는 법 제8조 제1항이 정하는 소액임차인이라도 배당요구종기까지 배당요구를 하여야만 우선변제를 받을 수 있음을 고지하고 있다(2007.9.28. 재판예규 1151호).

다만, 이러한 통지는 법률상 규정된 의무가 아니라 당사자의 편의를 위하여 안내해 주는 것에 불과하므로 임차목적물에 대한 경매절차의 진행사실에 관한 통지를 받지 못하였다고 하더라도 이는 낙찰허가에 대한 불복사유가 되지 아니한다는 것이 판례의 입장이다(대법원 2000.1.31. 99마7663).

서울남부지방법원
통지서(주택임차인용)

사　　건　　　2005타경328** 부동산강제경매
채 권 자　　　김○○
채 무 자　　　김○○
소 유 자　　　채무자와 같음
부동산의 표시　　별지와 같음

1. 별지 기재 부동산에 관하여 매각절차가 진행중임을 알려드립니다.
2. 귀하가 소액임차인 또는 확정일자를 갖춘 임차인인 때에는 다음 사항을 유의하시기 바랍니다.
   가. 귀하의 임차보증금이 수도권정비계획법에 의한 수도권 중 과밀억제권역(수도권정비계획법 시행령 제9조 별표 1 참조)에서는 4,000만원, 광역시(군지역과 인천광역시 지역을 제외한다)에서는 3,500만원, 그 밖의 지역에서는 3,000만원 이하이고, 주택임대차보호법 제8조 제1항 소정의 소액임차인으로서의 요건을 구비하고 있는 경우에는 배당요구의 종기인 2005.12.**.까지 이 법원에 배당요구를 하여야만 매각대금으로부터 보증금 중 일정액을 우선변제받을 수 있습니다.
   나. 귀하가 주택임대차보호법 제3조 제1항 소정의 대항요건과 임대차계약서상의 확정일자를 갖춘 임차인인 경우에는 이 법원에 배당요구종기인 2005.12.**.까지 배당요구를 하여야만 매각대금으로부터 후순위권리자 기타 채권자에 우선하여 보증금을 변제 받을 수 있습니다.

   다. 배당요구는 임대차계약서(확정일자를 갖춘 임차인의 경우에는 임대차계약서가 공정증서로 작성되었거나 임대차계약서에 확정일자가 찍혀 있어야 한다)사본, 1개월 이내에 발급된 주민등록표 등본(임차인 본인의 전입일자 및 임차인의 동거가족이 표시된 것이어야 한다) 및 연체된 차임 등이 있을 때에는 이를 공제한 잔여보증금에 대한 계산서를 첨부하여 위 경매사건의 배당요구종기까지 이 법원에 제출하여야 하고, 만일 배당요구를 하지 아니하거나 배당요구를 하더라도 임차권등기를 경료함이 없이 배당요구종기 이전에 임차주택에서 다른 곳으로 이사가거나 주민등록을 전출하여 대항요건을 상실한 경우에는 우선변제를 받을 수 없습니다. 다만 배당요구의 종기가 연기된 경우에는 연기된 배당요구의 종기까지 대항요건을 계속 구비하여야 합니다.

3. 귀하가 소액임차인 또는 확정일자를 갖춘 임차인에 해당하지 않는 때에는 일반채권자와 마찬가지로 첫 경매개시결정등기 후의 가압류채권자 또는 집행력 있는 정본을 가진 채권자로서 가압류등기 된 등기부등본 또는 집행력 있는 정본이나 그 사본을 첨부하여 배당요구종기까지 배당요구를 하거나 첫 경매개시결정등기 전에 가압류집행을 한 경우에 한하여 배당을 받을 수 있습니다.

4. 임대주택법 제15조의 규정에 의하여 우선분양전환을 받을 수 있는 임차인은 매각기일까지 민사집행법 제113조(구 민사소송법 제625조)에 따른 보증을 제공하고 최고가매수신고가격과 같은 가격으로 채무자인 임대사업자의 임대주택을 우선매수하겠다는 신고를 할 수 있습니다(임대주택법 제15조의2 제1항).

2005. 10. **.

법원주사 ○ ○ ○ (인)

(4) 배당요구의 방식

민사집행법의 제정·시행에 따라 2002.6.28. 새로 마련된 민사집행규칙에서는 배당요구의 방식을 구체적으로 규정하고 있다. 이에 따르면 배당요구는 채권(이자, 비용, 그 밖의 부대채권을 포함)의 원인과 액수를 적은 **서면**으로 하여야 하고(민집규48①), 말로 하는 신청은 허용되지 않는다. 이러한 배당요구서에는 집행력 있는 정본 또는 사본, 그밖에 배당요구의 자격을 소명하는 서면을 붙여야 한다(동48②).

따라서 주택임차인은 확정일자가 찍혀 있는 임대차계약서 사본, 주민등록표등본 등을 첨부하여 배당요구신청서를 경매법원에 반드시 제출하여야 한다. 보통 경매법원에 비치되어 있는 **권리신고 및 배당요구신청서**를 제출한다.

■ 권리신고 및 배당요구신청서 작성례

권리신고 및 배당요구신청서

사건번호 : 2008 타경 328** 부동산 강제경매
채 권 자 : 김 ○ ○
채 무 자 : 김 ○ ○
소 유 자 : 채무자와 같음

본인은 이 사건 경매절차에서 임대보증금을 우선변제받기 위하여 아래와 같이 권리신고 및 배당요구를 하오니 매각대금에서 우선배당을 하여 주시기 바랍니다.

아　　래

1. 계　약　일 : 2005. 9. 8.
2. 계약당사자 : 임대인(소유자) 김 ○ ○
　　　　　　　　임차인 : 김 ○ ○
3. 임대차기간 : 2005. 9. 16.부터 2007. 9. 15.까지(2년간)
4. 임대보증금 : 전세 금 48,000,000원
　　　　　　　　보증금　　　　원에 월세　　　원
5. 임 차 부 분 : 전부(방 2칸), 일부(　층 방　칸)
　 (※ 뒷면에 임차부분을 특정한 내부구조도를 그려주시기 바랍니다)
6. 주택인도일(입주한 날) : 2005. 9. 15.
7. 주민등록전입신고일 ： 2005. 9. 15.
8. 확정일자　　　유무 : ☑유(2005. 9. 15.), □무
9. 전세권(주택임차권)등기 유무 : ☑유(2005. 11. 1.), □무

〈첨부서류〉

1. 임대차계약서 사본　　1통
2. 주민등록등(초)본　　1통
3. 등기부등본　　　　1통

2008. 5. **.

권리신고 및 배당요구자 김 ○ ○ ⑩

(연락처 : 019-97**-**11)

서울남부지방법원 경매○계 귀중

(5) 배당요구의 철회

경매절차에서 배당요구를 한 채권자는 이를 자유롭게 철회할 수 있는 것이 원칙이다. 그러나 대항력과 우선변제권을 겸유(兼有)하고 있는 주택임차인이 마음대로 배당요구를 철회하게 되면 경매절차의 매수인이 예상외의 불이익을 입게 되고 경매절차가 불안정하게 된다.

이에 따라 2002.7.1.부터 시행되고 있는 민사집행법에서는, 배당요구는 채권자가 자유롭게 철회할 수 있으나, 다만 배당요구에 따라 매수인이 인수하여야 할 부담이 바뀌는 경우 배당요구를 한 채권자는 **배당요구의 종기**가 지난 뒤에 이를 철회하지 못하도록 제한하고 있다(민집88②).

'매수인이 인수하여야 할 부담이 바뀌는 경우'란 인수하여야 할 부담이 새로 생기는 경우와 부담이 증가하는 경우를 모두 포함한다. 前者의 예로는, 대항력과 확정일자가 최선순위인 주택임차인이 배당요구를 하여 매수인이 그 권리를 인수할 필요가 없었는데 배당요구가 철회됨으로써 그 권리 자체를 그대로 인수하게 된 경우를 들 수 있다. 後者의 예로는, 최선순위의 대항력 있는 주택임차인이 배당요구를 하였는데 확정일자를 받지 아니하여 배당절차에서 소액보증금만 배당받고 나머지 보증금은 매수인이 인수할 것으로 예상되었으나 임차인이 배당요구를 철회함으로써 소액보증금까지 추가로 인수하게 되는 경우를 들 수 있다. 어느 경우이든 배당요구의 종기가 지난 뒤에는 철회를 할 수 없으므로, 철회를 하더라도 집행법원은 배당요구가 있는 것으로 취급하여 배당한다.

위와 같이 배당요구철회를 일정한 경우에 제한한 법의 취지는, 주택임대차보호법에 정한 소액임차인 등 경매부동산의 매수인에게 대항할 수 있는 배당요구채권자가 함부로 배당요구를 철회하게 되면 당초 매각대금에서 보증금 등을 회수하리라고 예상하였을 매수인으로서는 경락대금 외에 보증금 등의 인수라는 예기치 못한 부담을 떠안게 되는바, 이러한 위험을 방지하여 매수인을 보호하고자 하는 것이다. 그러나 배당요구종기가 지난 후에 한 배당요구철회라도 제한적으로 그 효력을 인정할 필요가 있는 경우도 있다.

경매절차에서 경매 주택의 사실상의 매수인이 법에 정한 보호를 포기하고 스스로 나서서 주택의 임차인에게 매수대금과는 별도로 보증금을 지급한 경우, 위 임차인이 배당요구종기가 지난 다음에 배당요구 철회서를 제출하였더라도 그 철회는 효력이 있다고 한 사례(서울서부지법 2007.6.5. 2006가단87708).

(6) 배당요구와 부당이득반환청구의 관계

(가) 배당요구를 하지 아니한 경우

주택임대차보호법에 의하여 우선변제권이 인정되는 임대차보증금반환채권은 배당요구가 필요한 **배당요구채권**에 해당하므로, 임차인이 적법한 배당요구를 하지 아니하여 배당에서 제외된 경우, 만약 적법한 배당요구를 하였더라면 배당받을 수 있었던 금원이 후순위 채권자에게 배당되었다는 이유로 후순위 채권자를 상대로 부당이득의 반환을 청구할 수는 없다.

판례도 실체법상 우선변제청구권이 있더라도 배당요구를 하지 아니하여 배당에서 제외된 이상 배당받은 후순위 채권자를 상대로 **부당이득의 반환을 청구할 수 없**

다는 입장을 취하고 있다. **소액임차인의 경우**에도 마찬가지이다.

"민사소송법 제605조 제1항에서 규정하는 배당요구가 필요한 배당요구채권자는, 압류의 효력발생 전에 등기한 가압류채권자, 경락으로 인하여 소멸하는 저당권자 및 전세권자로서 압류의 효력발생 전에 등기한 자 등 당연히 배당을 받을 수 있는 채권자의 경우와는 달리, 경락기일까지 배당요구를 한 경우에 한하여 비로소 배당을 받을 수 있고, 적법한 배당요구를 하지 아니한 경우에는 비록 실체법상 우선변제청구권이 있다 하더라도 경락대금으로부터 배당을 받을 수는 없을 것이므로, 이러한 배당요구채권자가 적법한 배당요구를 하지 아니하여 그를 배당에서 제외하는 것으로 배당표가 작성·확정되고 그 확정된 배당표에 따라 배당이 실시되었다면 그가 적법한 배당요구를 한 경우에 배당받을 수 있었던 금액 상당의 금원이 후순위채권자에게 배당되었다고 하여 이를 법률상 원인이 없는 것이라고 할 수 없다."고 전제한 후, 주택임대차보호법에 의하여 우선변제청구권이 인정되는 **임대차보증금반환채권**은 현행법상 위와 같은 배당요구가 필요한 배당요구채권에 해당한다고 한 사례(대법원 1998. 10. 13. 98다12379).

(나) 배당요구는 하였으나 배당이의를 하지 아니한 경우

배당기일에 배당이의를 하였으나 그로부터 1주 이내에 **배당이의의 소를 제기하지 못한 임차인**은 배당표에 따른 배당을 받은 후순위채권자에 대하여 別訴(별소)로 부당이득반환청구를 하는 것이 허용된다.

민사집행법 제155조(이의한 사람 등의 우선권 주장) 이의한 채권자가 제154조제3항의 기간을 지키지 아니한 경우에도 배당표에 따른 배당을 받은 채권자에 대하여 소로 우선권 및 그 밖의 권리를 행사하는 데 영향을 미치지 아니한다.

만약, 임차인이 배당요구는 적법하게 하였으나, 그 후의 배당절차에서 배제되었음에도 불구하고 **배당이의를 하지 아니하여** 배당표가 확정되고 후순위채권자가 배당액을 수령한 후에 비로소 그 후순위채권자를 상대로 부당이득반환청구를 하는 것이 허용되는지에 관하여, 판례는 **우선변제권이 있는 채권자**의 부당이득반환청구를 인정하고 있다.

근저당권자에 앞서는 선순위 확정일자를 갖춘 임차인이 근저당권의 실행으로 임차주택에 대한 경매절차가 개시되자 배당요구를 한 후 배당기일에 **적법한 소환을 받고도** 불출석함으로써 집행법원이 그 임차인이 선순위 확정일자를 갖춘 사실을 간과하여 주택임대차보호법 제8조 소정의 소액보증금만 배당하고 후순위 근저당권자에게 배당을 하자, 배당절차 종료후 임차인이 후순위 근저당권자를 상대로 부당이득반환청구를 한 사안에서, 확정된 배당표에

의하여 배당을 실시하는 것은 실체법상의 권리를 확정하는 것이 아니므로 배당을 받아야 할 자가 배당을 받지 못하고 배당을 받지 못할 자가 배당을 받은 경우에는 배당에 관하여 이의를 한 여부 또는 형식상 배당절차가 확정되었는가의 여부에 관계없이 배당을 받지 못한 우선채권자는 부당이득반환청구권이 있다고 한 사례(대법원 1994.2.22. 93다55241 ; 1997.2.14. 96다51585).

근저당권자가 신청한 경매절차에서 가장임차인이 근저당권에 우선하는 확정일자 임차인이라며 배당요구를 하였고, 이에 대하여 근저당권자가 이의를 하지 않아 임차인에게 배당하는 배당표가 확정된 후, 근저당권자가 뒤늦게 임차인의 배당금수령청구권을 가압류하고 그를 상대로 부당이득반환청구를 한 사안에서, "임차보증금채권이 존재하지 아니함에도 배당표에는 위 채권이 존재하는 것으로 확정되었다면 피고는 법률상 원인 없이 대한민국에 대한 위 금액 상당의 배당채권을 취득한 것이 되어 부당이득이 성립한다."라고 판시함으로써 **채권의 부당이득반환청구를 인정**한 사례(대법원 1996.11.22. 96다34009).

(7) 신의칙에 반하는 배당요구

배당요구가 신의칙에 반하는 권리행사일 경우에는 우선변제권이 인정되지 아니한다.

임대차가 종료된 경우에 배당요구를 한 임차인은 우선변제권에 의하여 낙찰대금으로부터 임차보증금을 배당받을 수 있으므로, 이와 같은 경우에 일반 매수희망자(낙찰자 포함)는 그 주택을 낙찰받게 되면 그 임대차에 관한 권리·의무를 승계하지 않을 것이라는 신뢰하에 입찰에 참가하게 되는 것인바, 이러한 믿음을 기초로 하여 낙찰자가 임대차보증금을 인수하지 않을 것이라는 전제하에 낙찰이 실시되어 최고가 매수희망자를 낙찰자로 하는 낙찰허가결정이 확정되었다면, 그 후에 이르러 임차인이 배당요구시의 주장과는 달리 자신의 임대차기간이 종료되지 않았음을 주장하면서 우선변제권의 행사를 포기하고 명도를 구하는 낙찰자에게 대항력을 행사하는 것은, 임차인의 선행행위를 신뢰한 낙찰자에게 예측하지 못한 손해를 입게 하는 것이어서 위와 같은 입장 변경을 정당화할 만한 특별한 사정이 없는 한 금반언 및 신의칙에 위배되어 허용될 수 없다고 한 사례(대법원 2001.9.25. 2000다24078).

임차인이 실제의 확정일자보다 앞선 날짜에 확정일자를 받은 것처럼 허위의 임대차계약서를 제출하여 배당요구를 하였으나 배당절차에서 그 사실이 밝혀져 배당에서 제외된 사안에서, 우선변제권이 있는 임차인이 경매절차에서 배당요구를 하였을 경우 그는 낙찰대금으로부터 임차보증금을 배당받을 수 있으므로, 이와 같은 경우에 일반 매수희망자(낙찰자 포함)는 그 주택을 낙찰받게 되면 그 임차인이 배당받은 보증금 부분에 대하여는 임대차에 관한 권리·의무를 승계하지 않을 것이라는 신뢰하에 입찰에 참가하게 되는 것인바, 이러한 믿음을 기초로 하여 낙찰자가 임대차보증금을 인수하지 않을 것이라는 전제 아래 낙찰이 실시되어 낙찰허가결정이 확정되었다면, 이러한 매수인의 신뢰는 보호되어야 한다고 전제하고, 당초에 신고한 허위의 확정일자를 기준으로 할 경우 그 임차인이 배당받을 수 있었던 금액에 상당하는 보증금액 부분에 한해서는 낙찰인에게 대항할 수 없다고 한 사례(대법원 2002.1.25. 2001다76427).

(8) 공공임대주택임차인의 우선매수신고

국민주택기금의 지원을 받아 민간이 건설한 공공임대주택의 임대사업자가 부도남에 따른 주택임차인의 피해를 줄이고자 부도임대주택을 경매하는 경우 임차인에게 우선매수권을 부여하는 것으로 2005.7.13. **임대주택법**이 개정되었다(동법15의2 신설).

즉, 임대사업자의 부도로 인하여 건설임대주택을 민사집행법에 따라 경매하는 경우 동법 제15조의 규정에 의하여 **우선분양전환을 받을 수 있는 임차인**은 매각기일까지 민사집행법 제113조에 따른 보증을 제공하고 최고가매수신고가격과 같은 가격으로 임대주택의 우선매수신고를 할 수 있고(동법15①), 이 경우 법원은 최고가매수신고가 있더라도 임차인에게 매각을 허가하여야 하며(동법15②), 최고가매수신고인을 민사집행법 제114조의 차순위매수신고인으로 보도록 규정하고 있다(동법15③).

■ 우선매수신고서 작성례

임대주택법에 따른 임차인 우선매수신고서

사   건   2008타경○○○○○ 부동산강제(임의)경매
채 권 자
채무자(소유자)
매 각 기 일   2008. ○. ○. ○○:○○
부동산의 표시 : 별지와 같음

임차인은 임대주택법 제15조의2 제1항의 규정에 의하여 매각기일까지(집행관이 민사집행법 제115조 제1항에 따라 최고가매수신고인의 성명과 가격을 부르고 매각기일을 종결한다고 고지하기 전까지) 민사집행법 제113조에 따른 매수신청보증을 제공하고 최고매수신고가격과 같은 가격으로 채무자인 임대사업자의 임대주택을 우선매수하겠다는 신고를 합니다.

첨부서류

1. 임차인의 주민등록표 등본 또는 초본 1통

2. 기타(   )

2008. . .

우선매수신고인(임차인)   ㊞

(연락처 :   )

○○지방법원 경매○계 귀중

그러나, 공공임대주택과는 달리 **일반적인 주택**의 경우 임차인의 우선매수권은 인정되지 아니한다.

다만, 임차인은 현실적으로 경매 대상 주택을 점유·사용하면서 이를 생활의 터전으로 삼고 있는 자이므로, 다른 어떤 이해관계인보다 낙찰로 인한 소유권 변동에 예민한 이해관계가 있고, 공유자끼리의 이해관계보다 더 절박하고 긴밀할 수 있으며, 낙찰 후의 명도 문제도 해결될 수 있고, 당해 주택의 점유 사정을 가장 잘 아는 임차인이 최고가매수신고인이 되기 때문에 가장임차인의 등장도 막을 수 있는 부수적 효과도 거둘 수 있을 것이라는 논거를 들어 주택의 임차인에게 우선매수권을 부여하는 것이 바람직하다는 견해가 제시되고 있다.

(9) 대항력과 우선변제권의 상호관계

(가) 임대차의 종료 要否

개정 전 법 제3조의2 제1항(현재의 제2항) 단서는 「임차인이 당해 주택의 양수인에게 대항할 수 있는 경우에는 임대차가 종료된 후가 아니면 보증금의 우선변제를 청구하지 못한다」고 규정하고 있었다. 그러나 대항력을 갖춘 임차인으로 하여금 임대차기간이 존속중인 한 우선변제권을 행사하지 못하도록 제한한 법 제3조의2 제1항 단서는 당초의 입법취지와는 달리 판례와 실무상 거의 사문화되었고, 최선순위 임차인의 보증금반환청구권 보호에 역행하는 측면이 있었음을 감안하여, 1999.1.21. 법 개정에서 위 단서가 삭제되었다.

또한 **법 제3조의5를 신설**하여 경매에 의한 임차권의 소멸시기에 관하여 「임차권은 임차주택에 대하여 민사집행법에 의한 경매가 행하여진 경우에는 그 임차주택의 경락에 의하여 소멸한다. 다만, 보증금이 전액 변제되지 아니한 대항력이 있는 임차권은 그러하지 아니하다」

라고 규정하였다.

따라서 현행법하에서는 낙찰자에 대한 대항력 있는 임차인이라도 **임대차의 종료 여부를 불문**하고 우선변제권을 행사하여 배당요구를 할 수 있고, 경매절차에서 보증금을 전액 배당받으면 임차권은 소멸하며, 보증금을 전액 배당받지 못하면 처음부터 임차권이 소멸하지 않는다.

(나) 임차인이 보증금 전액을 배당받지 못한 경우

대항력과 우선변제권의 두 가지 권리를 함께 가지고 있는 임차인이 임차주택에 대하여 진행되고 있던 경매절차에서 그 보증금 전액에 대하여 배당요구를 하였으나 그 순위에 따른 배당이 실시된 결과 보증금 중 일부만 배당을 받게 되는 경우가 있다.

이것은 주로 선순위의 저당권 등이 설정되지 아니한 상태에서 임차인이 대항요건을 갖추기는 하였으나 확정일자를 부여받지 않았거나 저당권보다 늦게 부여받은 경우 또는 대항요건을 갖춘 소액임차인이 확정일자를 부여받지 않았거나 저당권보다 늦게 확정일자를 받음으로써 소액보증금을 초과하는 임대차보증금을 배당받지 못하는 경우에 생기는 문제이다.

이러한 경우 판례는, 낙찰자는 임차인의 보증금 중 **경매절차에서 배당받을 수 있었던 금액을 공제한 잔액**을 반환할 임대인의 지위를 승계한다고 할 것이고, 임차인은 낙찰자로부터 보증금 중 잔액을 반환받을 때까지는 임대차관계의 존속을 주장하여 건물명도 청구에 응할 수 없다고 항변할 수 있다고 하였다.

주택임대차보호법상의 대항력과 우선변제권의 두 가지 권리를 인정하고 있는 취지가 보증금을 반환받을 수 있도록 보장하기 위한 데에 있는 점, 경매절차의 안정성, 경매 이해관계인들의 예측가능성 등을 아울러 고려하여 볼 때, 두 가지 권리를 겸유하고 있는 임차인이 먼저 우선변제권을 선택하여 임차주택에 대하여 진행되고 있는 경매절차에서 보증금 전액에 대하여 배당요구를 하였다고 하더라도, 그 순위에 따른 배당이 실시될 경우 보증금 전액을 배당받을 수 없었던 때에는 보증금 중 **경매절차에서 배당받을 수 있었던 금액을 공제한 잔액에 관하여 경락인에 대항**하여 이를 반환받을 때까지 임대차관계의 존속을 주장할 수 있다고 봄이 상당하며, 이 경우 임차인의 배당요구에 의하여 임대차는 해지되어 종료되고, 다만 같은 법 제4조 제2항에 의하여 임차인이 보증금의 잔액을 반환받을 때까지 임대차관계가 존속하는 것으로 의제될 뿐이므로, 경락인은 같은 법 제3조 제2항에 의하여 임대차가 종료된 상태에서의 임대인의 지위를 승계한다(대법원 1997.8.22. 96다53628 ; 1998.6.26. 98다2754 ;

1998. 7. 10. 98다15545).

주의하여야 할 것은, 이러한 경우 실제로 임차인이 낙찰자에 대하여 주장할 수 있는 대항력의 범위가 어디까지인지를 명확히 알아야 한다는 점이다. 만약 순위에 따른 배당이 이루어졌을 경우 배당절차에서 배당받을 수 있었음에도 불구하고 어떠한 사정으로 실제로 배당받지 못한 금액이 있는 경우에는 이에 대하여는 별도의 배당이의 또는 부당이득반환의 절차에 의해 구제받아야 하므로, 실제로 임차인이 낙찰자에 대하여 대항력을 주장하고 반환을 구할 수 있는 금액은 **순위에 따른 배당**이 이루어졌을 경우 배당절차에서 배당받을 수 있었음에도 불구하고 어떠한 사정으로 실제로 배당받지 못한 금액을 제외한 **나머지 금액**을 한도로 한다.

주택임대차보호법상의 대항력과 우선변제권의 두 가지 권리를 겸유하고 있는 임차인이 먼저 우선변제권을 선택하여 임차주택에 대하여 진행되고 있는 경매절차에서 보증금 전액에 대하여 배당요구를 하였으나 그 순위에 따른 배당이 실시될 경우 보증금 전액을 배당받을 수 없었던 때에는 보증금 중 경매절차에서 배당받을 수 있었던 금액을 공제한 잔액에 대하여 경락인에게 대항하여 이를 반환받을 때까지 임대차관계의 존속을 주장할 수 있는바, 여기서 경락인에게 대항할 수 있는 보증금 잔액은 보증금 중 경매절차에서 올바른 배당순위에 따른 배당이 실시될 경우의 배당액을 공제한 나머지 금액을 의미하는 것이지, 임차인이 배당절차에서 현실로 배당받은 금액을 공제한 나머지 금액을 의미하는 것은 아니라 할 것이다. 따라서 임차인이 배당받을 수 있었던 금액이 현실로 배당받은 금액보다 많은 경우에는 임차인이 그 차액에 관하여는 과다 배당받은 후순위 배당채권자를 상대로 부당이득의 반환을 구하는 것은 별론으로 하고 경락인을 상대로 그 반환을 구할 수는 없다고 할 것이다(대법원 2001. 3. 23. 2000다30165).

1999. 1. 21. 신설된 법 **제3조의5**는, 위와 같은 판례의 취지에 따라 보증금 전액을 변제받지 못한 대항력 있는 임차권은 잔액을 반환받을 때까지 존속한다고 명문화함으로써 임차인의 보증금회수권에 대한 보호를 강화하였다.

보증금이 전액 변제되지 아니한 대항력 있는 임차권은 소멸하지 아니한다는 내용의 주택임대차보호법 제3조의5 단서를 신설한 입법 취지가 같은 법 제4조 제2항의 해석에 관한 종전의 대법원판례(대법원 1997. 8. 22. 선고 96다53628 판결 등)를 명문화하는 데에 있는 점 등으로 보아, "임대차가 종료된 경우에도 임차인이 보증금을 반환받을 때까지 임대차관계는 존속하는 것으로 본다."라고 규정한 같은 법 제4조 제2항과 동일한 취지를 경락에 의한 임차권 소멸의 경우와 관련하여 주의적·보완적으로 다시 규정한 것으로 보아야 하므로, 소멸하지 아니하는 임차권의 내용에 대항력뿐만 아니라, 우선변제권도 당연히 포함되는 것으로 볼 수는 없다(대법원 2006.2.10. 2005다21166).

(다) 우선변제권의 거듭 행사 가능여부

대항력과 우선변제권을 겸유하고 있는 주택임차인이 당해 주택의 **제1차 경매절차**에서 우선변제권을 행사하여 배당요구를 하였으나 우선순위가 늦어 보증금 전액을 배당받지 못하였고, 다만 대항력에 기하여 그 주택에서 계속 거주하고 있던 중, 낙찰 후 새로이 설정된 근저당권에 기한 **제2차 경매절차**에서 임차인이 다시 우선변제권을 행사할 수는 없다. 즉 임차인이 보증금을 반환받을 때까지 임대차관계의 존속을 주장할 수 있을 뿐 제2차 경매절차에서 **우선변제권을 거듭 행사할 수 없다**는 것이 판례의 확고한 입장이다.

대항력과 우선변제권을 가진 임차인인 피고가 이 사건 주택에 관한 경매절차에서 보증금에 대하여 배당요구를 함으로써 이 사건 임대차계약은 해지되어 종료되었고, 이 사건 주택이 경락된 이상, 그 경락인이 마침 임대인의 지위에 있던 종전 소유자이고, 피고는 후순위 권리자이어서 전혀 배당을 받지 못한 채 계속하여 이 사건 주택에 거주하고 있었다고 하더라도, 그 후 이 사건 주택에 관하여 새로이 경료된 근저당권설정등기에 기한 경매절차에서 그 낙찰대금으로부터 우선변제를 받을 권리는 없고, 다만 경락인에 대하여 임차보증금을 반환받을 때까지 임대차관계의 존속을 주장할 수 있을 뿐이라고 판단한 원심을 정당하다고 한 사례(대법원 1998.6.26. 98다2754).

주택임대차보호법상의 대항력과 우선변제권의 두 가지 권리를 겸유하고 있는 임차인이 우선변제권을 선택하여 제1경매절차에서 보증금 전액에 대하여 배당요구를 하였으나 보증금 전액을 배당받을 수 없었던 때에는 경락인에게 대항하여 이를 반환받을 때까지 임대차관계의 존속을 주장할 수 있을 뿐이고, 임차인의 우선변제권은 경락으로 인하여 소멸하는 것이므로 제2경매절차에서 우선변제권에 의한 배당을 받을 수 없고(대법원 2001.3.27. 98다4552), 이는 근저당권자가 신청한 1차 임의경매절차에서 확정일자 있는 임대차계약서를 첨부하거나 임차권등기명령을 받아 임차권등기를 하였음을 근거로 하여 배당요구를 하는 방법으로 우선변제권을 행사한 것이 아니라, 임대인을 상대로 보증금반환청구 소송을 제기하여 승소판결을 받은 뒤 그 확정판결에 기하여 1차로 강제경매를 신청한 경우에도 마찬가지이다(대법원 2006.2.10. 2005다21166).

(라) 후순위 채권자가 배당이의 소송을 제기한 경우

대항력과 우선변제권을 겸유하고 있는 임차인이 배당요구를 하여 배당표에 보증금 전액을 배당받는 것으로 기재되었으나 후순위 채권자가 배당이의 소송을 제기하는 바람에 배당금을 받지 못하고 있는 경우, 판례는 임차인이 경매절차에서 보증금 상당의 배당금을 지급받을 수 있는 때, 즉 임차인에 대한 **배당표가 확정될 때**까지는 낙찰자에 대하여 임차주택의 명도를 거절할 수 있다고 한정적으로 해석하고 있다(대법원 1997.8.29. 97다11195).

또한, 대항력과 우선변제권을 겸유하고 있는 임차인이 임차주택에 대한 경매절차에서 보증금 전액을 배당받을 수 있는 경우 임차권의 소멸시기는 **임차인에 대한 배당표의 확정시**라고 할 것이므로 임차인에 대한 배당표가 확정될 때까지 임차인에 의한 임차주택의 사용·수익은 낙찰대금을 납부한 낙찰자와의 관계에서 부당이득이 성립되지 아니한다(대법원 2004.8.30. 2003다23885).

한편, 임차인에 대한 **배당표가 확정된 후**에는 임차인은 보증금반환채무의 이행을 제공받은 셈이므로 임차인이 임차주택을 명도하지 아니하면 법률상 원인 없는 점유가 되어 낙찰자에 대하여 부당이득반환의무를 지게 된다.

(마) 보증금 일부를 배당받고 주택 전부를 계속 점유하는 경우

대항력과 우선변제권을 겸유하고 있는 임차인이 경매절차에서 배당요구를 하였으나 보증금 중 일부만을 배당받은 후 임차목적물 전부를 계속하여 사용·수익하는 경우에, 판례는 이미 배당받은 보증금에 해당하는 부분에 대한 부당이득반환의무를 긍정하는 입장이다.

임대차 종료 후 임차인의 임차목적물 명도의무와 임대인의 연체임료 기타 손해배상금을 공제하고 남은 임차보증금 반환의무와는 동시이행의 관계에 있으므로, 임차인이 동시이행의 항변권에 기하여 임차목적물을 점유하고 사용·수익한 경우 그 점유는 불법점유라 할 수 없어 그로 인한 손해배상책임은 지지 아니하되, 다만 사용·수익으로 인하여 실질적으로 얻은 이익이 있으면 부당이득으로서 반환하여야 한다. 주택임대차보호법상의 대항력과 우선변제권을 겸유하고 있는 임차인이 배당요구를 하였으나 그 보증금 전액을 배당받지 못하였다면 임차인은 임차보증금 중 배당받지 못한 금액을 반환받을 때까지 그 부분에 관하여는 임대차관계의 존속을 주장할 수 있으나 그 나머지 보증금 부분에 대하여는 이를 주장할 수 없으므로, 임차인이 그의 배당요구로 임대차계약이 해지되어 종료된 다음에도 계쟁 임대 부분 전부를 사용·수익하고 있어 그로 인한 실질적 이익을 얻고 있다면 그 임대 부분의 적정한 임료 상당액 중 임대차관계가 존속되는 것으로 보는 배당받지 못한 금액에 해당하는 부분을 제외한 나머지 보증금에 해당하는 부분에 대하여는 부당이득을 얻고 있다고 할 것이어서 이를 반환하여야 한다(대법원 1998.7.10. 98다15545).

(10) 체납처분의 경우 우선권 행사의 종기

체납처분의 경우에 세무서장은 전세권·질권 또는 저당권이 설정된 재산을 압류한 때에는 그 뜻을 당해 채권자에게 통지하여야 하고(국세징수법48①), 국세에 대하여 우선권을 가진 채권자가 이러한 통지를 받고 그 권리를 행사하고자 할 때에는 통지를 받은 날로부터 10일내에 그 사실을 세무서장에게 신고하여야 하며(동법48②), 그러한 신고를 하지 않더라도 매각대금의 배분일까지 신고하면 매각잔여금을 교부하도록 규정되어 있다(동법시행령79).

그러나 전세권자나 저당권자와 달리 주택임차인에 있어서는 우선권의 행사를 신고할 수 있는 종기에 관하여 명문의 규정이 없었다.

국세징수법 통칙에서는 **배분계산서 작성시**까지 교부청구를 하도록 되어 있고(통칙 3-9-2…56), 배분계산서 작성시기는 잔대금을 완납할 경우 지체없이 작성하도록 되어 있으며(통칙 3-11-9…83), 국세청 예규에서도 우선권 있는 소액임차인은 세무서장이 **배분계산서 작성전**까지 임대차계약서 및 주민등록등본 등 우선권 및 채권을 증명하는 서류를 첨부하여 교부청구하여야 한다고 정하고 있다(1999.5.11. 징세46101-1097).

이러한 실무에 따라 2002.12.26. 국세징수법 제83조 제1항에 후단을 신설, 매각대금의 배분대상자는 **배분계산서를 작성하기 전까지 배분요구**를 하여야 한다고 규정함으로써 배분요구의 종기를 법정하였다.

Ⅲ. 우선변제의 순위

대항요건(주택의 인도와 주민등록)을 구비하고 임대차계약증서상에 확정일자를 갖춘 임차인은 경매절차 또는 공매절차에 의한 임차주택의 환가대금으로부터 후순위 권리자 기타 채권자보다 우선하여 보증금을 변제받을 권리가 있다(법3의2②).

1. 우선순위의 결정

(1) 순위결정의 기준

법문상으로는 임차인이 후순위 권리자 기타 채권자보다 우선하여 보증금을 변제받을 권리가 있다고 규정하고 있을 뿐, 누가 후순위 권리자인지에 관하여 아무런 언급이 없다. 해석상 확정일자를 갖춘 임차인의 우선변제권은 **담보물권**(특히 저당권)**과 유사한 것**으로 보는 것이 타당하고, 실무와 판례도 마찬가지로 취급하고 있다.

주택임대차보호법 제3조의2 제1항은 대항요건(주택인도와 주민등록전입신고)과 임대차계약증서상의 확정일자를 갖춘 주택임차인은 후순위권리자 기타 일반채권자보다 우선하여 보증금을 변제받을 권리가 있음을 규정하고 있는 바, 이는 임대차계약증서에 확정일자를 갖춘 경우에는 **부동산 담보권에 유사한 권리**를 인정한다는 취지이다(대법원 1992.10.13. 92다30597 ; 2007.11.15. 2007다45562).

따라서 임차인이 대항요건 및 확정일자를 **모두 갖춘 최종시점**과 압류 · 가압류 · 저당권 · 가등기담보권 · 전세권의 **등기를 한 시점**의 전후에 의해 우선순위가 결정된다고 할 것이다.

(2) 확정일자를 갖춘 임차보증금의 배당순위

확정일자를 갖춘 임차인의 보증금은 우선변제권이 없는 일반채권이나 우선변제권은 있되 저당권보다는 항상 뒤지는 건강보험료채권 · 산업재해보상보험료채권 등에 대하여는 우선한다. 그러나 소액보증금 · 최종 3개월의 임금 및 최종 3년간의 퇴직금채권 · 당해세 채권보다는 언제나 후순위이다.

한편, 당해세가 아닌 조세채권과의 관계는 대항요건 및 확정일자를 **모두 갖춘 시점**과 조세채권의 **법정기일**의 선후에 따라 우선순위가 정해진다.

상가건물임대차보호법 제5조 제2항은 같은 법 제3조 제1항의 대항요건(상가건물의 인도와 사업자등록)을 갖추고 관할 세무서장으로부터 임대차계약서상에 확정일자를 받은 상가건물 임차인은 후순위권리자 그 밖의 채권자보다 우선하여 보증금을 변제받을 권리가 있음을 규정하고 있는 바, 이는 임대차계약서에 확정일자를 갖춘 경우에는 부동산 담보권과 유사한 권리를 인정하여 우선변제권을 인정한다는 취지이므로, 같은 법 제5조 제2항에서 규정한 '후순위권리자 그 밖의 채권자'에는 조세채권자도 포함된다고 봄이 상당하다. 따라서 확정일자를 받은 임차인과 조세채권자와의 우선순위는 국세기본법 제35조 제1항 제3호에 의하여 결정되어야 하고, 그 중 당해세가 아닌 조세와는 임차인이 대항요건과 확정일자를 갖춘 최종시점과 조세의 법정기일의 선후에 따라 우선순위를 결정하여 배분하여야 한다(서울행정법원 2006.4.18. 2005구합27734).

그런데, 임대인이 체납한 세금이 있는지 여부는 등기부상으로 확인할 수 없는 경우가 많고, 등기부에 압류등기가 되어있지 않더라도 순위가 앞서는 조세채권이 존재하는 경우도 허다하다. 이러한 경우에는 임차보증금을 돌려받지 못하게 되는 수가 있으므로 임차인은 세심한 주의를 기울여야 한다.

2. 경매절차에서의 일반적인 배당순위

(1) 법정기일 전에 설정된 저당권 등으로 담보되는 채권이 있는 경우

(가) 제1순위 : 집행비용(경매절차비용)

(나) 제2순위 : 부동산의 보존·개량을 위하여 저당물의 제3취득자가 지출한 필요비·유익비

(다) 제3순위 : **소액임차보증금채권**, 최종 3개월분의 임금과 최종 3년간의 퇴직금 및 재해보상금(이들 채권이 서로 경합하는 경우에는 동등한 순위의 채권으로 보아 배당)

(라) 제4순위 : 집행목적물에 대하여 부과된 국세, 지방세와 가산금(당해세)

(마) 제5순위 : 국세 및 지방세의 법정기일 전에 설정등기된 저당권·전세권에 의하여 담보되는 채권(**확정일자**를 갖춘 주택 또는 상가건물의 임차보증금반환채권, 임차권등기된 주택 또는 상가건물의 임차보증금반환채권은 저당권부채권과 같은 성질의 채권으로 취급)

(바) 제6순위 : 근로기준법 제37조 제2항의 임금 등을 제외한 임금, 기타 근로관계로 인한 채권

(사) 제7순위 : 국세·지방세 및 이에 관한 체납처분비, 가산금 등의 징수금

(아) 제8순위 : 국세 및 지방세의 다음 순위로 징수하는 공과금 중 산업재해보상보험

료, 국민건강보험료, 국민연금보험료, 고용보험료, 의료보험료, 국민의료보험료

(자) 제9순위 : 일반채권(일반채권자의 채권과 재산형·과태료 및 국유재산법상의 사용료·대부료·변상금채권)

(2) 법정기일 후에 설정된 저당권 등으로 담보되는 채권이 있는 경우

(가) 제1순위 내지 제3순위 : 위 (1)의 순위와 같다.

(나) 제4순위 : 조세 기타 이와 동순위의 징수금(당해세 포함)

(다) 제5순위 : 조세 다음 순위의 공과금 중 납부기한이 저당권·전세권의 설정등기보다 앞서는 舊국민의료보험법상의 의료보험료, 국민건강보험법상의 건강보험료 및 국민연금법상의 연금보험료

(라) 제6순위 : 저당권·전세권에 의하여 담보되는 채권(**확정일자**를 갖춘 주택 또는 상가건물임차인의 보증금반환채권, 임차권등기를 갖춘 주택 또는 상가건물 임차인의 임차보증금반환채권도 동일)

(마) 제7순위 : 임금, 기타 근로관계로 인한 채권

(바) 제8순위 : 조세 다음 순위의 공과금 중 산업재해보상보험법상의 산업재해보상보험료 기타 징수금, 舊의료보험법에 의한 의료보험료, 舊국민연금법에 의한 연금보험료 및 납부기한이 저당권·전세권의 설정등기보다 후인 舊국민의료보험법상의 의료보험료, 국민건강보험법상의 건강보험료 및 국민연금법상의 연금보험료

(사) 제9순위 : 일반채권

(3) 저당권 등으로 담보되는 채권이 없는 경우

(가) 제1순위 내지 제3순위 : 위 (1)의 순위와 같다.

(나) 제4순위 : 임금 기타 근로관계로 인한 채권

(다) 제5순위 : 조세 기타 이와 동순위의 징수금(당해세 포함)

(라) 제6순위 : 조세 다음 순위의 공과금

(마) 제7순위 : 일반채권

(4) 조세채권의 법정기일

(가) 신고일
과세표준과 세액의 신고에 의하여 납세의무가 확정되는 국세 또는 지방세에 있어서 신고한 당해 세액(**국세** : 소득세 · 법인세 · 부가가치세 · 특별소비세 · 주세 · 증권거래세 · 교육세 · 교통세 등, **지방세** : 취득세 · 등록세 등)

(나) 납세고지서 발송일
과세표준과 세액을 정부 또는 지방자치단체가 결정 · 경정 또는 수시부과결정하는 경우에 고지하는 당해 세액(**국세** : 양도소득세 · 상속세 · 증여세 · 재평가세 · 부당이득세 · 전화세 등, **지방세** : 주민세 · 자동차세 · 농지세 · 면허세 · 재산세 · 종합토지세 · 도시계획세 등)

(다) 납세의무 확정일
원천징수의무자 또는 납세조합으로부터 징수하는 국세(소득세, 법인세)와 인지세 및 특별징수의무자로부터 징수하는 지방세(특별징수 농지세, 특별징수 주민세)

(라) 납부통지서 발송일
2차납세의무자 및 납세보증인의 재산 또는 양도담보재산에서 국세 및 지방세를 징수하는 경우

3. 구체적 배당순위

(1) 입주 및 전입신고를 마친 다음 어느날 확정일자를 갖춘 경우

임차인이 주택에 입주하고 전입신고를 마친 뒤 어느 날에 임대차계약서에 확정일자를 부여받는 경우에는 그 **확정일자를 갖춘 날**을 기준으로 우선변제권이 발생하므로 다른 권리자와의 우선순위를 정하는 데에는 별 어려움이 없다. 다만 그 확정일자를 갖춘 날에 저당권이 설정된 경우에는 같은 순위로 취급하여 **평등배당**을 하여야 한다. 왜냐하면 확정일자 부여와 저당권설정 사이에 시간적 선후를 판단하기 어

렵기 때문이다.

(2) 입주와 주민등록을 마친 당일 또는 그 전에 확정일자를 갖춘 경우

확정일자는 임차주택에의 입주나 전입신고와 상관없이 임대차계약체결 후 언제든지 가능한 것이므로 입주와 전입신고를 마치기 전이라도 확정일자를 갖출 수 있다. 특히 1997.9.1.부터 읍·면·동사무소에서도 전입신고와 동시에 확정일자를 받을 수 있게 되었으므로 전입신고와 확정일자가 같은 날에 이루어지는 경우가 많다.

판례는, 확정일자를 입주 및 주민등록과 같은 날 또는 그 이전에 갖춘 경우에는 우선변제적 효력은 대항력과 마찬가지로 **인도와 주민등록을 마친 다음날**을 기준으로 발생한다고 거듭 판시하였다.

> 주택임대차보호법 제3조 제1항이 인도와 주민등록을 갖춘 다음날부터 대항력이 발생한다고 규정한 것은 인도와 주민등록이 등기와 달리 간이한 공시방법이어서 인도 및 주민등록과 제3자 명의의 등기가 같은 날 이루어진 경우에 그 선후관계를 밝혀 선순위 권리자를 정하는 것이 사실상 곤란한 데다가, 제3자가 인도와 주민등록을 마친 임차인이 없음을 확인하고 등기까지 경료하였음에도 그 후 같은 날 임차인이 인도와 주민등록을 마침으로 인하여 입을 수 있는 불측의 피해를 방지하기 위하여 임차인보다 등기를 경료한 권리자를 우선시키고자 하는 취지라고 할 것이고, 법 제3조의2 제1항에 규정된 우선변제적 효력은 대항력과 마찬가지로 주택임차권의 제3자에 대한 물권적 효력으로서 임차인과 제3자 사이의 우선순위를 대항력과 달리 규율하여야 할 합리적인 근거도 없으므로, 법 제3조의2 제1항에 규정된 확정일자를 입주 및 주민등록과 같은 날 또는 그 이전에 갖춘 경우에는 우선변제적 효력은 대항력과 마찬가지로 **인도와 주민등록을 마친 다음날을 기준으로 발생**한다고 보아야 할 것이다(대법원 1997.12.12. 97다22393 ; 1998.9.8. 98다26002 ; 2000.3.23. 99다67960).

따라서 임차인이 임대차계약서상의 확정일자를 입주 및 주민등록과 같은 날 또는 그 이전에 갖춘 경우에는 주택의 인도와 주민등록을 마친 다음날을 기준으로 우선변제권이 발생하므로 그에 따라 우선변제순위를 정하면 된다.

> 예컨대, 甲은행이 1996.9.24. A 소유의 아파트에 대하여 근저당권설정등기를 마쳤고, 임차인 乙은 같은 달 19. 임대인 A로부터 위 아파트를 임차하여 그 임대차계약서에 확정일자를 갖추고 그 아파트를 인도받은 다음 위 근저당권설정등기일과 같은 날인 같은 달 24. 전입신고를 마쳤다면, 乙은 전입신고를 마친 날의 다음날인 같은 달 25.에야 주택임대차보호법 제3조의2 제1항이 정하는 우선변제권을 취득하였으므로 그 전날인 같은 달 24. 근저당권설정등

기를 마친 甲보다 후순위의 권리자이다(대법원 1999.3.23. 98다46938).

甲이 A 소유의 주택에 대하여 1996.3.30. 근저당권설정등기를 마쳤고, 乙이 같은 달 하순 경 A로부터 그 주택을 임차하여 그 임대차계약서에 확정일자를 갖추고 이를 인도받아 위 근 저당권설정등기일과 같은 날인 같은 달 30일 전입신고를 마친 사안에서, 임차인 乙의 우선순 위는 전입신고를 마친 날의 다음 날인 같은 달 31일을 기준으로 결정하여야 할 것이므로 그 전날인 같은 달 30일 근저당권설정등기를 마친 甲이 乙보다 선순위로 경매대금에서 우선변 제받아야 한다고 판단하였다(대법원 2000.4.11. 98다50791).

(3) 입주와 주민등록 및 확정일자를 모두 갖춘 다음날 저당권이 설정된 경우

임차인이 입주와 주민등록을 마친 그 날에 임대차계약서에 확정일자까지 갖추었 는데 그 다음날에 근저당권이 설정된 경우에는 확정일자를 갖춘 임차인이 우선한 다. 임차인이 주택의 인도와 주민등록을 마친 때에는 익일부터 제3자에 대하여 효 력이 생긴다고 함은 **다음날 오전 영시부터** 대항력이 생긴다는 의미이므로(대법원 1999.5.25. 99다9981), 저당권설정은 아무리 빨라도 오전 9시 이후에야 가능하기 때문 이다.

(4) 확정일자를 갖춘 날에 여러 개의 저당권이 설정된 경우

주택임차인이 대항력을 먼저 갖춘 다음 확정일자를 구비한 날에 여러 개의 저당 권이 설정된 경우 저당권 상호간에는 등기부에 설정된 순위에 의하여 우열이 가려 지겠지만, 임차인이 확정일자를 갖춘 시각과 각 저당권이 설정된 시각의 선후를 정 하는 것은 사실상 불가능하다. 실무상 1차적으로 각 채권을 같은 순위로 보아 채권 액에 비례하여 **안분배당**한 다음, 2차적으로 저당권자 상호간에 선순위 저당권자의 채권을 만족할 때까지 후순위 저당권자의 배당액으로부터 **흡수**하는 방법으로 배당 을 하고 있다(안분후 흡수배당).

(5) 확정일자를 갖춘 임차인이 다수인 경우

다가구주택의 경우처럼 하나의 주택에 확정일자를 갖춘 임차인이 여러 명이 있는 경우에는 대항요건과 확정일자를 최종적으로 갖춘 순서대로 우선순위가 정해지게 된다.

주택임대차보호법상 대항요건과 확정일자를 갖춘 임차인들이 소액임차인의 지위를 겸하는 경우 그 배당방법 : 주택임대차보호법 제3조의2 제2항은 대항요건(주택인도와 주민등록전입신고)과 임대차계약증서상의 확정일자를 갖춘 주택임차인에게 부동산 담보권에 유사한 권리를 인정한다는 취지로서, 이에 따라 대항요건과 확정일자를 갖춘 임차인들 상호간에는 대항요건과 확정일자를 최종적으로 갖춘 순서대로 우선변제받을 순위를 정하게 되므로, 만일 대항요건과 확정일자를 갖춘 임차인들이 주택임대차보호법 제8조 제1항에 의하여 보증금 중 일정액의 보호를 받는 소액임차인의 지위를 겸하는 경우, 먼저 소액임차인으로서 보호받는 일정액을 우선 배당하고 난 후의 나머지 임차보증금채권액에 대하여는 대항요건과 확정일자를 갖춘 임차인으로서의 순위에 따라 배당을 하여야 하는 것이다(대법원 2007.11.15. 2007다 45562).

4. 선행하는 가압류와 후순위 임차인의 우선변제순위

(1) 가압류의 처분금지효

채권자가 자기 채권의 강제집행을 보전하기 위하여 채무자 소유의 부동산에 대하여 가압류를 한 경우 우선변제권은 인정되지 않지만, 가압류결정은 가압류의 목적물에 대하여 채무자의 처분을 금지하는 효력이 있다.

따라서 부동산에 대하여 가압류(압류도 같다)등기가 먼저 경료된 후 담보권이 설정되었다면 그 담보권설정등기는 가압류의 처분금지효 때문에 처분행위 당사자 사이에는 유효하지만 그 집행보전의 목적을 달성하는 필요한 범위 안에서 가압류채권자에 대한 관계에서만 상대적으로 무효이다(상대효설).

(2) 선행 가압류와 후순위 담보물권의 배당관계

가압류등기가 먼저 되고 나서 담보물권설정등기가 마쳐진 경우 담보물권자는 그보다 먼저 등기된 가압류채권자에 대항하여 우선변제를 받을 권리가 없고, 가압류채권자와 채권액에 비례하여 평등하게 배당을 받게 된다는 것이 실무와 판례의 입장이다.

부동산에 대하여 가압류등기가 먼저 되고 나서 근저당권설정등기가 마쳐진 경우에 그 근저당권등기는 가압류에 의한 처분금지의 효력 때문에 그 집행보전의 목적을 달성하는 데 필요한 범위 안에서 가압류채권자에 대한 관계에서만 상대적으로 무효라 할 것인 바, 이 경우 가압류채권자와 근저당권자 및 위 근저당권설정등기후 강제경매신청을 한 압류채권자 사이의 배당관계에 있어서, 근저당권자는 선순위 가압류채권자에 대하여는 우선변제권을 주장할 수 없으므로 1차로 채권액에 따른 안분비례에 의하여 평등배당을 받은 다음, 후순위 경매신청압류채권자에 대하여는 우선변제권이 인정되므로 경매신청압류채권자가 받을 배당액으로부터 자기의 채권액을 만족시킬 때까지 이를 흡수하여 배당받을 수 있다 할 것이다(대법원 1994.11.29. 94마417).

(3) 선행 가압류와 후순위 임차권의 배당관계

선행 가압류채권자와 우선변제권을 갖는 임차보증금채권자와의 배당관계에 관하여 판례는 **평등배당**의 관계에 있다고 한다.

따라서 주택에 가압류등기가 마쳐진 후 주택임차인이 가압류채무자로부터 이를 임차하여 대항요건과 확정일자를 갖춘 경우에는 선행하는 가압류채권자와 평등배당의 관계에서 각 채권액에 비례하여 배당받을 수 있으므로 그나마 보증금의 일부라도 회수할 가능성이 높다.

주택임대차보호법 제3조의2의 규정에 따라 임대차계약서에 확정일자를 갖춘 경우에도 **부동산담보권과 유사한 권리**를 인정한다는 취지라고 할 수 있다. 따라서 부동산 담보권자보다 선순위의 가압류채권자가 있는 경우에 그 담보권자가 선순위의 가압류채권자와 채권액에 비례한 평등배당을 받을 수 있는 것과 마찬가지로, 주택임대차보호법 제3조의2의 규정에 의하여 대항요건을 갖추고 임대차계약서상에 확정일자까지 부여받음으로써 우선변제권을 갖게 되는 임차보증금채권자도 선순위 가압류채권자와는 **평등배당**의 관계에 있게 된다(대법원 1992.10. 13. 92다30597).

(4) 가압류등기일자와 확정일자 부여일자가 같은 날인 경우

저당권과 가압류는 같은 날에 이루어져도 등기부상 접수번호에 의해 우선순위를 정할 수 있기 때문에 어려움이 없겠지만, 가압류등기일자와 확정일자를 부여받은 일자가 같은 날인 경우에는 시간적 선후를 비교할 수 없어 우선순위를 정하기 어렵다.

따라서 아무리 확정일자를 갖춘 임차인의 우선변제권을 담보물권과 유사하게 취급한다고 하더라도 확정일자를 받은 사실이 공시되는 것도 아니고, 다른 권리자와의 시간적 선후를 정할 수도 없으므로 가압류등기가 먼저 이루어진 경우와 같이 취급하여 평등배당의 관계에 있다고 본다.

(5) 가압류된 주택의 제3취득자와 임대차계약을 체결한 경우

가압류가 본압류로 전이(轉移)되기까지 사이에 가압류된 주택의 소유권이 이전되고, 새로운 소유자(제3취득자)와 사이에 임대차계약을 체결하여 대항요건과 확정일자를 갖춘 임차인은 주택의 매각대금 중 가압류의 처분금지적 효력이 미치는 범위의 금액에 대하여는 배당에 참가할 수 없으나, 가압류 채권자에게 배당하고 남은 **잉여금**에 대하여는 직접 배당에 참가하여 우선변제를 받을 수 있다.

즉, 배당잉여금에 대하여는 별도로 압류 및 추심명령 또는 전부명령의 채권집행절차를 거칠 필요 없이 직접 배당요구의 방식으로 배당에 참가하여 우선변제를 받을 수 있다는 것이다.

가압류의 처분금지적 효력에 따라 가압류집행 후 가압류채무자의 가압류목적물에 대한 처분행위는 가압류채권자와의 관계에서는 그 효력이 없으므로 가압류 집행 후 가압류목적물의 소유권이 제3자에게 이전된 경우 가압류채권자는 채무명의를 얻어 제3취득자가 아닌 가압류채무자를 집행채무자로 하여 그 가압류를 본압류로 전이하는 강제집행을 실행할 수 있고, 이 경우 그 강제집행은 가압류의 처분금지적 효력이 미치는 객관적 범위인 가압류결정 당시의 청구금액의 한도 안에서는 집행채무자인 가압류채무자의 책임재산에 대한 강제집행절차이므로 **제3취득자에 대한 채권자는 당해 가압류목적물의 매각대금 중 가압류의 처분금지적 효력이 미치는 범위의 금액에 대하여는 배당에 참가할 수 없다**(대법원 1998.11.10. 98다43441 ; 1997.8.26. 97다8410).

부동산에 대한 가압류집행 후 가압류목적물의 소유권이 제3자에게 이전된 경우 가압류채권자는 집행권원을 얻어 제3취득자가 아닌 가압류채무자를 집행채무자로 하여 그 가압류를 본압류로 이전하는 강제집행을 실행할 수 있으나, 이 경우 그 강제집행은 가압류의 처분금지적 효력이 미치는 객관적 범위인 가압류결정 당시의 청구금액의 한도 안에서만 집행채무자인 가압류채무자의 책임재산에 대한 강제집행절차라 할 것이고, 나머지 부분은 제3취득자의 재산에 대한 매각절차라 할 것이므로, 제3취득자에 대한 채권자는 그 매각절차에서 **제3취득자의 재산 매각대금 부분으로부터 배당을 받을 수 있다**(대법원 2005.7.29. 2003다40637).

부동산에 대한 가압류집행 후 가압류목적물의 소유권이 제3자에게 이전된 경우 가압류의 처분금지적 효력이 미치는 것은 가압류결정 당시의 청구금액의 한도 안에서 가압류목적물의 교환가치이고, 위와 같은 처분금지적 효력은 가압류채권자와 제3취득자 사이에서만 있는 것이므로 제3취득자의 채권자가 신청한 경매절차에서 매각 및 경락인이 취득하게 되는 대상은 가압류목적물 전체라고 할 것이지만, 가압류의 처분금지적 효력이 미치는 매각대금 부분은 가압류채권자가 우선적인 권리를 행사할 수 있고 제3취득자의 채권자들은 이를 수인하여야 하므로, 가압류채권자는 그 매각절차에서 당해 가압류목적물의 매각대금에서 가압류결정 당시의 청구금액을 한도로 하여 배당을 받을 수 있고, 제3취득자의 채권자는 위 매각대금 중 가압류의 처분금지적 효력이 미치는 범위의 금액에 대하여는 배당을 받을 수 없다(대법원 2006.7.28. 2006다19986).

그러나 가압류 후의 제3취득자로부터 주택을 임차한 자는 가압류채권자가 신청한 경매절차에서 가압류채권자에게 배당하고 잉여금이 없다면 임차보증금을 전혀 배당받을 수 없다.

따라서 주택임차인의 입장에서는 담보물권이나 가압류 등이 전혀 없는 주택을 임차하는 것이 가장 상책이겠지만, 부득이한 사정으로 이미 가압류등기가 마쳐진 주택을 임차하는 경우라면 세심한 주의를 하여야 할 것이다. 대항력 유무는 별론으로 하고, 이러한 임차인은 가압류채권자가 집행권원을 확보하여 강제경매를 신청하는 경우 선행하는 가압류가 현재 소유자를 채무자로 한 가압류인가 아니면 전소유자를 채무자로 하는 가압류인가에 따라 우선변제권 행사 여부가 크게 달라진다는 점이 중요하다.

요컨대, 선행하는 가압류가 현재 소유자를 채무자로 한 것이라면 그나마 가압류채권과 평등배당을 받을 수도 있으나, 종전 소유자를 채무자로 한 것이라면 배당잉여금이 존재하는 경우에 한하여 배당에 참가함으로써 우선변제권을 행사할 수 있는 것이다. 가압류채권자의 청구채권에 배당을 하고 잉여금이 없다면 주택임차인은 전혀 배당을 받을 수 없다는 사실을 유념하여야 할 것이다.

한편, 선순위 가압류등기 후 목적 부동산의 소유권이 이전되고 신소유자의 채권자가 경매신청을 하여 매각된 경우, 위 **가압류등기가 말소촉탁의 대상이 되는지 여부의 판단 기준**을 제시한 대법원판례가 나왔다.

부동산에 대한 선순위가압류등기 후 가압류목적물의 소유권이 제3자에게 이전되고 그 후 제3취득자의 채권자가 경매를 신청하여 매각된 경우, 가압류채권자는 그 매각절차에서 당해 가압류목적물의 매각대금 중 가압류결정 당시의 청구금액을 한도로 배당을 받을 수 있고, 이 경우 종전 소유자를 채무자로 한 가압류등기는 말소촉탁의 대상이 될 수 있다. 그러나 경우에 따라서는 집행법원이 종전 소유자를 채무자로 하는 가압류등기의 부담을 매수인이 인수하는 것을 전제로 하여 위 가압류채권자를 배당절차에서 배제하고 매각절차를 진행시킬 수도 있으며, 이와 같이 매수인이 위 가압류등기의 부담을 인수하는 것을 전제로 매각절차를 진행시킨 경우에는 위 가압류의 효력이 소멸하지 아니하므로 집행법원의 말소촉탁이 될 수 없다. 따라서 종전 소유자를 채무자로 하는 가압류등기가 이루어진 부동산에 대하여 매각절차가 진행되었다는 사정만으로 위 가압류의 효력이 소멸하였다고 단정할 수 없고, 구체적인 매각절차를 살펴 집행법원이 위 가압류등기의 부담을 매수인이 인수하는 것을 전제로 하여 매각절차를 진행하였는가 여부에 따라 위 가압류 효력의 소멸 여부를 판단하여야 한다(대법원 2007.4.13. 2005다8682).

5. 근저당권의 유용과 주택임차인의 우선변제권

(1) 무효등기의 유용

어떤 등기가 행하여졌으나 그것이 실체관계에 부합하지 않아서 무효로 된 후에 그와 부합하는 실체관계가 생겨서 기존의 무효등기를 새로운 실체관계를 공시하는 등기로 그대로 이용하기로 하는 것을 **무효등기의 유용**이라고 한다.

(2) 유용의 요건

무효등기의 유용에 관한 판례 및 **제한적 유효설**에 따르면, 실체관계의 소멸로 무효로 된 등기의 유용은 그 등기를 유용하기로 하는 합의가 이루어지기 전에 등기상 이해관계 있는 제3자가 생기지 않은 경우에만 허용된다(대법원 2002.12.6. 2001다2846).

(3) 주택임대차 후의 근저당권 유용

무효등기의 유용이 허용되려면 유용에 관한 합의 이전에 등기상 이해관계 있는 제3자가 존재하지 않아야 한다. 이해관계 있는 제3자의 범위를 반드시 '등기상 이해관계 있는 제3자'로 한정할 필요가 없으므로 주택임대차보호법에 의한 대항력과 우선변제권을 갖춘 주택임차인도 포함된다고 할 것이다.

따라서 소유자가 **특정채권을 담보**하기 위한 근저당권설정등기를 한 후 그 채무를 전부 변제하였으나 근저당권설정등기를 말소하지 않은 상태에서 임차인이 주택을 임차하여 전입신고와 확정일자를 받은 경우에는 무효등기의 유용이 허용되지 않으므로, 대항요건과 확정일자를 갖춘 임차인이 근저당권자보다 우선하여 임차보증금을 변제를 받을 수 있다고 할 것이다.

(4) 포괄근저당권의 경우

오늘날 금융기관에서 일반적으로 행하여지고 있는 **포괄근저당권**이나 장래 증감·변동하게 될 **불특정 다수의 채권을 담보**하는 근저당권의 경우에는 거래가 존속하는 한 일시적으로 피담보채권이 소멸하더라도 여전히 근저당권은 유효하므로 피담보채무가 확정되기 전에는 등기의 유용의 문제가 생기지 않는다. 따라서 확정일자 임차인은 근저당권자보다 우선변제를 받지 못하게 된다.

그러나 금융기관에서 사용하는 근저당권설정계약서의 피담보채무에 관한 포괄적 기재는 부동문자로 인쇄된 일반거래약관의 예문에 불과하다고 보아 그 구속력을 배제하고 피담보채무의 범위를 제한하는 판례도 있으므로 구체적 사안에 따라 결론이 달라질 수 있다.

> 근저당설정계약서는 처분문서이므로 특별한 사정이 없는 한 그 계약 문언대로 해석하여야 함이 원칙이지만, 그 근저당권설정계약서가 금융기관 등에서 일률적으로 일반거래약관의 형태로 부동문자로 인쇄하여 두고 사용하는 계약서인 경우에 그 계약 조항에서 피담보채무의 범위를 그 근저당권 설정으로 대출받은 당해 대출금채무 외에 기존의 채무나 장래에 부담하게 될 다른 원인에 의한 모든 채무도 포괄적으로 포함하는 것으로 기재하였다고 하더라도, 당해 대출금채무와 장래 채무의 각 성립 경위 등 근저당설정계약 체결의 경위, 대출 관행, 각 채무액과 그 근저당권의 채권최고액과의 관계, 다른 채무액에 대한 별도의 담보확보 여부 등 여러 사정에 비추어 인쇄된 계약 문언대로 피담보채무의 범위를 해석하면 오히려 금융기관의 일반 대출 관례에 어긋난다고 보여지고 당사자의 의사는 당해 대출금채무만을 그 근저당권의 피담보채무로 약정한 취지라고 해석하는 것이 합리적일 때에는 위 계약서의 피담보채무에 관한 포괄적 기재는 부동문자로 인쇄된 일반거래약관의 예문에 불과한 것으로 보아 그 구속력을 배제하는 것이 타당하다(대법원 2004.2.13. 2002다43882).

6. 임대차의 갱신과 보증금의 우선변제권

(1) 증액부분에 대한 우선변제권 유무

보증금의 증액 없이 임대차계약을 갱신한 경우에는 처음의 대항요건 및 확정일자를 갖춘 시점을 기준으로 우선순위를 결정하여야 한다. 후순위의 저당권자나 일반채권자는 임대차의 갱신을 항상 예견하여야 하기 때문이다. 뿐만 아니라 임대차계약의 갱신과 더불어 보증금이 증액된 경우에는 그 증액부분에 대하여도 확정일자를 갖추면 우선변제권을 취득한다.

대항력을 갖춘 임차인이 저당권설정등기 이후에 임대인과 보증금을 증액하기로 합의하고 초과부분을 지급한 경우 임차인이 저당권설정등기 이전에 취득하고 있던 임차권으로 선순위로서 저당권자에게 대항할 수 있음은 물론이나 저당권설정등기 후에 건물주와의 사이에 임차보증금을 증액하기로 한 합의는 건물주가 저당권자를 해치는 법률행위를 할 수 없게 된 결과 그 합의 당사자 사이에서만 효력이 있는 것이고 저당권자에게는 대항할 수 없다고 할 수 밖에 없으므로 임차인은 위 저당권에 기하여 건물을 경락받은 소유자의 건물명도 청구에 대하여 증액전 임차보증금을 상환받을 때까지 그 건물을 명도할 수 없다고 주장할 수 있을 뿐이고 저당권설정등기 이후에 증액한 임차보증금으로써는 소유자에게 대항할 수 없는 것이다(대법원 1990.8.24. 90다카11377).

(2) 증액부분에 대하여 확정일자를 받는 방법

법 제3조의2 제2항 본문에서 임대차계약증서상의 확정일자를 갖추도록 규정하고 있으므로, 임대인·임차인·임대차목적물·임대차보증금·차임 등이 기재되어 임대차관계를 특정할 수 있는 임대차계약증서상에 확정일자를 받아야 하며, 임대차계약서 이외의 영수증·현금보관증 등에 확정일자를 갖춘 때에는 우선변제권이 인정되지 않는다.

따라서 반드시 갱신계약에 관한 변경계약서 또는 재계약서를 작성하여 확정일자를 부여받아야 비로소 증액부분에 대하여도 우선변제권을 취득할 수 있다. 변경계약서나 재계약서를 작성하기가 번거로우면 당초의 계약서 뒷면에 약식으로 "○**년 ○월 ○일자로 보증금을 ○원 인상하고 계약기간을 ○까지로 한다.**"라고 기재하고 쌍방이 서명날인한 후 그 여백에 확정일자를 받아도 무방할 것이다.

(3) 우선변제권의 불소급

임대차계약을 갱신하면서 증액한 보증금을 지급하고 변경계약서 또는 재계약서에 확정일자를 받은 경우라도 증액된 임차보증금을 우선하여 변제받을 수 있는 효력은 당초의 확정일자에 소급하는 것이 아니다. 즉 증액부분의 보증금에 관하여는 새로 확정일자를 받아 우선변제요건을 갖춘 시점에서 비로소 우선변제권을 취득한다. 따라서 임차인이 갱신계약에 따라 증액된 임차보증금을 지급하고 확정일자를 받았더라도 증액부분에 있어서는 확정일자를 받기 전에 등기가 마쳐진 근저당권보다 우선하여 변제받을 수 없고, 그 증액부분의 확정일자보다 후순위의 담보물권이나 일반채권에게 우선할 뿐이다.

당초의 확정일자부 임대차의 확정일자가 근저당권의 등기일이나 국세채권의 법정기일보다 빠르다면 임차인은 위 임차권에 기하여 근저당권이나 국세채권에 우선하여 임차보증금을 변제받을 권리가 있지만, 갱신계약에 관한 임대차계약서상에 확정일자를 부여받지 않았고, 갱신계약에 따라 증액된 임차보증금을 우선하여 변제받을 수 있는 효력이 당초의 확정일자에 소급하여 발생하는 것이 아니므로, 임차인은 갱신계약에 따라 증액된 임차보증금을 갱신계약일 전에 등기가 경료된 근저당권이나 법정기일이 도과한 국세채권에 우선하여 변제받을 권리가 없다(서울고법 1997.10.15. 97구14820).

결국 임대차계약을 갱신하거나 보증금을 증액할 때 임차인은 ① 최초의 임대차계약서를 분실·훼손하지 않도록 관리를 철저히 하고, ② 보증금 증액시 등기부등본을 발급받아 담보물권의 설정여부 확인하여야 하며, ③ 반드시 재계약서 또는 변경계약서를 작성하여 다시 확정일자를 받아야 할 것이다.

Ⅳ. 우선변제권의 대상

1. 의의

주택임차권의 대항요건(주택의 인도와 주민등록)과 임대차계약증서상의 확정일자를 갖춘 주택임차인은 임차주택에 대한 경매 또는 공매를 할 때에 **대지를 포함**한 임차주택의 **환가대금**에서 후순위 권리자나 그 밖의 채권자보다 우선하여 보증금을 변제받을 권리가 있고(법3의2②), 소액임차인은 **대지의 가액을 포함한 주택가액**의 2분의 1의 범위에서 다른 담보물권자보다 우선하여 보증금 중 일정액을 변제를 받을 권리가 있다(법8③).

그런데, 임차주택에 대하여 경매가 진행되는 경우에도 구체적인 상황을 살펴보면 여러 가지 유형으로 나눌 수 있다. 즉, ① 대지와 주택 모두에 대하여 동시에 경매가 진행되는 경우, ② 대지와 주택에 대하여 동시에 경매가 진행되다가 어떤 사정으로 건물 부분의 경매가 취하되고 대지만 경매가 되거나, 대지와 주택이 시기를 달리하여 따로 경매가 진행되는 경우, ③ 대지에 대한 저당권설정 당시 등기된 주택이 존재하였으나 어떤 사정으로 대지만 저당권이 설정되었다가 경매가 진행되는 경우, ④ 대지에 이미 존재하는 주택이 미등기인 관계로 대지에만 저당권이 설정되었다가 경매가 진행되는 경우, ⑤ 나지대에 저당권이 설정된 후 비로소 주택이 신축된 경우, ⑥ 대지와 주택에 공동저당권이 설정된 후 종전 주택이 멸실되고 새로운 주택이 신축된 경우 등이다.

그런데 과연 법 제3조의2 제2항 및 제8조 제3항이 위와 같은 여러 가지 경우를 충분히 예정하여 그 모든 경우에도 주택임차인이 그 대지의 환가대금에서 우선변제를 받을 수 있다는 취지로 규정한 것으로 보기는 어렵다. 특히 기존의 담보물권자보다도 우선하여 보증금을 변제받을 수 있는 소액임차인의 경우에는 다른 담보권자를 침해할 소지가 매우 크다고 할 것이므로 주택임차인이 어떠한 경우에 대지의 환가대금으로부터 우선변제를 받을 수 있는지에 관하여 해석상 의문과 논란이 생기고 있다.

2. 대지와 주택 모두에 대하여 동시에 경매가 진행되는 경우

주택과 대지에 공동저당권이 설정되었다가 그 저당권의 실행으로 대지와 주택에 대하여 동시에 **임의경매**가 진행된 경우 또는 대지와 주택 모두에 대하여 일반채권자에 의한 **강제경매**가 진행된 경우이다.

이러한 유형에서는 주택임차인이 건물뿐만 아니라 대지의 환가대금에서도 보증금의 우선변제를 받을 수 있다는 점에 대하여는 의문이 없다. 법 제3조의2 제2항 및 제8조 제3항에서 임차주택의 환가대금(또는 주택가액)에 건물뿐만 아니라 대지의 환가대금도 포함된다고 규정하고 있고 통상적으로 건물의 임대차에는 당연히 그 부지 부분의 이용을 수반하는 것이기 때문이다.

이러한 점에서는 확정일자를 갖춘 임차인이나 소액임차인은 큰 차이가 없다. 다만 소액임차인의 최우선변제권은 대지를 포함한 주택가액(낙찰대금에다가 입찰보증금에 대한 배당기일까지의 이자, 몰수된 입찰보증금 등을 포함한 금액에서 집행비용을 공제한 **실제 배당할 금액**)의 2분의 1 범위에서 적용되는 것임에 비하여, 확정일자를 갖춘 임차인의 우선변제권은 대지를 포함한 주택가액의 전부에 대하여 적용되는 점에서 차이가 있을 뿐이다.

한편, 주택임차인이 대지와 건물 모두로부터 배당을 받는 경우에는 공동저당의 동시배당에 관한 민법 제368조 제1항을 유추적용하여 대지와 건물의 경매대가에 비례하여 그 채권의 분담을 정한다는 것이 판례의 태도이다.

주택임대차보호법 제8조에 규정된 소액보증금반환청구권은 임차목적 주택에 대하여 저당권에 의하여 담보된 채권, 조세 등에 우선하여 변제받을 수 있는 이른바 법정담보물권으로서, 주택임차인이 대지와 건물 모두로부터 배당을 받는 경우에는 마치 그 대지와 건물 전부에 대한 공동저당권자와 유사한 지위에 서게 되므로 대지와 건물이 동시에 매각되어 주택임차인에게 그 경매대가를 동시에 배당하는 때에는 민법 제368조 제1항을 유추적용하여 대지와 건물의 경매대가에 비례하여 그 채권의 분담을 정하여야 할 것이고, 한편 민법 제368조 제1항에서 말하는 '각 부동산의 경매대가' 라 함은 매각대금에서 당해 부동산이 부담할 경매비용과 선순위채권을 공제한 잔액을 말한다고 할 것이다(대법원 2003.9.5. 2001다66291).

3. 대지와 주택이 따로 경매가 진행된 경우

대지와 주택 모두에 대하여 동시에 경매가 진행되다가 어떤 사정으로 건물 부분의 경매가 취하되고 대지에 대해서만 경매가 진행되는 경우 또는 대지와 주택이 시기를 달리하여 따로 경매가 진행되는 경우에도 주택임차인은 대지의 환가대금으로부터 우선변제를 받을 수 있다.

대항요건 및 확정일자를 갖춘 임차인과 소액임차인은 임차주택과 그 대지가 함께 경매될 경우뿐만 아니라 임차주택과 별도로 그 대지만이 경매될 경우에도 그 대지의 환가대금에 대하여 우선변제권을 행사할 수 있고, 이와 같은 우선변제권은 이른바 법정담보물권의 성격을 갖는 것으로서 임대차 성립시의 임차목적물인 임차주택 및 대지의 가액을 기초로 임차인을 보호하고자 인정되는 것이므로, 임대차 성립 당시 임대인의 소유였던 대지가 타인에게 양도되어 임차주택과 대지의 소유자가 서로 달라지게 된 경우에도 마찬가지라 할 것이다(대법원 2007.6.21. 2004다26133).

다가구용 단독주택의 대지 및 건물에 관하여 경매가 신청되었다가 건물에 대한 경매가 취하됨으로써 대지 부분만이 낙찰된 경우라도 소액임차인은 대지의 경락대금에서 최우선변제를 받을 수 있으며(대법원 1996.6.14. 96다7595), 확정일자를 갖춘 임차인의 경우에도 마찬가지로 해석된다.

대법원 **재판예규**는, 건물과 대지에 대한 경매절차가 따로 진행되는 때에는 소액보증금반환청구권이 남아 있는 한 소액임차권자는 각 경매절차에 모두 참가하여 우선변제를 받을 수 있고, 이 경우 먼저 경매되는 목적물의 매각대금의 1/2 한도 안에서 우선변제를 받고, 만일 잔여보증금이 있으면 후에 경매되는 목적물의 매각대금 1/2의 한도 안에서 다시 우선변제를 받을 수 있다고 하였다.

4. 등기된 주택이 존재하는 대지에만 경매가 진행된 경우

대지상에 등기된 주택이 존재함에도 불구하고 대지만에 대하여 저당권이 설정되어 그 담보권의 실행으로 경매가 진행되는 경우 또한 대지에 대하여만 일반채권자의 강제경매신청에 의하여 경매가 진행되는 경우이다.

(1) 확정일자 임차인의 경우

확정일자 임차인은 대항요건 및 확정일자를 갖춘 시점에 의하여 우선순위가 정해지므로 그보다 앞서는 대지의 저당권자는 확정일자 임차인에 의하여 아무런 영향을 받지 않는다. 또 확정일자를 갖춘 임차인보다 후순위인 저당권자는 대지만을 담보로 취득할 당시 등기된 주택에 관한 임차인의 존재유무를 충분히 예견할 수 있었기 때문에 저당권자나 일반채권자에게 불측의 손해를 입힐 소지는 매우 적다고 할 것이다.

따라서 대지만에 대하여 저당권이 설정되어 그 담보권의 실행으로 경매가 진행되는 경우 또는 대지에 대하여만 일반채권자의 강제경매신청에 의하여 경매가 진행되는 경우에도 등기된 주택의 확정일자를 갖춘 임차인은 대지의 환가대금으로부터 우선변제를 받을 수 있다고 본다.

(2) 소액임차인의 경우

금융거래의 실무상 대지 및 주택의 감정가액에서 방 1개마다 일정액의 소액보증금을 공제(이른바 **방수공제**)한 나머지 가액의 범위 내에서 담보권을 설정하고 있다. 대지에 대한 담보권설정 당시에 이미 등기된 주택이 존재하였다면 소액임차인을 고려하여 담보가치를 산정하였을 것이므로, 소액임차인이 대지의 환가대금에서 우선변제를 받더라도 담보권자에게 불측의 손해를 주어 거래의 안정을 해치는 결과를 초래하지 않을 것이다.

따라서 사회적·경제적 약자인 소액임차인을 사회보장적 차원에서 특별히 보호하려는 이 법의 입법취지를 감안할 때 이러한 경우에도 소액임차인은 최우선변제를 받을 수 있다고 보아야 할 것이다.

　판례도 "임차주택의 환가대금 및 주택가액에 건물뿐만 아니라 대지의 환가대금 및 가액도 포함된다고 규정하고 있는 주택임대차보호법(1999.1.21. 법률 제5641호로 개정되기 전의 것) 제3조의2 제1항 및 제8조 제3항의 각 규정과 같은 법의 입법 취지 및 통상적으로 건물의 임대차에는 당연히 그 부지 부분의 이용을 수반하는 것인 점 등을 종합하여 보면, 대지에 관한 저당권의 실행으로 경매가 진행된 경우에도 그 지상 건물의 소액임차인은 대지의 환가대금 중에서 소액보증금을 우선변제받을 수 있다고 할 것이나, 이와 같은 법리는 대지에 관한 저당권 설정 당시에 **이미 그 지상 건물이 존재**하는 경우에만 적용될 수 있는 것이고…"라고 판시하여 같은 태도를 취하고 있다(대법원 1999.7.23. 99다25532).

5. 미등기 주택이 존재하는 대지에만 경매가 진행된 경우

대지상에 존재하는 주택이 미등기인 관계로 대지만에 대하여 저당권이 설정되고 그 담보권의 실행으로 경매가 진행되는 경우 또한 대지에 대하여만 일반채권자의 강제경매신청에 의하여 경매가 진행되는 경우이다.

(1) 2001년 종전 대법원판결

이 문제와 관련하여 **종전 판례**는 미등기주택의 소액임차인이 그 대지의 경락대금에 대해 우선변제권을 행사할 수 있기 위해서는 그 주택이 임대차 후에라도 소유권등기가 거쳐져 경매신청의 등기가 되는 경우로 제한함으로써 사실상 미등기 주택 대지의 환가대금에 대한 소액임차인의 우선변제권을 부정하였다.

　주택임대차보호법 제8조에 의하여 다른 담보물권자보다 우선변제를 받을 주택임차인은 제1항의 규정상, 그 임차주택에 대한 경매신청의 등기 전에 주택을 인도받고 전입신고를 마쳐야 하는 것이며 그 요건을 갖추었을 때에만 제3항에 의하여 주택의 경락가액(대지가액을 포함)의 2분의 1의 범위 안에서 최우선변제를 받게 되는바, 그 제1항의 요건이 설정된 것은 민사소송법 제608조 제1항이 압류채권자의 채권에 우선하는 채권에 관한 부동산의 부담을 경락인에게 인수하게 하거나 매각대금으로 그 부담을 변제함에 부족 없음이 인정된 경우가 아니면 매각하지 못한다고 규정하고 있는 것과 관련하여 임차주택의 경매신청인이 그 부동산의 등기부 기재를 토대로 삼아 그 주택과 대지의 부담을 알아 볼 수 있게 함으로써 매각의 가능성을 판단하여 경매진행 여부를 결정할 수 있도록 하려는 데 있으므로 소유권등기가 되지 아니한 임차주택에 있어서는 그 토지나 그 토지상의 지상건물의 등기부 기재로써는 그 주택의 유무나 임차인의 유무 등 대지의 부담사항이 파악되지 않으므로 주택임대차보호법 제8조의 규정에 의해 건물이나 토지의 경락대금에서 우선변제를 받기 위해서는 그 임대차의 목적물인 주택에 관하여 그 임대차 후에라도 소유권등기가 거쳐져 경매신청의 등기가 되는 경우이어야 한다(대법원 2001.10.30. 2001다39657).

(2) 2007년 전원합의체판결

그러나 위 2001다39657 판결에 대하여, 임차주택에 대한 경매신청의 등기 전에 대항요건을 갖추도록 한 규정(법8①후문)의 취지를 지나치게 확대한 것이라는 비판이 제기되던 중 최근 대법원은 **전원합의체판결**에 의하여 위 대법원 판결을 변경함으로써 미등기주택 대지의 환가대금에 대한 임차인의 우선변제권이 인정됨을 분명히 하였다. 이것은 주택임대차보호법과 관련한 최초의 전원합의체 판결로서 3년여 동안의 심리 끝에 아무런 소수의견도 없이 종전 판례를 변경한 것이 주목된다.

대항요건 및 확정일자를 갖춘 임차인과 소액임차인에게 우선변제권을 인정한 같은 법 제3조의2 및 제8조가 미등기 주택을 달리 취급하는 특별한 규정을 두고 있지 아니하므로, 위에서 본 대항요건 및 확정일자를 갖춘 임차인과 소액임차인의 임차주택 대지에 대한 우선변제권에 관한 법리는 임차주택이 미등기인 경우에도 그대로 적용된다고 보아야 할 것이다. 이와 달리 임차주택의 등기 여부에 따라 그 우선변제권의 인정 여부를 달리 해석하는 것은 합리적 이유나 근거 없이 그 적용대상을 축소하거나 제한하는 것이 되어 부당하고, 민법과 달리 임차권의 등기 없이도 대항력과 우선변제권을 인정하는 같은 법의 취지에 비추어 타당하지 아니하다. 다만, 소액임차인의 우선변제권에 관한 같은 법 제8조 제1항이 그 후문에서 '이 경우 임차인은 주택에 대한 경매신청의 등기 전에' 대항요건을 갖추어야 한다고 규정하고 있으나, 이는 소액보증금을 배당받을 목적으로 배당절차에 임박하여 가장 임차인을 급조하는 등의 폐단을 방지하기 위하여 소액임차인의 대항요건의 구비시기를 제한하는 취지이지, 반드시 임차주택과 대지를 함께 경매하여 임차주택 자체에 경매신청의 등기가 되어야 한다거나 임차주택에 경매신청의 등기가 가능한 경우로 제한하는 취지는 아니라 할 것이다. 대지에 대한 경매신청의 등기 전에 위 대항요건을 갖추도록 하면 입법취지를 충분히 달성할 수 있으므로, 위 규정이 미등기 주택의 경우에 소액임차인의 대지에 관한 우선변제권을 배제하는 규정에 해당한다고 볼 수 없다(대법원 2007.6.21. 2004다26133).

6. 나대지에 저당권이 설정된 후 비로소 주택이 신축된 경우

건물이 없는 나대지에 저당권이 설정된 후 신축된 주택에 관하여 임대차관계가 형성된 다음 저당권자가 토지와 건물을 일괄경매 신청하거나 토지만을 경매신청한 경우이다.

(1) 확정일자 임차인의 경우

이 경우 나대지의 저당권자는 그 후 건축된 건물의 확정일자 임차인보다 우선순위에 있어 앞서기 때문에 임차인에게 대지에 관한 우선변제를 인정하더라도 영향을 받지 아니한다. 다만, 임차인보다 후순위의 저당권자나 일반채권자에게 손해를 미치는 결과가 될 수 있으나, 임차보증금의 반환확보를 통한 임차인의 주거생활의 안정보장이라는 입법취지상 이러한 경우에도 우선변제를 받을 수 있다고 해석함이 타당하다고 본다.

(2) 소액임차인의 경우

건물이 없는 나대지의 경우에는 소액임차인을 고려하지 아니하고 대지의 감정가액을 기준으로 채권최고액의 한도로 삼아 담보권을 설정하는 것이 금융거래의 현실이다. 담보권 설정 당시 담보가치를 산정함에 있어 전혀 고려하지 아니하였던 건물이 그 후에 신축되어 임대차계약이 체결되고 경매절차에서 소액임차인이 배당요구를 하여 대지 및 건물의 환가대금에서 우선변제를 받아간다면 담보물권자에게 불측의 손해를 줄 수 있어 담보물권제도를 약화시키고 거래의 안정을 해치는 결과를 초래하게 된다.

따라서 **판례**도, 나대지에 저당권이 설정된 후에 비로소 건물이 신축된 경우에까지 공시방법이 불완전한 소액임차인에게 우선변제권을 인정한다면 저당권자가 예측할 수 없는 손해를 입게 되는 범위가 지나치게 확대되어 부당하다고 하면서, 이러한 경우 소액임차인은 대지의 환가대금에 대하여 우선변제를 받을 수 없다고 하였다.

임차주택의 환가대금 및 주택가액에 건물뿐만 아니라 대지의 환가대금 및 가액도 포함된다고 규정하고 있는 주택임대차보호법(1999. 1. 21. 법률 제5641호로 개정되기 전의 것) 제3조의2

제1항 및 제8조 제3항의 각 규정과 같은 법의 입법 취지 및 통상적으로 건물의 임대차에는 당연히 그 부지 부분의 이용을 수반하는 것인 점 등을 종합하여 보면, 대지에 관한 저당권의 실행으로 경매가 진행된 경우에도 그 지상 건물의 소액임차인은 대지의 환가대금 중에서 소액보증금을 우선변제받을 수 있다고 할 것이다. 그러나 이와 같은 법리는 대지에 관한 저당권 설정 당시에 이미 그 지상 건물이 존재하는 경우에만 적용될 수 있는 것이고, **저당권 설정 후에 비로소 건물이 신축된 경우**에까지 공시방법이 불완전한 소액임차인에게 우선변제권을 인정한다면 저당권자가 예측할 수 없는 손해를 입게 되는 범위가 지나치게 확대되어 부당하므로, 이러한 경우에는 소액임차인은 대지의 환가대금에 대하여 **우선변제를 받을 수 없다**고 보아야 할 것이다(대법원 1999.7.23. 99다25532).

반면에, 토지에 관한 근저당권 설정 당시 그 지상에 건물의 규모, 종류가 외형상 예상할 수 있는 정도까지 **건축이 진전**되어 있는 경우에는 그 지상 건물의 소액임차인에게 대지의 매각대금에 대한 우선변제권을 인정할 수 있을 것이다. **판례**는, 이와 같은 사안에서 법정지상권이 성립될 수 있음을 밝힌 바 있으며, 이러한 판시는 대지의 경매절차에서 신축 주택의 임차인에게 대지의 매각대금에서 우선변제권을 인정할 것인지 여부를 판단하는 기준으로 적용할 수 있을 것으로 본다.

민법 제366조 소정의 법정지상권은 저당권 설정 당시 동일인의 소유에 속하던 토지와 건물이 경매로 인하여 양자의 소유자가 다르게 된 때에 건물의 소유자를 위하여 발생하는 것으로서, 토지에 관하여 저당권이 설정될 당시 그 지상에 건물이 위 토지 소유자에 의하여 건축 중이었고, 그것이 사회관념상 독립된 건물로 볼 수 있는 정도에 이르지 않았다 하더라도 건물의 규모, 종류가 외형상 예상할 수 있는 정도까지 건축이 진전되어 있는 경우에는, 저당권자는 완성될 건물을 예상할 수 있으므로 법정지상권을 인정하여도 불측의 손해를 입는 것이 아니며 사회경제적으로도 건물을 유지할 필요가 인정되기 때문에 법정지상권의 성립을 인정함이 상당하다고 해석된다(대법원 1992.6.12. 92다7221).

민법 제366조의 법정지상권은 저당권 설정 당시 동일인의 소유에 속하던 토지와 건물이 경매로 인하여 양자의 소유자가 다르게 된 때에 건물의 소유자를 위하여 발생하는 것으로서, 토지에 관하여 저당권이 설정될 당시 토지 소유자에 의하여 그 지상에 건물을 건축 중이었던 경우 그것이 사회관념상 독립된 건물로 볼 수 있는 정도에 이르지 않았다 하더라도 건물의 규모·종류가 외형상 예상할 수 있는 정도까지 건축이 진전되어 있었고, 그 후 경매절차에서 매수인이 매각대금을 다 낸 때까지 최소한의 기둥과 지붕 그리고 주벽이 이루어지는 등 독립된 부동산으로서 건물의 요건을 갖추면 법정지상권이 성립하며, 그 건물이 미등기라 하더라도 법정지상권의 성립에는 아무런 지장이 없는 것이다(대법원 2004.2.13. 2003다29043 ; 2004.6.11. 2004다13533).

7. 대지와 주택에 공동저당권설정 후 주택이 멸실 및 신축된 경우

대지와 주택에 대하여 공동저당권이 설정된 후 건물 소유자가 임의로 종전 주택을 헐어버리고 그 자리에 주택을 신축하여 임대한 후 대지에 대한 저당권이 실행된 경우이다.

(1) 확정일자 임차인의 경우

확정일자를 갖춘 임차인은 대항요건 및 확정일자를 갖춘 시점에 의하여 우선순위가 정해지므로 그보다 앞서 종전 주택과 대지를 담보로 취득한 저당권자는 신축 주택의 임차인이 대지의 환가대금으로부터 배당을 받더라도 아무런 영향을 받지 아니하고, 종전 주택의 멸실로 인한 저당권자의 손해는 별도의 절차에 의하여 구제받을 수 있다.

이에 관한 명확한 판례는 아직 없는 것으로 보이나, 멸실 후 신축된 주택의 확정일자 임차인은 대지 부분의 배당금액으로부터도 우선변제를 받을 수 있다고 해석하여야 할 것이다.

(2) 소액임차인의 경우

대지 및 종전 주택에 저당권을 설정할 당시 이미 그 주택에 최우선변제권이 인정될 소액임차인의 존재를 고려하여 그 담보가치를 정하였을 것이므로, 그 후 신축된 주택의 규모나 소액임차인의 수가 종전 주택과 비슷하다는 등의 특별한 사정이 있다면 신축 주택의 소액임차인에게 대지부분의 환가대금에 대한 최우선변제권을 인정하더라도 거래의 안정을 그다지 해친다고 보기는 어렵다.

임대인이 토지와 그 지상 주택에 근저당권을 설정하였다가 임의로 주택을 멸실시키고 그 대지에 새로운 주택을 신축하여 신축건물에 추가 근저당권을 설정하고 이를 임대한 후 토지와 신축건물이 강제경매 되어 일괄 매각된 경우, 근저당권자가 토지 및 종전 주택에 근저당권을 설정할 당시 이미 그 주택에 우선변제권이 인정될 소액임차인이 존재하리라는 것을 고려하여 그 담보가치를 정하였으리라고 보이는 특별한 사정이 있는 경우에 한하여 신축건물의 소액임차인에게도 대지의 환가대금에 대하여 우선변제권을 인정하여야 할 것이다(광주지법 2007.3.22. 2006가단49883).

임대인이 토지와 그 지상 주택에 근저당권을 설정하였다가 임의로 주택을 멸실시키고 그 자리에 다시 주택을 신축하여 이를 임대한 후 토지에 대한 근저당권 실행으로 주택이 함께 일괄 경매된 경우, 주택임대차보호법이 별다른 제한 없이 소액임차인에 대해 대지의 가액을 포함한 주택가액의 2분의 1의 범위 내에서 우선변제권이 있다고 규정하고 있을 뿐이고, 그 취지는 무주택 영세임차인의 소액임차보증금은 생활의 근거가 되는 전재산이나 다름없는 현실을 고려하여 담보물권자의 이익을 희생해서라도 소액임차인을 보호하기 위한 입법 정책의 표현으로 보여지는 데다가, 이미 토지 위에 종전의 건물, 특히 주택이 건립되어 있어 근저당권자가 토지 및 종전 주택에 근저당권을 설정할 당시 이미 그 주택에 우선변제권이 인정될 소액임차인이 존재하리라는 것을 고려하여 그 담보가치를 정하였으리라고 보이는 특별한 사정이 있는 경우에는 그 후 새로 건립된 주택의 소액임차인들에 대하여 대지 부분의 배당금액에 대하여도 우선변제권을 인정하더라도 거래의 안정을 그다지 해치리라고는 볼 수 없는 점(최소한 나대지에 관하여 근저당권이 설정된 후 그 지상에 주택이 건립된 경우와는 달리 보아야 할 것이다) 등에 비추어 보면, 소액임차인들에게 대지부분의 배당금액에 대하여도 우선변제권을 인정함이 합당하다(서울서부지법 1998.7.22. 97가단37992).

그러나 종전 주택과 신축 주택의 규모가 현저히 달라지고 그에 따라 소액임차인의 수도 크게 증가한 경우에도 신축 주택의 소액임차인에게 대지의 환가대금에 대한 우선변제권을 인정한다면 저당권자가 예측할 수 없는 손해를 입게 되는 범위가 지나치게 확대되어 부당하므로, 이러한 사정이 있는 경우에는 소액임차인은 대지의 환가대금에서 소액보증금을 우선변제 받을 수 없다고 보아야 할 것이다.

Ⅴ. 임차주택의 인도

1. 동시이행관계

임대차 종료 후 임대인의 보증금반환의무와 임차인의 목적물명도의무 사이에는 특단의 사정이 없는 한 동시이행의 관계에 있다(민536). 이로써 임차인의 임대인에 대한 동시이행의 항변권은 임차보증금반환채권의 확보를 위한 **담보적 기능**을 갖는다.

또한 집행법원의 잘못으로 보증금 전액을 배당받지 못한 확정일자 임차인이 초과 배당을 받은 낙찰자를 상대로 부당이득반환청구를 한 경우, 위 부당이득반환의무와 건물명도의무 사이에도 동시이행관계가 있다(대법원 1994.2. 22. 93다55241).

2. 임차주택의 인도와 보증금 수령의 관계

(1) 법 제3조의2 제3항

법 제3조의2 제3항은, 「임차인은 임차주택을 양수인에게 인도하지 아니하면 제2항의 규정에 의한 보증금을 수령할 수 없다」고 규정하고 있다. 이 조항은, 임차인이 보증금을 우선변제받고서도 임차주택을 양수인에게 인도하지 아니하면 대금을 모두 지급한 양수인에게 매우 불리하기 때문에, 임차인이 임차주택의 환가대금에서 우선변제권을 행사하여 배당된 보증금을 수령하기 위해서는 임차주택을 양수인에게 인도하도록 규정한 것으로 해석된다.

판례는, 법 제3조의2 제3항은 경매 또는 공매절차에서 임차인이 보증금을 수령하기 위해서는 임차주택을 명도한 증명을 하여야 한다는 것을 의미하는 것이고, 임차인의 주택명도의무가 보증금반환의무보다 선이행되어야 하는 것은 아니라고 판시하여 임차주택을 양수인에게 인도하여야 하는 의무와 보증금의 수령하는 것도 동시이행의 관계에 있음을 밝히고 있다 (대법원 1994.2.22. 93다55241).

(2) 경매실무상의 처리

경매실무에서는 민사집행법 제160조 제1항 제1호의 정지조건 있는 채권에 대한 배당액 교부방법과 마찬가지로 임차물의 인도를 조건으로 배당액을 공탁하고, 우선변제된 보증금을 수령하고자 하는 임차인으로부터 낙찰자가 작성한 **명도확인서**를 제출받아 배당금을 지급하고 있다. 다만, 임차인이 미리 목적물을 인도한 때에는 공탁 없이 바로 배당금을 지급할 수 있다.

실제로 배당기일소환장에는 임차인이 배당금을 수령하려면 가옥명도확인서, 임대차계약서, 임차인의 주민등록등본, 낙찰자의 인감증명서를 각 1통씩 첨부하여 제출하도록 안내하고 있다.

한편, 낙찰자로부터 명도확인서를 얻을 수 없는 때에는 통·반장의 확인서로 대체하거나 낙찰자 등을 심문하는 방법, 이사업체의 확인서와 변경된 주민등록등본 및 공무소에의 조회 등을 통한 새로운 점유자의 확인 등을 종합적으로 고려하여 목적물의 인도 여부를 판단하면 될 것이다.

■ 명도확인서 작성례

명 도 확 인 서

채 권 자 : ○ ○ ○
채 무 자 : ○ ○ ○
배당요구채권자 : ○ ○ ○

　　위 채권자, 채무자 사이의 귀원 2007타경******호 부동산 강제경매 사건에 관하여, 위 배당요구
채권자는 2008. 1. **. 이 사건 경매부동산의 점유를 풀고 매수인(낙찰자)에게 명도하였음을 확인합
니다.

　　첨 부 : 인감증명서

2008. 1. **.

위 낙찰자 ○ ○ ○ ○ ⑩
서울 ○○구 ○○동 XXX

서울중앙지방법원 경매 ○계 귀중

VI. 이해관계인의 구제

1. 경매절차의 경우

(1) 배당배제신청

　　법적 근거는 없으나 경매실무상 배당요구신청을 한 임차인에게 우선변제요건의
흠이 있다거나 가장임차인이라는 등의 사유를 미리 집행법원에 알리는 의미에서
배당배제신청을 하는 경우가 많다. 주택임차인의 우선변제권에 대하여 이해관계가
있는 채권자로서는 배당표 작성단계에서부터 미리 임차인을 배제시킴으로써 배당
이의 소송을 제기하여야 하는 수고를 덜 수 있다.

■ 배당배제신청서 작성례

(2) 배당이의

임차주택의 환가대금을 배당함에 있어 대항요건과 확정일자를 갖춘 임차인의 우
선순위와 보증금에 관하여 이의가 있는 이해관계인은 경매법원에 이의를 신청할
수 있다(법3의2④). 이러한 이의신청에 대하여는 민사집행법 제152조 내지 제161조
의 배당표에 대한 이의에 관한 규정이 준용된다(법3의2⑤).

여기서 **우선순위에 대한 이의**란 임차인이 이의를 제기하는 이해관계인보다 우선변제를 받
는 것에 대하여 이의하는 것을 말하고, **보증금에 관한 이의**란 순위에는 이의가 없으나 보증
금의 액수에 대하여 이의를 제기하는 것을 말한다. 법문상으로는 마치 우선순위와 보증금에
관하여만 이의를 할 수 있는 것처럼 규정되어 있으나, 임차인이 대항요건과 확정일자를 구비
하였다는 것 또는 소액임차인에 해당한다는 것 자체(즉, 임차인에게 우선변제권이 있다는 것 자
체)에 대하여도 이의를 할 수 있다. 또한 이의를 제기할 수 있는 자에는 그 대상인 임차인 외
의 다른 임차인도 포함됨은 당연하다. 즉, 임차인도 다른 임차인의 우선변제권의 존부 및 내
용에 관하여 이의를 할 수 있다.

임차인의 우선순위와 보증금에 관하여 이의가 있는 이해관계인은 배당기일에 출석하여 말로 이의를 진술하고 임차인을 상대로 배당이의의 소를 제기한 후 배당기일부터 1주 이내에 집행법원에 대하여 소제기 사실을 증명하는 서류를 제출하여야 한다.

2. 공매(체납처분)절차의 경우

체납처분에 의한 임차주택의 환가대금을 배분함에 있어 대항요건과 확정일자를 갖춘 임차인의 우선순위와 보증금에 관하여 이의가 있는 이해관계인은 체납처분에 이의를 신청할 수 있다(법3의2④). 이 경우 이의신청일로부터 7일 이내에 임차인을 상대로 소를 제기한 것을 증명한 때에는 체납처분청은 당해 소송의 종결시까지 이의가 신청된 범위 안에서 임차인에 대한 보증금의 변제를 유보하여야 한다. 애당초 임차인에게 배분하기로 예정하였던 금원 중 이의신청의 대상이 되지 아니한 잔여금액은 물론 임차인에게 배분하여야 하며, 유보된 보증금은 위 소송의 결과에 따라 배분한다(법3의2⑥).

제2절 소액임차인의 최우선변제권

법 제8조(보증금 중 일정액의 보호) ① 임차인은 보증금 중 일정액을 다른 담보물권자(擔保物權者)보다 우선하여 변제받을 권리가 있다. 이 경우 임차인은 주택에 대한 경매신청의 등기 전에 제3조제1항의 요건을 갖추어야 한다.
　② 제1항의 경우에는 제3조의2 제4항부터 제6항까지의 규정을 준용한다.
　③ 제1항에 따라 우선변제를 받을 임차인 및 보증금 중 일정액의 범위와 기준은 주택가액(대지의 가액을 포함한다)의 2분의 1의 범위에서 대통령령으로 정한다.
시행령 제3조 【보증금 중 일정액의 범위 등】 ① 법 제8조에 따라 우선변제를 받을 보증금 중 일정액의 범위는 다음 각 호의 구분에 의한 금액 이하로 한다.
　1. 「수도권정비계획법」에 의한 수도권 중 과밀억제권역 : 2천만원
　2. 광역시(군지역과 인천광역시 지역은 제외한다) : 1천700만원

3. 그 밖의 지역 : 1천400만원

② 임차인의 보증금 중 일정액이 주택가액의 2분의 1을 초과하는 경우에는 주택가액의 2분의 1에 해당하는 금액까지만 우선변제권이 있다.

③ 하나의 주택에 임차인이 2명 이상이고, 그 각 보증금 중 일정액을 모두 합한 금액이 주택가액의 2분의 1을 초과하는 경우에는 그 각 보증금 중 일정액을 모두 합한 금액에 대한 각 임차인의 보증금 중 일정액의 비율로 그 주택가액의 2분의 1에 해당하는 금액을 분할한 금액을 각 임차인의 보증금 중 일정액으로 본다.

④ 하나의 주택에 임차인이 2명 이상이고 이들이 그 주택에서 가정공동생활을 하는 경우에는 이들을 1명의 임차인으로 보아 이들의 각 보증금을 합산한다.

시행령 제4조【우선변제를 받을 임차인의 범위】 법 제8조에 따라 우선변제를 받을 임차인은 보증금이 다음 각 호의 구분에 의한 금액 이하인 임차인으로 한다.

1. 「수도권정비계획법」에 의한 수도권 중 과밀억제권역 : 6천만원

2. 광역시(군지역과 인천광역시 지역은 제외한다) : 5천만원

3. 그 밖의 지역 : 4천만원

Ⅰ. 서 설

주택임대차보호법이 처음 제정될 당시에는 대항요건(주택의 인도와 주민등록)을 갖춘 임차인에게 등기 없이도 제3자에게 임대차를 주장할 수 있는 대항력을 부여하는 것에 그치고, 주택임차인의 보증금반환청구권을 보호하기 위한 우선변제권을 인정하는 규정을 두지 아니함으로써 국민의 주거생활의 안정을 보장함을 목적으로 제정된 주택임대차보호법이 영세서민의 보호에 큰 문제가 있다는 지적을 받게 되었다.

이에 따라 1983.12.30. 법 개정시 영세서민인 임차인을 사회정책적 차원에서 특별히 보호하려는 목적에서 제8조를 신설하여 보증금의 액수가 일정액에 미달하는 소액인 경우에는 그 보증금에 관하여 다른 담보물권자보다 우선하여 변제받을 수 있는 소액임차인 보호규정을 파격적으로 인정하게 되었다.

이 규정은 다시 1989.12.30. 법 개정시 종전에는 일정액 이하의 소액보증금 전액에 대하여서 최우선변제권을 부여하던 것을 바꾸어 그 보호되는 소액임차인의 범

위를 늘리되 그 보증금 중 일정액에 대하여는 담보권자보다 앞서 우선변제를 받을 수 있는 권리를 부여하였다.

이러한 소액보증금 최우선변제권은 임차목적 주택에 대하여 저당권에 의하여 담보된 채권, 조세 등에 우선하여 변제받을 수 있는 **일종의 법정담보물권**을 부여한 것이다(대법원 2003.9.5. 2001다66291 ; 2005.5.13. 2003다50771).

주택임대차보호법 제8조 제1항 본문은 임차인은 보증금 중 일정액을 다른 담보물권자보다 우선하여 변제받을 권리가 있다고 규정하여, 소액임차인의 경우 그 임차보증금이 비록 소액이라고 하더라도 그에게는 큰 재산이므로 적어도 소액임차인의 경우에는 **다른 담보권자의 지위를 해하게 되더라도 그 보증금의 회수를 보장하는 것이 타당하다는 사회보장적 고려에서 나온 것**이다(대법원 2004.3.26. 2003다66134).

엄밀한 의미에서 1989.12.30. 개정되기 전의 법률에 의한 **소액보증금**과 현행 법률에 의한 **보증금 중 일정액**의 개념은 다르다고 하겠지만, 사실상 그 대상 및 범위에서 차이가 있을 뿐 일정한 액수의 보증금을 우선적으로 변제받을 수 있는 것이라는 점에서는 큰 차이가 없다고 할 것이므로 소액보증금이라고 부르기로 한다. 또한 **소액보증금**의 우선변제권은 선순위 담보물권보다도 우선하는 것이므로 이를 확정일자 임차인의 우선변제권과 구별하는 의미에서 **소액임차인의 최우선변제권**이라고 부르기로 한다.

Ⅱ. 최우선변제권의 요건

1. 소액임차인에 해당할 것

(1) 소액임차인의 기준범위

보증금의 최우선변제를 받을 수 있는 자는 모든 임차인이 아니라 보증금이 **일정기준 이하**의 소액임차인에 한한다. 최우선변제를 받을 소액임차인은 시행령이 **지역별**로 정하고 있는 범위 내의 임차인만 해당된다. 또한 행정구역이 변경된 경우에는 임대차보증금의 반환청구권이 발생하는 시점(임대차종료시)의 해당지역을 기준으로 판단하면 된다.

아울러 기준범위의 대상이 되는 보증금은 임대차 종료 후 피담보채무를 공제한 잔액이 아니라 임대차계약서상의 금액을 의미한다고 할 것이다.

※ 소액임차인 기준범위의 개정 연혁

1984.6.14. 동법 시행령이 제정될 당시에는 소액보증금의 기준범위가 서울·직할시에서는 300만원 이하, 기타의 지역에서는 200만원 이하로 규정되었으나, 그 후 물가상승·화폐가치 및 부동산 가격의 변동 등 사회경제적 여건의 변화에 따라 여러 차례 개정되었다. 1987.12.1.부터는 서울·직할시에서는 500만원 이하, 기타의 지역에서는 400만원 이하로 상향되었고, 1990.2.19. 개정시 서울·직할시에서는 2,000만원 이하, 기타의 지역에서는 1,500만원 이하로 상향되었으며, 1995.10.19. 다시 개정되어 서울·광역시(군지역 제외)에서는 3,000만원 이하, 기타의 지역에서는 2,000만원 이하로 상향되었고, 2001.9.15. 수도권정비계획법에 의한 수도권 중 과밀억제권역에서는 4,000만원 이하, 광역시(군지역과 인천광역시 지역 제외)에서는 3,500만원 이하, 그 밖의 지역에서는 3,000만원 이하로 상향되었다.

2008.8.21. 시행령이 개정되어 수도권정비계획법에 의한 수도권 중 과밀억제권역에서는 6,000만원 이하, 광역시(군지역과 인천광역시 지역 제외)에서는 5,000만원 이하, 그 밖의 지역에서는 4,000만원 이하로 상향되었다.

수도권정비계획법에서 규정하는 **수도권**이라 함은 서울특별시와 인천광역시 및 경기도 일원의 지역을 말하고, 그 중 인구 및 산업이 과도하게 집중되었거나 집중될 우려가 있어 그 이전 또는 정비가 필요한 지역을 과밀억제권역이라고 하는데, 현재 **과밀억제권역**으로 지정된 지역은 다음과 같다.

• 서울특별시 • 인천광역시[강화군, 옹진군, 중구 운남동·운북동·운서동·중산동·남북동·덕교동·을왕동·무의동, 서구 대곡동·불노동·마전동·원당동, 연수구 송도매립지(인천광역시장이 송도신시가지 조성을 위하여 1990. 11. 12. 송도앞 공유수면매립공사면허를 받은 지역을 말한다), 남동 유치지역을 제외]	• 의정부시　　• 구리시 • 남양주시(호평동·평내동·금곡동·일패동·이패동·삼패동·가운동·수석동·지금동 및 도농동에 한한다.) • 하남시　　• 고양시 • 수원시　　• 성남시 • 안양시　　• 부천시 • 광명시　　• 과천시 • 의왕시　　• 군포시 • 시흥시(반월특수지역을 제외)

(2) 소액임차인의 기준범위를 초과하는 경우

주택임대차보호법이 소액임차인에게 우선변제권을 인정하는 것은, 무주택 영세민이 임대인에게 지급하는 소액의 임차보증금은 그의 전재산이나 다름없는 현실을 고려하여 다른 담보물권자의 이익을 희생하면서 임차인의 임차보증금반환채권의 회수를 보장하여 주기 위한 사회정책적 차원에서 입법된 것이다. 따라서 소액임차인의 기준범위를 조금이라도 초과하게 되면 소액보증금의 최우선변제권은 전혀 인정되지 않는다고 보는 것이 타당하다.

판례도 보증금의 전체 금액이 소액임차인의 기준범위를 조금이라도 초과하는 경우에는 기준범위 내의 금액에 대하여도 소액보증금의 우선변제권에 의한 보호를 받을 수 없다는 입장이다(대법원 1993.9.14. 92다49539).

결국, 현행법하에서 경매절차를 통해 보증금 중 일정액의 최우선변제를 받으려면 임차보증금의 총액이 수도권 중 과밀억제권역에서는 6천만원을, 광역시(인천광역시는 제외)에서는 5천만원을, 그 밖의 지역에서는 4천만원을 넘지 않아야 하는 것이다.

(3) 하나의 주택에 수인의 임차인이 가정공동생활을 하는 경우

(가) 규정

소액임차인의 최우선변제권을 인정받기 위한 탈법행위를 방지하기 위하여 하나의 주택에 임차인이 2인 이상이고 이들이 그 주택에서 **가정공동생활**을 하는 경우에는 이들을 1인의 임차인으로 보아 이들의 각 보증금을 합산한다(영3④).

예컨대 임차주택 중 안방과 거실은 아버지 명의로, 건넌방은 어머니 명의로, 문간방은 아들의 명의로 각각 계약을 체결하였더라도 이들을 1인의 임차인으로 보아 각 보증금을 합산한다는 것이다.

(나) 입법취지

시행령 제3조 제4항은 ① 실질적으로 임차인의 점유보조자 또는 이용보조자의 지위에서 임차인과 동거하는 관계에 있는 자가 형식상 별도의 임대차계약을 체결하는 방법으로 법에 의한 보호를 편취하려는 것을 방지하고, 나아가 ② 가정공동생활을 하는 관계에 있는 이들이 실질적으로 경제적 일체를 이루고 있다는 점을 고려하여 그 보증금에 관한 법정 우선변제권의 범위를 제한하려는 데 그 입법 목적이 있다.

즉, 임차인이나 임대인이 가공의 임차인을 만들거나 계약서를 나누어 작성하는 등의 방법으로 소액보증금을 중복하여 배당받음으로써 선순위 담보물권자의 담보가치를 저하시킬 위험을 방지하기 위해 마련된 것이다.

(다) 가정공동생활 여부에 대한 판단기준

가정공동생활의 관계에 있다고 하기 위해서는, ① 1개의 주택에 관한 여러 명의의 임차인들이 법률상 친족관계에 있을 필요까지는 없지만 적어도 사회통념상 한 가정으로서의 생활공동체를 이루고 있다고 볼 수 있을만한 **긴밀한 인적 결합**을 이루고 있고, ② 경제적으로도 그 보증금이 그 **생활공동체의 계산**으로 일체적으로 귀속되는 것으로 평가할 수 있어야 할 것이며, ③ 단지 임차인들 사이의 상호 친분관계에 힘입어 같은 거주 공간에서 원활한 공동생활이 가능했다거나 위와 같은 친분관계에 터 잡아 상호 임차한 부분에 관한 일시적인 공동 사용을 서로 용인하거나 부엌이나 화장실 등을 공용하여 왔다는 점만으로는 시행령 제3조 제4항에서 말하는 가정공동생활 관계가 있었다고 볼 수 없다(청주지법 2007.5.31. 2007가합3957).

(라) 실무처리기준 및 실제 사례

결국 가족들이 하나의 주택을 방별로 나누어 각자 따로 임대차계약을 체결하였더라도 그 임차인들이 가정공동생활을 영위하는 가족이라면 이들을 1인의 임차인으로 보아 이들의 각 보증금을 합산하여 이 법에 의하여 최우선변제 받을 수 있는 소액임차보증금의 액수를 정하여야 한다. 만약 각 보증금 합산액이 소액임차인의 기준범위를 초과하게 되면 전체적으로 최우선변제권을 인정받지 못함이 원칙이다.

다만, 경매실무에서는 이들이 가정공동생활을 한다는 이유로 이들 모두에게 최우선변제권을 인정하지 않는 것이 형평에 맞지 않고 너무 가혹하므로 어느 한쪽만 소액임차인으로 보아 최우선변제하고 나머지는 가장임차인으로 보아 배당에서 제외하는 방법을 취하고 있는 경우도 있다고 한다.

乙과 乙의 딸이 동일한 주택을 별개로 임차하였으나 이들이 함께 거주하고 있으므로 주택임대차보호법시행령 제3조 제4항 소정의 가정공동생활을 하는 자에 해당하고, 이들의 임대차보증금 합산액이 위 시행령 제4조의 우선변제를 받을 수 있는 소액보증금의 범위를 초과하므로 乙을 주택임대차보호법상 우선변제를 받을 수 있는 임차인으로 보고 한 배당은 부적법하다는 甲의 주장에 대한 판단을 하지 아니한 채 단순히 乙의 임대차보증금이 위 시행령상의 우선변제를 받을 수 있는 소액보증금에 해당한다는 사실만을 들어 甲의 청구를 배척한 원심판결을 판단유탈을 이유로 파기한 사례(대법원 2001.5.15. 2001다18513).

처제·형부 사이인 오씨와 이씨가 2004.11.19. 연립주택 중 방 1칸과 방 2칸에 대하여 집주인과 각 보증금 500만원과 1,600만원으로 정하여 따로 임대차계약을 맺은 다음 각자 그 주택의 소재지로 주민등록 전입신고를 마쳤는데, 그 연립주택에는 임차인들 외에도 그 가족인 6명이 입주하여 함께 살았고, 그 연립주택은 방 3개, 거실 1개, 주방 1개로 되어 있어 여러 가구가 공동 거주하기에는 부적합하였던 사안에서, 임차인들과 집주인 사이의 각 임대차계약의 체결경위나 그 각 보증금의 액수, 연립주택의 규모, 임차인들의 관계 등 여러 사정을 고려하여 임차인들은 그 연립주택에서 가정공동생활을 영위하고 있었다고 보는 것이 상당하므로, 오씨와 이씨를 1인의 임차인으로 보아 임차보증금은 2,100만원(=500만원+1,600만원)이고, 임차인들이 최우선변제를 받을 수 있는 보증금의 액수는 1,600만원이라고 판시한 사례(서울서부지법 2007.4.24. 2006가단48376).

임차주택은 방 3개, 화장실 2개로 이루어진 전용면적 25.7평 규모(계약면적 39평)의 연립주택으로서, 위 주택의 규모와 구조, 임차인들의 세대 규모나 가족 구성에 비추어 임차인 乙의 가족과 임차인 丙과 그의 딸이 함께 거주하는 것이 가정공동체가 아니고서는 불가능하였다고 할 수 없고, 임차인들의 관계나 임차인 乙이 위 주택에 거주하게 된 경위에 비추어 보면, 임차인들이 비록 임차인 乙의 전처(前妻)를 매개로 한 동서지간으로서 친분관계를 갖고 있기는 하나 임차인들 사이의 관계가 사회통념상 가정공동체에 해당한다고 평가하기 어려우며, 나아가 임차인들의 각 보증금 역시 이에 대한 경제적 이해를 구분하고 각자의 계산에 의하여 보증금을 지급하였다고 보여지므로, 결국 시행령 제3조 제4항에 정한 '가정공동생활' 관계에 해당하지 않는다고 보아, 각 보증금을 합산하여 임차인들이 법상의 소액임차인에 해당하는지 여부를 가릴 필요가 없다고 한 사례(청주지법 2007.5.31. 2007가합3957).

(4) 소액임차인에 해당하는지 여부의 판단시점

(가) 보증금이 증액되어 소액임차인의 기준한도를 초과한 경우

처음 임대차계약을 체결할 당시에는 보증금의 액수가 적어 소액임차인에 해당하였다 하더라도 그 후 갱신과정에서 보증금이 증액되어 기준범위의 한도를 초과하면 이제는 더 이상 소액임차인에 해당하지 않는다.

이러한 경우 소액임차인에 해당하는지 여부의 판단시점을 언제로 볼 것인지에 관하여 압류의 효력발생시(채무자에게 경매개시결정이 송달된 때 또는 경매개시결정의 기입등기가 된 때 중 빠른 날을 의미)라는 견해도 있으나, 원칙적으로 **배당시**라고 보는 것이 타당하다고 본다.

(나) 보증금이 소액임차인의 기준한도 이내로 감액된 경우

소액임차인으로서 최우선변제를 받기 위한 탈법수단으로 임대인과 임차인이 통정하여 허위로 보증금을 줄인 것이 명백한 경우에는 최우선변제에서 제외하여야 할 것이다.

그러나 임대차계약을 체결할 당시에는 임대차보증금의 액수가 많아 소액임차인에 해당하지 않았더라도 그 후 보증금이 감액되어 기준한도 이하로 되었고 보증금의 감액이 **배당 전**까지 이루어진 경우에는 소액임차인으로 우선변제권을 인정해 주는 것이 타당하다고 본다. IMF 사태에 따른 전세대란으로 보증금 감액청구가 급증하였던 실정을 감안하면 계약체결 후 보증금이 감액되는 것은 얼마든지 가능한 일이기 때문이다.

이에 관하여 그동안 대법원판례가 없었으나 최근 대법원은 임대차보증금의 감액으로 소액임차인에 해당하게 된 경우 소액임차인으로서 보호받을 수 있다는 입장을 밝혔다.

실제 임대차계약의 주된 목적이 주택을 사용·수익하려는 것인 이상, 처음 임대차계약을 체결할 당시에는 보증금액이 많아 주택임대차보호법상 소액임차인에 해당하지 않았지만 그 후 새로운 임대차계약에 의하여 임대인과의 사이에 정당하게 보증금을 감액하여 소액임차인에 해당하게 되었다면 그 임대차계약이 통정허위표시에 의한 계약이어서 무효라는 등의 특별한 사정이 없는 한 그러한 임차인은 같은 법상 소액임차인으로 보호받을 수 없다고 볼 수 없다(대법원 2008.5.15. 2007다23203).

한편, 소액임차인에 해당하는지 여부의 판단기준 시점에 관하여 **배당시**의 임대차보증금이라고 밝힌 하급심 판례가 있다.

임대차관계가 지속되는 동안 임대차보증금의 증감·변동이 있는 경우, 소액임차인에 해당하는지 여부의 판단시점은 원칙적으로 **배당시**로 봄이 상당하고, 따라서 처음 임대차계약을 체결할 당시 임대차보증금의 액수가 적어서 소액임차인에 해당한다고 하더라도 그 후 갱신과정에서 증액되어 그 한도를 초과하면 더 이상 소액임차인에 해당하지 않게 되고, 반대로 처음에는 임대차보증금의 액수가 많아 소액임차인에 해당하지 않는다 하더라도 그 후 갱신과정에서 감액되어 한도 이하로 되었다면 소액임차인에 해당한다(대구지법 2004.3.31. 2003가단134010).

(5) 공동 임대인 중 1인의 공유지분에 대한 경매절차와 소액임대차

A와 B가 주택을 1/2씩의 지분비율로 공유하면서 공동으로 乙에게 주택 전체를 임대하였는데 A의 채권자가 A의 공유지분에 대하여 경매를 신청하여 경매절차가 진행된 경우, 주택임차인 乙이 소액임차인인지 여부는 **보증금 전액**을 기준으로 판단하여야 한다. 따라서 임차보증금 중 경매대상 공유지분에 상응하는 금액은 소액 보증금에 해당하더라도 보증금 전액이 기준범위를 초과하면 소액임차인으로 볼 수 없는 것이다.

만약 이렇게 해석하지 아니하면 소유자와 임차인이 담합하여 단독소유를 사후에 공유로 전환하여 소액임차인이 아닌 임차인을 소액임차인으로 만들어 낼 위험성이 있기 때문이다. 공동임대인이 임차인에 대하여 부담하는 임차보증금반환의무는 그 성질상 **불가분채무**라는 판례(대법원 1998.12.8. 98다43137)의 입장에서도 소액임차인 인지 여부는 임차보증금 전액을 기준으로 판단하는 것이 타당하다.

한편, 위와 같은 경우에 임차인이 경매절차에서 소액임차인 또는 확정일자 임차인으로서 배당요구를 하였을 때 그 우선변제권이 미치는 범위에 관하여 견해가 나뉠 수 있으나, 임차 인은 공동 임대인 중 1인의 공유지분에 대한 낙찰대금에서 자신의 임차보증금 전액을 배당 받을 수 있다고 보아야 할 것이다. 다만 집행채무자는 공동 임대인인 다른 공유자에게 그 지 분에 상응하는 금원에 대하여 구상을 청구할 수 있을 것이다.

(6) 소액보증금의 보호에 관한 경과조치

(가) 1983.12.30. 개정법 부칙

소액보증금에 대하여 최우선변제권을 부여한 법 제8조의 개정규정은 1984.1.1. 전에 임차주택에 대하여 담보물권을 취득한 자에 대하여는 적용하지 아니한다(부칙 ④).

1983.12.30. 개정된 법 제8조 제2항은 소액보증금의 범위와 기준을 대통령령으로 정하도 록 위임하였는데 대통령령이 1984.6.14.에야 비로소 공포·시행되었다.

한편, 1984.6.14. 제정된 시행령이 곧바로 개정법의 시행시점인 1984.1.1.로 소급 하여 적용될 수는 없으므로 1984.1.1.부터 1984.6.14.까지 사이에 체결된 임대차계 약의 보증금이 기준범위 이내인 경우에도 소액보증금으로 보호를 받을 수 없다. 어떤 소액임차인에게 최우선변제권을 인정해 줄 것인가에 관하여 구체적인 기준과 요건을 정한 대통령령이 아직 시행되기 전에는 그 당시 담보물권을 취득한 자의 지위를 매우 불안정하게 할 수 있기 때문이다.

(나) 1989.12.30. 개정법 부칙

1989.12.30. 개정법 부칙 제3항은 「이 법 시행 전에 임대주택에 대하여 담보물권을 취득한 자에 대하여는 종전의 규정에 의한다」고 규정하고 있다.

이것은 개정법이 소액임차인의 범위를 확대하고 일정한 요건을 갖춘 임차인에 대하여 우선변제권을 부여하는 등 개정 전의 법보다 주택임차인의 지위를 강화하면서 담보물권자에게 담보가치의 하락으로 인한 예상하지 못했던 손해를 입지 않도록 종전 담보물권자의 기득권을 보호하기 위한 규정이라고 할 수 있다.

개정법에 의하면 보증금 중 일정액의 우선변제권이 인정되는 소액임차인에 해당하더라도 1989.12.30. 전에 임차주택에 대하여 근저당권을 취득한 자에 대한 관계에 있어서는 **근저당권설정 당시**의 구법의 기준에 의하여 소액임차인에 해당하는지 여부를 판단한다. 따라서 소액임차인의 기준범위에 포함되더라도 근저당권자보다 우선변제를 받지 못하는 수가 있으므로 실제사례에서 배당가능여부를 분석할 때 **매우 주의를 요하는 부분**이다.

개정된 현행 주택임대차보호법(1989.12.30.) 부칙 제3항에 의하면 '이 법 시행 전에 임대주택에 대하여 담보물권을 취득한 자에 대하여는 종전의 규정에 의한다' 고 규정하고 있어 현행법 시행전인 1986.11.25. 및 1989.11.1. 당해 부동산에 대하여 근저당권을 취득한 甲에 대한 관계에 있어서는 구 주택임대차보호법에 의하여 소액임차인에 해당하는지 여부를 가려야 할 것이므로, 결국 그 임대보증금이 700만원이라고 스스로 주장하는 乙은 甲에 대한 관계에 있어서는 임대보증금 700만원 중 500만원에 대하여도 소액임차인으로서의 우선변제권을 주장할 수 없다고 한 사례(대법원 1993.9.14. 92다49539).

한편, 1989.12.31. 개정된 보증금 중 일정액의 보호에 관한 법 제8조는 우선변제권이 있는 임차인 및 보증금 중 일정액의 범위와 기준을 대통령령으로 정하도록 위임하였고 이에 따른 개정 시행령이 1990.2.19.에야 비로소 공포·시행되기에 이르렀다. 그런데 법률과 시행령의 시행시기를 같은 날로 맞추지 못한 입법적 과오로 인하여 **과도기적 공백상태**(51일간)가 발생하였고, 개정 시행령을 소급적용할 것인지 종전 시행령을 계속적용할 것인지 신·구 시행령의 적용에 문제가 생겼다.

예컨대, 서울 소재 주택에 대하여 1990.2.8. 근저당권이 설정된 후 1990.3.1. 임차인이 보증금 2,000만원에 임차·입주하고 전입신고를 마친 경우, 경매절차에서 임차인이 개정 시행령에 따라 보증금 2,000만원 중 소액보증금 700만원을 근저당권보다 우선하여 변제를 받을 수 있는가 아니면 종전 시행령에 따라 소액보증금의 범위인 500만원을 초과한다는 이유로 우선변제권을 배제할 것인가 하는 문제가 생긴다.

이에 관하여 판례는, 소액임차인 해당 여부의 기준이 되는 시행령은 **개정 전의 시행령**이고 개정된 시행령을 법률의 개정시점으로 소급적용할 수 없다고 하였다. 즉 개정법 시행 후 어떤 범위에서 소액임차인에게 우선변제권을 인정해 줄 것인가에 관하여 법률의 위임에 따른 구체적인 요건을 정한 새로운 대통령령이 아직 시행되기 전에 근저당권이 설정된 경우 구 시행령은 신법의 취지에 반하지 않는 범위 내에서 새로운 대통령령이 시행될 때까지 여전히 그 효력을 유지한다는 것이다(대법원 2002.3.29. 2001다84824).

2. 대항요건을 구비하고 존속할 것

(1) 대항요건의 구비

(가) 경매절차에서의 대항요건 구비시기

소액임차인의 최우선변제권은 법 제3조 제1항의 대항요건(주택의 인도와 주민등록)을 구비한 임차인에게만 인정되고, 이를 갖추지 못한 소액임차인에게는 최우선변제권이 인정되지 아니한다.

또한 소액임차인의 대항요건은 주택에 대한 **첫 경매개시결정의 등기** 전에 갖추어야 한다. 그러나 이것은 대항력을 의미하는 것은 아니므로 매수인(낙찰자)에게 대항할 수 없는 소액임차인이라도 경매개시결정의 등기 전에 대항요건을 구비하면 족하다.

주택임대차보호법 제8조는 경매주택에 관하여 저당권이나 기타 담보권이 설정되어 있다 하더라도 그러한 담보권과 임대차계약 사이의 선후를 불문하고 소액보증금에 대한 우선변제를 인정하려는 데 그 입법취지가 있는 것이므로, 위 조항에서 우선변제권을 인정하기 위한 요건으로 경매신청 등기 이전에 전입신고가 되어 있을 것을 요구하는 것은 어떤 주택에 대하여 담보권을 취득하려는 자에 대하여 임차권을 공시하려는 데 그 목적으로 하는 것이 아니라, 경매개시 결정으로 주택을 압류한 이후에는 새롭게 체결한 임대차계약으로 우선변제권을 주장할 수 없게 하여 위 법률에서 보호하는 소액임차인의 범위를 한정하려는 데에 그 목적이 있다 할 것이어서 소액임차인의 경우 그 전입신고를 함에 있어서 제3자가 그 임대차 사실을 쉽게 인식할 수 있도록 반드시 독립세대주로 신고를 하여야 하는 것은 아니라 할 것이다(서울지법 1998.11.11. 98나38493).

소액임차인의 우선변제권에 관한 같은 법 제8조 제1항이 그 후문에서 '이 경우 임차인은 주택에 대한 경매신청의 등기 전에' 대항요건을 갖추어야 한다고 규정하고 있으나, 이는 소액보증금을 배당받을 목적으로 배당절차에 임박하여 가장 임차인을 급조하는 등의 폐단을 방지하기 위하여 소액임차인의 대항요건의 구비시기를 제한하는 취지이지, 반드시 임차주택과 대지를 함께 경매하여 임차주택 자체에 경매신청의 등기가 되어야 한다거나 임차주택에 경매신청의 등기가 가능한 경우로 제한하는 취지는 아니라 할 것이다(대법원 2007.6.21. 2004다26133).

그러나 경매신청의 등기 전에 대항요건을 갖추도록 하여도 가장임차인의 문제가 완전히 해결된 것은 아니다. 주택에 대하여 경매가 시작되기 전에 채권자가 채무자에 대하여 변제독촉과 아울러 강제집행을 예고하는 것이 대부분이므로 경매 직전에 얼마든지 허위의 임대차계약을 체결하고 가장임차인을 동원하여 대항요건을 갖추는 것이 가능하기 때문이다. 대체로 주민등록 전입일자가 경매신청에 임박하여 이루어진 경우에는 가장임차인일 가능성이 많을 것이나 이를 판단하기가 쉽지 않다.

임대건물의 구조상 5세대의 임차인이 있기는 어려운 점, 임차인의 전입신고가 임대인이 대출연체로 그 채권자로부터 법적 조치를 취하겠다는 최고장을 받은 이후 경매개시 전에 집중되어 있는 점, 협의이혼하여 따로 살고 있던 부부가 같은 날 전입신고하면서 따로 각 방 1개씩을 임차하였다고 주장하는 점, 건물을 모두 임대하고 다른 곳에 거주한다는 임대인 부부가 경매개시결정정본 및 배당기일소환장을 같은 건물에서 받았고 채권자의 직원이 방문하였을 때에 임대인의 처가 위 건물에서 잠을 자고 있었던 점, 임차인 가족이 거주한다는 방에 침대 1개 및 옷 몇 벌만 있었던 점 등에 비추어 이들을 우선변제권 있는 소액임차인으로 보기에 의심스러운 사정이 있다고 한 사례(대법원 2001.3.23. 2000다53397).

(나) 체납처분절차에서의 대항요건 구비시기
임차주택이 체납처분에 의해 공매될 경우 소액임차인이 언제까지 대항요건을 갖추어야 하는지에 관하여 명문의 규정은 없으나, 조세채권의 **압류등기** 후 대항요건을 갖춘 때에는 소액보증금의 우선변제권을 인정하지 않는 것이 종래의 실무였다.

그러나 국세심판소는 조세의 체납처분으로 주택에 대한 압류등기가 마쳐진 이후에도 경매신청의 등기가 경료되기 전에 대항요건을 갖추었다면 조세채권보다 우선하여 소액보증금의 최우선변제권이 인정된다고 적극적으로 해석하여(1999.10.14. 98서2010) 기존의 실무를 변경하였다. 이러한 결정 후 재정경제부와 국세청은 주택에 대한 공매절차에서 소액보증금의 최우선변제를 받기 위해서는 국세징수법 제67조의 **(최초)공매공고일 이전**에 대항요건을 갖추어야 한다고 유권해석 하였다.

이와 달리 '경매신청의 등기'란 국세징수법에 의한 공매에 있어서는 조세채권의 내용을 실현하고 그 만족을 얻기 위한 체납처분의 최초의 절차로서 납세자의 특정재산을 강제적으로 확보하기 위하여 처분을 금지하는 '**체납처분에 의한 압류등기**'를 뜻하는 것으로 해석함이 상당하고, 공매대상 재산의 매수 수요를 유발하여 고가의 매수청약을 유인하는 것에 불과한 '압류재산공매공고'를 뜻하는 것은 아니라고 한 하급심판결도 있다(서울행정법원 2006.4.18. 2005구합27734).

한편, 대법원은 임차주택에 대한 임의경매개시결정 후 체납처분에 의한 공매절차가 따로 진행되어 공매절차에서 임차주택이 매각되어 매각대금이 배분된 사안에서, 임차주택이 경매절차에서가 아니라 체납처분에 의한 공매절차에서 매각되었더라도 경매개시결정의 등기 후 대항요건을 갖춘 소액임차인은 보증금 중 일정액을 담보물권자보다 우선하여 변제받을 수 없다고 판시하였다(대법원 2004.3.26. 2003다65940).

(2) 대항요건의 존속

2002.7.1.부터 시행되고 있는 민사집행법하에서는 경매절차에서 소액보증금의 최우선변제권을 행사하여 배당을 받기 위하여 **집행법원이 첫 매각기일 이전으로 정한 배당요구의 종기**까지 대항요건을 유지하고 있어야 한다.

주택임대차보호법 제8조에서 임차인에게 같은 법 제3조 제1항 소정의 주택의 인도와 주민등록을 요건으로 명시하여 그 보증금 중 일정액의 한도 내에서는 등기된 담보물권자에게도 우선하여 변제받을 권리를 부여하고 있는 점, 위 임차인은 배당요구의 방법으로 우선변제권을 행사하는 점, 배당요구시까지만 위 요건을 구비하면 족하다고 한다면 동일한 임차주택에 대하여 주택임대차보호법 제8조 소정의 임차인 이외에 같은 법 제3조의2 소정의 임차인이 출현하여 배당요구를 하는 등 경매절차상의 다른 이해관계인들에게 피해를 입힐 수도 있는 점 등에 비추어 볼 때, 공시방법이 없는 주택임대차에 있어서 주택의 인도와 주민등록이라는 우선변제의 요건은 그 우선변제권 취득시에만 구비하면 족한 것이 아니고, **민사집행법상 배당요구의 종기**까지 계속 존속하고 있어야 한다(대법원 2007.6.14. 2007다17475).

따라서 소액임차인이 배당요구의 종기 이전에 임차주택에서 다른 곳으로 이사를 가거나 주민등록을 옮기는 경우에는 (임차권등기명령에 의한 임차권등기를 한 경우를 제외하고는) 대항요건을 상실하게 되어 더 이상 최우선변제권이 인정되지 아니한다.

3. 임차주택이 경매 또는 공매에 의하여 매각될 것

(1) 경매 또는 공매(체납처분)절차

소액임차인이 우선변제권을 행사하기 위해서는 당해 임차주택이 경매 또는 체납처분에 의하여 매각되는 경우이어야 한다. 경매나 체납처분에 의하지 아니하고 단순히 매매·교환 등의 법률행위에 의하여 임차주택이 양도된 경우에는 대항력 유무만이 문제로 될 뿐 우선변제권은 인정될 여지가 없다.

한편, 임차권등기명령에 의해 임차권등기가 마쳐진 주택을 그 후에 임차한 임차인의 보증금이 소액임차인의 기준한도 이내라도 경매절차에서 최우선변제를 받을 권리가 없다(법3의3 ⑥).

(2) 파산절차

종전 파산법하에서 임대인의 파산으로 임차주택이 파산재단에 속하게 된 경우에 소액임차인이 별제권을 가지는지 여부에 관하여, 소액보증금의 최우선변제권은 다른 담보물권에 우선하는 권리인 점에 비추어 볼 때 파산절차에서 별제권을 인정하는 견해가 있었고, 부동산담보권에 유사한 권리가 인정되는 소액임차인의 경우 그 자체로서 별제권을 인정한 하급심판결도 있었다.

2006.4.1.부터 시행되는 '채무자회생및파산에관한법률'(**통합도산법**) 제415조 제2항에 따르면, "주택임대차보호법 제8조의 규정에 의한 임차인은 같은 조 규정에 의한 보증금을 파산재단에 속하는 주택(대지를 포함한다)의 환가대금에서 다른 담보물권자보다 우선하여 변제받을 권리가 있다. 이 경우 임차인은 **파산신청일**까지 주택임대차보호법 제3조(대항력 등)제1항의 규정에 의한 대항요건을 갖추어야 한다."라고 규정하고 있다.

따라서 통합도산법이 시행되면, 주택임대차보호법이나 상가건물임대차보호법상 대항요건을 갖추고 확정일자를 받은 임차인은 물론 파산신청일까지 대항요건을 갖춘 소액임차인은 파산절차에서 우선적으로 보호를 받게 된다.

(3) 가등기담보법에 의한 사적 실행절차

가등기담보 등에 관한 법률상의 사적실행 절차에서도 주택임차인의 소액보증금 최우선변제권이 인정되는지 여부에 관하여 최근 이를 적극적으로 해석한 하급심판례가 나왔다.

> 주택임대차보호법상 주택임차인은 그 자신이 경매청구권을 가지지 못하므로 가등기담보권이 경매에 의하여 실행되는가 사적실행되는가는 자신의 의사와 관계없이 결정되는데 경매로 실행되면 우선변제받고, 사적실행이 되면 그렇지 않다고 볼 합리적인 이유가 없고, 가등기담보권자가 사적실행 절차를 거쳐 소유권을 취득하는 것은 경매절차에서 스스로 낙찰받는 것과 마찬가지라고 할 것이므로, 주택임대차보호법 제8조의 요건을 갖춘 임차보증금반환채권의 경우에는 사적실행에 있어서도 최우선적으로 변제받을 수 있다. 이와 같이 주택임차인의 우선변제청구권은 후순위권리자의 채권에 우선할 뿐 아니라 모든 담보권자에 우선하므로 가등기담보권자에게도 우선하는 것이어서 이 범위 내에서는 주택임차인은 통지된 청산금의 평가액이나 청산금의 유무에 관계없이 우선변제청구권을 행사할 수 있고, 이를 변제받을 때까지는 임차권으로 대항할 수 있다(부산고법 2007.12.21. 2007나8266,8273).

4. 배당요구 또는 우선권행사의 신고를 하였을 것

(1) 배당요구 또는 우선권행사 신고

소액임차인이 주택의 가액으로부터 우선변제를 받기 위해서는 권리신고만으로 부족하고 경매법원에 배당요구를 하거나 체납처분청에 우선권의 행사를 신고하여야 한다.

> 주택임대차보호법에 의하여 우선변제청구권이 인정되는 소액임차인의 소액보증금반환채권은 현행법상 민사소송법 제605조 제1항에서 규정하는 **배당요구가 필요한 배당요구채권**에 해당한다(대법원 2002.1.22. 2001다70702).

(2) 배당요구를 하지 아니한 소액임차인의 지위

(가) 낙찰자에게 대항할 수 없는 경우

낙찰자에게 대항할 수 없는 소액임차인이 배당요구를 하지 아니하여 소액보증금을 지급받지 못한 이상 낙찰자에 대하여 임차보증금의 반환이나 우선변제를 요구할 수는 없다.

소액임차인의 임대차보다 먼저 이루어진 근저당권의 실행을 위한 임의경매절차에서 임차주택을 경락받아 그 소유권을 취득한 경락인에 대하여는 임차인의 임차권으로써 대항할 수 없고, 임차인이 비록 주택임대차보호법 소정의 소액임차보증금의 임차인이라 할지라도 임차주택의 임의경매절차에서 소액보증금의 지급을 받지 못한 이상 임차주택의 경락인에 대하여 그의 소액보증금의 우선변제를 요구할 수 없다(대법원 1988.4.12. 87다카844).

(나) 낙찰자에게 대항할 수 있는 경우

판례는 소액임차인이 임차주택의 경매절차에서 배당요구를 하지 아니하여 배당에서 제외된 경우라도 낙찰자에게 대항할 수 없다거나 임차보증금반환채권을 포기한 것으로 볼 수 없다고 한다.

주택임대차보호법 제3조의 규정에 의하면 임대차는 그 등기가 없는 경우에도 임차인이 주택의 인도와 주민등록 또는 전입신고를 마친 때에는 대항력이 발생하고 이 경우에 임차주택의 양수인은 임대인의 지위를 승계한 것으로 보도록 되어 있는바, 임차주택의 양도에는 강제경매에 의한 경락의 경우도 포함되는 것이므로, 임차인이 당해 경매절차에서 권리신고를 하여 소액보증금의 우선변제를 받는 절차를 취하지 아니하였다고 하여 임차주택의 경락인에게 그 임대차로써 대항할 수 없다거나 임차보증금반환채권을 포기한 것으로 볼 수는 없는 것이다(대법원 1992.7.14. 92다12827).

(다) 소액임차인의 부당이득반환청구

소액임차인의 보증금반환채권은 **배당요구가 필요한 배당요구채권**에 해당하므로, 적법한 배당요구를 하지 아니한 소액임차인은 후순위 채권자를 상대로 부당이득반환청구를 할 수 없다.

민사소송법 제605조 제1항에서 규정하는 배당요구가 필요한 배당요구채권자는 경락기일까지 배당요구를 한 경우에 한하여 비로소 배당을 받을 수 있고, 적법한 배당요구를 하지 아니한 경우에는 비록 실체법상 우선변제청구권이 있다 하더라도 경락대금으로부터 배당을 받을 수는 없을 것이므로, 이러한 배당요구채권자가 적법한 배당요구를 하지 아니하여 그를 배당에서 제외하는 것으로 배당표가 작성·확정되고 그 확정된 배당표에 따라 배당이 실시되었다면 그가 적법한 배당요구를 한 경우에 배당받을 수 있었던 금액 상당의 금원이 후순위

채권자에게 배당되었다고 하여 이를 법률상 원인이 없는 것이라고 할 수 없으며, 주택임대차보호법에 의하여 우선변제청구권이 인정되는 소액임차인의 소액보증금반환채권은 위와 같은 배당요구가 필요한 배당요구채권에 해당한다(대법원 2002. 1.22. 2001다70702).

(3) 배당요구신청을 취하한 소액임차인의 대항력

대항력 있는 소액임차인은 임차주택의 경매절차에서 보증금을 반드시 우선변제 받아야 할 의무는 없으므로, 경매법원에 배당요구신청을 하였다가 낙찰후 배당기일에 이를 취하하였더라도 대항력의 포기라고 볼 수는 없다.

주택임대차보호법 소정의 요건을 갖춘 임차인은 임차인의 보호를 위한 동법의 취지에 비추어 볼 때, 임차주택의 양수인에게 대항하여 보증금의 반환을 받을 때까지 임대차관계의 존속을 주장할 수 있는 권리와 소액의 보증금에 관하여 임차주택의 가액으로부터 우선변제를 받음과 동시에 임차목적물을 명도할 수 있는 권리를 겸유하고 있다고 해석되고 이 두 가지 권리 중 하나를 선택하여 행사할 수 있다고 보아야 하며 임차인이 경매절차에서 배당요구신청을 하였다가 이를 취하하였다 하여 이를 그 권리의 포기라고 볼 수는 없다(대법원 1987.2. 10. 86다카2076).

5. 소액전차인의 최우선변제권 여부

(1) 전대인이 소액임차인에 해당하는 경우

소액임차인(전대인)으로부터 적법하게 목적물을 전차한 소액전차인에게도 법 제8조에 의한 우선변제권이 인정되는지 여부에 관하여 예규 및 경매실무에서는 소액전차인도 보증금반환청구권에 관하여 소액임차인과 동일한 권리를 가진다고 해석하여 원칙적으로 이를 **긍정**하고 있다.

(2) 전대인이 소액임차인이 아닌 경우

대법원 예규에 의하면, 소액임차인에 해당하지 아니하는 임차인으로부터 주택을 전차한 경우에는 전차인의 보증금이 소액보증금의 범위 내에 해당하더라도 최우선변제권이 인정되지 아니한다(재민 84-10).

만약 전대인이 소액임차인이 아닌 경우에도 소액전차인에게 우선변제권을 인정한다면 전대인이 수인의 소액전차인에게 전대하는 방법으로 자신의 임차보증금을 우선변제받을 수 있는 부당한 결과가 발생하게 되어 법 제8조에서 소액보증금의 범위를 제한한 의미가 상실되기 때문이다.

Ⅲ. 최우선변제권의 내용

1. 보증금 중 일정액의 최우선변제

(1) 보증금 중 일정액

(가) 최우선변제를 받을 한도
소액임차인의 기준범위에 속하더라도 최우선변제를 받을 한도는 소액보증금 전액이 아니라 그 중 **일정액**에 한한다.

현재 최우선변제를 받을 일정액은 수도권정비계획법에 의한 수도권 중 과밀억제권역은 2,000만원 이하, 광역시(군지역과 인천광역시 제외)는 1,700만원 이하, 그 밖의 지역은 1,400만원 이하로 규정되어 있다.

■ 소액임차인 및 우선변제를 받을 소액보증금의 범위 변동내역

적용기간	지 역 구 분	소액임차인의 범위	최우선변제액
1984. 6.14.~ 1987.11.30.	서울특별시·직할시	300만원 이하	
	기타의 지역	200만원 이하	
1987.12. 1.~ 1990.2.18.	서울특별시·직할시	500만원 이하	
	기타의 지역	400만원 이하	
1990. 2.19.~ 1995.10.18.	서울특별시·직할시	2,000만원이하	700만원이하
	기타의 지역	1,500만원이하	500만원이하
1995.10.19.~ 2001. 9.14.	**특별시·광역시(군지역제외)**	3,000만원이하	1,200만원이하
	기타의 지역	2,000만원이하	800만원이하
2001. 9.15.~ 2008.8.20	수도권 중 과밀억제권역	4,000만원 이하	1,600만원 이하
	광역시(군지역, 인천 제외)	3,500만원 이하	1,400만원 이하
	그 밖의 지역	3,000만원 이하	1,200만원 이하
2008.8.21~ 현재	수도권 중 과밀억제권역	6,000만원 이하	2,000만원 이하
	광역시(군지역, 인천 제외)	5,000만원 이하	1,700만원 이하
	그 밖의 지역	4,000만원 이하	1,400만원 이하

(나) 대항요건과 확정일자를 갖춘 임차인이 소액임차인의 지위를 겸하는 경우

최우선변제액을 초과한 나머지 금액에 관하여는 임대차계약서상에 확정일자를 갖춘 경우에 한하여 그 낙찰대금에서 선순위의 담보권자 등에게 배당하고 남은 대금에서 순위에 의한 우선변제를 받을 수 있다.

예를들면, 서울에서 4,000만원에 임대차계약을 체결한 경우 그 중 1,600만원까지는 소액보증금으로 최우선변제를 받고, 나머지는 확정일자 임차인의 우선변제권에 의하여 순위에 따른 배당을 받을 수 있다.

주택임대차보호법 제3조의2 제2항은 대항요건(주택인도와 주민등록전입신고)과 임대차계약증서상의 확정일자를 갖춘 주택임차인에게 부동산 담보권에 유사한 권리를 인정한다는 취지로서, 이에 따라 대항요건과 확정일자를 갖춘 임차인들 상호간에는 대항요건과 확정일자를 최종적으로 갖춘 순서대로 우선변제받을 순위를 정하게 되므로, 만일 대항요건과 확정일자를 갖춘 임차인들이 주택임대차보호법 제8조 제1항에 의하여 보증금 중 일정액의 보호를 받는 소액임차인의 지위를 겸하는 경우, 먼저 소액임차인으로서 보호받는 일정액을 우선 배당하고 난 후의 나머지 임차보증금채권액에 대하여는 대항요건과 확정일자를 갖춘 임차인으로서의 순위에 따라 배당을 하여야 하는 것이다(대법원 2007.11.15. 2007다45562).

(다) 최우선변제액이 주택가액의 1/2을 초과하는 경우

소액임차인이 최우선변제를 받을 보증금 중 일정액이 주택가액의 1/2을 초과하는 경우에는 주택가액의 1/2에 해당하는 금액에 한하여 우선변제권이 있다(영3②). 소액임차인의 최우선변제권은 선순위 담보물권자보다도 우선하여 변제를 받는 파격적인 것이므로 선순위 담보권자의 피해를 최소화하기 위해 그들의 몫으로 주택가액의 1/2을 남겨 놓도록 한 것이다.

여기서 말하는 주택가액은 주택의 시가가 아니라 실제 배당할 금액(낙찰대금에 입찰보증금에 대한 배당기일까지의 이자, 몰수된 입찰·항고보증금 등을 포함한 금액에서 집행비용을 공제한 나머지 금액)을 뜻한다(대법원 2001.4.27. 2001다8974).

(라) 하나의 주택에 소액임차인이 2인 이상인 경우

하나의 주택에 소액임차인이 2인 이상이고, 각 최우선변제액의 합산액이 주택가액의 1/2을 초과하는 경우에는 그 합산액에 대한 각 임차인의 소액보증금의 비율로 그 주택가액의 1/2에 해당하는 금액을 분할한 금액을 각 임차인의 최우선변제액으로 보고 있다(영3③).

예컨대, 서울지역에서 하나의 주택에 소액임차인이 3명(A, B, C)이 있고 각 보증금이 2,500만원, 1,600만원, 800만원인 경우, 위 주택이 경매절차에서 6,000만원에 낙찰되었다면, 각 소액임차인이 배당받을 수 있는 금액은 주택가액의 1/2에 해당하는 3,000만원을 한도로 계산하여 A와 B는 각 1,200만원, C는 600만원을 최우선변제 받게 된다.

(마) 연체차임의 공제 여부

임차인에게 소액보증금을 배당함에 있어서 연체차임을 공제한 나머지 금액을 배당하여야 하는지 아니면 보증금 전액을 배당하여야 하는지 문제된다.

이에 관하여 선례로 삼을만한 대법원판례는 아직 없으며, 하급심판례는 임대차가 종료되는 배당표 확정시까지의 연체차임을 공제한 나머지를 배당하여야 한다는 것과 경매절차 진행기간 동안의 연체차임을 임대차보증금에서 공제하여서는 안 된다는 것으로 나뉘고 있다.

甲 소유 부동산에 대한 배당절차에서 乙이 주택임차인으로 1,000만원의 임대차보증금반환채권에 대한 배당요구 신청을 하여, 경매법원이 소액임차인인 乙에게 제1순위로 보증금 1,000만원을 우선 배당하는 배당표를 작성하자, 이에 甲은 乙이 2002.11.25.부터 낙찰일인 2005.5.31.까지의 임대차기간 중 12개월분의 차임 합계 5,020,000원을 연체하였으므로, 乙에게 위 연체차임을 공제한 나머지를 배당하는 것으로 배당표를 경정하여야 한다고 주장하면서 배당이의 소를 제기하였고, 乙은 甲 주장 중 2개월분 차임연체사실은 인정하면서, 2004.11.25. 임차 부동산에서 이사하고 임대차보증금의 배당을 위하여 일부 짐만 남겨두었으므로, 그 이후의 차임을 공제하여서는 아니된다고 주장한 사안에서, 乙은 2002.11.15. 甲으로부터 위 부동산을 임대차보증금 1,000만원, 월세 42만원으로 정하여 임차하여 거주하다가, 2004.8.경 甲을 대리한 A에게 이사를 나가겠다는 통지를 한 다음, 2004.11.25. 새로 임차한 주택으로 이사를 하고, 다만 임대차보증금의 우선변제를 받기 위하여 일부 가재도구를 남겨 두고 있었으므로, 위 임대차는 2004. 11.25. 기간만료로 종료되어 甲이 乙에게 2004.11.25. 이후의 차임 상당의 부당이득을 청구할 수 있으나, 乙은 본래의 임대차계약상의 목적에 따라 사용·수익하지 아니하여 실질적인 이득을 얻은 바 없어, 결국 3개월의 기간에 대한 차임 상당의 부당이득의 반환을 청구할 수 없다고 하여, 당초의 배당액 1,000만원을 874만원으로 감액한 사례(대구지법 2006.4.25. 2005가단80490).

임차인 乙이 아파트를 임대차보증금 1,600만원, 차임 월 70만원으로 정하여 임차하였는데, 그 아파트에 관하여 임의경매절차가 진행되자 차임 지급을 중단하고 배당요구를 하였고, 경매법원은 乙을 소액임차인으로 인정하여 임대차보증금 1,600만원을 배당하자, 근저당권자 甲은 경매절차 진행기간 중 乙이 연체한 차임을 공제한 나머지 임대차보증금을 배당하여야 함에도 임대차보증금 전액을 배당한 것은 위법하다고 주장하여, 소액임차인에게 임대차보증금을 배당함에 있어서 경매절차 진행기간 동안의 연체차임을 공제한 나머지 금액을 배당하여야 하는 지 여부가 쟁점이 된 사안에서, 근저당권의 실행으로 인한 부동산임의경매절차에서 경매개시결정으로 인한 압류 후의 차임의 처리에 관하여, 부동산의 소유자인 임대인이 이를 수취하거나 임대차보증금에서 당연히 공제되는 것이 아니라 경매절차에서 부동산과 함께 매각되어 환가되거나 별도로 수취된 후 피담보채권의 변제에 충당되는 방법으로 처리되어야 한다면서, 甲의 청구를 기각한 사례(서울동부지법 2007.4.24. 2006가단62400).

한편, 임차인이 임대차계약 종료 이후에도 동시이행의 항변권을 행사하는 방법으로 목적물의 반환을 거부하기 위하여 임차건물부분을 계속 점유하기는 하였으나 이를 본래의 임대차계약상의 목적에 따라 사용·수익하지 아니하여 실질적인 이득을 얻은 바 없는 경우에는 그로 인하여 임대인에게 손해가 발생하였다 하더라도 임차인의 부당이득반환의무는 성립되지 아니하고(대법원 2001.2.9. 2000다61398 ; 2003.4.11. 2002다59481), 이는 임차인의 사정으로 인하여 임차건물을 사용·수익하지 못한 경우에도 마찬가지다(대법원 2006.10.12. 2004재다818).

(2) 최우선변제를 받는 대상

(가) 건물과 대지가액의 1/2

소액보증금의 최우선변제를 받을 대상은 **건물과 대지의 가액의 1/2**이다. 주택임차인이 소액보증금에 대하여 대지와 건물 모두로부터 배당을 받는 경우 공동저당에 준하여 대지와 건물의 경매대가에 비례하여 최우선변제액을 산정한다(대법원 2003.9.5. 2001다66291).

(나) 주택과 대지에 대하여 경매절차가 따로 진행되는 경우

주택과 대지에 대한 경매가 따로 진행되는 경우에도 보증금반환청구권이 남아 있는 한 소액임차인은 각 경매절차에 모두 참가하여 우선변제를 받을 수 있다. 이 경우 먼저 경매되는 목적물의 낙찰대금의 1/2 한도내에서 우선변제를 받고, 잔여 보증금이 있으면 후에 경매되는 목적물의 낙찰대금의 1/2 한도내에서 다시 우선변제를 받는다.

다가구용 단독주택의 대지와 건물 모두에 대하여 근저당권이 설정되고 경매가 개시되었다가 대지 부분만 낙찰된 경우, 그 주택의 소액임차인은 대지에 관한 낙찰대금 중에서 소액보증금을 우선변제받을 수 있는지 여부에 관하여 이를 긍정한 사례(대법원 1996.6.14. 96다 7595).

(다) 나대지의 저당권설정 후 건물이 신축된 경우

건물이 없는 나대지에 저당권이 설정된 후 비로소 건물이 신축된 경우에는 소액 임차인은 대지의 환가대금에 대하여 우선변제를 받을 수 없다.

임차주택의 환가대금 및 주택가액에 건물뿐만 아니라 대지의 환가대금 및 가액도 포함된 다고 규정하고 있는 주택임대차보호법 제3조의2 제1항 및 제8조 제3항의 각 규정과 같은 법 의 입법 취지 및 통상적으로 건물의 임대차에는 당연히 그 부지 부분의 이용을 수반하는 것 인 점 등을 종합하여 보면, 대지에 관한 저당권의 실행으로 경매가 진행된 경우에도 그 지상 건물의 소액임차인은 대지의 환가대금 중에서 소액보증금을 우선변제받을 수 있다고 할 것 이다. 그러나 이와 같은 법리는 대지에 관한 저당권 설정 당시에 이미 그 지상 건물이 존재하 는 경우에만 적용될 수 있는 것이고, 저당권 설정 후에 비로소 건물이 신축된 경우에까지 공 시방법이 불완전한 소액임차인에게 우선변제권을 인정한다면 저당권자가 예측할 수 없는 손해를 입게 되는 범위가 지나치게 확대되어 부당하므로, 이러한 경우에는 소액임차인은 대 지의 환가대금에 대하여 우선변제를 받을 수 없다고 보아야 할 것이다(대법원 1999.7.23. 99다 25532).

(라) 미등기 주택 대지의 환가대금에 대한 소액임차인의 우선변제권

최근 대법원은 **전원합의체판결**에 의하여, 임차주택의 등기 여부에 따라 그 우선 변제권의 인정 여부를 달리 해석하는 것은 합리적 이유나 근거 없이 그 적용대상을 축소하거나 제한하는 것이 되어 부당하다고 하면서, 민법과 달리 임차권의 등기 없 이도 대항력과 우선변제권을 인정하는 이 법의 취지에 비추어 <u>미등기 주택 대지의 환가대금에 대한 임차인의 우선변제권을 긍정</u>하였다.

대항요건 및 확정일자를 갖춘 임차인과 소액임차인에게 우선변제권을 인정한 같은 법 제3 조의2 및 제8조가 미등기 주택을 달리 취급하는 특별한 규정을 두고 있지 아니하므로, … 대 항요건 및 확정일자를 갖춘 임차인과 소액임차인의 임차주택 대지에 대한 우선변제권에 관 한 법리는 임차주택이 미등기인 경우에도 그대로 적용된다고 보아야 할 것이다.… 다만, 소 액임차인의 우선변제권에 관한 같은 법 제8조 제1항이 그 후문에서 '이 경우 임차인은 주택 에 대한 경매신청의 등기 전에' 대항요건을 갖추어야 한다고 규정하고 있으나, 이는 소액보 증금을 배당받을 목적으로 배당절차에 임박하여 가장 임차인을 급조하는 등의 폐단을 방지 하기 위하여 소액임차인의 대항요건의 구비시기를 제한하는 취지이지, 반드시 임차주택과 대지를 함께 경매하여 임차주택 자체에 경매신청의 등기가 되어야 한다거나 임차주택에 경매신청의 등기가 가능한 경우로 제한하는 취지는 아니라 할 것이다. 대지에 대한 경매신청의 등기 전에 위 대항요건을 갖추도록 하면 입법취지를 충분히 달성할 수 있으므로, 위 규정이 미등기 주택의 경우에 소액임차인의 대지에 관한 우선변제권을 배제하는 규정에 해당한다고 볼 수 없다(대법원 2007.6.21. 2004다26133).

위 전원합의체 판결에 따라, 소액임차인이 건물이나 토지의 경락대금에서 우선변제를 받기 위해서는 그 임대차의 목적물인 주택에 관하여 그 임대차 후에라도 소유권등기가 거쳐져 경매신청의 등기가 되는 경우이어야 하므로, 대지상의 미등기 제시외 건물의 소액임차인이 대지의 매각대금으로부터 배당을 받지 못한다고 판시한 종전판례(대법원 2001.10.30. 2001다39657)는 변경되었다.

(3) 우선변제의 순위

소액임차인은 보증금 중 일정액을 저당권자 · 전세권자 · 가등기담보권자 등의 다른 담보물권자보다 우선하여 변제받을 수 있다. 뿐만 아니라 국세 · 지방세 등의 모든 조세채권보다도 우선하여 변제받는다. 다만, 근로기준법상 최종 3월분의 임금채권 및 최종 3년간의 퇴직금채권과의 사이에는 같은 순위로 배당을 받게 된다. 소액임차인 상호간에는 임대차계약 성립의 전후나 대항요건 구비의 전후를 불문하고 같은 순위로 배당을 받는다.

대항요건과 확정일자를 갖춘 임차인들이 소액임차인의 지위를 겸하는 경우 그 배당방법 : 주택임대차보호법 제3조의2 제2항은 대항요건(주택인도와 주민등록전입신고)과 임대차계약증서상의 확정일자를 갖춘 주택임차인에게 부동산 담보권에 유사한 권리를 인정한다는 취지로서, 이에 따라 대항요건과 확정일자를 갖춘 임차인들 상호간에는 대항요건과 확정일자를 최종적으로 갖춘 순서대로 우선변제받을 순위를 정하게 되므로, 만일 대항요건과 확정일자를 갖춘 임차인들이 주택임대차보호법 제8조 제1항에 의하여 보증금 중 일정액의 보호를 받는 소액임차인의 지위를 겸하는 경우, 먼저 소액임차인으로서 보호받는 일정액을 우선 배당하고 난 후의 나머지 임차보증금채권액에 대하여는 대항요건과 확정일자를 갖춘 임차인으로서의 순위에 따라 배당을 하여야 하는 것이다(대법원 2007.11.15. 2007다45562).

2. 임차주택의 인도

법 제3조의2 제3항은 확정일자 임차인에 대하여 임차주택을 인도하지 아니하면 우선변제권 있는 보증금을 수령할 수 없도록 규정하고 있으나, 제8조 제2항에서는 소액임차인에 대하여 다른 조항은 확정일자 임차인에 관한 제3조의2의 각 항을 준용하면서도 제3항은 준용하지 않고 있다.

그러나 소액임차인도 낙찰대금에서 우선 배당된 일정액의 보증금을 수령하기 위해서는 임차주택을 낙찰자에게 인도하여야 한다고 본다. 왜냐하면 임차인은 목적물의 인도만 증명하면 어느 때라도 경매법원으로부터 보증금을 수령할 수 있어 불이익이 없는 반면, 만일 배당금을 무조건 지급하여야 한다면 임차인이 보증금을 우선변제받고도 임차주택을 낙찰자에게 인도하지 아니할 경우 낙찰대금을 모두 지급한 낙찰자에게 매우 불리하기 때문이다.

경매실무에서도, 임차보증금의 반환은 임차목적물의 인도와 동시이행관계에 있으므로 임차인의 의무이행 전에 배당금을 지급할 수 없고, 정지조건부 채권에 대한 배당액 교부방법과 마찬가지로 임차물의 인도를 조건으로 배당액을 공탁하고 임차인이 목적물의 인도를 증명한 때에 이를 지급하도록 하고 있다.

Ⅳ. 이해관계인의 구제

1. 경매절차의 경우

(1) 민사집행법 규정의 준용

경매에 의한 임차주택의 환가대금을 배당함에 있어 소액임차인의 우선순위와 보증금에 관하여 이의가 있는 이해관계인은 경매법원에 이의를 신청할 수 있고, 이러한 이의신청에 대하여는 민사집행법 제152조 내지 161조의 배당표에 대한 이의에 관한 규정이 준용된다.

(2) 배당이의

임차주택의 경매절차에서 실제로는 소액임차인이 아니면서 소액보증금을 최우선변제받기 위하여 가장임차인이 배당요구를 하고 그 배당받은 금액을 수령하는 경우가 허다하다. 이해관계인으로서는 가장임차인이라는 의심이 들면 미리 배당배제신청을 제출하고 배당기일에 출석하여 배당표에 대한 이의를 진술한 후 가장임차인을 상대로 배당이의의 소를 제기하고 경매법원에 소제기증명을 제출하여야 한다.

그리고 경매목적물의 내부구조와 각 임차인의 사용 부분 및 사용인원, 전세계약의 과정과 그 입주경위의 특이성, 주민등록 전입일자가 경매신청에 임박하여 이루어졌는지 여부, 근저당권설정자 또는 채무자와 임차인의 인적관계, 실제로 거주하는지 여부, 종전 주민등록지의 거주 현황 등을 정확히 파악하여 가장임차인임을 입증함으로써 배당표의 경정을 구하여야 할 것이다.

하지만, 가장임차인인지 여부를 판단함에는 매우 신중을 기하여야 한다. 왜냐하면, 건물에 근저당권 및 거액의 가압류등기가 마쳐져 있는 경우 보증금 회수가 불가능할 것을 우려한 임차인이 임대차계약의 체결을 주저하는 것이 일반적이라고 하더라도 임대차계약 체결 자체가 불가능한 것은 아니고, 이러한 건물의 경우 상대적으로 보증금이 저렴하기 때문에 서민들이 주택임대차보호법상의 소액보증금으로 보호받을 수 있다는 점까지 고려하여 임차할 여지도 있으므로, 근저당권 및 가압류등기의 존재사실만으로 임대차계약이 허위라고 단정할 수는 없고, 임차인이 중개업소를 통하지 않고 같은 건물의 임차인의 소개로 주택을 임차한 경우에는 잔금까지 완납한 후 임대차계약서를 작성하였을 가능성을 배제할 수 없어, 임대차계약서 작성일 전에 임차보증금이 전액 지급되었다고 하여 정당한 임차인이 아니라고 단정할 수도 없으며, 전입신고 및 확정일자 부여가 지연되었다는 사정만으로 정당한 임차인이 아니라고 추단할 수도 없기 때문이다(대법원 2005.9.15. 2005다34506).

한편, 이러한 가장임차인을 **형사고소**하는 것이 효과적일 경우도 있을 것이다. 실제로 채권채무로 인하여 임차주택이 경매에 넘어가 전세입주자들의 전세보증금 반환이 어렵게 되자, 허위의 전세계약서를 작성하고 확정일자를 받아 법원의 경매절차에서 소액보증금의 배당을 받은 등 경매질서를 어지럽힌 자에게 법원은 서민을 보호하기 위한 임대차보호제도를 악용해 경매질서를 어지럽히는 시도에 경종을 울리고 경매브로커들의 활동을 사전에 방지하기 위하여 사기죄 등을 적용해 실형을 선고한 사례도 있다.

경매의 목적이 된 주택의 실질적 소유자인 피고인이 전처 명의로 허위임대차계약서를 작성하고 이를 첨부하여 경매법원에 전처가 주택임대차보호법상 대항력 있는 주택임차인인 것처럼 권리신고를 하였다면 대항력 있는 주택임차인의 외관을 갖추고 그 사실을 권리신고를 통하여 입찰참가인에게 나타내어 그 보증금액만큼 입찰가를 저감시킴으로써 공정한 경매를 방해한 것이므로, 형법 제315조의 위계의 방법에 의한 **경매방해죄**가 성립한다고 한 사례(인천지법 부천지원 2001.5.18. 2001고단23).

피고인이 실제 임대차관계가 없음에도 마치 최우선변제 자격이 있는 것처럼 허위로 전세계약서를 작성하여 이를 법원에 제출하고 배당을 받아가는 행위는 채권자 및 이해관계인들에게 직·간접의 손해를 입히고 법원을 기망함으로써 경매의 공정성을 해치는 등 그 죄질이 불량하다고 판단하여 가장 소액임차인에게 **사기죄 및 강제집행면탈죄**의 경합범으로 징역형의 실형을 선고한 사례(서울남부지법 2008.3.26. 2007고단2137).

(3) 소액임차권설정행위와 사해행위취소

채무자가 채무초과 상태에서 채무자 소유의 유일한 주택에 대하여 법 제8조의 소액보증금 최우선변제권 보호대상인 임차권을 설정해 준 행위는 사해행위취소의 대상이 된다.

주택임대차보호법 제8조의 소액보증금 최우선변제권은 임차목적 주택에 대하여 저당권에 의하여 담보된 채권, 조세 등에 우선하여 변제받을 수 있는 일종의 법정담보물권을 부여한 것이므로, 채무자가 채무초과상태에서 채무자 소유의 유일한 주택에 대하여 위 법조 소정의 임차권을 설정해 준 행위는 채무초과상태에서의 담보제공행위로서 채무자의 총재산의 감소를 초래하는 행위가 되는 것이고, 따라서 그 임차권설정행위는 사해행위취소의 대상이 된다고 할 것이다(대법원 2005.5.13. 2003다50771).

한편, 소액임차권 설정행위가 사해행위취소의 대상이 되는 경우에 있어서 수익자인 임차권자가 선의인지 여부는 실제로 보증금이 지급되었는지, 그 보증금의 액수는 적정한지, 등기부상 다수의 권리제한관계가 있어서 임대인의 채무초과상태를 의심할 만한 사정이 있었는데도 굳이 임대차계약을 체결할 사정이 있었는지, 임대인과 친인척관계 등 특별한 관계는 없는지 등을 종합적으로 고려하여 판단하여야 한다.

주택임대차보호법 제8조의 소액보증금 최우선변제권 보호대상인 임차권을 설정해 준 행위가 사해행위인 경우, 채무자의 악의는 추정되는 것이고, 수익자인 임차인의 악의 또한 추정된다고 할 것이나, 다만 위 법조 소정의 요건을 갖춘 임차인에 대하여 선행의 담보권자 등에 우선하여 소액보증금을 회수할 수 있도록 한 입법 취지에 비추어 보면, 위 법조 소정의 임차권을 취득하는 자는 자신의 보증금회수에 대하여 상당한 신뢰를 갖게 되고, 따라서 임대인의 채무초과상태 여부를 비롯하여 자신의 임대차계약이 사해행위가 되는지에 대하여 통상적인 거래행위 때보다는 주의를 덜 기울이게 될 것이므로, 수익자인 임차인의 선의를 판단함에 있어서는 실제로 보증금이 지급되었는지, 그 보증금의 액수는 적정한지, 등기부상 다수의 권리제한관계가 있어서 임대인의 채무초과상태를 의심할 만한 사정이 있었는데도 굳이 임대차계약을 체결할 사정이 있었는지, 임대인과 친인척관계 등 특별한 관계는 없는지 등을 종합적으로 고려하여 논리와 경험칙을 통하여 합리적으로 판단하여야 한다(대법원 2005.5.13. 2003다50771).

무릇 채무자가 채무초과 상태에서 그 소유의 부동산에 대하여 법에 정한 임차권을 설정해 준 행위는 특별한 사정이 없는 한 채무초과 상태에서의 담보제공행위로서 채무자의 총재산의 감소를 가져오는 행위가 되는 것이고, 이러한 경우 그 임차권설정행위는 사해행위취소의 대상이 될 수 있다. 그러나 법에 정한 요건을 갖춘 임차인에 대하여 그보다 앞선 담보권자에 우선하여 소액보증금을 회수할 수 있도록 한 법의 입법 취지에 비추어 보면, 법에서 정한 소액임차권을 취득하는 자는 자신의 보증금 회수에 대하여 상당히 신뢰를 하게 되고, 따라서 임대인의 채무초과 상태 여부를 비롯하여 자신의 임대차계약이 사해행위가 되는지에 대하여 통상적인 거래행위를 할 때보다는 주의를 덜 기울이게 될 것이므로, 수익자인 임차인의 선의를 판단함에 있어서는 실제로 보증금이 지급되었는지, 그 보증금의 액수는 적정한지, 임대인과 친인척관계 등 특별한 관계는 없는지 등을 종합적으로 고려하여 논리와 경험칙을 통하여 합리적으로 판단하여야 한다(서울서부지법 2007.6.19. 2006가단89100).

2. 공매(체납처분)절차의 경우

체납처분에 의한 임차주택의 환가대금을 배분함에 있어 소액임차인의 우선순위와 보증금에 관하여 이의가 있는 이해관계인은 체납처분에 이의를 신청할 수 있고, 이의신청일로부터 7일 이내에 소액임차인을 상대로 소를 제기한 것을 증명한 때에는 체납처분청은 당해 소송의 종결시까지 이의가 신청된 범위 안에서 소액임차인에 대한 보증금의 변제를 유보하여야 한다.

제3절 임차권등기명령제도

법 제3조의3(임차권등기명령) ① 임대차가 끝난 후 보증금을 반환받지 못한 임차인은 임차주택의 소재지를 관할하는 지방법원·지방법원지원 또는 시·군법원에 임차권등기명령을 신청할 수 있다.

② 임차권등기명령의 신청서에는 다음 각 호의 사항을 적어야 하며, 신청의 이유와 임차권등기의 원인이 된 사실을 소명(疏明)하여야 한다.

1. 신청의 취지 및 이유

2. 임대차의 목적인 주택(임대차의 목적이 주택의 일부분인 경우에는 해당 부분의 도면을 첨부한다)

3. 임차권등기의 원인이 된 사실(임차인이 제3조제1항 또는 제2항에 따른 대항력을 취득하였거나 제3조의2 제2항에 따른 우선변제권을 취득한 경우에는 그 사실)

4. 그 밖에 대법원규칙으로 정하는 사항

③ 다음 각 호의 사항 등에 관하여는 「민사집행법」 제280조제1항, 제281조, 제283조, 제285조, 제286조, 제288조제1항·제2항 본문, 제289조, 제290조제2항 중 제288조제1항에 대한 부분, 제291조 및 제293조를 준용한다. 이 경우 "가압류"는 "임차권등기"로, "채권자"는 "임차인"으로, "채무자"는 "임대인"으로 본다.

 1. 임차권등기명령의 신청에 대한 재판

 2. 임차권등기명령의 결정에 대한 임대인의 이의신청 및 그에 대한 재판

 3. 임차권등기명령의 취소신청 및 그에 대한 재판

 4. 임차권등기명령의 집행

④ 임차권등기명령의 신청을 기각(棄却)하는 결정에 대하여 임차인은 항고(抗告)할 수 있다.

⑤ 임차인은 임차권등기명령의 집행에 따른 임차권등기를 마치면 제3조제1항 또는 제2항에 따른 대항력과 제3조의2 제2항에 따른 우선변제권을 취득한다. 다만, 임차인이 임차권등기 이전에 이미 대항력이나 우선변제권을 취득한 경우에는 그 대항력이나 우선변제권은 그대로 유지되며, 임차권등기 이후에는 제3조제1항 또는 제2항의 대항요건을 상실하더라도 이미 취득한 대항력이나 우선변제권을 상실하지 아니한다.

⑥ 임차권등기명령의 집행에 따른 임차권등기가 끝난 주택(임대차의 목적이 주택의 일부분인 경우에는 해당 부분으로 한정한다)을 그 이후에 임차한 임차인은 제8조에 따른 우선변제를 받을 권리가 없다.

⑦ 임차권등기의 촉탁(囑託), 등기공무원의 임차권등기 기입(記入) 등 임차권등기명령을 시

행하는 데에 관하여 필요한 사항은 대법원규칙으로 정한다.

⑧ 임차인은 제1항에 따른 임차권등기명령의 신청과 그에 따른 임차권등기와 관련하여 든 비용을 임대인에게 청구할 수 있다.

법 제3조의4(「민법」에 따른 주택임대차등기의 효력 등) ① 「민법」 제621조에 따른 주택임대차등기의 효력에 관하여는 제3조의3 제5항 및 제6항을 준용한다.

② 임차인이 대항력이나 우선변제권을 갖추고 「민법」 제621조제1항에 따라 임대인의 협력을 얻어 임대차등기를 신청하는 경우에는 신청서에 「부동산등기법」 제156조의 사항 외에 다음 각 호의 사항을 적어야 하며, 이를 증명할 수 있는 서면(임대차의 목적이 주택의 일부분인 경우에는 해당 부분의 도면을 포함한다)을 첨부하여야 한다.

1. 주민등록을 마친 날
2. 임차주택을 점유(占有)한 날
3. 임대차계약서증상의 확정일자를 받은 날

Ⅰ. 서 설

1. 제도 신설 전의 문제점

이른바 'IMF 사태'로 인한 경제사정의 악화로 임대차가 종료되었음에도 불구하고 임차인이 임대인으로부터 임차보증금을 돌려받지 못하는 사례가 빈발하였다. 이로 인하여 근무지 변경 등으로 이사할 필요가 있는 경우에도 보증금을 돌려받지 못할 것을 우려한 나머지 이사를 하지 못하고 주민등록을 이전할 수 없어 부부가 별거를 하거나 자녀들을 전학시키지 못하는 상황이 속출하는 문제가 발생하였다. 이러한 문제는 임차인이 보증금을 돌려받지 못한 상태에서 이사를 가거나 주민등록을 옮기게 되면 대항력과 우선변제권을 상실하기 때문에 발생하는 것이다.

2. 임차권등기명령제도의 신설

(1) 의의

1999.1.21. 개정된 주택임대차보호법에서는 **임차권등기명령제도**(법3의3)를 신설하여, 임대차가 종료된 후 보증금을 돌려받지 못한 임차인이 단독으로 법원에 임차

권등기명령을 신청하여 임차권등기가 마쳐지면 그 등기와 동시에 대항력과 우선변제권을 취득하도록 하고, 만일 임차인이 이미 대항력과 우선변제권을 취득하였던 경우에는 종전의 대항력과 우선변제권을 그대로 유지하며, 임차권등기 이후에는 주택의 점유와 주민등록의 요건을 갖추지 않더라도 임차인이 종전에 가지고 있던 대항력과 우선변제권이 유지되도록 규정하였다.

주택임대차가 종료된 후 임대차보증금을 돌려받지 못하였지만 근무지의 변경 등으로 주거지를 옮기거나 주민등록을 전출해야 할 필요가 있는 임차인이 주택임대차보호법에서 정한 대항력 및 우선변제권을 잃지 않고 임차주택으로부터 자유롭게 이주하거나 주민등록을 전출할 수 있도록 할 필요가 있으므로, 이러한 필요에 부응하여 주택임대차보호법 제3조의3은, 임대차가 종료된 후 보증금을 반환받지 못한 임차인은 법원에 임차권등기명령을 신청할 수 있도록 하고, 임차권등기명령의 집행에 의한 임차권등기가 경료되면 임차인은 같은 법에 의한 대항력 및 우선변제권을 취득할 뿐만 아니라, 그 임차인이 임차권등기 이전에 이미 대항력 또는 우선변제권을 취득한 경우에는 그 대항력 또는 우선변제권은 그대로 유지되며, 임차권등기 이후에는 같은 법 제3조 제1항의 대항요건을 상실하더라도 이미 취득한 대항력 또는 는 우선변제권을 상실하지 아니하는 것으로 정하고 있다(대법원 2005.6.9. 2005다4529).

(2) 입법취지

임차권등기명령제도는 임대차기간 종료 후 주거이전을 하여야 할 필요가 있는 임차인에게 간편한 절차(가압류절차를 기본골격으로 준용)에 의하여 단독으로 임차권등기를 할 수 있도록 함으로써 대항력과 우선변제권을 유지하면서 임차인의 주거이전의 기회를 실질적으로 제공한 것으로서 사회적 약자인 임차인의 권익보호에 충실을 기한 것이다. 또한 이 제도는 임차인의 대항력 취득의 범위를 확장하고 등기로 임대인을 압박하여 보증금회수를 촉진하는 긍정적인 효과가 있다.

임차권등기명령에 의하여 임차권등기를 한 임차인은 우선변제권을 가지며, 위 임차권등기는 임차인으로 하여금 기왕의 대항력이나 우선변제권을 유지하도록 해 주는 **담보적 기능**을 주목적으로 하고 있다(대법원 2005.9.15. 2005다33039).

이러한 임차권등기명령제도는 주택의 점유 없이도 기존의 대항력 및 우선변제권을 유지할 수 있도록 하기 위하여 임대인의 협력에 의존하지 않고 단독신청에 의한 등기를 인정한 것으로서 민법 제621조에 의한 임대차등기의 특칙으로 볼 수 있다.

Ⅱ. 임차권등기명령의 신청요건

1. 신청인

(1) 임차인

임차권등기명령은 임대차가 종료된 후 보증금을 반환 받지 못한 임차인으로서 임대차계약서에 기재된 임차인이 신청하는 것이 원칙이다.

(2) 전차인·임차권양수인

임대인의 동의나 승낙을 얻어 적법하게 전대차를 한 경우의 전차인도 임차권등기명령을 신청할 수 있다. 임차인으로부터 임차권을 양도받은 자도 그 사실을 소명하는 임차권양도계약서 등의 자료를 첨부하면 임차권등기명령을 신청할 수 있다고 본다.

(3) 대항요건을 상실한 임차인

임차인 본인이나 그 세대구성원 모두가 임차주택으로부터 이사를 하였거나 주민등록을 옮김으로써 대항요건을 상실한 경우에도 판례는 임차권등기명령을 신청할 수 있다고 한다.

> 주택임대차보호법 제3조의3 제1항은 임대차가 종료된 후 보증금을 반환받지 못한 임차인은 임차권등기명령을 신청할 수 있다고 규정하고 있는바, 같은 조항 및 같은 조 제2항 제3호, 제5항의 각 규정 취지에 비추어 보면, 임차인이 임대차 종료 후 임차주택에 대한 점유를 상실하였더라도 보증금을 반환받지 못한 이상 임차권등기명령을 신청할 수 있다고 보아야 할 것이다(대법원 2004.10.28. 2003다62255,62262).

따라서 임차인이 주택의 점유 또는 주민등록의 요건을 상실한 다음 임차권등기명령을 신청하면 법원은 점유개시일자 또는 주민등록일자를 공란으로 한 임차권등기명령을 발령하게 되고, 임차권등기명령의 집행에 의한 임차권등기가 마쳐지면 임차인은 법 제3조 제1항의 규정에 의한 대항력 및 제3조의2 제2항의 규정에 의한 우선변제권을 취득하게 되는 것이다.

2. 피신청인

(1) 임대인

주택의 소유자인 임대인을 상대로 임차권등기명령을 신청하는 것이 가장 일반적인 경우이다.

(2) 주택의 양수인

임차주택의 소유권이 이전된 경우에는 양수인에 대한 임차인의 대항력 유무에 따라 피신청인이 정해진다. 즉 임차인이 대항력을 취득한 경우에는 임대인의 지위를 승계한 양수인을 상대로 임차권등기명령을 신청하여도 문제가 없지만, 대항력을 상실한 임차인은 임대인의 지위를 승계하지 아니하는 양수인을 상대로 임차권등기명령을 신청할 수 없는 것이다.

3. 임대차가 종료되었을 것

(1) 임대차의 종료

임차권등기명령을 신청하기 위해서는 **임대차가 종료**되어야 한다. 약정 임대차기간이 유효하게 존속중인 때에는 임차권등기명령을 신청할 수 없다.

(2) 종료사유

기간의 만료 또는 계약의 합의해지 등 임대차의 종료사유는 불문한다. 임대차기간이 만료되기 전에 임대인이나 임차인이 상대방에게 임대차의 갱신을 원하지 아니한다는 취지의 의사표시를 한 경우에는 그 기간의 만료와 동시에 임대차가 종료된다. 이러한 갱신거절의 의사표시가 없이 묵시의 갱신이 이루어진 경우에는 임차인은 언제든지 계약해지를 통고할 수 있지만, 임대인이 그 통지를 받은 날부터 3개월이 지나야만 계약해지의 효력이 생긴다(법6의2).

4. 보증금을 반환 받지 못한 경우일 것

임차권등기명령은 임차보증금반환지연에 대한 대책이므로 보증금을 반환 받지 못한 경우에 한하여 인정된다. 임차보증금을 **전액** 반환 받지 못한 경우뿐만 아니라 **일부**를 반환받지 못한 경우도 포함되므로, 임차인은 나머지 보증금에 대하여 임차권등기명령을 신청할 수 있다.

5. 적용대상 주택의 범위

(1) 미등기주택

주택임대차보호법의 적용대상이 되는 주택에는 미등기주택은 물론 무허가주택도 포함되지만, 임차권등기명령의 적용대상이 되는 주택은 **등기를 할 수 있는 주택**에 한정되기 때문에, 미등기주택이나 무허가주택의 임차인은 임차권등기명령제도를 이용하기 어렵다.

다만, 미등기 주택이라도 건축물관리대장 등에 의하여 즉시 임대인의 명의로 소유권보존등기를 할 수 있음을 증명하는 경우에는 임차권등기명령제도를 이용할 수 있다.

(2) 주택의 일부

주택의 일부가 임대차의 목적물인 경우에도 임차권등기명령의 대상이 된다(법3의 3②ⅱ, 규2①ⅳ). 이 경우에는 신청서에 그 부분을 표시한 **도면을 첨부**하여야 한다.

Ⅲ. 임차권등기명령의 절차

1. 개요

임차인이 단독으로 관할법원에 임차권등기명령을 **신청**하면 법원에서 먼저 임차권등기명령의 발령 여부를 **심리**하고 그 신청이 이유 있다고 인정되면 임차권등기명령을 **발령**(통상 결정의 형식)한다.

그리고 임대인에게 임차권등기명령이 **송달**된 후 법원은 임차주택의 소재지를 관할하는 등기소에 지체 없이 재판서 등본을 첨부하여 임차권등기를 **촉탁**하고, 등기관이 등기부의 乙區(을구)에 임차권등기를 **기입**하게 된다.

■ 임차권등기명령 절차의 흐름도

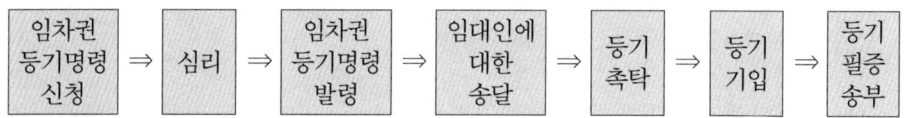

임차권
등기명령
신청 ⇒ 심리 ⇒ 임차권
등기명령
발령 ⇒ 임대인에
대한
송달 ⇒ 등기
촉탁 ⇒ 등기
기입 ⇒ 등기
필증
송부

2. 관할법원

임차주택의 소재지를 관할하는 지방법원·지방법원지원 또는 시·군법원에 신청하여야 한다(법3의3①). 사물관할은 단독판사의 관할에 속한다.

3. 신청서 기재사항 및 기재요령

'**주택임차권등기명령신청서**'라는 제목의 서면에 다음 사항을 기재하고 임차인 또는 대리인이 기명날인 또는 서명하여야 한다.

(1) 당사자

신청인(**임차인**)의 성명·주민등록번호와 주소를 정확히 기재하여야 한다. 그리고 연락 가능한 전화번호는 향후 법원에서 신청인에게 연락할 때 필요하기 때문에 빠짐없이 정확하게 기재하는 것이 좋다. 대리인에 의하여 신청하는 경우에는 대리인의 성명과 주소 등을 기재한다.

피신청인(**임대인**)의 성명 또는 명칭, 주소 또는 사무소 소재지를 정확히 기재하여야 한다. 임대차계약서에 기재된 임대인의 성명과 등기부등본에 기재된 소유자의 성명이 일치하여야 하는 것이 원칙이다. 다만, 임대차목적 주택이 매매되어 소유자가 변경된 경우에는 현 소유자를 피신청인으로 기재할 수 있다.

(2) 신청취지

(가) **신청취지**란에는 신청인이 임차권등기명령신청에 의하여 어떠한 내용의 임

차권등기명령을 구하는지 여부를 명확히 기재하여야 한다.

"『별지목록 기재 건물에 관하여 아래와 같은 주택임차권등기를 명한다』라는 재판을 구합니다"
라고 기재하고, 그 아래에 임대차계약일자 · 임차보증금액 또는 차임 · 주민등록일자 · 임차
범위 · 점유개시일자 · 확정일자 등을 기재한다.

(나) **임대차계약일자**는 계약서에 명기된 일자를 기재하고, **임차보증금액**이 변동
된 경우에는 증액된 금액도 기재한다(예컨대, 최초 금 40,000,000원, 2005.3.1. 금
50,000,000원으로 증액함). 임차보증금 중 일부는 돌려받은 경우에는 신청 당시까지
임대인으로부터 돌려받지 못한 나머지 임차보증금을 기재한다. 차임을 정하지 아
니하고 보증금의 지급만을 내용으로 하는 임대차 즉 "채권적 전세"의 경우에는 차
임을 기재하지 아니하고 **차임**란을 공란으로 한다.

(다) **주민등록일자**는 주민등록등본상의 변동사항란 중 전입일에 명기된 일자를
기재하고, **점유개시일자**는 임차목적 주택에 거주하기 시작한 날짜를 기재한다. **확
정일자**는 임대차계약서에 찍힌 확정일자인에 기재된 일자를, 임차보증금이 증액되
어 다시 확정일자를 받은 경우에는 그 취지를 기재한다.

임차범위는 '별지목록 기재 전부'라고 기재하고, **주택의 일부**에 대한 임차권등기
명령 신청을 하는 경우에는, 예컨대 『**별지목록 기재 건물 중 별지도면 표시 ①, ②,
③, ④, …, ①의 각 점을 순차로 연결한 선내 부분 방 ○○㎡에 관하여…』**라고 임대
차의 목적을 특정하여 기재하고, 그 목적인 부분을 표시한 **건물도면을 첨부**하여야
한다.

(3) 신청이유

신청이유란의 기재내용은 임차권등기명령 신청이 타당한지 여부를 판단하는데
중요한 자료가 되므로, 임차권등기의 원인이 된 사실(임차인이 대항력을 취득하였거나
우선변제권을 취득한 경우에는 그 사실)과 임차권등기명령의 발령을 구하는 이유를 간
결하고 구체적으로 기입하여야 한다.

구체적으로 임대차계약의 체결 일자, 임차보증금액 및 차임 등 계약내용과 임대
차기간의 만료 등 그 계약이 종료한 원인 사실을 기재하고, 임차인이 신청 당시에
이미 법 제3조 제1항의 규정에 의한 대항력을 취득한 경우에는 임차주택을 점유하

기 시작한 날과 주민등록을 마친 날을, 법 제3조의2 제2항의 규정에 의한 우선변제권을 취득한 경우에는 임차주택을 점유하기 시작한 날과 주민등록을 마친 날 및 임대차계약증서상의 확정일자를 받은 날을 각 기재한다.

그리고 위와 같은 기재 내용은 신청이유란에 『별지와 같다』라고 기재하고, 별도의 용지에 현재까지의 경과를 날짜 순서에 따라 구체적이고 상세하게 기재한 다음 신청서 바로 다음에 첨부하는 것도 무방하다.

(4) 첨부서류

(가) 임대인의 소유로 등기된 주택에 대하여는 **등기부등본**을 첨부하고, 미등기 주택에 대하여는 **건축물관리대장** 등 즉시 임대인의 명의로 소유권보존등기를 할 수 있음을 증명할 서면과 소유자의 주소 및 주민등록번호를 증명하는 서면을 첨부한다.

(나) 임대차계약의 체결사실 및 그 계약내용을 증명하기 위한 **임대차계약증서** 사본을 첨부한다.

(다) 임차인이 신청 당시에 이미 법 제3조 제1항의 규정에 의한 대항력을 취득한 경우에는 임차주택을 점유하기 시작한 날과 주민등록을 마친 날을 소명하는 서류(주민등록표등본 등)를 첨부한다. 법 제3조의2 제2항의 규정에 의한 우선변제권을 취득한 경우에는 임차주택을 점유하기 시작한 날과 주민등록을 마친 날을 소명하는 서류 및 공정증서로 작성되거나 확정일자가 찍혀 있는 임대차계약증서 사본을 첨부한다.

(라) 임대차목적물에 관한 등기부상의 용도가 공장, 점포 등과 같이 주거시설이 아닌 경우에는 임대차계약체결시로부터 현재까지 **주거용**으로 사용하고 있음을 증명하는 서류(건물사진 등 이용현황을 증명할 수 있는 자료)를 첨부한다.

(마) 다가구주택과 같이 임대차의 목적이 주택의 일부인 경우에는 **건물도면**(평면도에 ①, ②, ③, ④, … 등의 일련번호를 붙여 임대차의 목적 부분을 특정)을 첨부한다.

(바) 대리인의 경우에는 **위임장** 및 그 자격을 증명하는 서면을 첨부한다.

(사) 임차인이 전임차인으로부터 임차권을 양도받은 경우에는 임차권양수사실을 증명할 수 있는 **계약서** 등 소명자료를 첨부한다.

(아) 기타 **내용증명 통지서** 등 임대차가 종료되었음을 증명하는 서면이 있으면 이를 첨부한다.

■ 주택임차권등기명령신청서 작성례

주택임차권등기명령 신청서

신 청 인(임차인) 이 ○ 한 (710905-1******)

　　　　　　　　서울 강남구 ○○동 58-2 ○○빌라 604호

　　　　　　　　(전화 : 011 - 709 - ****)

피신청인(소유자) 주식회사 ○○개발

　　　　　　　　서울 강남구 ○○동 54-2 ○○빌딩 202호

　　　　　　　　대표이사 한 ○ ○

신 청 취 지

별지목록 기재 부동산에 관하여 아래와 같은 주택임차권등기를 명한다.

라는 결정을 구합니다.

아　래

　1. 임대차계약일자 : 2004. 12. 11.

　1. 임대차보증금 : 금 27,310,000원

　1. 주민등록일자 : 2004. 12. 21.

　1. 임 차 범 위 : 별지목록 기재 건물 전부

　1. 점유개시일자 : 2004. 12. 20.

　1. 확 정 일 자 : 2004. 12. 21.

신 청 이 유

1. 임대차계약의 체결 및 대항력·우선변제권의 취득

가. 신청인은 2004. 12. 11. 신청외 이○○과의 사이에 별지목록 기재 부동산(이하 '이 사건 주택'이라고 합니다)에 관하여 임대차보증금 8,000만원, 임대차기간 2004. 12. 20.부터 1년간으로 하는 내용의 임대차계약을 체결하면서 당일 계약금 800만원을 지급하고, 같은 달 20. 잔금 7,200만원을 지급하면서 위 부동산에 입주하여 현재까지 이를 점유하고 있습니다.

나. 또한 신청인은 같은 달 21. 주민등록 전입신고를 마침과 동시에 위 임대차계약서에 확정일자를 받음으로써, 이 사건 주택에 관하여 대항력 및 우선변제권을 갖추었습니다(소갑제2호증 임대차계약서, 소갑제3호증 주민등록표초본 각 참조).

2. 임대인 지위의 승계

가. 신청인은, 비록 이 사건 주택에 관하여 소유권이전등기를 마치지 않았더라도 피신청인과의 분양계약에 따라 이 사건 주택의 매수인으로서 사실상 이를 제3자에게 임대할 적법한 권한을 가진 신청외 이○○과의 사이에 임대차계약을 체결하였습니다.

나. 주택임대차보호법의 적용대상이 되는 임대차는 반드시 주택의 소유자와 사이에 체결된 경우에 한정되는 것은 아니고, 비록 주택의 소유자는 아니지만 주택에 관하여 적법하게 임대차계약을 체결할 수 있는 권한을 가진 임대인 또는 주택의 처분권 있는 자와의 사이에 임대차계약에 체결된 경우에도 주택임대차보호법이 적용된다는 것이 대법원의 확립된 입장이라고 할 것입니다(대법원 1999.4.23. 선고 98다49753 판결 등 참조).

다. 신청외 이○○은 2002. 9. 13. 피신청인과의 사이에 이 사건 주택에 관하여 분양계약을 체결하고 분양대금을 지급하였으나, 위 이○○의 채무불이행에 따라 피신청인은 2005. 6. 29.자로 위 분양계약을 해제하였습니다(소갑제4호증 해약통지서 참조).

라. 따라서 피신청인은 주택임대차보호법 제3조 제2항에 의하여 임대인의 지위를 승계하였으므로, 신청인에 대하여 임대차보증금을 반환할 의무가 있다고 할 것입니다.

마. 최근 대법원은 "소유권을 취득하였다가 계약해제로 인하여 소유권을 상실하게 된 임대인으로부터 그 계약이 해제되기 전에 주택을 임차받아 주택의 인도와 주민등록을 마침으로써 주택임대차보호법 제3조 제1항에 의한 대항요건을 갖춘 임차인은 민법 제548조 제1항 단서의 규정에 따라 계약해제로 인하여 권리를 침해받지 않는 제3자에 해당하므로 임대인의 임대권원의 바탕이 되는 계약의 해제에도 불구하고 자신의 임차권을 새로운 소유자에게 대항할 수 있고, 이 경우 계약해제로 소유권을 회복한 제3자는 주택임대차보호법 제3조 제2항에 따라 임대인의 지위를 승계한다."라고 판시한 바 있습니다(대법원 2003.8.22. 선고 2003다12717 판결 ; 대법원 1996.8.20. 선고 96다17653 판결 등 참조).

3. 임대차계약의 종료

가. 신청외 이○○은 이 사건 주택을 담보로 (주) 우리은행에서 금 130,683,000원을 차용한 바 있었고, 위 임대차계약 체결 당시 위 차용금 채무액은 금 114,000,000원이었는데, 위 이○○은 신청인과 임대차계약을 체결하면서 신청인으로부터 지급받은 임대차보증금으로 위 차용금채무 중 금 80,000,000원을 상환하고, 나머지 채무도 2005. 3. 31.까지 변제하기로 약정한 바 있습니다(소갑제5호증 사실확인서 참조).

나. 그런데 위 이○○은 신청인으로부터 임대차보증금을 지급받은 후에도 위 차용금채무를 전혀 변제하지 아니하였고, 이에 신청인은 여러 차례에 걸쳐 위 이○○에게 위 차용금채무를 변제할 것을 최고하였으나, 위 이○○이 이에 응하지 않자 신청인은 2004. 12. 30. 위 이○○을 상대로 서울동부지방법원 2004가단647**호로 소송을 제기하여 위 임대차계약의 해지를 통고하였고, 그 소장부본이 2005. 1. 6.경 위 이○○에게 송달되었으므로 이 사건 주택에 관한 임대차계약은 적법하게 해지되었으며, 단지 주택임대차보호법 제4조 제2항에 의거 보증금을 반환받을 때까지 법정임대차관계가 계속 중인 상태에 있다고 할 것입니다(소갑제6호증 판결문 참조).

다. 한편, 위 소송의 변론이 2005. 5. 10. 종결 된 이후 2005. 7. 19. 판결이 선고되기 전인 2005. 6. 29.자로 피신청인이 위 이○○에게 이 사건 주택에 관한 분양계약을 해제하였음은 위에서 설명한 바와 같습니다.

4. 임대차보증금의 반환지연 및 임차권등기의 필요성

가. 신청인은 2005. 11. 18. 피신청인으로부터 금 52,690,000원을 수령하였지만(소갑제7호증 예금거래내역 참조), 나머지 금 27,310,000원에 대하여는 피신청인이 지급을 거절하고 있을 뿐만 아니라 오히려 신청인에게 불법점유자라는 이유로 이 사건 주택의 명도를 요구하고 있습니다.

나. 신청인은 여러 경로를 통하여 어렵게 마련한 전세자금으로 새로운 임차주택을 구하여 조만간 새로운 거주지로 이사 및 주민등록을 옮겨야 할 상황에 처해 있으므로 조속히 임차권등기명령에 의한 임차권등기를 할 필요성이 있습니다.

5. 결 론

따라서 신청인은 임대차보증금 80,000,000원 중 이미 지급받은 금원을 제외한 나머지 금 27,310,000원을 돌려받지 못한 상태에서 새로운 임차주택으로 이사를 하여야 하지만 기왕에 갖춘 대항력과 우선변제권의 효력을 유지할 필요가 있으므로, 주택임대차보호법 제3조의 3의 규정에 의거 신청취지 기재와 같은 내용의 임차권등기명령를 구하기 위하여 본 건 신청에 이른 것입니다.

소 명 방 법

1. 소 갑제1호증	부동산등기부등본
1. 소 갑제2호증의 1	임대차계약서
1. 소 갑제2호증의 2	중개대상물확인 · 설명서
1. 소 갑제3호증	주민등록표초본
1. 소 갑제4호증	해약통지서
1. 소 갑제5호증	사실확인서
1. 소 갑제6호증	판결문
1. 소 갑제7호증	예금거래내역

첨 부 서 류

1. 위 소명방법	각 1통
1. 법인등기부등본	1통
1. 위임장	1통
1. 부동산목록	5통

2005. 12. 28.
위 신청인 이 ○ 한 ㉑

서울중앙지방법원 귀중

4. 법원의 심리 · 결정 및 집행절차 등

(1) 가압류명령절차 준용

임차권등기명령의 신청에 대한 재판, 임차권등기명령의 결정에 대한 임대인의 이의신청 및 그에 대한 재판, 임차권등기명령의 취소신청 및 그에 대한 재판 또는 임차권등기명령의 집행 등 세부절차는 가압류명령 절차에 관한 민사집행법의 규정이 준용된다. 따라서 임차권등기명령의 절차는 (부동산)가압류의 절차에 따라 처리되는 것으로 이해하면 되고, 이 경우 '가압류' 는 '임차권등기' 로, '채권자' 는 '임차인' 으로, '채무자' 는 '임대인' 으로 보면 된다(법3의3③).

(2) 재판의 형식

임차권등기명령의 신청에 대한 재판은 변론 없이 할 수 있고(민집280①), 재판의 형식은 결정으로 한다(민집281①).

■ 주택임차권등기명령 결정례

서 울 중 앙 지 방 법 원
결 정

사 건   2005카기 12870   주택임차권등기
신 청 인   이 ○ 한 (710905-1******)
　　　　서울 강남구 ○○동 58-2 ○○빌라 604호
피신청인   주식회사 ○○개발
　　　　서울 강남구 ○○동 54-2 ○ ○빌딩 202호
　　　　대표이사 한 ○ ○

주 문
별지목록 기재 건물에 관하여 아래와 같은 주택임차권등기를 명한다.

아 래
임대차계약일자 : 2004. 12. 11.
임차 보증 금액 : 금 27,310,000원
주민 등록 일자 : 2004. 12. 21.
임 차 범 위 : 별지목록 기재 전부.
점유 개시 일자 : 2004. 12. 20.
확 정 일 자 : 2004. 12. 21.

이 유
이 사건 신청은 이유 있으므로 주문과 같이 결정한다.
2005. 12. 29.

판 사 홍 ○ 표 ⑪

(3) 임대인에게 송달

임차권등기명령은 결정의 형식으로 발하므로 이에 기한 임차권등기의 촉탁을 하기 전에 먼저 특별송달우편으로 임대인에게 송달을 한다.

임차권등기명령신청서에 기재된 임대인의 주소지로 임차권등기명령을 송달하였으나 송달불능이 된 경우에는 임차권등기명령신청서상에 첨부된 부동산등기부등본 및 임대차계약서에 기재된 임대인의 주소지로 직권으로 재송달한다. 그리고 위 각 주소지에도 송달불능이 된 경우에는 송달불능의 사유에 따라 직권으로 공시송달 또는 발송송달을 하고, 그 송달의 효력이 생기는 즉시 위 규칙 제5조에 따른 임차권등기의 촉탁을 한다.

(4) 효력발생 및 집행

임차권등기명령은 판결에 의한 때에는 선고한 때에, **결정**으로 한 때에는 상당한 방법으로 임대인에게 고지한 때에 효력이 발생한다.

임차권등기명령의 집행은 명령을 발령한 법원의 촉탁에 의하여 임차주택의 관할 등기소 등기관이 등기부의 乙區에 이를 기입함으로써 하게 된다.

즉 법원사무관 등은 임차권등기명령이 임대인에게 송달되어 효력이 발생하면 지체 없이 촉탁서에 재판서 등본을 첨부하여 등기관에게 임차권등기의 기입을 촉탁하여야 한다(규칙 제5조). 등기관은 법원사무관 등의 촉탁에 의하여 임차권등기를 하는 경우에 임대차계약체결일, 임차보증금액 및 차임, 임차주택을 점유하기 시작한 날, 주민등록을 마친 날, 임대차계약증서상의 확정일자를 받은 날을 기재하고, 등기의 목적을 주택임차권이라고 기재하여야 한다(규칙 제6조). 미등기 주택에 대하여 임차권등기명령에 의한 등기촉탁이 있는 경우에는 등기관은 부동산등기법 제134조(미등기부동산의 처분제한의 등기)의 규정을 준용하여 직권으로 甲區에 소유권보존등기를 한 후 乙區에 주택임차권등기를 하여야 한다. 등기관은 법원사무관 등의 촉탁에 의하여 임차권등기의 기입을 마친 후에 등기필증을 작성하여 촉탁법원에 송부하여야 한다(규칙 제7조).

(5) 기각결정에 대한 임차인의 항고

임차권등기명령신청을 기각하는 결정에 대하여 임차인은 항고할 수 있다(법3의3 ④). 이러한 항고에 대하여는 민사소송법 제3편(상소) 제3장의 항고에 관한 규정이 준용된다(규8). 이 항고는 항고제기의 기간에 제한이 없는 통상항고로서, 항고의 실익이 있는 한 어느 때나 제기할 수 있는 것이다. 따라서 언제든지 항고장을 작성하여 임차권등기명령을 기각한 법원에 제출하면 된다.

■ 주택임차권등기 기재례

【을 구】	(소유권 이외의 권리에 관한 사항)			
순위 번호	등기목적	접 수	등 기 원 인	권리자 및 기타사항
1	주택임차권	2006년1월13일 제3506호	2005년12월29일 서울중앙지방법원의 임차권등기명령(2005카기 12870)	임차보증금 금 27,310,000원 범위 건물 전부 임대차계약일자 2004년12월11일 주민등록일자 2004년12월21일 점유개시일자 2004년12월20일 확정일자 2004년12월21일 임차권자 이○한 710905-1******
1-1				1번 등기는 건물만에 관한 것임 2006년 1월 13일 부기

■ 주택임차권등기 기재례 〈다가구주택 중 일부〉

순위 번호	등기목적	접 수	등 기 원 인	권리자 및 기타사항
6	주택임차권	2006년6월23일 제2****호	2004년6월2일 서울중앙지방법원의 임차권등기명령(2004카 기****)	임차보증금 1차 : 금 20,000,000원 　　　　　　2차 : 금 30,000,000원 범위 　　별지목록기재 건물 지하층 　　　　　83.13㎡ 중 별지도면표지 　　　　　1,2,3,4,1의 각 점을 순차로 　　　　　연결한 선내부분 41.52㎡ 임대차계약일자 1차 : 1999년4월15일 　　　　　　　　2차 : 2001년10월30일 주민등록일자 1999년4월21일 점유개시일자 1999년5월9일 확정일자 1차 : 2000년12월30일 　　　　　2차 : 2001년11월1일 임차권자 김○섭 370303-1****** 　　　　　서울 동작구 ○○동 44-278 도면편철장 제1책 제213호
7	주택임차권	2005년3월17일 제9****호	2005년2월25일 서울중앙지방법원의 임차권등기명령(2005카 기****)	임차보증금 금 47,000,000원 범위 별지목록기재 건물 중 1층 　　　　83.13㎡ 중 별지도면표지 　　　　ㄱ,ㄴ,ㄷ,ㄹ,ㄱ의 각 점을 순차로 　　　　연결한 선내부분 동쪽 41.57㎡ 임대차계약일자 2004년2월9일 주민등록일자 2004년2월24일 점유개시일자 2004년2월24일 확정일자 2004년2월24일 임차권자 최○훈 750623-1****** 　　　　　서울 동작구 ○○동 44-278 도면편철장 제1책 제94면

(6) 임대인의 이의신청

임대인은 임차권등기가 유효하게 존재하는 한 임차권등기명령의 결정에 대하여 기간의 제한 없이 이의신청을 할 수 있다. 이의신청에는 임차권등기의 취소나 변경을 신청하는 이유를 밝혀야 한다.

■ 이의신청서 작성례

(주택임차권등기명령의 결정에 대한)
이 의 신 청 서

임 차 인   김 ○ ○ (54**** - 1******)
　　　　　　서울 서초구 우○동 6-** 301호
소 유 자   정 ○ ○ (52**** - 2******)
　　　　　　서울 금천구 시○동 ***-5 영○빌라 2동 *** 호

신 청 취 지

1. 임차인의 소유자에 대한 귀원 2005카기1 *** 호 주택임차권등기명령 신청사건에 관하여 2005. 2. 22. 귀원에서 결정한 주택임차권등기명령결정은 이를 취소한다.

2. 임차인의 위 주택임차권등기명령신청은 이를 기각한다.

3. 소송비용은 임차인의 부담으로 한다.

4. 위 제1항은 가집행 할 수 있다.

라는 재판을 구합니다.

신 청 이 유

1. 소유자는 2004. 12. 15. 한국자산관리공사에서 대행하는 공매절차에서 별지목록 기재 건물(이하 '이 사건 건물' 이라고 합니다.)에 관한 매각결정을 받아 2005. 1. 26. 매각대금을 완납하고 그 소유권을 취득하였습니다.

2. 임차인은 2002. 6. 1. 종전 소유자인 신청외 정○○과의 사이에 다세대주택인 이 사건 건물에 관한 임대차계약을 체결하고 2002. 7. 15. 주민등록 전입신고를 하였으나, 다세대주택의 층과 호수를 누락한 채 지번으로만 부실하게 전입신고를 하였다가, 2005. 1. 26. 소유자가 이 사건 건물에 대한 소유권을 취득한 후인 2005. 2. 5.에서야 비로소 뒤늦게 특수주소변경의 방법에 의해 주민등록상 호수를 추가하였습니다.

3. 주택임대차보호법 제3조 제1항에서 주택의 인도와 더불어 대항력의 요건으로 규정하고 있는 주민등록은 거래의 안전을 위하여 임대차의 존재를 제3자가 명백히 인식할 수 있게 하는 공시방법으로 마련된 것이라고 볼 것이므로, 주민등록이 어떤 임대차를 공시하는 효력이 있는가의 여부는 일반사회통념상 그 주민등록으로 당해 임대차건물에 임차인이 주소 또는 거소를 가진 자로 등록되어 있는지를 인식할 수 있는가의 여부에 따라 결정된다고 할 것입니다. 그리고 주민등록법시행령 제9조 제3항은 공동주택의 경우에는 지번 다음에 건축물관리대장에 의한 공동주택의 명칭과 동 · 호수를 표기한다고 규정하고 있는바, 공동주택인 다세대주택의 특정세대를 임차한 자가 주택임대차보호법상의

대항력을 취득하기 위해서는 일반사회통념상 각 세대 중 어느 세대를 임차하여 몇 층 몇 호에 거주하고 있는지를 명백히 알 수 있는 주민등록을 갖추어야 하므로, 건물소재지 지번 다음에 다세대주택의 명칭과 동·층·호수까지 구체적으로 정확히 기재하여야 합니다.

4. 따라서 임차인은 다세대주택을 임차하고서도 주민등록상 호수의 기재를 누락한 부실한 전입신고를 함으로써 이 사건 건물에 대하여 주택임대차보호법상 대항요건을 갖추지 못하여 공매절차의 낙찰자인 소유자에게 대항할 수 없는 자임에도 불구하고 뒤늦게 특수주소변경을 한 주민등록을 근거로 주택임차권등기명령을 신청하여 등기부에 주택임차권등기까지 경료되었는바, 소유자는 이러한 임차권등기명령의 취소를 구하기 위하여 이 사건 신청에 이른 것입니다.

소 명 방 법
1. 소을 제1호증   등기필증
1. 소을 제2호증   등기부등본
1. 소을 제3호증   주민등록표초본

첨 부 서 류
1. 위 소명방법   각 1통
1. 주택임차권등기결정 사본   1통
1. 이의신청서 부본   1통

2005. 5. 27.
위 이의신청인(소유자) 정 ○ ○ ㊞

서울중앙지방법원 귀중

(7) 임차권등기명령의 신청취하 및 집행해제

임차권등기명령에 의한 임차권등기를 마친 후 당사자 사이에 원만한 합의가 되어 임차보증금을 반환받은 경우 임차인은 가압류명령의 취하절차를 준용하여 임차권등기명령을 내린 법원에 **'주택임차권등기 신청취하 및 집행해제 신청서'**를 제출하면 된다. 이 경우 등기말소에 따른 등록세와 송달료를 납부하여야 한다.

■ 신청취하 및 집행해제신청서 작성례

주택임차권등기 신청취하 및 집행해제신청서

사 건   2005카기125843 주택임차권등기
신 청 인   김 ○ ○(54**** - 1******)
          서울 서초구 우○동 6-** 301호
피신청인   정 ○ ○ (52**** - 2******)
          서울 금천구 시○동 ***-5 영○빌라 2동 ***호

위 사건에 관하여 당사자간 원만한 합의로 해결되었으므로 주택임차권등기의 신청을 취하하오니 집행을 해제하여 주시기 바랍니다.

2006. 1. .
위 신청인 김○○㊞

서울중앙지방법원 귀중

(8) 임대차보증금 반환의무와 임차권등기 말소의무와의 관계

임대인의 임대차보증금 반환의무와 임차인의 임차권등기 말소의무와의 관계에 관하여 판례는 동시이행관계를 부정하고 임대인의 보증금반환의무가 **선이행의무** 라는 입장을 밝혔다.

법 제3조의3 규정에 의한 임차권등기는 이미 임대차계약이 종료하였음에도 임대인이 그 보증금을 반환하지 않는 상태에서 경료되게 되므로, 이미 사실상 이행지체에 빠진 임대인의 임대차보증금의 반환의무와 그에 대응하는 임차인의 권리를 보전하기 위하여 새로이 경료 하는 임차권등기에 대한 임차인의 말소의무를 동시이행관계에 있는 것으로 해석할 것은 아 니고, 특히 위 임차권등기는 임차인으로 하여금 기왕의 대항력이나 우선변제권을 유지하도 록 해 주는 담보적 기능만을 주목적으로 하는 점 등에 비추어 볼 때, 임대인의 임대차보증금 의 반환의무가 임차인의 임차권등기 말소의무보다 먼저 이행되어야 할 의무이다(대법원 2005.6.9. 2005다4529).

Ⅳ. 주택임차권등기의 효력

1. 대항력 및 우선변제권의 취득 및 유지

(1) 의의

임차권등기명령의 효력발생 후 그 집행에 의하여 임차권등기가 마쳐지면 임차인 은 대항력 및 우선변제권을 취득한다. 다만, 임차인이 임차권등기 이전에 이미 대 항력 또는 우선변제권을 취득한 경우에는 그 대항력 또는 우선변제권은 그대로 유 지되며, 임차권등기 이후에는 대항요건을 상실하더라도 이미 취득한 대항력 또는 우선변제권을 상실하지 아니한다.

대항력을 취득하지 못한 임차인의 경우에는 임차권등기명령에 의한 등기가 된 때에 비로소 대항력이 생기므로 등기된 때를 기준으로 매수인에 대항할 수 있는지를 판단하지만, 임차권등기 이전에 대항력을 갖춘 임차인의 경우에는 임차권등기명령에 의한 등기가 됨으로써 그 후 대항요건을 갖추지 아니하여도 이미 취득한 대항력 취득의 효력이 계속 유지되므로, 이 경우에는 임차권등기가 된 때가 아닌 본래의 대항력을 취득한 때를 기준으로 매수인에 대항할 수 있는지를 판단하여야 한다.……주택임차권등기는 임차인으로 하여금 기왕의 대항력을 유지하도록 해 주는 담보적 기능을 주목적으로 하고 있으므로, 임차인이 경매절차에서 임차보증금 전액을 배당받지 못하였음에도 경매법원의 잘못된 촉탁에 의하여 임차권등기가 원인 없이 말소되었고, 그에 대하여 임차인에게 책임을 물을 만한 사유도 없는 이상, 임차권등기의 말소에도 불구하고 임차인이 이미 취득한 대항력은 그대로 유지된다(부산고법 2006.5.3. 2005나17600).

따라서 임차권등기가 마쳐진 이후에는 주택의 점유와 주민등록의 요건을 상실하더라도 이미 취득한 대항력과 우선변제권은 여전히 유지되기 때문에 임차인이 다른 곳으로 이사하거나 주민등록을 옮겨도 상관없다.

(2) 효력발생시기

임차권등기의 효력은 임차권등기가 마쳐진 시점부터 발생하므로 임차권등기명령을 신청한 후 바로 다른 곳으로 이사가거나 주민등록을 옮겨서는 안되고 임차권등기가 마쳐진 사실을 반드시 확인한 후에 이사를 하거나 주민등록을 옮겨야 한다는 것이다.

임차인이 아직 대항력과 우선변제권을 취득하지 못한 상태에서 임차권등기가 되면 그 등기시점을 기준으로 대항력과 우선변제권의 취득 여부를 판단하기 때문에, 예컨대 임차권등기시에 이미 임차주택에 저당권 등의 담보권이 설정되어 있는 경우에는 임차인은 임차권등기를 하더라도 담보권 실행을 위한 경매절차에서 낙찰을 받은 자에게 대항하거나 이미 설정된 저당권자 등의 담보권자에 우선하여 배당을 받을 수 없다는 점을 유의하여야 할 것이다.

(3) 임차권등기에 기한 경매청구

임차권등기명령은 주민등록을 옮기거나 이사를 하더라도 종전에 취득하였던 대항력과 우선변제권을 그대로 **유지시키는 제도**일 뿐이므로, 주택임차권등기에 기하여 직접 경매를 신청할 수는 없다. 따라서 임차권등기를 마친 임차인이라도 실제로 보증금을 반환받기 위해서는 임차보증금반환청구소송 등을 제기하여 집행권원을 확보한 후 강제경매를 신청하여야 한다.

(4) 배당요구

첫 경매개시결정등기 전에 임차권등기명령에 의하여 임차권등기를 한 임차인은 임차주택의 경매절차에서 배당요구를 하지 않아도 배당을 받을 수 있는 채권자에 해당한다는 것이 최근 대법원판례의 입장이다.

임차권등기명령에 의하여 임차권등기를 한 임차인은 우선변제권을 가지며, 위 임차권등기는 임차인으로 하여금 기왕의 대항력이나 우선변제권을 유지하도록 해 주는 담보적 기능을 주목적으로 하고 있으므로, 위 임차권등기가 첫 경매개시결정등기 전에 등기된 경우, 배당받을 채권자의 범위에 관하여 규정하고 있는 민사집행법 제148조 제4호의 '저당권·전세권, 그 밖의 우선변제청구권으로서 첫 경매개시결정 등기 전에 등기되었고 매각으로 소멸하는 것을 가진 채권자'에 준하여, 그 임차인은 별도로 배당요구를 하지 않아도 당연히 배당받을 채권자에 속하는 것으로 보아야 한다(대법원 2005.9.15. 2005다33039).

2. 소액보증금의 최우선변제권 배제

주택임차권등기명령의 집행에 의한 임차권등기가 마쳐진 주택(임대차의 목적이 주택의 일부분인 경우에는 해당 부분에 한함)을 그 이후에 임차한 임차인에 대하여는 법 제8조에 의한 소액보증금의 최우선변제를 받을 권리를 배제하고 있다(법3의3⑥).

이와 같이 임차권등기 후의 소액임차인에 대하여 최우선변제권을 배제하는 것은 소액임차인의 최우선변제권 행사로 인하여 그보다 앞서 임차권등기를 한 임차인이 입을지도 모르는 불측의 손해를 방지하기 위한 것이다. 왜냐하면 임차인이 임차권등기 후 자신의 우선변제권이 존속한다고 믿고 다른 곳으로 이사를 간 이후에 소액임차인이 주택을 임차한 경우에는 소액임차인의 최우선변제권 때문에 임차권등기를 하고 퇴거한 임차인의 우선변제권이 유명무실화될 우려가 있기 때문이다.

3. 임차권등기명령의 소요비용 및 부담

(1) 소요비용

(가) 임차권등기명령신청서에는 2,000원의 인지를 붙인다(규2③).

(나) 당사자 1인당 3회분의 송달료를 납부한다.

송달료는 우편요금의 인상에 따라 자주 변동이 있으나, 2006.11.1.부터 1회분 송달료는 3,020원이다. 따라서 18,120원(3,020원×3회분×2인)의 송달료를 납부하면 된다.

(다) 부동산등기신청수수료는 부동산 1개당 2,000원에 상당하는 대법원 등기수입증지를 첨부한다.

(라) 등록세 및 등록세액의 20%인 지방교육세를 납부하여야 한다.

등록세는 차임이 있는 경우에는 지방세법 제131조(부동산등기의 세율) 제1항 제6호 (5)의 규정에 따라 **월 차임액의 1,000분의 2**에 해당하는 금액이 된다. 차임이 없는 경우에는 임대차보증금을 기준으로 하는 것이 아니라 지방세법 제131조 제1항 제8호의 규정에 따라 **3,000원**의 등록세를 납부하면 된다.

(2) 비용의 부담

임차인은 임차권등기명령의 신청 및 그에 따른 임차권등기와 관련하여 소요된 비용을 임대인에게 청구할 수 있다(법3의3⑧). 즉 임차권등기명령 신청은 임대인이 보증금반환의무를 다하지 않은 데에 따른 것이고, 임차권등기 관련비용은 임대인의 귀책사유에 의해 발생한 것이므로 그 비용을 임대인이 부담하도록 한 것이다.

V. 민법에 의한 주택임대차등기의 효력 강화

1. 의의

민법 제621조(임대차의 등기)에 의하면, 부동산임차인은 당사자간에 반대약정이 없으면 임대인에 대하여 그 임대차등기절차에 협력할 것을 청구할 수 있고, 부동산임대차를 등기한 때에는 그 때부터 제3자에 대하여 효력이 생긴다고 규정하여, 임차권등기에 대하여 대항력을 부여하고 있다.

그러나 민법 제621조 제2항 소정의 임차권등기의 '제3자에 대한 효력'이란 등기한 임차권자가 등기 후 그 부동산의 소유권을 취득한 제3자에 대하여 임차권을 주장할 수 있다는 **대항력**을 의미할 뿐, 임차건물의 환가대금에서 후순위권리자 그 밖의 채권자보다 우선하여 보증금을 변제받을 권리를 포함하는 것은 아니다(대법원 2004.3.19. 2004마44).

1999.1.21. 법 개정시 신설된 **제3조의4**는, 주택임차인이 **임대인의 협력**을 얻어 민법 제621조의 규정에 의한 임대차등기를 마친 경우에도 임차권등기명령에 의한 임차권등기와 동일한 효력을 가지도록 함으로써, 민법에 의한 임대차등기에 대하여 **대항력**뿐만 아니라 **우선변제권**까지 부여하였다.

신설된 임차권등기명령제도에 의하여 임대인의 협력 없이 임차인 단독으로 행한 임차권등기에는 대항력과 우선변제권이 인정되는데 비하여, 임대인의 협력에 기한 민법 제621조의 임대차등기의 경우에는 그 효력이 제3자에 대한 대항력으로 그친다는 점을 감안하여, 민법 제621조에 의하여 주택임대차등기를 한 임차인에 대하여도 임차권등기명령신청을 한 임차인과 동일한 수준의 보호를 한 것이다.

2. 임차권설정등기 신청절차

(1) 등기신청방법

주택임차권자(등기권리자)와 임차권설정자(등기의무자)가 본인임을 확인할 수 있는 주민등록증 등을 가지고 직접 등기소에 출석하여 공동으로 신청할 수 있고 대리인을 통하여 신청하여도 된다.

(2) 등기신청서 기재요령

(가) 부동산의 표시

건물의 소재·지번, 종류, 구조, 면적을 기재하되, 등기부상 부동산의 표시와 일치하여야 한다.

구분건물인 경우는, **1동의 건물의 표시**에 1동의 건물의 소재·지번·종류와 구조 및 면적을 기재하되, 1동의 건물의 번호가 있는 경우에 이를 기재한 때에는 1동의 건물의 구조와 면적을 기재하지 아니한다. **전유부분의 건물의 표시**에 건물의 번호, 구조, 면적만을 기재한다. 대지권에 대하여는 임차권설정등기를 할 수 없으므로, 신청서에 **대지권의 표시**를 기재하지 아니한다.

(나) 등기원인과 그 연월일 및 등기의 목적

등기원인은 **'설정계약'** 으로, 연월일은 임차권설정계약의 체결일을 기재한다. 등기의 목적은 **'주택임차권설정'** 이라고 기재한다.

(다) 임차보증금, 차임 및 지급시기

임차보증금에 관하여 약정이 있는 경우에는 '금○○○원' 으로 기재한다. 차임 없이 보증금만 지급하는 임대차(채권적 전세)계약을 체결한 경우에도 임차권설정등기를 신청할 수 있으며, 등기신청서에 차임을 기재하는 대신 임차보증금을 기재한다. 차임은 '금○○○원' 으로 기재하고, 지급시기는 '매월 말일' 등으로 기재한다(차임이 없는 경우에는 기재하지 아니함).

(라) 범위 및 존속기간

임차권의 목적이 전부인 때에는 '주택 전부' 라고 기재하고, 일부분인 때에는 임차권의 범위를 특정하여 기재한다(예: 주택 2층 전부). 임차권의 존속기간 약정이 있는 경우에 그 기간을 기재한다.

(마) 주민등록일자, 점유개시일자 및 확정일자

주민등록을 마친 날, 임차주택을 점유한 날 및 임대차계약서중상의 확정일자를 받은 날을 각 기재한다.

(바) 등기의무자 및 등기권리자

등기의무자는 임차권설정자의 성명, 주민등록번호, 주소를 기재하되, 등기부상 소유자 표시와 일치하여야 한다. 등기권리자는 임차권자의 성명, 주민등록번호, 주소를 기재한다.

(사) 등록세 · 지방교육세, 세액합계

임차권등기신청시 납부하여야 할 등록세는 차임이 있는 경우에는 지방세법 제131조 제1항 제6호(5)의 규정에 따라 월 차임액의 1,000분의 2에 해당하는 세액을 납부한다. 차임이 없는 경우에는 지방세법 제131조 제1항 제8호의 규정에 따라 3,000원을 납부한다. 지방교육세는 등록세액의 20/100이다. 세액합계란은 등록세액과 지방교육세액의 합계를 기재한다.

■ 주택임차권설정등기 신청서 작성례

주택임차권 설정등기 신청

접 수	년 월 일 제 호	처리인	접 수	조 사	기 입	교 합	등기필 통 지	각 종 통 지

부 동 산 의 표 시

1동의 건물의 표시
  서울특별시 강남구 ○○동 58-2
  ○○아파트 제101동
전유부분의 건물의 표시
  건물번호 : 101 - 6 - 604
  구   조 : 철근콘크리트구조
  면   적 : 6층 604호 36.29 m²

(이   상)

등기원인과 그 연월일	2008년 1월 19일 설정계약		
등 기 의 목 적	주택임차권설정		
임 차 보 증 금	금 80,000,000원		
범 위	주택 전부		
존 속 기 간	2010년 1월 18일까지		
주 민 등 록 일 자	2008년 1월 19일		
점 유 개 시 일 자	2008년 1월 18일		
확 정 일 자	2008년 1월 19일		
구 분	성 명 (상호·명칭)	주민등록번호 (등기용등록번호)	주 소 (소 재 지)
등 기 의무자	김 ○ 대	560525 - 1******	서울 동작구 대방동 508 ○○아파트 106-806
등 기 권리자	이 ○ 미	690828 - 2******	서울 서초구 방배동 694 ○○아파트 407-501

등 록 세	금 3,000 원정	차임이 없는 경우로서 지방세법 제131
지 방 교 육 세	금 600 원정	조 제1항 제8호의 규정에 따른 세액
세 액 합 계	금 3,600 원정	
등기신청 수수료	금 9,000 원정	등기예규 제1039호

첨 부 서 면

1. 위임장   1 통
1. 임차권설정계약서   1 통
1. 인감증명   1 통
1. 등기필증   1 통
1. 임대차계약서   1 통
1. 점유사실확인서   1 통
1. 주민등록등본   2 통
1. 등록세영수필확인서 및 통지서   1 통

2008년   1월   일

위 신청인

(또는) 위 대리인 법무사 김 효 석 ㉑ (전화 : 02-535-0987)
서울 서초구 서초동 1574-3 교대빌딩 202호

서울중앙지방법원 등기과 귀중

- 신청서 작성요령 및 등기수입증지 첨부란 -

1. 부동산표시란에 2개 이상의 부동산을 기재하는 경우에는 부동산의 일련번호를 기재하여야 한다.
2. 신청인란 등 해당란에 기재할 여백이 없을 경우에는 별지를 이용한다.
3. 등기신청수수료 상당의 등기수입증지를 이 난에 첨부한다.

(아) 등기신청수수료

소유권 이외의 권리설정 및 이전등기 신청시 납부하여야 할 등기신청수수료는 9,000원이다(다만, e-form으로 신청시에는 6,000원).

(자) 첨부서면, 신청인 등

등기신청서에 첨부한 서면의 제목과 통수를 기재하고, 등기의무자와 등기권리자의 성명 및 전화번호를 기재하며, 각자의 인장을 날인하되, 등기의무자는 그의 인감을 날인한다. 대리인이 등기신청을 하는 경우에는 그 대리인의 성명 및 전화번호만을 기재하고 그의 인장을 날인한다.

(3) 등기신청서에 첨부할 서면

(가) 위임장 : 등기신청을 법무사·변호사 등 대리인에게 위임하는 경우에 그 권한을 증명하는 서면으로 위임장을 첨부한다.

(나) 임차권설정계약서 : 등기원인을 증명하는 서면으로 임차권설정계약서를 첨부한다.

(다) 등기필증 : '등기의무자의 권리에 관한 등기필증' 으로서 속칭 '구권리증' 을 말한다.

(라) 인감증명서 : 등기의무자(소유자)의 인감증명서(발행일로부터 3월 이내)를 첨부한다.

(마) 임대차(전세)계약서 : 임대차계약서중상의 확정일자를 받은 날을 증명하는 서면으로 임대차계약서(공정증서로 작성되거나 확정일자를 받은 임대차계약서) 등을 첨부한다.

(바) 점유사실확인서 : 임차주택을 점유한 날을 증명하는 서면(예컨대, 임대인이 작성한 점유사실확인서 등)을 첨부한다.

(사) 주민등록표등·초본 : 주민등록을 마친 날을 증명하는 서면으로 임차권자의 주민등록표등본 또는 초본을 첨부한다(발행일로부터 3월 이내).

(아) 등록세영수필확인서 및 통지서 : 시장, 구청장 등으로부터 등록세납부서를 발급받아 납세지를 관할하는 금융기관에 납부한 후 영수필확인서 및 통지서를 교부받아 신청서의 등록세액표시란의 좌측 상단 여백에 첨부한다.

(자) 건물 도면 : 주택임차권의 목적이 건물의 일부인 때에는 그 신청서에 임차권의 범위를 특정하여 기재하고, 그 목적인 부분을 표시한 건물의 도면을 첨부하여야 한다.

(차) 등기수입증지 : 등기신청수수료 상당의 등기수입증지를 첨부한다.

3. 주택임차권설정등기의 효력

(1) 대항력과 우선변제권의 취득 및 유지

민법 제621조에 의하여 주택임차권설정등기가 경료되면 임차인은 주택임대차보호법 제3조 제1항 소정의 대항력 및 법 제3조의2 제2항 소정의 우선변제권을 취득하고, 임차인이 임차권설정등기 이전에 이미 대항력 또는 우선변제권을 취득한 경우에는 그 대항력 또는 우선변제권은 그대로 유지되며, 주택임차권설정등기 이후에는 대항요건을 상실하더라도 이미 취득한 대항력 또는 우선변제권을 상실하지 아니한다(법3의4①→법3의3⑤준용).

■ 주택임차권설정등기 기재례 〈주택의 전부〉

【을 　　　구】		(소유권 이외의 권리에 관한 사항)		
순위번호	등기목적	접　　수	등 기 원 인	권리자 및 기타사항
2	주택임차권설정	2006년1월12일 제106호	2006년1월10일 설정계약	임차보증금　금 30,000,000원 차임월금　금 100,000원 차임지급시기　매월 말일 범위 주택 전부 존속기간　2008년1월10일 주민등록일자　2006년1월10일 점유개시일자　2006년1월10일 확정일자　2006년1월10일 임차권자　김갑동 710905-1****** 　　　　　서울 서초구 방배동 321

(2) 임차권설정등기 후의 소액보증금의 최우선변제권 배제

주택임차권설정등기가 마쳐진 주택을 그 이후에 임차한 임차인에 대하여는 법 제8조에 의한 소액보증금의 최우선변제를 받을 권리가 배제된다(법3의4①→법3의3⑥준용).

(3) 효력의 시적 제한

기존 권리자의 보호를 위하여 법 제3조의4의 개정규정은 이 법 시행(1999.3.1.)전에 이미 경료된 임대차등기에 대하여는 이를 적용하지 아니한다(부칙③).

(4) 전세권설정등기와의 관계

주택임차인이 그 지위를 강화하고자 별도로 전세권설정등기를 마치더라도 그 효력을 임차권등기명령에 의한 임차권등기(법3의3)나 민법 제621조에 따라 임대인의 협력을 얻어 경료한 주택임대차등기(법3의4)의 효력과 동일하게 볼 수는 없다.

전세권은 전세금을 지급하고 타인의 부동산을 점유하여 그 부동산의 용도에 좇아 사용 · 수익하며, 그 부동산 전부에 대하여 후순위권리자 기타 채권자보다 전세금의 우선변제를 받을 권리를 내용으로 하는 물권이지만, **임대차**는 당사자 일방이 상대방에게 목적물을 사용 · 수익하게 할 것을 약정하고 상대방이 이에 대하여 차임을 지급할 것을 약정함으로써 그 효력이 발생하는 채권계약으로서, 주택임차인이 주택임대차보호법 제3조 제1항의 대항요건을 갖추거나 민법 제621조의 규정에 의한 주택임대차등기를 마치더라도 채권계약이라는 기본적인 성질에 변함이 없다.

이러한 차이와 더불어, 주택임차인이 그 지위를 강화하고자 별도로 전세권설정등기를 마치더라도, 주택임대차보호법상 주택임차인으로서의 우선변제를 받을 수 있는 권리와 전세권자로서 우선변제를 받을 수 있는 권리는 근거규정 및 성립요건을 달리하는 별개의 것이라는 점, 주택임대차보호법 제3조의3 제1항에서 규정한 임차권등기명령에 의한 임차권등기와 동법 제3조의4 제2항에서 규정한 주택임대차등기는 공통적으로 주택임대차보호법상의 대항요건인 '주민등록일자', '점유개시일자' 및 '확정일자'를 등기사항으로 기재하여 이를 공시하지만 전세권설정등기에는 이러한 대항요건을 공시하는 기능이 없는 점, 주택임대차보호법 제3조의4 제1항에서 임차권등기명령에 의한 임차권등기의 효력에 관한 동법 제3조의3 제5항의 규정은 민법 제621조에 의한 주택임대차등기의 효력에 관하여 이를 준용한다고 규정하고 있을 뿐 주택임대차보호법 제3조의3 제5항의 규정을 전세권설정등기의 효력에 관하여 준용할 법적 근거가 없는 점 등을 종합하면, 주택임차인이 그 지위를 강화하고자 별도로 전세권설정등기를 마쳤더라도 주택임차인이 주택임대차보호법 제3조 제1항의 대항요건을 상실하면 이미 취득한 주택임대차보호법상의 대항력 및 우선변제권을 상실한다고 봄이 상당하다(대법원 2007.6.28. 2004다69741).

제4절 경매개시요건의 완화 등

> 법 제3조의2(보증금의 회수) ① 임차인(제3조제2항의 법인을 포함한다. 이하 같다)이 임차주택
> 에 대하여 보증금반환청구소송의 확정판결이나 그 밖에 이에 준하는 집행권원(執行權原)에
> 따라서 경매를 신청하는 경우에는 집행개시(執行開始) 요건에 관한 「민사집행법」 제41조에
> 도 불구하고 반대의무(反對義務)의 이행이나 이행의 제공을 집행개시의 요건으로 하지 아니
> 한다.
> 법 제3조의5(경매에 의한 임차권의 소멸) 임차권은 임차주택에 대하여 「민사집행법」에 따른 경
> 매가 행하여진 경우에는 그 임차주택의 경락(競落)에 따라 소멸한다. 다만, 보증금이 모두 변
> 제되지 아니한, 대항력이 있는 임차권은 그러하지 아니하다.
> 법 제13조(「소액사건심판법」의 준용) 임차인이 임대인에 대하여 제기하는 보증금반환청구소송
> 에 관하여는 「소액사건심판법」 제6조, 제7조, 제10조 및 제11조의2를 준용한다.

Ⅰ. 서 설

주택임대차계약이 종료된 후에도 임대인이 보증금의 반환을 거부하거나 지체할 경우에 다른 채권자에 의한 경매가 신청되지 않는 한 임차인은 보증금반환청구소송 등을 통해 판결 기타 집행권원(채무명의)을 확보하고 이에 기하여 직접 임차주택에 대한 강제경매를 신청하여 자신의 보증금을 회수할 수밖에 없다.

보증금반환청구소송에서 임대인은 '임차인이 집을 비워주면 그와 동시에 보증금을 지급하겠다'는 내용의 동시이행의 항변을 하게 되고 이에 따라 '피고(임대인)는 원고(임차인)로부터 임차건물을 명도받음과 동시에 원고에게 보증금을 지급하라'는 동시이행의 판결이 선고되는 것이 대부분이다. 이러한 **동시이행의 판결**에 기한 강제집행에 있어서 채권자의 반대의무의 이행 또는 이행의 제공은 **집행개시요건**이다. 따라서 주택임차인은 강제경매의 신청 단계에서부터 동시이행의 반대의무가 이행되었음(임차인이 주택을 명도하였다는 사실)을 증명하여야만 하고, 그러기 위해서는 임차인은 임차주택을 먼저 비워 주어야만 했다. 그러나 이렇게 되면 임차인은 주택임대차보호법에 의하여 기왕에 취득하였던 **대항력과 우선변제권을 상실**하고 만다. 왜냐하면 대항력과 우선변제권을 유지·행사하기 위해서는 대항요건(주택의

점유와 주민등록)을 계속 구비하고 있어야 하는데 주택을 명도함으로써 그 요건을 상실하게 되기 때문이다.

결국 임차인은 자신이 집행권원을 확보하여 신청한 경매절차에서 우선변제권을 상실하여 오히려 일반채권자로서 배당을 받을 수밖에 없고, 다른 일반채권자가 다수이거나 일반채권자보다 선순위의 담보물권자가 많이 있을 경우에는 보증금의 변제를 받기가 어렵게 되었기 때문에 사실상 임차인의 경매신청이 불가능하였다.

1999.1.21. 법 개정에서는 법 제3조의2에 제1항에 「임차인이 임차주택에 대하여 보증금반환청구소송의 확정판결 기타 이에 준하는 집행권원에 기한 경매를 신청하는 경우에는 현행 민사집행법 제41조 제1항의 규정에 불구하고 반대의무의 이행 또는 이행의 제공을 집행개시의 요건으로 하지 아니한다」라는 규정을 신설함으로써, 임차인이 주택을 먼저 비우지 않고 임차주택에 계속 거주하면서도 경매를 신청할 수 있도록 요건을 완화하였다.

이에 따라 임대차기간이 만료되었으나 임대인이 임차인의 보증금 반환요구를 거절하는 경우, 확정판결 등 집행권원을 확보하여 임차인이 이미 확보된 우선변제권이나 대항력을 상실함이 없이 경매를 신청할 수 있고, 임차인은 임차보증금의 수령과 동시이행으로 임차주택을 비워주면 되므로 **임차인의 경매신청권이 간접적으로 보장**된 것이다.

Ⅱ. 요건

임차인이 임차주택에 대하여 보증금반환청구소송의 확정판결 기타 이에 준하는 집행권원에 기한 경매를 신청하는 경우이어야 한다.

1. 보증금반환청구소송의 확정판결 등에 기할 것

(1) 소송당사자

소송의 당사자는 **임차인**이어야 하므로, 임차인으로부터 임차보증금반환청구권을 양도 또는 전부(轉付)받은 양수인 또는 전부채권자가 임대인을 상대로 하여 받은 양수금판결이나 전부금판결은 이에 해당하지 아니한다.

임대인은 직접 계약당사자이든 임차주택을 양수하여 임대인의 지위를 승계한 자 (법3②)이든 묻지 아니한다.

(2) 임차주택에 대한 보증금반환청구소송

당해 임차주택에 대한 보증금반환청구소송에서의 집행권원이어야 하므로, 다른 주택에 대한 확정판결인 경우에는 이에 해당하지 아니한다.

또 임차주택에 대한 **보증금반환**만을 청구하는 소송은 물론 보증금반환청구에 당해 임대차계약과 관련한 손해배상이나 필요비 · 유익비상환청구가 병합된 소송이라도 무방하다고 본다.

(3) 확정판결 기타 이에 준하는 집행권원

확정판결에 준하는 집행권원이란 화해조서, 조정조서, 확정된 조정에 갈음하는 결정, 집행증서, 확정된 지급명령 기타 판결과 동일한 효력이 있는 일체의 집행권원을 포함한다.

다만, 판결 기타 집행권원은 **확정**된 것이어야 하므로 가집행선고부 판결은 이에 해당하지 아니한다. 또한 이러한 집행권원은 동시이행을 명하는 것이어야 하므로, 단순이행을 명하는 경우에는 이에 해당하지 아니한다.

2. 임차인이 임차주택에 경매신청을 하는 경우일 것

(1) 경매신청인

임차인이 적극적으로 경매신청인이 되는 경우이어야 하므로, 다른 채권자가 신청한 경매절차에서 배당요구의 방법으로 우선변제권을 행사하는 경우에는 적용되지 아니한다.

(2) 경매의 대상

반대의무의 이행 또는 이행제공 없이 경매를 신청할 수 있는 대상은 **건물**뿐만 아니라 그 부지인 **대지**도 포함된다고 본다. 판례도 법 제3조의2 제1항 소정의 '임차주택'에 그 부지도 포함되는 것으로 해석하고 있다.

주택임대차보호법 제3조의2 제1항은 임차인이 임차주택에 대하여 보증금반환청구소송의 확정판결 기타 이에 준하는 채무명의에 기한 경매를 신청하는 경우에는 민사소송법 제491조의2 제1항의 규정에 불구하고 반대의무의 이행 또는 이행의 제공을 집행개시의 요건으로 하지 아니한다고 규정하고 있는바, 같은 법 제3조의2 제2항 및 제8조 제3항이 임차주택의 환가대금에 건물뿐만 아니라, 대지의 가액도 포함된다고 규정하고 있는 점, 통상적으로 건물의 임대차에는 당연히 그 부지 부분의 이용이 수반되는 것이고, 같은 법 제2조에서 같은 법의 적용대상으로 규정하고 있는 주거용 건물의 임대차라 하는 것도 임차목적물 중 건물의 용도가 점포나 사무실 등이 아닌 주거용인 경우의 임대차를 뜻하는 것일 뿐 같은 법의 적용대상을 대지를 제외한 건물에만 한정하는 취지는 아닌 것으로 해석되는 점, 위 규정은 기본적으로 임차인의 권익보호를 그 입법취지로 하고 있는데, 만일 반대의무의 이행 또는 이행의 제공 없이 집행개시를 할 수 있는 대상을 건물에만 한정할 경우 사실상 대지와 그 지상 주택의 경매절차가 분리되는 결과 경매절차의 진행에 어려움이 발생하고 임차주택의 환가에 의한 임차보증금의 회수를 간편하게 하겠다는 입법취지에 부합되지 않게 되는 점 등에 비추어 보면, 여기에서 말하는 임차주택에는 건물뿐만 아니라 그 부지도 포함하는 것으로 봄이 상당하다(대법원 2000.3.15. 99마4499).

(3) 소유권이전등기청구권에 대한 압류의 경우

법 제3조의2 제1항은 임차주택에 대한 **경매신청**의 경우를 규율대상으로 하고 있으므로, 판례는 임차주택의 그 자체가 아닌 임차주택에 관한 **소유권이전등기청구권에 대한 압류**의 경우에는 유추적용되지 않는다고 하였다.

주택임대차보호법 제3조의2 제1항이 임차주택의 대지 그 자체가 아닌 그에 관한 소유권이전등기청구권에 대한 압류의 경우에도 유추적용될 수 있을 것인가에 관하여 보건대, 첫째 부동산소유권이전등기청구권에 대한 강제집행은 부동산 그 자체에 대한 강제집행과는 그 절차를 달리하는 것으로 직접 채무자 명의의 등기를 실현함으로써 그 강제집행절차는 종료하며, 그 후에 이루어진 부동산 그 자체에 대한 강제집행은 선행 부동산청구권압류절차로부터 독립된 새로운 집행절차로서 본래의 채무명의에 기하여 부동산청구권의 압류가 아닌 강제경매 등의 방법으로 진행되는 점, 둘째 위 조항은 임차주택에 대한 경매신청이라고 한정하여 규정하고 있을 뿐 임차주택에 대한 일반적인 강제집행신청까지를 포괄하여 규정하고 있지 않은 점 등을 종합하여 보면, 위 조항은 임차주택 그 자체를 집행의 대상으로 한 경매의 경우에 집행개시의 요건에 관한 민사소송법 제491조의2 제1항의 예외사유를 인정하는 것이고, 임차주택의 이전등기청구권에 관한 일반 강제집행절차로서의 압류에까지 위 조항을 유추하여 적용할 것은 아니다(대법원 2000.3.15. 99마4499).

Ⅲ. 효과

1. 반대의무의 이행 또는 이행제공의 불필요

위와 같은 요건을 갖춘 경우에는 임차인이 경매를 신청하면서 반대의무의 이행 또는 이행의 제공을 증명하는 서면을 제출할 필요가 없다. 이에 따라 임대인에게 보증금반환의 최고나 임차주택의 명도 또는 명도의 제공이 필요 없이 **곧바로 강제경매를 신청**할 수 있으므로 임차인의 대항력과 우선변제권 유지에는 아무런 지장이 없다.

또한 경매법원은 보증금반환청구소송의 확정판결 주문에 건물의 명도와 동시이행으로 보증금지급을 명하였다 하여도 이행제공 여부를 따질 것 없이 경매개시결정을 할 수 있다.

2. 우선변제권의 행사

확정일자 임차인이나 소액임차인은 임차주택에 계속 거주하면서 자신이 신청한 경매절차에서 배당요구를 함으로써 우선변제권 또는 최우선변제권을 행사할 수 있다.

3. 배당금의 수령

경매개시요건을 완화한 것은 경매신청시에 국한되므로, 임차인이 배당금을 수령할 때에는 명도확인서를 제출하여야 한다.

부동산강제경매신청서

채 권 자　　　김 ○ ○ (740304-1******)
　　　　　　　서울 구로구 ○○동 340-2 ○○빌라 1층 102호
소유자겸　　　김 ○ ○ (560517-2******)
채 무 자　　　등기부상주소 : 서울 구로구 ○○동 351-27
　　　　　　　현　주　소 : 서울 구로구 ○○동 367-25
청구채권의 표시 : 금 48,000,000원정 (임대차보증금)
　　　　　　　　단, 위 금원에 대하여 2008. 5. 12.부터 완제일까지 연 2할의 비율에 의한 지연손
　　　　　　　해금
집행권원의 표시 : 채권자와 채무자 사이의 서울남부지방법원 2008가단214**호 임대차보증금 청
구사건의 집행력 있는 판결정본
매각할 부동산의 표시 : 별지 목록 기재와 같음

신 청 취 지

채권자의 채무자에 대하여 가지고 있는 위 채권의 변제에 충당하기 위하여 채무자소유의 별지목록
부동산에 대하여 강제경매를 개시하고 채권자를 위하여 이를 압류한다. 라는 재판을 구합니다.

신 청 이 유

채무자는 서울남부지방법원 2008가단214**호 임대차보증금 청구사건에 관하여 2008. 7. 15. 선고
한 집행력 있는 판결정본에 기한 임대차보증금 48,000,000원 및 이에 대한 2008. 5. 12.부터 다 갚는
날까지 연 20%의 비율로 계산한 돈을 채권자에게 지급하여야 함에도 불구하고 이행하지 아니하므로
이를 변제 받기 위하여 별지목록기재 부동산에 대해서 강제경매를 신청합니다.

첨 부 서 류

1. 집행력 있는 판결정본　　　1통
1. 부동산등기부등본　　　　　1통
1. 위임장　　　　　　　　　　1통
1. 매각할 부동산목록　　　　30통

2008. 8.　.
위 채권자 김 ○ ○ ㉑

서울남부지방법원 귀 중

Ⅳ. 보증금반환청구소송에 관한 특례

1. 의의

물권인 전세권과는 달리 채권관계인 주택임대차에는 경매청구권이 직접 인정되지 않고 있다. 따라서 임대인이 보증금의 반환을 거부·지연하는 경우 임차인이 경매를 통해 보증금을 변제받기 위해서는 우선 민사소송 등을 통하여 집행권원(채무명의)을 확보하여야 한다.

1999.1.21. 법 개정에서는 제13조를 신설하여, 주택임차인이 임차보증금의 반환을 구하기 위하여 임대인에 대하여 제기하는 보증금반환청구소송에 관하여 소액사건심판법의 일부 조항을 준용하도록 함으로써 소송절차가 신속히 진행될 수 있도록 하였다.

2. 소장의 송달

임차인이 보증금반환청구 소장을 접수하거나 제소조서가 작성되면 법원은 지체없이 임대인(피고)에게 송달하여야 한다. 다만, 피고에게 이행권고결정서의 등본이 송달된 때에는 소장부본이나 제소조서등본이 송달된 것으로 본다(소심법6). 실무상 소액사건의 경우에는 통상 피고에게 소장부본 대신 이행권고결정서를 송달하고 있다. 임대인이 이러한 이행권고결정을 송달받은 날부터 2주 내에 이의를 제기하지 아니하면 확정판결과 같은 효력이 생긴다(동법5의7①).

3. 기일의 지정 등

임대차보증금반환청구의 소가 제기된 경우에 판사는 지체없이 변론기일을 정하여야 하며 되도록 1회의 변론기일로 심리를 종결하도록 하여야 한다. 이를 위하여 판사는 변론기일 이전이라도 당사자로 하여금 증거신청을 하게 하는 등 필요한 조치를 취할 수 있다. 따라서 원고에 대한 최초의 기일소환장은 사건 접수시 즉석에서 교부하도록 되어 있고, 변론기일을 변경하거나 변론을 속행하는 때에는 속행기일은 부득이한 사유가 있는 경우를 제외하고는 전회 기일부터 15일 이내로 한정하여야 한다(소심법7 참조).

4. 증거조사에 관한 특칙

판사는 필요하다고 인정한 때에는 직권으로 증거조사를 할 수 있다. 그러나 그 증거조사의 결과에 관하여는 당사자의 의견을 들어야 한다(소심법10①). 이는 법률지식이 부족한 임차인을 위하여 법원이 직권증거조사를 통해 법률적 도움을 주기 위함이다. 또한 증인은 판사가 신문하며, 당사자는 판사에게 고하고 신문할 수 있다(동법10②). 그리고 판사는 상당하다고 인정한 때에는 증인 또는 감정인의 신문에 갈음하여 서면을 제출하게 할 수 있다(동법10③). 신문에 갈음하여 서면을 제출하기로 결정된 증인 또는 감정인은 법원에 그 신문서를 제출할 때에 주민등록초본이나, 동·이장이 그 동일성을 증명하는 서면을 첨부하여야 하고, 증인 또는 감정인에 대한 서면신문은 재판사무에 관한 문서양식에 따른 신문서를 송달하여 행하며, 신문서에는 증인 또는 감정인이 서명·날인하여야 한다(소심규6).

5. 판결에 대한 특례

판결의 선고는 변론종결 후 즉시 할 수 있고, 판결을 선고함에는 주문을 낭독하고 주문이 정당함을 인정할 수 있는 범위 안에서 그 이유의 요지를 구술로 설명하여야 하며, 판결서에는 이유를 기재하지 아니할 수 있다(소심법11의2).

■ 보증금반환청구 소장 작성례

<table>
<tr><td colspan="2" align="center">소 장</td></tr>
<tr><td>원 고</td><td>최 ○ ○ (590308-1******)
서울 강남구 ○○동 75-3 ○○아파트 101-***</td></tr>
<tr><td>피 고</td><td>최 ○ ○ (720409-2******)
서울 강남구 ○○동 75-3 ○○아파트 105-***</td></tr>
</table>

임대차보증금반환 청구의 소

청 구 취 지

1. 피고는 원고에게 금 390,000,000원 및 이에 대한 이 사건 소장 부본 송달익일부터 완제일까지 연 2할의 비율에 의한 금원을 지급하라.

2. 소송비용은 피고의 부담으로 한다.

3. 제1항은 가집행할 수 있다.

라는 판결을 구합니다.

청 구 원 인

1. 당사자의 지위

원고는 서울 강남구 ○○동 75-3외 2필지상 ○○아파트 제101동 제*** 호(이하 '이 사건 아파트') 의 임차인이고, 피고는 이 사건 아파트의 소유자 겸 임대인입니다.

2. 임대차계약의 체결

가. 원고는 2005.6.24. 피고 소유의 이 사건 아파트에 관하여 보증금 450,000, 000원, 기간 2007. 7. 6.까지로 하는 내용의 부동산임대차계약(이하 '이 사건 임대차계약')을 체결하고(갑제1호증 부동산등기부등본, 갑제2호증 부동산임대차계약서 각 참조), 같은 날 계약금 40,000,000원을 지급하였으며(갑제3호증의 1 영수증 참조), 중도금 230,000,000원은 같은 해 7. 5.에, 잔금 180,000,000원은 같은 달 7.에 각 지급하기로 하였습니다.

나. 한편, 위 임대차계약 체결시 피고는 특약사항으로 잔금지급시까지 이 사건 아파트에 관한 은행 융자를 잔액기준 금 150,000,000원만을 남겨두고 나머지는 전부 상환하여 원고의 임대차보증금 반환에 지장이 없도록 조치하기로 약정하였습니다(갑제2호증 부동산임대차계약서 중 특약사항 2.항 참조).

3. 피고의 임대차계약 위반

가. 원고는 이 사건 임대차계약 체결 당시 거주이전의 목적이 원고 자녀들의 전학에 있음을 피고에게 밝힌 바 있었고, 이 점을 잘 알고 있던 피고는 전입시기를 앞당기고자 하는 원고의 절박한 사정을 악용하여 원고에게 중도금과 잔금의 일시지급을 요구하였고, 이에 원고는 당초 계약상의 일정보다 빠른 2005. 6. 29. 금 350,000,000원을 피고의 국민은행 계좌로 송금하게 되었습니다(갑제3호증의 2 내지 6 각 입금확인증 참조).

나. 원고는 2005. 6.말경에 이 사건 아파트에 전입신고를 하려고 하였으나 피고는 자신의 대출금에 대한 소외 (주)국민은행의 근저당권설정등기가 완료된 후에 전입을 하도록 요구하는 바람에 원고는 2005. 7. 4.에서야 이 사건 아파트에 전입신고를 하였고 아울러 이 사건 임대차계약서상에 2005. 7. 11. 확정일자를 받았는바, 이 사건 아파트에 대한 등기부를 열람해 본 결과 피고는 원고로부터 수령한 임대차보증금으로 은행대출금의 일부를 상환을 하기로 한 약속(특약사항)을 전혀 이행하지 않은 채 채권최고액 금 520,000,000원의 근저당권을 설정하였다는 사실을 확인하게 되었습니다(갑제1호증 등기부등본 참조).

다. 이에 따라 원고가 피고에게 위 특약사항의 불이행을 추궁하자 2005. 7. 5. 피고는 자신의 사정에 의해 잔금기일까지 특약사항의 이행을 하지 못하였음을 자인하고 2005. 7. 15.까지 이 사건 아파트에 관한 융자를 계약조건과 같이 이행할 것을 확약함과 아울러 그때까지 미지급된 잔금 60,000,000원은 계약조건이 이행될 때 지급하되, 추후 원고가 자녀의 학교배정문제로 다른 곳으로 이사를 할 경우 이사비용 및 중개수수료를 피고가 부담하기로 약속하였습니다(갑제4호증

확인서 참조).

라. 그러나 원고는 피고가 약속한 2005.7.15.에 다시 확인해보니 은행대출금에 대한 변제약속은 전혀 이행되지 않았고, 피고에게 전화를 걸어 이를 따지자 피고는 2005.9.9.까지 전세보증금을 빼줄 테니 아직 지급하지 아니한 잔금 60,000,000원으로 우선 전셋집을 구해 계약을 체결하라는 대답만 하였고, 원고는 피고가 그동안 약속을 수차례 어겼으므로 믿을 수 있는 확실한 조치를 취해 달라고 요구하자 1시간 후에 다시 전화를 주겠다고 하면서 전화를 끊고는 그 후부터는 아예 전화조차도 받지 않고 있습니다.

마. 원고로서는 피고의 위와 같은 행위는 처음부터 특약사항을 이행할 능력이나 의사가 없었음에도 불구하고 원고의 임대차보증금을 편취하기 위한 의도로 원고를 기망한 것으로 볼 수밖에 없어 2005.7.25.경 피고를 사기 등의 혐의로 강남경찰서에 고소하기에 이르렀습니다(갑제6호증 고소장 참조).

4. 이 사건 임대차계약의 해지

가. 원고가 나름대로 알아본 바에 의하면 피고는 계약금만 지급하고 중도금은 은행대출을 받아 납부하는 방식으로 이곳저곳에 부동산 투기를 일삼고 있으며, 피고가 주로 사용하던 자동차마저도 다액의 저당권이 설정되어 있는 등(갑제7호증 자동차등록원부 사본 참조) 원고 이외에도 많은 채무를 부담하고 있는 반면에 별다른 재산이 없는 실정입니다.

나. 피고의 위와 같은 채무초과의 상태로 보아 피고가 당초의 약속대로 선순위 (주)국민은행에 대한 대출금 채무 일부를 변제하고 채권최고액을 감액함으로써 당초 임대차계약상의 특약사항을 이행하길 기대하기는 거의 불가능에 가까운 것임은 자명한 이치라고 할 것입니다.

다. 특히, 이 사건 아파트에 설정된 2005. 6. 30.자 (주)국민은행의 제1순위 근저당권의 피담보채무인 대출금에 대한 피고의 이자납부도 연체될 것이 충분히 예상되는 반면, 원고로서는 위 근저당권이 실행될 경우 임대차보증금의 반환이 거의 불가능하고, 채무자로부터도 원만하게 보증금 반환을 받기도 어려운 상황입니다.

라. 한편, 피고는 최근에 이르러 가족 및 친지와 연락을 끊고 잠적한 채 다니던 직장(○○전자 주식회사 메모리 전략마케팅팀)마저도 출근하지 않고 있는 것으로 확인되었고, 그 부모가 거주하는 곳으로 이 사건 임대차계약해지의 의사표시가 담긴 내용증명을 보냈으나 이것마저도 반송되었습니다(갑제8호증 내용증명 참조).

아. 따라서 원고는 이 사건 소장부본의 송달로써 임대차계약 해지의 의사표시에 갈음하고자 합니다.

5. 결 론

그렇다면 피고는 원고에게 청구취지 기재의 금원 및 지연손해금을 지급할 의무가 있다고 할 것이므로 원고는 이의 지급을 구하기 위하여 이 사건 소송에 이른 것입니다.

<h3 style="text-align:center">입 증 방 법</h3>

1. 갑 제1호증	부동산등기부등본
1. 갑 제2호증	부동산임대차계약서
1. 갑 제3호증의 1	영수증(계약금)
1. 갑 제3호증의 2 내지 6	각 입금확인증
1. 갑 제4호증	확인서
1. 갑 제5호증	사실관계확인서

```
1. 갑 제6호증            고소장
1. 갑 제7호증            자동차등록원부
1. 갑 제8호증의 1, 2     각 내용증명
          첨 부 서 류
1. 위 입증방법  각 1통
1. 소장 부본       1통
1. 위임장         1통

                          2005.  9.   .
                          위 원고  최 ○ ○ ㊞

서울중앙지방법원   귀중
```

Ⅴ. 경매에 의한 임차권의 소멸

1. 종전 판례의 태도

　임차주택에 대한 경매가 실행되고 임차인이 배당요구를 하였음에도 임차보증금을 전액 변제받지 못한 경우 임차권이 소멸된 것으로 보는가에 대한 그동안의 판례를 살펴보면, 대항력과 우선변제권을 겸유하고 있는 임차인이 먼저 우선변제권을 선택하여 임차주택에 대하여 진행되고 있는 경매절차에서 보증금 전액에 대하여 배당요구를 하였다 하더라도 그 순위에 따른 배당이 실시될 경우 보증금 전액을 배당받을 수 없었던 때에는 그 보증금 중 경매절차에서 배당받을 수 있었던 금액을 공제한 잔액에 관하여 경락인에게 대항하여 이를 반환받을 때까지 임대차관계의 존속을 주장할 수 있다고 봄이 상당하다고 판시하고 있다(대법원 1997.8.22. 96다53628).

　이 경우 임차인의 배당요구에 의하여 임대차는 종료되지만 주택임대차보호법 제4조 제2항에 의하여 위 임차인이 그 보증금의 잔액을 반환받을 때까지 그 임대차관계가 존속하는 것으로 의제되므로, 낙찰자는 법 제3조 제2항에 의하여 임대인의 지위를 승계하게 되는 것이다.

2. 법 제3조의5의 신설

1999.1.21. 제3차 주택임대차보호법 개정시 신설된 제3조의5는, 「임차권은 임차주택에 대하여 민사집행법상의 경매가 진행된 경우에는 그 임차주택의 경락에 의하여 소멸한다. 다만, 보증금이 전액 변제되지 아니한 대항력이 있는 임차권은 그러하지 아니하다」라고 규정하고 있다.

신설된 제3조의5는 그동안의 대법원판례를 명문화한 것으로 보증금 전액을 변제받지 못한 대항력 있는 임차권은 잔액을 반환받을 때까지 존속한다고 규정함으로써 임차인의 보증금회수권에 대한 보호를 강화한 것이다(대법원 2006.2.10. 2005다21166).

제5장 임차권의 존속보장

제1절 최단 존속기간의 보장

> 법 제4조(임대차기간 등) ① 기간의 정함이 없거나 기간을 2년 미만으로 정한 임대차는 그 기간을 2년으로 본다. 다만, 임차인은 2년 미만으로 정한 기간이 유효함을 주장할 수 있다.

I. 서 설

주택임대차보호법 제정 당시 임대차기간에 관하여 「기간을 1년 미만으로 정한 임대차는 그 기간의 정함이 없는 것으로 본다」라는 규정(법4)과 「기간의 정함이 없는 임대차에 있어 임대인은 계약을 체결한 날로부터 6월이 경과하지 아니하면 계약의 해지통고를 할 수 없다.」라는 규정(법5본문)을 두었다.

이에 따라 기간을 1년 미만으로 정한 경우 또는 기간의 정함이 없는 경우 임대인은 계약체결일로부터 6개월이 경과하여야만 계약의 해지통고를 할 수 있었고, 이러한 임대인의 해지통고는 임차인이 통고를 받은 날로부터 6개월이 경과하여야만 해지의 효력이 발생하므로(민법635② i), 결국 주택임차인에게는 **1년의 임차권 존속이 보장**되는데 그치고 있었다.

1989.12.30. 주택임대차보호법 개정시 제4조 제1항을 「기간의 정함이 없거나 기간을 2년 미만으로 정한 임대차는 그 기간을 2년으로 본다」라고 개정하고 제5조를 삭제하여, 임차인에게 **최소한 2년간의 임대차기간을 보장**함으로써 임차인의 주거 안정에 기여하고자 하였다.

그 후 1999.1.21. 주택임대차보호법 개정시 제4조 제1항에 「다만, 임차인은 2년 미만으로 정한 기간이 유효함을 주장할 수 있다」라는 단서를 신설하여 기간을 2년 미만으로 정한 **임차인의 선택권**을 명문으로 인정하기에 이르렀다.

Ⅱ. 최단 2년간의 존속기간 보장

1. 기간을 2년 미만으로 약정한 경우

1999.1.21. 주택임대차보호법 개정 전에는 제4조 제1항에서 임대차의 최단 존속 기간을 2년으로만 규정하고 있었다. 이에 따라 2년 미만의 기간으로 계약을 체결한 임차인이 스스로 종료를 원하는 경우에도 2년이라는 기간에 구속받는 것으로 오해 받을 여지가 있었다.

그러나 만약 2년 미만으로 기간을 정한 임대차의 임차인이 스스로 임대차의 존속 을 원하지 아니하는 경우에까지 법 제4조 제1항의 규정이 적용된다고 해석하면, 임 차인의 보호를 위하여 마련된 위 규정이 오히려 임차인에게 불리하게 작용하여 억 지로 2년간 거주할 것을 강요하는 부당한 결과가 될 것이다. 또한 「이 법의 규정에 위반된 약정으로서 임차인에게 불리한 것은 그 효력이 없다」라고 규정한 법 제10조 의 반대해석상 당사자 사이의 약정이 주택임대차보호법에 위반된다고 하더라도 오 히려 임차인에게 유리한 경우에는 효력이 인정된다.

따라서 법 제4조 제1항은 임차인을 보호하기 위하여 최소한의 임대차기간을 보 장한 **편면적 강행규정**이라고 할 것이므로, 위 규정은 **임대인에게만 적용**될 뿐 임차 인은 그 적용의 배제를 주장할 수 있다고 해석함이 입법취지에도 부합하는 것이다.

결국 **임차인**은 법 제4조 제1항의 적용을 배제하고 2년 미만으로 된 약정 임대차 기간(예컨대 1년)의 만료를 주장할 수 있는 반면에, **임대인**은 법 제4조 제1항의 규정 을 원용하여 임대차기간이 2년이라고 주장하면서 임차인의 보증금반환청구를 거 부할 수는 없는 것이다.

판례도 임대차기간을 2년 미만으로 정한 임대차의 임차인이 스스로 그 약정 임대 차기간이 만료되었음을 이유로 임차보증금의 반환을 구하는 경우 그 청구를 인정 하는 것으로 확립되었다.

기간의 정함이 없거나 기간을 2년 미만으로 정한 임대차는 그 기간을 2년으로 본다고 규정 하고 있는 주택임대차보호법 제4조 제1항은, 같은 법 제10조가 이 법의 규정에 위반된 약정 으로서 임차인에게 불리한 것은 그 효력이 없다고 규정하고 있는 취지에 비추어 보면, 임차 인의 보호를 위한 규정이라고 할 것이므로 위 규정에 위반되는 당사자의 약정을 모두 무효라 고 할 것은 아니고 위 규정에 위반하는 약정이라도 임차인에게 불리하지 아니한 것은 유효하다고 풀이함이 상당하다 할 것인바, 임대차기간을 2년 미만으로 정한 임대차의 임차인이 스스로 그 약정임대차기간이 만료되었음을 이유로 임차보증금의 반환을 구하는 경우에는 그 약정이 임차인에게 불리하다고 할 수 없으므로, 같은 법 제3조 제1항 소정의 대항요건(주택인도와 주민등록 전입신고)과 임대차계약증서상의 확정일자를 갖춘 임차인으로서는 그 주택에 관한 저당권자의 신청에 의한 임의경매절차에서 2년 미만의 임대차기간이 만료되어 임대차가 종료되었음을 이유로 그 임차보증금에 관하여 우선변제를 청구할 수 있다 할 것이다(대법원 1995. 5. 26. 95다13258 ; 1995. 10. 12. 95다22283 ; 1996. 6. 25. 96다12474 ; 2001. 9. 25. 2000다24078).

주택임대차보호법 제4조 제1항은 같은 법 제10조의 취지에 비추어 보면 임차인의 보호를 위하여 최소한 2년간의 임대차기간을 보장하여 주려는 규정이므로, 그 규정에 위반되는 당사자의 약정을 모두 무효라고 할 것은 아니고, 그 규정에 위반하는 약정이라도 임차인에게 불리하지 않은 것은 유효하다(대법원 1996. 4. 26. 96다5551,5568).

2. 임차인의 선택권 명문화

위와 같이 판례에 의해 확립된 해석론은 1999. 1. 21. 주택임대차보호법 개정시 그대로 입법화되었다. 즉 법 제4조 제1항에 **「다만, 임차인은 2년 미만으로 정한 기간이 유효함을 주장할 수 있다」**라는 단서를 신설함으로써, 임대차기간을 2년 미만으로 약정한 경우 임대인은 2년 미만의 약정기간을 주장할 수 없으나 임차인은 이를 주장할 수 있음을 분명히 하여 임차인의 주거안정과 임대차기간에 관한 **선택권**이 함께 보장되게 되었다.

■ 임차인의 임대차계약해지 내용증명 작성례

내 용 통 지 서

수　신 : 서울 서초구 ○○동 123 ○○아파트 ○○동 ○○○호
　　　　　김 임 대 귀하
제　목 : 임대차계약 해지의 통지
　1. 본인은 귀하 소유의 서울 서초구 ○○동 456 ○○아파트 ○○동 ○○○호에 관하여 2007. 2. 15. 임대보증금 80,000,000원, 임대차기간은 2007. 3. 1.부터 1년간으로 정하여 임대차계약을 체결하고 현재까지 점유·사용 중에 있습니다.
　2. 본인은 사정상 다른 곳으로 이사를 가기 위하여 본건 내용증명의 통지로서 위 임대차계약을 해지하오니 속히 보증금을 반환하여 주시기 바랍니다.

3. 기간의 정함이 없는 경우

처음부터 임대차기간을 정하지 않은 때에도 기간을 2년 미만으로 정한 경우와 달리 해석할 이유가 없으므로 임차인에게 유리한 경우 법 제4조 제1항 본문의 적용을 배제하고 임차인은 언제든지 해지통고를 할 수 있다. 다만 그 해지의 효력은 1999년 개정시 신설된 제6조의2를 유추적용하여 **해지통고 후 3개월이 경과**하여야만 발생한다고 보아야 할 것이다.

한편, 임대차계약을 체결함에 있어서 임대차기간을 **"임차인이 자신 소유의 주택을 마련할 때까지"**로 정하였다면 별다른 사정이 없는 한 장래 기간의 도래 여부가 매우 불확실한 경우에 해당하므로 기한을 정한 것이라고 볼 수 없고 기간의 약정이 없는 임대차라고 봄이 상당하다(대구지법 2007.10.19. 2006가단124144).

임대차계약을 체결함에 있어서 임대기한을 "본건 토지를 임차인에게 매도할 때까지"로 정하였다면 별다른 사정이 없는 한 그것은 도래할지의 여부가 불확실한 것이므로 기한을 정한 것이라고 볼 수 없으니 위 임대차계약은 기간의 약정이 없는 것이라고 해석함이 상당하다(대법원 1974.5.14. 73다631).

Ⅲ. 2년 미만 약정임대차기간 주장의 한계

1. 임대차의 종료를 전제로 하는 경우

주택임차인이 스스로 약정 임대차기간이 만료되어 임대차가 종료되었음을 전제로 그에 따른 **보증금반환청구권**이나 **우선변제권** 등의 권리를 행사하는 경우에는 2년 미만의 약정 임대차기간의 만료를 주장할 수 있다.

판례도 (1999.1.21. 주택임대차보호법 개정에 의하여 제4조 제1항 단서가 신설되기 전의 사안이긴 하지만), 임대차계약의 종료에 터 잡은 임차보증금 반환채권 등의 권리를 행사하는 경우에 한정하여 **제한적으로 해석**하고 있다.

임차인이 주택임대차보호법 제4조 제1항의 적용을 배제하고 2년 미만으로 정한 임대차기간의 만료를 주장할 수 있는 것은 임차인 스스로 그 약정 임대차기간이 만료되어 임대차가 종료되었음을 이유로 그 종료에 터 잡은 임차보증금반환채권 등의 권리를 행사하는 경우에 한정된다(대법원 1996.4.26. 96다5551,5568).

구 주택임대차보호법(1999.1.21. 법률 제5641호로 개정되기 전의 것) 제4조 제1항은, 같은 법 제10조가 … 규정하고 있는 취지에 비추어 보면 임차인의 보호를 위한 규정이라고 할 것이므로, 위 규정에 위반되는 당사자의 약정을 모두 무효라고 할 것은 아니고 위 규정에 위반하는 약정이라도 임차인에게 불리하지 아니한 것은 유효하다고 풀이함이 상당하다 할 것인바(위 1999.1.21.자 법률개정으로 위 법 제4조 제1항에 "다만, 임차인은 2년 미만으로 정한 기간이 유효함을 주장할 수 있다."는 명문의 단서규정이 신설되었다), 임대차기간을 2년 미만으로 정한 임대차의 임차인이 스스로 그 약정임대차기간이 만료되었음을 이유로 임차보증금의 반환을 구하는 경우에는 그 약정이 임차인에게 불리하다고 할 수 없으므로, 같은 법 제3조 제1항 소정의 대항요건(주택인도와 주민등록 전입신고)과 임대차계약증서상의 확정일자를 갖춘 임차인으로서는 그 주택에 관한 저당권자의 신청에 의한 임의경매절차에서 2년 미만의 임대차기간이 만료되어 임대차가 종료되었음을 이유로 그 임차보증금에 관하여 우선변제를 청구할 수 있다(대법원 2001.9.25. 2000다24078 ; 1996.6.25. 96다12474 ; 1995.10.12. 95다22283 ; 1995.5.26. 95다13258).

다만, 임차인이 2년 미만으로 정한 임대차기간이 유효함을 주장할 수 있는 시점에 관하여 여러 견해가 있고, 이에 관하여 명시적으로 언급한 판례는 아직 없는 것으로 보이나, **법정의제기간인 2년 내**에 하면 족하다고 본다.

① 주택임대차보호법 제4조 제1항 단서는 "다만, 임차인은 2년 미만으로 정한 기간이 유효함을 주장할 수 있다."라고만 규정하고 있을 뿐, 약정 임대차기간이 만료되기까지만 주장하도록 명문으로 제한하고 있지 아니하는 점, ② 현실적으로도 약정임대차 종료 전에 이를 주장하는 경우보다는 약정 임대차종료 후에 이를 주장하는 경우가 대부분인 점, ③ 약정임대차기간이 만료된 후에도 임대차가 존속하는 것은 유동적인 법적 상태로서, 약정기간 만료 후에 임차인의 약정임대차기간 유효 주장은 확정적으로 발생한 법률효과를 소급하여 무효화시키는 것이 아니라 유동적인 법률관계가 뒤늦게 확정되는 것인 점, ④ 임대차기간의 변동이 제3자에게 불측의 손해를 주는 것은 임대차기간이 예상치 못하게 연장되는 경우이고, 임대차기간이 단축되는 경우에도 제3자에게 불측의 손해를 주는 경우는 없다는 점 등을 종합하면, 임

대차기간을 2년 미만으로 약정한 임차인은 법정의제기간인 2년이 경과하기 전에 이를 주장할 수 있다고 보는 견해가 타당하다고 할 것이다.

2. 임대차의 존속을 전제로 하는 경우

주택임대차보호법이 보장하는 2년보다 짧은 약정기간을 주장하는 경우에는 그 약정기간의 만료로 임대차는 종료되는 것이므로, 임차보증금의 반환 등 임대차관계의 종료에 따른 권리를 행사하는 것이 아니라, 다시 약정기간에 터잡아 묵시의 갱신을 주장하는 것은 허용될 수 없다.

예컨대, 1년의 약정 임대차기간이 만료되었음을 내세운 후 다시 그 임대차는 묵시적으로 갱신되어 그 존속기간의 정함이 없는 임대차가 되었고 그와 같은 기간의 정함이 없는 임대차는 그 기간을 2년으로 보게 된다고 하여 임대차가 계속 존속하고 있음을 주장함으로써, 결국 당초 임대차 개시일로부터 3년간의 임대차 존속을 주장하는 경우까지 이를 확대해석하는 것은 허용될 수 없는 것이다. 그 **이유**는, ① 약정 임대차기간에 관하여는 주택임대차보호법의 적용의 배제를 주장하면서 묵시적으로 갱신된 임대차기간에 관하여만 주택임대차보호법의 적용을 주장하는 것은 신의칙상 허용될 수 없다. ② 임차인이 주택임대차보호법이 보장하는 최소한의 임대차기간(2년) 이상의 기간 동안의 임대차의 존속을 주장하기 위하여 주택임대차보호법이 보장하는 기간보다 짧은 약정 임대차기간을 주장하고 그 기간 만료 후 그 임대차가 묵시적으로 갱신되었음을 주장할 수 있다고 보는 것은 위 규정의 개정취지에 비추어도 옳지 못하다. ③ 이를 허용하게 되면 임대차기간을 1년으로 정한 임차인은 계약일로부터 1년 또는 2년이 경과한 시점 중 어느 시점을 임의로 선택하여 그 이후의 묵시의 갱신을 주장하고 자신이 선택한 기간 만료일로부터 추가로 2년 단위의 임대차의 존속을 주장할 수 있게 되는 반면, 임대인은 매 1년 단위로 갱신거절의 통지를 하여야만 비로소 임대차를 종료시킬 수 있게 되어, 임차인의 주거생활의 안정을 보호하려는 주택임대차보호법의 목적을 넘어서 임대인을 매우 불안정한 지위에 빠지게 하는 것으로서 임대인에게 지나치게 불리하여 부당한 것이다.

판례도 임차인이 2년 미만의 약정 임대차기간이 만료되고 다시 임대차가 묵시적으로 갱신되었다는 이유로 새로운 2년간의 임대차의 존속을 주장하는 경우까지 2년보다 짧은 약정 임대차기간을 주장할 수는 없다고 하였다(대법원 1996.4.26. 96다5551,5568).

한편, 임대차가 종료된 경우에 배당요구를 한 임차인이 낙찰허가결정이 확정된 후 배당요구시의 주장과는 달리 임대차기간이 종료되지 않았음을 주장하면서 낙찰자에게 대항력을 행사하는 것이 **금반언 및 신의칙에 위배**된다고 한 판례가 있다.

임대차가 종료된 경우에 배당요구를 한 임차인은 우선변제권에 의하여 낙찰대금으로부터 임차보증금을 배당받을 수 있으므로, 이와 같은 경우에 일반 매수희망자(낙찰자 포함)는 그 주택을 낙찰받게 되면 그 임대차에 관한 권리·의무를 승계하지 않을 것이라는 신뢰하에 입찰에 참가하게 되는 것인바, 이러한 믿음을 기초로 하여 낙찰자가 임대차보증금을 인수하지 않을 것이라는 전제하에 낙찰이 실시되어 최고가 매수희망자를 낙찰자로 하는 낙찰허가결정이 확정되었다면, 그 후에 이르러 임차인이 배당요구시의 주장과는 달리 자신의 임대차기간이 종료되지 않았음을 주장하면서 우선변제권의 행사를 포기하고 명도를 구하는 낙찰자에게 대항력을 행사하는 것은, 임차인의 선행행위를 신뢰한 낙찰자에게 예측하지 못한 손해를 입게 하는 것이어서 위와 같은 입장 변경을 정당화할 만한 특별한 사정이 없는 한 금반언 및 신의칙에 위배되어 허용될 수 없다(대법원 2001.9.25. 2000다24078).

제2절 법정임대차관계

> **법 제4조(임대차기간 등)** ② 임대차가 종료한 경우에도 임차인이 보증금을 반환받을 때까지는 임대차관계는 존속하는 것으로 본다.

Ⅰ. 서 설

임대차가 종료하였음에도 임대인이 보증금을 반환하지 아니한 채 집을 비워 줄 것을 요구하면 임차인은 보증금을 반환받음과 동시에 집을 비워 주겠다는 동시이행의 항변을 함으로써 어느 정도 보호를 받을 수 있다. 그런데 대항력 있는 임차인이라 하더라도 그 임대차가 종료한 후에 임차주택이 매매되어 **새로운 소유자**가 집을 비워 줄 것을 요구하는 경우에는 임차인은 임대차가 존속중임을 전제로 하는 법 제3조 제2항의 적용을 주장할 수 없다.

따라서 임대인이 보증금의 반환을 하지 않은 채 제3자와 짜고 주택을 그에게 양도하고 잠적한 경우, 임차인으로서는 보증금을 반환받지 못한 채 임차주택을 비워주어야 하는 상황에 처할 우려가 생기는 것이다.

그리하여 임대차가 종료한 경우에도 보증금을 반환받지 못한 임차인의 보증금반환청구권을 보호할 필요가 있어, 1983.12.30. 주택임대차보호법 개정시 제4조 제2항에 「임대차가 종료한 경우에도 임차인이 보증금을 반환받을 때까지는 임대차관계는 존속하는 것으로 본다」라는 규정이 신설되었다. 이를 **임대차관계의 존속의제** 또는 **법정임대차관계**라고 부른다.

이 규정은 후술하는 제3조의2(보증금의 회수), 제8조(보증금 중 일정액의 보호) 등과 함께 임차인의 보증금반환청구권을 실질적으로 보장하는 규정일 뿐만 아니라, 보증금을 반환받을 때까지 **임대차관계의 존속을 보장**하는 기능을 하고 있다.

Ⅱ. 법정임대차관계의 요건

1. 임대차가 종료하였을 것

임대차의 종료는 그 원인여하를 불문하고 임대차관계의 효력이 장래에 향하여 소멸하는 것을 말한다.

주택임대차보호법상의 종료원인으로는, ① 기간의 정함이 없거나 기간을 2년 미만으로 정한 임대차의 경우 임차인의 해지통고(법4①), ② 임대인이 기간만료 전 6월부터 1월까지에 임차인에 대하여 갱신거절의 통지를 한 경우 및 ③ 임차인이 기간만료 전 1월까지 갱신거절의 통지를 한 경우(법6①), ④ 임차인이 2기의 차임액에 달하도록 차임을 연체하거나, ⑤ 기타 임차인으로서의 의무를 현저히 위반하여 임대인이 해지통고를 한 경우(법6②) 등을 들 수 있다. 그밖에 **민법상의 종료원인**으로, ① 임대인이 임차인의 의사에 반하는 보존행위를 함으로 인하여 임차의 목적을 달성할 수 없는 경우(민625), ② 임차주택의 일부가 임차인의 과실에 의하지 아니하고 멸실 기타 사유로 인하여 사용수익을 할 수 없는 경우(민627②)에는 임차인에 의한 해지통고가 인정된다.

2. 보증금의 반환을 받지 못하였을 것

보증금의 반환을 받지 못한 경우라 함은 **보증금 전부**는 물론 그 **일부**의 반환을 받지 못한 경우도 포함한다.

3. 대항요건을 유지할 것

반대 견해가 있으나, 임대차관계의 존속의제를 위해서는 임차인이 법 제3조 제1항의 대항요건을 계속 구비하고 있어야 한다고 볼 것이다.

Ⅲ. 법정임대차관계의 효과

1. 임대차관계의 존속

임대차기간의 만료 또는 임대차계약의 해지로 종료된 경우에도 임차인이 보증금을 반환받을 때까지는 그 **정산을 위하여** 일종의 법정임대차관계가 여전히 존속한다는 의미이다.

2. 차임지급의무

임차인이 보증금을 반환받을 때까지는 임대차관계가 존속하는 것으로 의제되므로 임차인은 계속 거주하는 이상 **차임지급의무**를 여전히 부담한다. 그러나 그곳에 거주하지 않고 이사한 경우에는 차임지급의무를 부담하지 않는다고 본다. 바로 이것이 계약기간 중이면 거주 여부를 불문하고 차임을 지급하여야 하는 본래의 임대차관계와 다른 점이다.

한편, 채권적 전세의 경우에는 차임을 별도로 지급하지 않고 전세보증금의 이자를 차임과 상계하는 것으로 본다. 만약 임차인이 전세금의 일부를 반환받고도 계속 거주하는 경우에는 반환받은 부분에 상당하는 차임 상당액의 부당이득을 얻고 있다고 할 것이다.

주택임대차보호법상의 대항력과 우선변제권을 겸유하고 있는 임차인이 배당요구를 하였으나 보증금 전액을 배당받지 못하였다면 임차인은 임차보증금 중 배당받지 못한 금액을 반환받을 때까지 그 부분에 관하여는 임대차관계의 존속을 주장할 수 있으나 그 나머지 보증금 부분에 대하여는 이를 주장할 수 없으므로, 임차인이 그의 배당요구로 임대차계약이 해지되어 종료된 다음에도 계쟁 임대부분 전부를 사용·수익하고 있어 그로 인한 실질적 이익을 얻고 있다면 그 임대 부분의 적정한 임료 상당액 중 임대차관계가 존속되는 것으로 보는 배당받지 못한 금액에 해당하는 부분을 제외한 나머지 보증금에 해당하는 부분에 대하여는 부당이득을 얻고 있다고 할 것이어서 이를 반환하여야 한다(대법원 1998.7.10. 98다15545).

3. 양수인에 의한 지위승계

(1) 임대차 종료상태의 지위승계

임차인이 법 제3조 제1항의 대항요건을 계속 구비하고 있는 이상 임대차 종료 후에 임차주택을 양수한 제3자는 임대차가 종료된 상태에서의 임대인의 지위를 승계하므로(대법원 1997.8.22. 96다53628), 그가 임차인을 상대로 주택을 비워 줄 것을 청구할 경우에는 임차인은 임차보증금의 반환과 동시이행 할 것을 항변할 수 있다. 그러나 임차인이 대항력을 취득하지 못한 경우 임차주택이 양도되면 임차인은 양수인에게 대항할 수 없으므로 지위승계는 이루어지지 않고 보증금반환의무는 전 소유자에게 그대로 남게 된다.

(2) 임차인과 양수인 사이의 관계

임차인과 임대인 사이의 임대차관계가 기간만료, 해지통고 등에 의하여 종료된 경우 법 제4조 제2항에 의하여 그 존속이 의제되고, 그 후 임차주택의 양도 등으로 임차주택의 소유권이 변경된 경우 법 제3조 제2항에 의하여 양수인이 임대인의 지위를 당연히 승계한다. 이 경우 양수인은 임대차가 종료된 상태에서의 임대인의 지위를 승계하게 되는 것이지 법 제4조 제2항에 의하여 곧바로 임차인과 양수인 사이의 임대차관계의 존속이 의제되는 것은 아니다.

4. 보증금반환청구권의 소극적 보장수단

법정임대차관계에 관한 규정은 임대인이 보증금반환을 지체하는 경우 소극적인 측면에서 임차보증금의 반환청구권을 보장하고 있을 뿐이므로, 임차인이 적극적으로 반환을 받을 수 있는 방법으로서는 미약하다.

Ⅳ. 법정임대차관계의 종료

1. 대항요건의 상실

법 제4조 제2항에 의하여 임대차관계가 존속하는 것으로 의제된 후 임차인이 대항요건을 상실하더라도 이미 성립한 법정임대차관계는 소멸하지 않지만, 대항요건을 상실한 후 다시 임차주택이 제3자에게 양도되면 그 양수인에게 대항할 수 없다.

2. 임차보증금의 반환

임대인이 보증금을 전액 반환하는 경우에는 법정임대차관계는 즉시 종료한다. 따라서 임차인이 계속 임차주택을 점유·사용하는 경우에는 차임 상당의 부당이득 반환의무를 지게 된다. 임대인이 보증금의 일부만 반환한 경우에는 법정임대차관계는 소멸하지 않지만, 이미 지급받은 부분에 상당하는 차임에 대하여 부당이득반환의무를 지게 된다.

Ⅴ. 경매절차에서의 법정임대차관계

1. 1999년 법개정 전의 판례

주택임대차보호법상의 대항력과 우선변제권의 두 가지 권리를 인정하고 있는 취지가 보증금을 반환받을 수 있도록 보장하기 위한 데에 있는 점, 경매절차의 안정성, 경매 이해관계인들의 예측가능성 등을 아울러 고려하여 볼 때, 두 가지 권리를 겸유하고 있는 임차인이 먼저 우선변제권을 선택하여 임차주택에 대하여 진행되고 있는 경매절차에서 보증금 전액에 대하여 배당요구를 하였다고 하더라도, 그 순위에 따른 배당이 실시될 경우 보증금 전액을 배당받을 수 없었던 때에는 보증금 중 경매절차에서 배당받을 수 있었던 금액을 공제한 잔액에 관하여 경락인에게 대항하여 이를 반환받을 때까지 임대차관계의 존속을 주장할 수 있다고 봄이 상당하며, 이 경우 임차인의 배당요구에 의하여 임대차는 해지되어 종료되고, 다만 같은 법 제4조 제2항에 의하여 임차인이 보증금의 잔액을 반환받을 때까지 임대차관계가 존속하는 것으로 의제될 뿐이므로, 경락인은 같은 법 제3조 제2항에 의하여 임대차가 종료된 상태에서의 임대인의 지위를 승계한다(대법원 1997.8.22. 96다53628).

2. 법 제3조의5의 신설에 따른 해석

1999.1.21. 법개정시 종전 제3조의2 제1항 단서가 삭제됨과 동시에 **제3조의5가 신설**됨에 따라 대항력 있는 임차권은 배당요구에 관계없이 보증금을 전액 변제받지 못하는 한 처음부터 소멸하지 아니한다.

> **제3조의5(경매에 의한 임차권의 소멸)** 임차권은 임차주택에 대하여 민사집행법에 의한 경매가 행하여진 경우에는 그 임차주택의 경락에 의하여 소멸한다. 다만, 보증금이 전액 변제되지 아니한 대항력 있는 임차권은 그러하지 아니하다.

> 보증금이 전액 변제되지 아니한 대항력 있는 임차권은 소멸하지 아니한다는 내용의 주택임대차보호법 제3조의5 단서를 신설한 입법 취지가 같은 법 제4조 제2항의 해석에 관한 종전의 대법원판례(대법원 1997.8.22. 선고 96다53628 판결 등)를 명문화하는 데에 있는 점 등으로 보아, "임대차가 종료된 경우에도 임차인이 보증금을 반환받을 때까지 임대차관계는 존속하는 것으로 본다."라고 규정한 같은 법 제4조 제2항과 동일한 취지를 경락에 의한 임차권 소멸의 경우와 관련하여 주의적 · 보완적으로 다시 규정한 것으로 보아야 하므로, 소멸하지 아니하는 임차권의 내용에 대항력뿐만 아니라, 우선변제권도 당연히 포함되는 것으로 볼 수는 없다(대법원 2006.2.10. 2005다21166).

법 제4조 제2항은 임대차가 종료하여도 보증금의 반환확보를 위한 범위 내에서 임대차관계가 존속하는 것으로 의제되는 것임에 비하여, 법 제3조의5 단서는 종전과 다름없는 **완전한 임차권**이 그대로 존속하는 것으로 규정되어 있다.

따라서 **경매절차**에 있어서는 임대차의 종료를 전제로 법정임대차관계를 의제한 법 제4조 제2항이 적용될 여지가 없게 되었으나, **낙찰 이외의 사유**로 임차주택이 양도되는 경우에는 오로지 법 제4조 제2항이 적용될 뿐이다.

제3절 묵시의 갱신

> **법 제6조(계약의 갱신)** ① 임대인이 임대차기간만료 전 6월부터 1월까지에 임차인에 대하여 갱신거절의 통지 또는 조건을 변경하지 아니하면 갱신하지 아니한다는 뜻의 통지를 하지 아니한 경우에는 그 기간이 만료된 때에 전임대차와 동일한 조건으로 다시 임대차한 것으로 본다. 임차인이 임대차기간만료 전 1월까지 통지하지 아니한 때에도 또한 같다.
> ② 제1항의 경우 임대차의 존속기간은 정함이 없는 것으로 본다.
> ③ 2기의 차임액에 달하도록 차임을 연체하거나 기타 임차인으로서의 의무를 현저히 위반한 임차인에 대하여는 제1항의 규정을 적용하지 아니한다.
> **법 제6조의2(묵시적 갱신의 경우의 계약의 해지)** ① 제6조 제1항의 경우 임차인은 언제든지 임대인에 대하여 계약해지의 통지를 할 수 있다.
> ② 제1항의 규정에 의한 해지는 임대인이 그 통지를 받은 날부터 3월이 경과하면 그 효력이 발생한다.

Ⅰ. 서 설

1. 의의

임대차는 그 기간의 만료로 종료하는 것이 원칙이므로, 임차인이 임차목적물을 계속 사용·수익하기를 원하는 경우에는 임대차를 갱신하여야 한다.

보통의 경우 임대차기간이 만료되기 전에 임대인과 임차인이 합의하여 그 임대차를 존속시키기로 하는데 이를 **합의갱신** 또는 **계약에 의한 갱신**이라고 한다. 이와 달리 기간만료 후에 일정한 요건에 의해 당사자의 의사표시 없이 자동으로 갱신되는 것을 **묵시의 갱신** 또는 **법정갱신**이라고 부른다.

2. 민법상 임대차의 묵시의 갱신

일반적으로 임대차기간이 만료되고 임차인이 계속 사용·수익하고 있는데도 임대인이 그에 대하여 아무런 이의를 제기하지 않으면 임차인으로서는 임대인이 종전의 임대차관계를 그대로 존속시키려는 것으로 신뢰하게 된다. 그런데 임대차기간이 만료되었다고 하여 임대인이 아무런 사전 통지도 없이 임차인에게 임차주택의 명도를 요구하게 되면 임차인으로서는 주거안정에 심각한 위협을 받게 된다. 따라서 민법 제639조 제1항은,「임대차기간이 만료한 후 임차인이 임차물의 사용·수익을 계속하는 경우에 임대인이 상당한 기간 내에 이의를 하지 아니한 때에는 전임대차와 동일한 조건으로 다시 임대차한 것으로 본다」라고 규정하여 묵시의 갱신을 인정하고 있다.

한편, 건물전세권에 관하여도 1984.4.10. 민법 제312조에 제4항을 신설하여,「건물의 전세권설정자가 전세권의 존속기간 만료전 6월부터 1월까지 사이에 전세권자에 대하여 갱신거절의 통지 또는 조건을 변경하지 아니하면 갱신하지 아니한다는 뜻의 통지를 하지 아니한 경우에는 그 기간이 만료된 때에 전전세권과 동일한 조건으로 다시 전세권을 설정한 것으로 본다. 이 경우 전세권의 존속기간은 그 정함이 없는 것으로 본다.」라고 규정하였다.

3. 주택임대차보호법상의 묵시의 갱신

주택임대차보호법 제정 당시 제6조 제1항은「임대인이 임대차기간 만료전 6월부터 1월까지에 임차인에 대하여 갱신거절의 통지 또는 조건을 변경하지 아니하면 갱신하지 아니한다는 뜻의 통지를 하지 아니한 경우에는 그 기간이 만료된 때에 전임대차와 동일한 조건으로 다시 임대차한 것으로 본다. 이 경우에 임대차의 존속기간은 그 정함이 없는 것으로 본다.」라고 규정하고 있었다.

이 규정은 임대인이 계약의 갱신을 원하지 않거나 계약조건을 변경하려면 미리 임차인에게 통지를 하도록 함으로써 임차인으로 하여금 그에 대한 대비를 할 수 있도록 한 것이다.

1999.1.21. 주택임대차보호법 개정시 제6조를 개정하여, 제1항 후문에 「임차인이 임대차기간 만료 전 1월까지 통지하지 아니한 때에도 또한 같다.」라는 규정을 추가하였다. 이것은 임차인이 갱신거절 또는 조건변경의 의사표시를 할 수 있는 기간을 임대차기간 만료 전 1월까지로 명확히 하여 **임대인**의 **지위를 안정**시키고자 함에 그 목적이 있다고 하겠다.

또한 종전의 제6조 제1항 후문을 분리하여 「제1항의 경우 임대차의 존속기간은 그 정함이 없는 것으로 본다.」라고 별도의 제2항을 신설하였다.

Ⅱ. 묵시의 갱신의 요건

임대인이 임대차기간 만료 전 6월부터 1월까지 임차인에 대하여 갱신거절 또는 조건변경의 통지를 하지 아니하고, 임차인도 임대차기간 만료 전 1월까지 그러한 통지를 하지 아니한 상태에서 임대차기간이 만료되어야 한다.

1. 임대차기간이 만료하였을 것

묵시의 갱신은 정하여진 **임대차 기간이 만료**하였을 때 비로소 생기는 것이다. 따라서 임차권의 무단양도 또는 전대 등 여러 가지 사유로 임대차가 중도에 해지된 경우에는 애당초 묵시의 갱신이 생길 여지가 없다. 묵시의 갱신이 생기는 시점은 **임대차기간이 만료한 때**이다. 2년으로 기간을 정하여 임대차계약을 한 경우에는 2년이 경과하는 시점에서 묵시의 갱신이 이루어지고, 기간을 2년 이상으로 정한 임대차의 경우에는 그 2년 이상의 기간이 만료되었을 때 묵시의 갱신이 이루어진다. 기간을 2년 미만으로 정하였거나 기간의 정함이 없는 경우에 그 임대차기간은 2년으로 간주되므로 묵시의 갱신이 생기는 시점도 **2년이 경과하는 시점**이라고 보아야 할 것이다.

2. 갱신거절 또는 조건변경의 통지를 하지 아니하였을 것

임대인이 임대차기간 만료 전 6월부터 1월까지 사이에 임차인에 대하여 갱신거절 또는 조건변경의 통지를 하지 아니하였거나, 임차인이 임대차기간 만료 전 1월까지 그러한 통지를 하지 아니하였어야 한다. 따라서 임대인이나 임차인 중 어느 일방이라도 그러한 통지를 한 경우에는 묵시의 갱신이 저지된다.

(1) 갱신거절의 통지

갱신거절의 통지란 임대차기간이 만료되면 더 이상 임대차관계를 존속시키지 않겠다는 통지를 말한다. 이러한 통지는 반드시 명시적으로 하여야 하는 것은 아니다. 기간이 만료되면 즉시 집을 비워 달라거나 보증금을 돌려 달라고 통지하는 것도 이에 해당한다. 향후의 분쟁을 대비하여 내용증명 및 배달증명 우편의 방법으로 하는 것도 바람직하다.

■ 임대인의 갱신거절통지 내용증명 작성례

내 용 통 지 서

수　신 : 서울 서초구 ○○동 123 ○○아파트 ○○동 ○○○호
　　　　김 임 차 귀하
제　목 : 임대차계약 갱신거절의 통지
　1. 귀하는 본인 소유의 서울 서초구 ○○동 456 ○○아파트 ○○동 ○○○호에 관하여 2006. 2. 15. 임대보증금 80,000,000원, 임대차기간은 2006. 3. 1.부터 2년간으로 정하여 임대차계약을 체결하고 현재까지 점유·사용 중에 있으며, 2008. 2. 28. 임대차기간이 만료됩니다.
　2. 본인은 위 아파트에 직접 거주하기 위해 2008. 2. 28. 위 임대차기간이 끝나는 대로 더 이상 임대차계약을 갱신하지 않을 예정이오니 위 기간이 만료되면 즉시 위 아파트를 명도하여 주시기 바랍니다.

2008. 1. 15.

통지인 : 서울 서초구 ○○동 456 ○○아파트 ○○○동 ○○○호
최　임　대 ㉑

(2) 조건변경의 통지

조건변경의 통지는 임대차기간이 만료되면 임대차계약의 내용을 변경하겠으니,

상대방이 이에 응하지 않는다면 더 이상 임대차관계를 존속시키지 않겠다는 통지를 말한다. 이 통지에는 변경하기를 원하는 조건의 내용을 구체적으로 밝혀야 하므로, 새로운 계약조건은 기간만료 후에 협의하여 정하겠다는 식의 통지는 조건변경의 통지라고 할 수 없다. 그러나 그 이유까지 기재할 필요는 없다고 할 것이다.

임대인이 임대차계약기간 중에 임차인에게 인상된 임대차보증금 및 차임을 납부한 후 새로운 임대차계약을 체결하되 만약 이를 납부하지 아니하면 기존의 임대차계약을 해지하고 명도절차를 진행하겠다고 통지한 경우, 그 통지는 기존의 임대차계약 기간중의 계약해지를 의미하는 외에 장차 기존의 임대차계약상의 임대차보증금과 차임을 인상하는 것으로 그 계약조건을 변경하지 않으면 계약을 갱신하지 않겠다는 의사표시까지 포함된 것으로 볼 수 있다(대법원 2002. 6. 28. 2002다23482).

■ 임대인의 조건변경통지 내용증명 작성례

내 용 통 지 서

수   신 : 서울 서초구 ○○동 123 ○○아파트 ○○동 ○○○호
        김 임 차 귀하
제   목 : 임대차계약 조건변경의 통지
  1. 귀하는 본인 소유의 서울 서초구 ○○동 456 ○○아파트 ○○동 ○○○호에 관하여 2006. 2. 15. 임대보증금 80,000,000원, 임대차기간은 2006. 3. 1.부터 2년간으로 정하여 임대차계약을 체결하고 현재까지 점유·사용 중에 있으며, 2008. 2. 28. 임대차기간이 만료됩니다.
  2. 본인은 2008. 2. 28. 위 임대차기간이 끝나는 대로 다음과 같은 조건으로 임대차계약의 내용을 변경할 예정이오니 이에 응하지 않는다면 더 이상 임대차관계를 계속할 수 없음을 알려드립니다.
- 다 음 -
  (1) 임대차기간 : 2008. 3. 1.부터 2010. 2. 28.까지 2년간
  (2) 임대보증금 : 90,000,000원(1천백만원 증액)

2008. 1. 15.
통지인 : 서울 서초구 ○○동 456 ○○아파트 ○○○동 ○○○호
최 임 대 ⑩

(3) 통지기간

임대인이 묵시의 갱신을 저지하려면 임대차기간 만료 전 6월부터 1월까지 사이에 임차인에 대하여 이러한 통지를 하여야 하고, **임차인**이 묵시의 갱신을 저지하려

면 임대차기간 만료 전 1월까지 그와 같은 통지를 하여야 한다. 이는 상대방에게 미리 대비할 수 있는 기간을 주기 위한 것이다. 따라서 이러한 통지가 정해진 기간 내에 상대방에게 도달하지 아니하면 효력이 없으므로 묵시의 갱신이 이루어진다.

(4) 통지의 효력발생시기 등

이러한 통지의 법적 성질은 이른바 **의사의 통지**이므로 그 효력은 민법 제111조의 일반원칙에 따라 상대방에게 **도달한 때** 효력이 생긴다. 또한 적법한 갱신거절의 통지나 조건변경의 통지에 관한 증명책임은 이를 주장하는 당사자에게 있다.

3. 임차인의 현저한 의무위반이 없을 것

(1) 의의

2기의 차임액에 달하도록 차임을 연체하거나 기타 임차인으로서의 의무를 현저히 위반한 임차인은 특별히 보호할 필요가 없으므로 묵시의 갱신이 인정되지 않는다(법6③).

묵시의 갱신은 사회적 · 경제적 약자인 임차인의 주거안정을 보호함을 목적으로 하는 사회정책적 성격의 제도라고 할 것이므로, 임차인이 임차인으로서 지켜야 할 법률상 또는 계약상의 의무이행을 현저하게 게을리 하여 임대인과의 신뢰관계를 파괴하는 경우에까지 임차인을 보호하는 것은, 거꾸로 반대 당사자인 임대인으로 하여금 지나친 불이익과 부담을 초래하는 것이어서 형평의 원칙 또는 이익교량의 원칙에 비추어서 이러한 경우에는 묵시의 갱신에 관한 규정의 적용을 배제하고자 하는 것이 본 항의 **입법취지**이다.

(2) 임차인으로서의 의무를 현저히 위반한 경우

2기의 차임액에 달하도록 **차임을 연체**한다는 것은 반드시 2번 연속하여 차임을 연체한다는 의미가 아니고 앞 뒤 합하여 연체액이 2기분에 달하기만 하면 되는 것이다. 따라서 월세의 경우 계속하여 2개월분을 연체한 경우뿐만 아니라 7월분 연체 후 8, 9월분은 지급하다가 다시 10월분을 연체한 경우에도 해당된다.

기타 임차인으로서의 **현저한 의무위반**이라 함은 당사자 사이의 신뢰관계를 도저히 유지할 수 없을 정도의 행위를 한 경우를 말하며, 주로 임차물보관의무를 현저히 위반하는 것을 말한다. 예컨대, 임차주택을 현저하게 훼손한 경우, 임차주택에서 마약 제조를 하거나 비밀요정 · 댄스 홀 등 주거 외의 목적으로 사용하는 경우, 무단으로 주택을 증개축하거나 영업용으로 개조한 경우, 임차권의 무단양도 또는 전대한 경우 등이다.

(3) 의무위반의 현존

위와 같은 의무위반이 임대차기간 만료시에 존재하여야 한다. 따라서 임대차기간 중에 그러한 의무위반이 있긴 하였으나 그 의무위반이 해소되어 임대차기간 만료시에는 그 상태가 존속하지 않는 경우에는 묵시의 갱신을 인정하여야 할 것이다.

Ⅲ. 묵시의 갱신의 효과

1. 전 임대차의 동일한 조건

묵시의 갱신이 이루어지면 전 임대차와 동일한 조건으로 다시 임대차한 것으로 본다. 묵시의 갱신은 법률의 규정에 의한 것이므로 임대인이나 임차인의 승낙을 요하지 않는다. 묵시적으로 갱신된 계약은 전 임대차와 동일한 조건의 계약이 되므로, 차임 · 보증금 · 전세금 등은 동일성을 유지한 채 계속된다.

2. 묵시적 갱신 후의 임대차기간

묵시적 갱신이 이루어진 경우에 임대차의 존속기간은 그 정함이 없는 것으로 본다고 규정하고 있고(법6②), 기간의 정함이 없는 임대차는 그 기간을 2년으로 본다고 규정하고 있기 때문에(법4①본문), 임차인이 임대차의 존속을 원할 경우에는 **다시 2년간의 존속**이 보장된다고 해석된다(대법원 1992.1.17. 91다25017 ; 2002.9.24. 2002다41633).

Ⅳ. 묵시적 갱신이 이루어진 계약의 해지

법 제6조의2가 신설되기 전에는, 묵시적 갱신이 이루어진 후 해지를 원하는 임차인은 언제든지 임대차를 해지할 수 있는지, 해지할 수 있다면 그 효력발생기간은 어떻게 되는지에 관하여 논란이 있었다. 즉 이 경우 존속기간의 정함이 없는 임대차에 관한 민법 제635조 제1항을 적용하여 임차인이 언제든지 해지통고를 할 수 있고 그 해지통고가 임대인에게 도달된 후 1개월이 경과하면 임대차가 해지되는 것으로 해석하는 것이 과연 타당하다고 할 수 있는가 하는 점이다.

1999.1.21. 주택임대차보호법 개정시 묵시적 갱신이 이루어진 경우의 계약의 해지 및 효력발생시기에 관하여 제6조의2가 신설되었다. 즉 「① 제6조 제1항의 경우 임차인은 언제든지 임대인에 대하여 계약해지의 통고를 할 수 있다. ② 제1항의 규정에 의한 해지통고는 임대인이 그 통고를 받은 날부터 **3월이 경과**하면 그 효력이 발생한다」라고 규정함으로써, 양 당사자 사이에 권리관계의 균형을 도모하였다.

따라서 묵시적 갱신의 경우 **임대인**은 2년의 기간 동안 임차인에게 해지를 주장할 수 없다. 반면에 **임차인**은 임대차의 존속을 원할 경우에는 2년간의 기간을 주장할 수 있고, 원하지 않을 경우에는 묵시적으로 갱신된 후부터 다시 2년이 끝나기 전까지 언제든지 자유롭게 계약을 해지할 수 있다. 다만, 임차인의 해지통고는 임대인에게 도달한 날부터 3개월이 지나야만 효력이 발생하는 것이다.

Ⅴ. 임대차의 갱신과 보증금의 증액

1. 보증금의 증액 없이 갱신한 경우

주택임차인이 대항력을 취득한 후 저당권이 설정되고 그 후에 임대차기간이 만료하더라도 임대차가 갱신된 경우에는 갱신 전후의 임대차관계는 동일성이 계속 유지되므로 처음의 대항요건을 갖춘 시기에 소급하여 임차인의 대항력이 여전히 존속된다고 해석하여야 한다. 따라서 이러한 주택임차인은 저당권자뿐만 아니라 그 저당권의 실행에 의하여 임차주택의 소유권을 취득한 낙찰자에게도 대항할 수 있다.

2. 보증금을 증액하면서 갱신한 경우

임대차의 갱신과 더불어 보증금이 증액된 경우에는 증액 전의 보증금에만 대항력
이 미친다. 따라서 대항력을 갖춘 임차인이 근저당권설정등기 이후에 임대인과 합의
하여 보증금을 증액한 경우, 전체 보증금 중 저당권설정등기 이후에 증액한 부분으
로써는 근저당권에 기하여 건물을 낙찰받은 자에게 대항할 수 없다고 보아야 한다.

대항력을 갖춘 임차인이 근저당권설정등기 이후에 임대인과 보증금을 증액하기로 합의하
고 초과부분을 지급한 경우 임차인이 저당권설정등기 이전에 취득하고 있던 임차권으로 선
순위로서 저당권자에게 대항할 수 있음은 물론이나, 저당권설정등기 후에 건물주와의 사이
에 임차보증금을 증액하기로 한 합의는 건물주가 저당권자를 해치는 법률행위를 할 수 없게
된 결과 그 합의 당사자 사이에서만 효력이 있는 것이고 저당권자에게는 대항할 수 없다고
할 수밖에 없으므로, 임차인은 위 저당권에 기하여 건물을 경락받은 소유자의 건물명도 청구
에 대하여 증액전 임차보증금을 상환받을 때까지 그 건물을 명도할 수 없다고 주장할 수 있
을 뿐이고 저당권설정등기 이후에 증액한 임차보증금으로써는 소유자에게 대항할 수 없다
(대법원 1990.8.24. 90다카11377).

제4절 임차권의 승계

법 제9조(주택의 임차권의 승계) ① 임차인이 상속권자 없이 사망한 경우에 그 주택에서 가정공
동생활을 하던 사실상의 혼인관계에 있는 자는 임차인의 권리와 의무를 승계한다.
② 임차인이 사망한 경우에 사망 당시 상속권자가 그 주택에서 가정공동생활을 하고 있지 아
니한 때에는 그 주택에서 가정공동생활을 하던 사실상의 혼인관계에 있는 자와 2촌 이내의
친족이 공동으로 임차인의 권리와 의무를 승계한다.
③ 제1항 및 제2항의 경우에 임차인이 사망한 후 1월 이내에 임대인에 대하여 반대의사를 표
시한 때에는 그러하지 아니하다.
④ 제1항 및 제2항의 경우에 임대차관계에서 생긴 채권·채무는 임차인의 권리의무를 승계한
자에게 귀속한다.

Ⅰ. 서 설

1. 사실혼 배우자의 주거안정 보호

임대차기간 중에 임차인이 사망하더라도 임대차관계는 종료되지 않고 그대로 존속한다. 하지만 임차권도 일종의 재산권이므로 임차권에 기한 권리·의무는 민법의 상속규정에 따라 상속인에게 승계되는 것이 원칙이다. 그렇게 되면 임차주택에서 그때까지 사망한 임차인과 동거하고 있던 사실혼관계의 배우자는 더 이상 거주를 계속할 권한이 없으므로, 만약 임대인이나 상속인이 주택의 명도를 요구한다면 그 주택에서 쫓겨날 수밖에 없는 사태가 발생할 것이다. 그러나 주택임차권은 단순한 재산권으로서의 성질 이외에 임차인 및 동거가족의 주거생활의 안정이라는 사회법적 성질도 아울러 가지고 있다. 따라서 임차인이 사망한 경우에 사회법적 차원에서 그와 동거해 온 **사실혼관계에 있는 배우자의 주거생활의 안정을 보호**하여야 할 필요성이 제기된다.

2. 민법의 상속에 관한 특례신설

1983.12.30. 법 개정시 신설된 제9조는 위와 같은 문제를 사회법적 차원에서 해결하기 위하여 임차인이 사망한 경우 임차권의 승계에 관하여 **민법의 상속에 관한 특례**를 규정하였다. 즉 임차인이 사망한 경우에 동거하던 사실혼관계의 배우자가 임차인의 상속권자가 아니기 때문에 뜻하지 않게 주거의 터전을 잃게 되는 것을 방지하기 위하여 임차인의 권리·의무를 승계하도록 특별히 인정하고 있는 것이다.

이러한 주택임차권의 승계제도는 민법의 상속제도에 대한 특례로서 상속권이 없는 사실혼관계의 배우자에게 승계권을 인정하여, 한편으로는 사실혼관계 자체를 보호하고, 다른 한편으로는 사실혼관계에 있는 배우자의 주거생활의 안정을 보호하고자 함이 그 **입법취지**이다.

Ⅱ. 임차권의 승계자

1. 임차인이 사망하고 상속권자가 없는 경우

임차인이 사망하였으나 상속권자가 없는 경우 그 주택에서 가정공동생활을 하던 사실상의 혼인관계에 있는 자가 **단독**으로 임차인의 권리와 의무를 승계한다(법9①). 이 규정은 상속권자의 부존재로 인한 상속재산의 국가귀속원칙(민1058)에 대한 특례를 인정한 것이다.

(1) 가정공동생활을 하던 자

가정공동생활을 한다는 것은 **동거**하면서 서로 **부양**하며 **협조**한다는 의미이다. 일정기간의 동거를 필요로 하지만 매일같이 숙식을 같이하면서 동거하여야 하는 것은 아니다. 입원·여행·출장 등 일정한 사정상 일시적으로 별거하고 있어도 가정공동생활을 하고 있는 것으로 보아야 할 것이다. 반면에 일시적인 체류에 지나지 않는 경우에는 이에 해당하지 않는다.

(2) 사실상의 혼인관계에 있는 자

사실상의 혼인관계라 함은 혼인의 의사를 가지고 실질적으로는 부부관계를 이루어 혼인생활을 하고 있으나 단지 형식적으로 혼인신고만을 하지 아니한 것을 말한다.

예컨대, 결혼식을 올리고 주거와 침식을 같이 하면서 부부간의 생활관계를 이루어 함께 살기는 하지만 아직 혼인신고를 하지 아니한 부부의 경우이다. 그러나 본처가 있는 유부남이 아파트를 빌려 다른 여자와 이중살림을 하던 중 사망한 경우와 같은 **부첩관계나 내연관계**에 대하여는 적용되지 않는다고 할 것이다.

사실상의 혼인관계에 있는 자는 임차인의 동거인으로 주민등록상에 등재되어 있어야 하는지에 관하여 견해가 대립되나, 가정공동생활을 하던 자가 반드시 주민등록상에 임차인의 동거인으로 등재되어 있어야 하는 것은 아니라고 본다. 하지만 가정공동생활을 하던 사실혼관계의 배우자가 승계한 임차권을 임차주택의 제3취득자에게 주장하려면 임차권의 대항요건으로서 주민등록을 갖추어야 할 것으로 본다.

한편, 사망한 임차인과 가정공동생활을 하던 사실상의 혼인관계에 있는 자 이외에 민법 및 호적법에서 정하는 입양신고절차만을 마치지 못한 **사실상의 양친자관계에 있는 자**에 대하여도 동거자의 주거생활의 안정을 보장하고자 하는 법 제9조의 입법취지에 비추어 유추적용하여야 한다는 견해가 있다. 그러나, 사실상의 양친자관계에 있는 자를 포함하는 것으로 개정하는 것은 별론으로 하고, 사실상의 양친자관계에 있는 자에 대하여는 명문의 규정이 없으므로 현행법의 해석상 적용을 부정하는 것이 타당하다.

(3) 상속권자가 없을 것

상속권자가 없다는 것은 민법상의 법정상속권자가 전혀 없는 경우뿐만 아니라 법정상속권자가 있긴 하지만 모두 상속결격자(민1004)로 된 경우도 포함된다고 보는 것이 일반적인 견해이다.

한편, '상속권자 없이' 란 피상속인인 임차인이 임차권에 관하여 유증까지도 하지 않은 경우를 의미하므로, 임차인이 유언을 통하여 상속권자가 아닌 제3자에게 **임차권을 유증한 경우**에는 이에 해당하지 않는다고 본다.

2. 임차인이 사망하고 상속권자가 있는 경우

임차인이 사망하고 상속권자가 있는 경우에는 다시 그 상속권자가 임차주택에서 가정공동생활을 하고 있었는지 여부에 따라 나누어 살펴본다.

(1) 상속권자가 임차주택에서 가정공동생활을 하고 있었던 경우

사망한 임차인의 상속권자가 임차주택에서 가정공동생활을 하였던 경우에는 법 제9조가 적용되지 않는다. 따라서 민법의 상속규정에 따라 상속권자만이 임차권을 승계한다.

이러한 경우에는 대부분 그동안 가정공동생활을 같이 해 왔던 상속권자와의 관계가 원만할 것이므로 사실상의 혼인관계에 있던 자에게 퇴거를 요구할 가능성이 적고 따라서 굳이 민법상의 상속규정을 배제하고 사실혼관계의 배우자에게 임차권의 승계를 인정하지 않아도 주거생활의 안정이 유지될 것으로 본 것이다.

(2) 상속권자가 임차주택에서 가정공동생활을 하고 있지 않았던 경우

임차인이 사망하였으나 법정상속권자가 임차주택에서 가정공동생활을 하지 않았던 경우에는 그 임차주택에서 가정공동생활을 하던 사실혼관계에 있던 자가 법정상속권자 중 2촌 이내의 친족과 **공동으로** 임차권을 승계한다(법9②). 2촌 이내의 친족이 없는 때에는 그 주택에서 가정공동생활을 하던 사실상의 혼인관계에 있던 자가 단독으로 임차권을 승계하게 된다.

2촌 이내의 친족은 민법 제1000조의 상속권자 중에서 2촌 이내의 친족을 의미하고 그에 관한 범위는 민법 제767조, 제777조의 친족에 관한 규정이 그대로 적용된다. 그러므로 임차인과 가정공동생활을 하지 아니한 상속권자 중 3촌 이외의 친족은 사실혼 배우자와 공동으로 임차권을 승계할 수 없다.

만약, 2촌 이내의 상속권자가 여러 명인 경우에는 그들 모두가 사실혼관계의 배우자와 공동으로 승계하는 것이 아니라, 상속의 일반원칙에 따른 상속순위(민1000)에 의하여 정해진 선순위 상속권자와 사실혼관계의 배우자가 공동으로 임차권을 승계한다.

예컨대, 임차인에게 1촌과 2촌의 친족이 있을 때에는 최근친에 해당하는 1촌의 친족이 선순위로 사실혼관계의 배우자와 공동으로 임차인의 권리·의무를 승계하고, 1촌이 친족이 없을 때에만 2촌의 친족이 후순위로 사실혼관계의 배우자와 공동으로 임차인의 권리·의무를 승계하는 것이다.

한편, 임차권의 공동승계는 민법 제1001조, 제1003조 제3항에 의한 대습상속의 법리에도 마찬가지로 적용된다고 보는 것이 일반적인 견해이다.

Ⅲ. 임차권 승계의 효과

1. 의의

임차권 승계의 경우 임대인과 사망한 임차인 사이의 임대차관계에서 생긴 채권·채무는 임차인의 권리의무를 승계한 자에게 귀속한다(법9④). 이것은 법률의 규정에 의한 **당연승계**이므로 승계권자가 임대인에 대하여 적극적으로 승계의 의사표시를 할 필요가 없다.

여기서 '**임대차관계에서**'라는 의미는 임대차의 발생·존속·소멸에 이르기까지 '임대차와 관련하여'라는 의미이다. 또한 '**귀속한다**'라는 의미는 확정적이고 최종적으로 귀속권자가 된다는 의미이다.

2. 채권의 승계

임차권의 승계자는 사망한 임차인이 **임대차관계**로 인하여 임대인에게 갖는 채권을 승계한다.

임대차의 **발생**과 관련한 채권은 임차주택인도청구권 등을 들 수 있고, **존속**과 관련한 채권은 임차주택수선청구권, 차임감액청구권 등을 들 수 있으며, **소멸**과 관련한 채권은 임대인의 채무불이행으로 인한 계약해지권, 임차보증금반환청구권, 배당요구청구권과 우선변제권 등을 들 수 있다. 그 외에도 비용상환청구권·부속물매수청구권 등도 포함된다.

더 나아가 사실혼관계의 배우자 및 2촌 이내의 친족에게 승계되는 임대차관계로 인한 채권 중 **보증금 또는 전세금반환채권**도 포함된다고 본다.

법 제9조에서 명문으로 임대차관계에서 생긴 채권·채무는 임차인의 권리의무를 승계한 자에게 귀속한다고 규정하고 있고, 주거의 보호는 보증금과 분리하여 존재할 수 없을 뿐만 아니라, 법 제9조의 입법취지가 단순히 임대차관계에서 일시적인 주거권의 보호에만 있는 것이 아니라 사실혼관계에 있는 자나 2촌 이내의 친족의 항구적인 주거권 보장에 있는 점을 고려하여 보증금 등의 반환청구권도 승계된다고 할 것이다.

한편, 법 제9조에 의하여 승계되는 것은 임대차계약에서 생긴 권리·의무이므로 그와 관련이 없는 채권(예컨대, 임차인이 임대인에게 대여한 금전의 반환청구권)은 민법의 상속법리에 따라 상속인에게 상속될 뿐 법 제9조에 의한 승계는 이루어지지 않는다.

3. 채무의 승계

사망한 임차인이 **임대차관계**로 인하여 임대인에게 부담하는 모든 채무가 승계된다.

당해 임차주택을 계약 및 용법에 따라 사용·수익해야 할 의무, 임차인이 임차주택의 용법에 위반하여 사용하는 과정에서 임차주택을 중대하게 훼손시킴으로써 발생한 채무불이행에 의한 손해배상채무 등도 이에 포함되나, 주로 차임지급채무일 것이다.

법 제9조 제1항과 제2항에서 승계권자가 승계하는 것은 '임차인의 권리와 의무'라고 규정하고 있을 뿐 가정공동생활의 전후를 구별하여 제한을 두고 있지 아니하므로 임차권을 승계한 이후의 차임뿐만 아니라 승계권자가 임차인과 임차주택에서 가정공동생활을 하기 전에 발생한 **연체차임채무**나 당해주택의 일부 손괴로 인한 **손해배상채무**도 승계한다고 본다.

4. 공동승계

임차주택에서 가정공동생활을 하던 사실혼관계의 배우자가 2촌 이내의 친족과 공동으로 임차권을 승계하는 경우, 주로 사망한 임차인의 연체차임과 임차보증금 반환청구권이 공동승계의 대상이 된다. 승계권자가 임차권을 공동으로 승계하는 경우 **'공동으로'** 라는 의미는 '연대하여' 라는 의미로 해석하여야 할 것으로 본다.

Ⅳ. 임차권 승계의 포기

1. 의의

사망한 임차인이 임차보증금보다 많은 연체차임채무나 손해배상채무를 를 부담하고 있었던 경우와 같이 임차권을 승계하는 것이 오히려 승계권자에게 불리한 경우에는 승계를 포기할 수 있다.

만약 이러한 경우까지 임차권의 당연승계를 강제하게 되면 오히려 승계권자의 주거안정을 보호하고자 하는 입법취지에 역행하게 되므로, 민법의 상속포기제도(민1019)에 준하여 임차권의 승계를 포기할 수 있도록 규정한 것이다. 이때 임차인의 권리만 승계하고 의무는 승계하지 아니하겠다는 의사표시는 허용되지 않는다.

2. 제척기간

임차권의 승계는 임차인이 사망한 후 1월 이내에, 임차권을 승계할 자가 임대인에 대하여 승계하지 않겠다는 적극적인 의사표시를 하면 권리·의무는 승계되지 않는다(법9③).

이러한 1월의 기간은 임대인과 승계권자 사이의 법률관계를 조속히 확정하려는 취지이므로 성질상 **제척기간**이라고 할 것이다. 따라서 승계권자가 임차인의 사망사실을 알든 모르든 사망 후 1월이 지나면 승계를 포기할 수 없고 당연히 승계된다고 해석된다.

3. 소급효

임차권 승계포기의 의사표시가 임대인에게 도달한 때 그 효력은 임차인의 사망시에 소급한다고 본다. 따라서 승계권자는 임차인의 사망시로부터 당해 임대차관계로부터 발생하는 모든 권리·의무를 승계하지 않는다. 이 경우 민법의 상속규정에 따른 상속이 이루어진다고 할 것이다.

제6장 차임 · 보증금의 규제

제1절 차임 · 보증금의 증감청구

> **법 제7조(차임 등의 증감청구권)** 약정한 차임 또는 보증금이 임차주택에 관한 조세 · 공과금 기타 부담의 증감이나 경제사정의 변동으로 인하여 상당하지 아니하게 된 때에는 당사자는 장래에 대하여 그 증감을 청구할 수 있다. 그러나 증액의 경우에는 대통령령이 정하는 기준에 따른 비율을 초과하지 못한다.
>
> **시행령 제2조【차임 등 증액청구의 기준 등】** ① 법 제7조의 규정에 따른 차임 또는 보증금(이하 "차임 등"이라 한다)의 증액청구는 약정한 차임 등의 20분의 1의 금액을 초과하지 못한다.
>
> ② 제1항의 규정에 따른 증액청구는 임대차계약 또는 약정한 차임 등의 증액이 있은 후 1년 이내에는 이를 하지 못한다.

Ⅰ. 서 설

1. 민법상의 차임증감청구권

주택임대차보호법을 제정할 당시에는 차임이나 보증금의 증감 문제에 관해서는 별도의 규정을 두지 아니하였다. 따라서 **민법 제628조(차임증감청구권)**에서 「임대물에 대한 공과부담의 증감 기타 경제사정의 변동으로 인하여 약정한 차임이 상당하지 아니하게 된 때에는 당사자는 장래에 대한 차임의 증감을 청구할 수 있다」라고 한 규정이 적용되었다.

임차보증금이 임차인의 소득수준에서 차지하는 비중이 지나치게 높을 뿐만 아니라 그 인상률도 지가상승률이나 물가상승률 등 다른 종류의 가격상승률보다 훨씬 높은 주택임대차의 현실에서 임차인 보호에 미약하다는 문제점이 있었다.

2. 법 제7조의 신설

1983.12.30. 주택임대차보호법 개정시 제7조에 「약정한 차임 또는 보증금이 임차주택에 관한 조세·공과금 기타 부담의 증감이나 경제사정의 변동으로 인하여 상당하지 아니하게 된 때에는 당사자는 장래에 대하여 그 증감을 청구할 수 있다. 그러나 증액의 경우에는 대통령령이 정하는 기준에 따른 비율을 초과하지 못한다」라는 규정을 신설하였다.

법 제7조의 규정 중 본문은 표현만 약간 차이가 있을 뿐 민법은 제628조와 거의 동일하다. 다만 민법과는 달리 단서를 추가하여 일정 기준을 초과하는 증액을 제한한 것이 특징이다.

한편, 1984.4.10. 민법도 주택임대차보호법 제7조가 신설된 데 영향을 받아 전세권에 있어서 **전세금의 증감청구권**에 관한 규정을 신설하였다. **민법 제312조의2**는 「전세금이 목적부동산에 관한 조세·공과금 기타 부담의 증감이나 경제사정의 변동으로 인하여 상당하지 아니하게 된 때에는 당사자는 장래에 대하여 그 증감을 청구할 수 있다. 그러나 증액의 경우에는 대통령령이 정하는 기준에 따른 비율을 초과하지 못한다.」고 규정하였고, '**민법 제312조의2 단서의 시행에 관한 규정**'에서 전세금의 증액청구의 비율은 약정한 전세금의 1/20을 초과하지 못하고(영2), 전세금의 증액청구는 전세권설정계약이 있은 날 또는 약정한 전세금의 증액이 있은 날로부터 1년 이내에는 이를 하지 못하도록(영3) 규정하고 있다.

II. 차임 등의 증감청구권

1. 의의

원래 임대차는 계속적 계약관계이기 때문에 그 계약이 지속되는 동안에 경제사정의 변동 등으로 인하여 당초 약정하였던 차임이나 보증금이 현실과 맞지 않게 되는 수가 있다. 이러한 경우에 당초 약정한 차임·보증금을 그대로 유지하는 것은 정의와 형평에 어긋나므로 변경된 사정에 맞게 이를 수정함으로써 적정한 임대차관계의 유지를 꾀할 필요가 있게 된다.

이와 같이 어떠한 법률행위 성립의 기초가 된 사정이 당사자가 예견하지 못했던 사유로 인해 현저히 변경되고, 그리하여 당초의 내용대로 그 효과를 강제하는 것이 당사자 일방에게 가혹하게 된 경우에, 그 내용을 변경된 사정에 맞게 수정하거나 또는 그 법률행위를 해소시킬 수 있다는 원칙을 **사정변경의 원칙**이라고 한다.

사정변경의 요건으로서, ① 계약 당시 그 기초가 되었던 사정이 현저히 변경되었을 것, ② 그 사정변경을 당사자가 예견하지 못했고 예견할 수도 없었을 것, ③ 그 사정변경이 당사자에게 책임 없는 사유로 발생하였을 것, ④ 당초의 계약내용에 당사자를 구속시키는 것이 신의칙상 현저히 부당할 것 등을 요한다.

주택임대차보호법에서도 임대차계약 체결후의 사정변경으로 인하여 당초 약정하였던 차임이나 보증금이 상당하지 아니하게 된 경우에 이를 재조정하기 위한 차임 등의 증감청구권에 관한 규정을 둔 것이다.

2. 증감청구의 요건

임대차기간의 경과라는 시간적 요인만으로 증감을 청구할 수는 없고 일정한 요건이 있어야만 가능하다. 즉, '조세·공과금 기타 부담의 증감이나 경제적 사정의 변동으로 인하여'라는 **외형적인 사정변경**의 요인과, '이러한 사정변경으로 인하여 차임 등이 상당하지 아니한 것'의 **상당성**이 있어야 한다.

전세계약은 계속적 계약인 만큼, 전세목적물에 대한 조세·공과금 기타 부담의 증감이나 경제사정의 변동 등으로 인하여 약정한 전세보증금을 그대로 유지하는 것이 정의와 형평의 관념상 상당하지 않게 된 때에는 당사자는 남은 전세기간에 대하여 전세보증금의 증감을 청구할 수 있다. 그러나 전세보증금 증감청구권의 인정은 이미 성립된 계약의 구속력에서 벗어나 그 내용을 바꾸는 결과를 가져오는 것인 데다가, 보충적인 법리인 사정변경의 원칙, 공평의 원칙 내지 신의칙에 터 잡은 것인 만큼 엄격한 요건 아래에서만 인정될 수 있다. 그러므로 기본적으로 사정변경의 원칙의 요건인 ① 계약 당시 그 기초가 되었던 사정이 현저히 변경되었을 것, ② 그 사정변경을 당사자들이 예견하지 않았고 예견할 수 없었을 것, ③ 그 사정변경이 당사자들에게 책임 없는 사유로 발생하였을 것, ④ 당초의 계약 내용에 당사자를 구속시키는 것이 신의칙상 현저히 부당할 것 등의 요건이 충족되어야 할 것이다(서울동부지법 1998.12.11. 98가합19149).

(1) 임대차계약이 존속중일 것

임대차계약의 구속력은 임대차기간 중에만 미치는 것이 원칙이므로 경제사정의 변동은 계약기간 중에 발생하여야 한다. 따라서 법 제7조의 규정은 **임대차계약의 존속 중** 당사자 일방이 약정한 차임 등의 증감을 청구한 때에 한하여 적용되고, 임대차계약이 종료된 후 재계약을 하거나 또는 임대차계약 종료 전이라도 당사자의 합의로 차임 등이 증액된 경우에는 적용되지 않는다(대법원 1993.12.7. 93다30532 ; 2002.6.28. 2002다23482).

또한 차임증감청구권은 임대차계약의 존속을 전제로 하는 것이므로, 임대차종료 후 임차인이 임차목적물을 계속해서 사용·수익하는 경우 임대인이 임차인을 상대로 부당이득반환을 구하면서 차임증액청구권을 행사하는 것은 허용되지 아니 한다 (서울지법 1999.11.17. 99가합32344, 65566).

(2) 경제사정의 변동이 있을 것

차임·보증금을 약정한 후 조세·공과금 기타 부담의 증감 등 경제사정의 변동이 있어야 한다. 경제사정의 변동이 반드시 조세·공과금 기타 부담의 증감에 기인하여야 하는 것은 아니므로 어떠한 사유에 기하든 상관없다. 부동산가격 및 전세 값의 폭락 등도 감액청구의 사유가 될 수 있다고 본다. 이러한 경제사정의 변동에 관한 증명책임은 청구자가 부담한다.

(3) 종래의 차임 또는 보증금이 상당하지 아니할 것

종래의 차임 또는 보증금이 상당하지 아니하게 되어야 한다. 이것은 경제사정의 변동 원인, 정도 및 그 급박성, 당사자들이 차임 및 보증금을 정하면서 그러한 경제사정의 변동을 예상할 수 있었는지의 여부, 차임의 변동률, 계약체결 후의 기간의 경과 등을 종합적으로 고려하여 구체적인 사정에 따라 판단하여야 할 것이다. 증감청구권을 행사하는 경우에 상당성이 있는지에 관한 증명책임은 증감청구를 한 자에게 있다.

주택임대차보호법 제7조에 따른 임대인의 임대보증금 등 증액청구권이 형성권이라고 하더라도, 이는 약정한 차임 또는 보증금이 임차주택에 관한 조세·공과금 기타 부담의 증감이나 경제사정의 변동으로 인하여 상당하지 아니하게 된 때에 한하여 행사될 수 있는 것이고, 그 청구가 객관적으로 상당하다고 인정되어야만 용인될 수 있다(서울고법 1997.9.25. 97나 23220).

(4) 증액금지 특약이 없을 것

임대차기간 동안에 차임 또는 보증금을 증액하지 않는다고 특약을 한 경우에는 증액을 청구할 수 없는 것이 원칙이다. 다만, 당사자가 전혀 예상할 수 없었던 급격한 경제사정의 변동이 생긴 때에는 특약에도 불구하고 증액을 청구할 수 있다고 해석하는 것이 판례의 입장이다.

임대차계약에 있어서 차임불증액의 특약이 있더라도 그 약정 후 그 특약을 그대로 유지시키는 것이 신의칙에 반한다고 인정될 정도의 사정변경이 있다고 보여지는 경우에는 형평의 원칙상 임대인에게 차임증액청구를 인정하여야 한다(대법원 1996.11.12. 96다34061).

한편, 차임 또는 보증금의 감액을 금지하는 특약은 임차인에게 불리하기 때문에 효력이 없으므로(법10), 그러한 특약이 있다고 하더라도 임차인은 경제사정의 변동을 이유로 차임·보증금의 감액청구를 할 수 있다.

(5) 일시사용을 위한 임대차에 해당하지 아니할 것

사정변경에 따른 계약변경의 문제는 계속적 계약관계에서 문제되기 때문에 특정한 시험을 앞둔 수험생이 단기간의 사용을 위해 주택을 임차한 경우와 같은 일시사용을 위한 임대차에는 차임·보증금의 증감청구권이 적용되지 아니한다(법11).

3. 증감청구의 방법

차임·보증금의 증감청구는 반드시 **재판상**으로 청구하여야만 하는 것은 아니고, **재판외의 방법**에 의하여도 행사할 수 있다. 통상 먼저 내용증명 우편으로 상대방에게 그러한 사실을 통지하고 상대방이 증감된 보증금을 지급 또는 반환하지 아니할 경우 소송이나 조정신청 등을 제기하여 법원을 통해 금액을 확정하는 절차를 밟게된다.

4. 증감청구의 효과

(1) 증감청구의 장래적 효력

차임·보증금의 증감청구는 장래에 대하여만 효력이 인정된다. 여기서 장래라는 것은 경제사정의 변동이 생긴 때 이후를 의미하는 것이 아니라 **증감청구를 한 때 이후**를 의미한다. 따라서 월세의 경우 이미 지급한 월세에 대하여는 증감의 효력이 미치지 아니하므로 지급 또는 반환을 청구할 수 없고 장래의 부분에 대하여만 증감의 효력을 주장할 수 있다.

(2) 증감액의 확정

증감청구권의 법적 성질은 **형성권**이므로, 증감청구의 의사표시만으로 그 효력이 발생하고 상대방에게 도달한 때에 상대방의 승낙이 필요 없이 바로 객관적으로 상당한 범위로 증감된다(대법원 1969.6.10. 68다2142).

그러나 어느 정도로 증감을 해야 하는지에 관하여 구체적인 기준이 없어 당사자가 주장하는 증감의 액수가 다를 경우에는 결국 법원이 그 상당액을 확정할 수밖에 없다. 다만 법원이 상당액을 확정하는 경우에도 그 확정액에 따라 증감의 효력이 발생하는 것은 판결확정시가 아니라 **증감청구의 의사표시가 상대방에게 도달한 때**로 소급한다.

> 임대인이 민법 제628조에 의하여 장래에 대한 차임의 증액을 청구하였을 때에 그 청구가 상당하다고 인정되면 그 효력은 그 청구시에 곧 발생한다고 보는 것이 상당하다 할 것이요, 재판시를 표준으로 할 것은 아니다. 또 그 청구가 법 절차에 의하여 구하여야만 되는 것이 아니라 재판외의 청구에 의하여서도 가능하다 할 것이다(대법원 1974.8.30. 74다1124).

그런데 재판에 의한 증감액의 확정은 시간이 오래 걸리고 비용도 많이 드는 등 어려움이 많다. 이러한 분쟁을 신속하게 처리하기 위해서는 소송절차보다는 조정절차를 통하여 당사자간의 합리적인 해결을 도모하는 것도 바람직한 방법이다.

Ⅲ. 차임 · 보증금의 증액 제한

1. 의의

주택임차권의 보호와 강화를 위해서는 임차권의 대항력을 인정하고 임대차기간을 보다 장기로 하는 것도 필요하지만, 임차보증금이 적정수준에서 결정되고 그 증액도 합리적인 수준에서 이루어져야 할 것이다.

특히 우리나라와 같이 주택의 임대차가 고액의 보증금을 지급하는 채권적 전세의 형태로 이루어지는 경우에는 보증금의 통제와 그 증액의 제한이 주택임차인보호에 매우 중요한 내용이 된다.

그러나 주택임대차보호법은 임차보증금의 적정수준에 대해서는 아무런 규정을 두지 않고, 오로지 차임 또는 보증금의 증액에 대해서만 제한을 두고 있다. 임대인의 차임 또는 보증금의 증감청구는 임대차계약 또는 차임 등의 증액이 있은 후 1년 이내에는 할 수 없으며 증액을 할 때에는 약정한 차임 또는 보증금의 1/20(5%)을 초과할 수 없다(법7, 영2).

2. 증액의 제한

임대인이 차임 · 보증금을 증액하는 경우에도 임차인 보호를 위하여 증액금액과 증액기간에 관하여 일정한 제한을 두고 있다.

(1) 금액의 제한

증액청구의 요건을 충족하여 증액이 가능하다고 할지라도 그 증액할 수 있는 폭은 **기존에 약정한 차임 · 보증금의 1/20의 금액**을 초과할 수 없다(영2①).

(2) 기간의 제한

임대차계약을 체결하거나 차임의 증액이 있은 후 **1년 이내**에는 증액을 할 수 없다(영2②). 따라서 법 제4조에서 임대차기간을 2년으로 본다고 해서 2년 동안 보증금을 증액하지 못한다는 의미는 아니며, 1년을 기준으로 증액의 사유가 있다면 차임·보증금을 증액할 수 있다.

주택임대차보호법 제7조는 임대차계약기간이 종료되는 경우에 적용되는 규정이 아니라 임대차계약의 존속 중에 임대보증금 및 차임이 사정변경으로 상당하지 아니하게 된 때에 장래에 향하여 당사자 일방이 임대보증금 및 차임의 증액 또는 감액을 청구할 수 있도록 한 규정이며, 이 규정에 의한 증액 또는 감액의 청구권은 형성권으로서 그 청구가 객관적으로 상당하다고 인정되는 이상 청구시에 바로 임대보증금 또는 차임이 객관적으로 상당한 금액까지 증액 또는 감액되는 효력이 발생되므로, 임대인이 임차인에 대하여 임대개시일로부터 1년이 경과한 날로부터 임대보증금 및 차임 증액 청구를 함으로써 이미 그에 따른 법률상의 효과는 발생되었다 할 것이다(서울고법 1996.6.5. 96라75).

(3) 증액제한 위반의 효과

법 제7조의 증액제한 비율을 초과하여 증액한 차임 또는 보증금을 임차인이 임의로 지급한 경우에 그 초과부분의 반환을 청구할 수 있다고 본다. 왜냐하면 차임 등의 증액제한 규정은 강행규정이며 이 규정을 위반한 증액의 합의는 임차인에게 불리한 것으로서 효력이 없기 때문이다(법10). 따라서 임차인 보호라는 측면에서 제한비율 초과부분은 무효이고 임대차계약이 종료하면 임차보증금 전액의 반환을 청구할 수 있다고 보아야 할 것이다.

(4) 지체책임의 발생여부

당사자 사이에 협의가 성립되지 아니하여 법원이 결정해 주는 차임은 그 증액청구의 의사표시시에 소급하여 그 효력이 생기는 것이나 그 결정시까지는 종전의 차임액을 지급하여도 차임 지급의 지체가 되지 않는 것이므로, 임대인이 위와 같은 차임증액청구권에 기하여 임차인에게 사정변경에 따른 차임의 조정에 관한 협의를 요구하였으나 임차인이 그 협의 자체를 거부할 뜻을 명확히 하였다고 하더라도, 이는 당사자 사이에 차임 조정에 관한 협의가 불성립한 것에 불과한 것으로서 이를 이유로 임대차계약 자체를 해지할 수는 없는 것이다(대법원 2003.2.14. 2002다60931).

제2절 월차임 전환시 산정률의 제한

> 법 제7조의2(월차임 전환시 산정률의 제한) 보증금의 전부 또는 일부를 월 단위의 차임으로 전환하는 경우에는 그 전환되는 금액에 은행법에 의한 금융기관에서 적용하는 대출금리와 당해 지역의 경제여건 등을 감안하여 대통령령이 정하는 비율을 곱한 월차임의 범위를 초과할 수 없다.
>
> 시행령 제2조의2 【월차임 전환시 산정률】 법 제7조의2에서 "대통령령으로 정하는 비율"이라 함은 연 1할 4푼을 말한다.

I. 서 설

1. 입법배경

1998년 초 20%대에 육박하던 은행금리가 IMF 사태로 인한 사회적·경제적 여파가 진정국면에 들어서면서 급격히 낮아지게 되었다. 이로 인하여 임대인이 전세를 기피하고 고리(高利)의 이자를 받는 월세를 선호함에 따라 전세부족 현상과 함께 월세전환이 급속히 확산되고 임대인의 과다한 월세 요구로 인하여 세입자의 피해가 늘어나는 등 주거생활의 불안정이 심각한 사회문제로 대두되게 되었다.

2. 법 제7조의2 신설

임대인의 과다한 월세 요구로 인한 임차인의 피해를 제도적으로 방지하고 안정된 임대차관계를 조성하여 국민의 주거생활의 안정을 유지하려는 취지에서 보증금의 전부 또는 일부를 월세로 전환하는 경우 금융기관의 대출금리 및 경제여건 등을 감안하여 월세의 범위를 제한하는 내용으로 2001.12.29. 주택임대차보호법 개정시 제7조의2가 신설되었다.

Ⅱ. 월차임 전환시 산정률의 제한

1. 적용요건

(1) 보증금의 전부 또는 일부가 월 단위의 차임으로 전환될 것

차임의 지급형태에 따른 임대차의 유형 중 보증금만 지급하는 형태나 보증금과 월세를 함께 지급하는 형태에서 적용된다. 따라서 월세만 지급하는 형태나 사글세 형태의 임대차에서는 적용되지 않는다.

또한 보증금이 월 단위의 차임으로 전환되는 경우이어야 한다. 월 단위의 차임이 란 매월 지급하는 차임만을 의미하는 것이 아니라 월 단위로 산정가능한 차임을 의 미하는 것으로 본다.

(2) 전환비율을 곱한 월차임의 범위를 초과하지 않을 것

전환되는 보증금에 은행법에 의한 금융기관에서 적용하는 대출금리 및 당해 지역 의 경제여건 등을 감안하여 대통령령이 정하는 비율을 곱한 월차임의 범위를 초과 하여서는 아니 된다. 2002.6.30.부터 시행되고 있는 주택임대차보호법시행령에서 는 월차임 전환시 산정률의 상한을 **연 14%**로 정하였다.

예컨대, 보증금 1억 2천만원의 채권적 전세를 살던 임차인이 보증금을 6천만원으로 감액 하고 나머지 금액을 월차임으로 전환하기로 임대인과 합의할 경우, 나머지 6천만원에 대해 연 14%를 적용, 월차임이 700,000원(6천만원×14%/12)을 넘을 수 없다는 의미이다.

2. 제한 위반의 효과

이러한 제한 규정에 위반하여 연 14%의 비율을 초과하여 보증금의 전부 또는 일 부를 월차임으로 전환하는 약정은 임차인에게 불리하여 편면적 강행규정에 위배되 므로 효력이 없다(법 제10조 참조). 따라서 임차인은 전환된 월차임 중 연 14%의 비율 을 초과하는 부분에 관하여는 차임지급의무가 없고, 이미 지급한 초과부분은 부당 이득으로 반환을 청구할 수 있다고 본다.

○주택임대차보호법

제정 1981. 3. 5. 법률 제3379호
개정 1983. 12. 30. 법률 제3682호
1989. 12. 30. 법률 제4188호
1997. 12. 13. 법률 제5454호
1999. 1. 21. 법률 제5641호
2001. 12. 29. 법률 제6541호
2002. 1. 26. 법률 제6627호
2005. 1. 27. 법률 제7358호
2007. 8. 3. 법률 제8583호
2008. 3. 21. 법률 제8923호

제1조【목적】 이 법은 주거용 건물의 임대차(賃貸借)에 관하여 「민법」에 대한 특례를 규정함으로써 국민 주거생활의 안정을 보장함을 목적으로 한다.

제2조【적용 범위】 이 법은 주거용 건물(이하 "주택"이라 한다)의 전부 또는 일부의 임대차에 관하여 적용한다. 그 임차주택(賃借住宅)의 일부가 주거 외의 목적으로 사용되는 경우에도 또한 같다.

제3조【대항력 등】 ① 임대차는 그 등기(登記)가 없는 경우에도 임차인(賃借人)이 주택의 인도(引渡)와 주민등록을 마친 때에는 그 다음 날부터 제삼자에 대하여 효력이 생긴다. 이 경우 전입신고를 한 때에 주민등록이 된 것으로 본다.

② 국민주택기금을 재원으로 하여 저소득층 무주택자의 주거생활 안정을 목적으로 전세임대주택을 지원하는 법인이 주택을 임차한 후 지방자치단체의 장 또는 그 법인이 선정한 입주자가 그 주택을 인도받고 주민등록을 마쳤을 때에는 제1항을 준용한다. 이 경우 대항력이 인정되는 법인은 대통령령으로 정한다.

③ 임차주택의 양수인(讓受人)(그 밖에 임대할 권리를 승계한 자를 포함한다)은 임대인(賃貸人)의 지위를 승계한 것으로 본다.

④ 이 법에 따라 임대차의 목적이 된 주택이 매매나 경매의 목적물이 된 경우에는 「민법」 제575조제1항·제3항 및 같은 법 제578조를 준용한다.

⑤ 제4항의 경우에는 동시이행의 항변권(抗辯權)에 관한 「민법」 제536조를 준용한다.

제3조의2 【보증금의 회수】 ① 임차인(제3조제2항의 법인을 포함한다. 이하 같다)이 임차주택에 대하여 보증금반환청구소송의 확정판결이나 그 밖에 이에 준하는 집행권원(執行權原)에 따라서 경매를 신청하는 경우에는 집행개시(執行開始)의 요건에 관한 「민사집행법」 제41조에도 불구하고 반대의무(反對義務)의 이행이나 이행의 제공을 집행개시의 요건으로 하지 아니한다.

② 제3조제1항 또는 제2항의 대항요건(對抗要件)과 임대차계약증서(제3조제2항의 경우에는 법인과 임대인 사이의 임대차계약증서를 말한다)상의 확정일자(確定日字)를 갖춘 임차인은 「민사집행법」에 따른 경매 또는 「국세징수법」에 따른 공매(公賣)를 할 때에 임차주택(대지를 포함한다)의 환가대금(換價代金)에서 후순위권리자(後順位權利者)나 그 밖의 채권자보다 우선하여 보증금을 변제(辨濟)받을 권리가 있다.

③ 임차인은 임차주택을 양수인에게 인도하지 아니하면 제2항에 따른 보증금을 받을 수 없다.

④ 제2항에 따른 우선변제의 순위와 보증금에 대하여 이의가 있는 이해관계인은 경매법원이나 체납처분청에 이의를 신청할 수 있다.

⑤ 제4항에 따라 경매법원에 이의를 신청하는 경우에는 「민사집행법」 제152조부터 제161조까지의 규정을 준용한다.

⑥ 제4항에 따라 이의신청을 받은 체납처분청은 이해관계인이 이의신청일부터 7일 이내에 임차인을 상대로 소(訴)를 제기한 것을 증명하면 해당 소송이 끝날 때까지 이의가 신청된 범위에서 임차인에 대한 보증금의 변제를 유보(留保)하고 남은 금액을 배분하여야 한다. 이 경우 유보된 보증금은 소송의 결과에 따라 배분한다.

제3조의3 【임차권등기명령】 ① 임대차가 끝난 후 보증금을 반환받지 못한 임차인은 임차주택의 소재지를 관할하는 지방법원·지방법원지원 또는 시·군법원에 임차권등기명령을 신청할 수 있다.

② 임차권등기명령의 신청서에는 다음 각 호의 사항을 적어야 하며, 신청의 이유와 임차권등기의 원인이 된 사실을 소명(疏明)하여야 한다.

1. 신청의 취지 및 이유
2. 임대차의 목적인 주택(임대차의 목적이 주택의 일부분인 경우에는 해당 부분의 도면을 첨부한다)
3. 임차권등기의 원인이 된 사실(임차인이 제3조제1항 또는 제2항에 따른 대항력을 취득하였거나 제3조의2제2항에 따른 우선변제권을 취득한 경우에는 그 사실)
4. 그 밖에 대법원규칙으로 정하는 사항

③ 다음 각 호의 사항 등에 관하여는 「민사집행법」 제280조제1항, 제281조, 제283조, 제285조, 제286조, 제288조제1항·제2항 본문, 제289조, 제290조제2항 중 제288조제1항에 대한 부분, 제291조, 제293조를 준용한다. 이 경우 "가압류"는 "임차권등기"로, "채권자"는 "임차인"으로, "채무자"는 "임대인"으로 본다.
1. 임차권등기명령의 신청에 대한 재판
2. 임차권등기명령의 결정에 대한 임대인의 이의신청 및 그에 대한 재판
3. 임차권등기명령의 취소신청 및 그에 대한 재판
4. 임차권등기명령의 집행

④ 임차권등기명령신청을 기각(棄却)하는 결정에 대하여 임차인은 항고(抗告)할 수 있다.

⑤ 임차인은 임차권등기명령의 집행에 따른 임차권등기를 마치면 제3조제1항 또는 제2항에 따른 대항력과 제3조의2제2항에 따른 우선변제권을 취득한다. 다만, 임차인이 임차권등기 이전에 이미 대항력이나 우선변제권을 취득한 경우에는 그 대항력이나 우선변제권은 그대로 유지되며, 임차권등기 이후에는 제3조제1항 또는 는 제2항의 대항요건을 상실하더라도 이미 취득한 대항력이나 우선변제권을 상실하지 아니한다.

⑥ 임차권등기명령의 집행에 따른 임차권등기가 끝난 주택(임대차의 목적이 주택의 일부분인 경우에는 해당 부분으로 한정한다)을 그 이후에 임차한 임차인은 제8조에 따른 우선변제를 받을 권리가 없다.

⑦ 임차권등기의 촉탁(嘱託), 등기공무원의 임차권등기 기입(記入) 등 임차권등기명령을 시행하는 데에 필요한 사항은 대법원규칙으로 정한다.

⑧ 임차인은 제1항에 따른 임차권등기명령의 신청과 그에 따른 임차권등기와 관

련하여 든 비용을 임대인에게 청구할 수 있다.

제3조의4 【「민법」에 따른 주택임대차등기의 효력 등】 ① 「민법」 제621조에 따른 주택임대차등기의 효력에 관하여는 제3조의3제5항 및 제6항을 준용한다.

② 임차인이 대항력이나 우선변제권을 갖추고 「민법」 제621조제1항에 따라 임대인의 협력을 얻어 임대차등기를 신청하는 경우에는 신청서에 「부동산등기법」 제156조의 사항 외에 다음 각 호의 사항을 적어야 하며, 이를 증명할 수 있는 서면(임대차의 목적이 주택의 일부분인 경우에는 해당 부분의 도면을 포함한다)을 첨부하여야 한다.

   1. 주민등록을 마친 날

   2. 임차주택을 점유(占有)한 날

   3. 임대차계약증서상의 확정일자를 받은 날

제3조의5 【경매에 의한 임차권의 소멸】 임차권은 임차주택에 대하여 「민사집행법」에 따른 경매가 행하여진 경우에는 그 임차주택의 경락(競落)에 따라 소멸한다. 다만, 보증금이 모두 변제되지 아니한, 대항력이 있는 임차권은 그러하지 아니하다.

제4조 【임대차기간 등】 ① 기간을 정하지 아니하거나 2년 미만으로 정한 임대차는 그 기간을 2년으로 본다. 다만, 임차인은 2년 미만으로 정한 기간이 유효함을 주장할 수 있다.

② 임대차기간이 끝난 경우에도 임차인이 보증금을 반환받을 때까지는 임대차관계가 존속되는 것으로 본다.

제5조 【해지의 제한】 〈1989.12.30 삭제〉

제6조 【계약의 갱신】 ① 임대인이 임대차기간이 끝나기 6개월 전부터 1개월 전까지의 기간에 임차인에게 갱신거절(更新拒絶)의 통지를 하지 아니하거나 계약조건을 변경하지 아니하면 갱신하지 아니한다는 뜻의 통지를 하지 아니한 경우에는 그 기간이 끝난 때에 전 임대차와 동일한 조건으로 다시 임대차한 것으로 본다. 임차인이 임대차기간이 끝나기 1개월 전까지 통지하지 아니한 경우에도 또한 같다.

② 제1항의 경우 임대차의 존속기간은 정하지 아니한 것으로 본다.

③ 2기(期)의 차임액(借賃額)에 달하도록 연체하거나 그 밖에 임차인으로서의 의무를 현저히 위반한 임차인에 대하여는 제1항을 적용하지 아니한다.

제6조의2 【묵시적 갱신의 경우 계약의 해지】 ① 제6조제1항의 경우 임차인은 언제든지

임대인에게 계약해지(契約解止)를 통지할 수 있다.

② 제1항에 따른 해지는 임대인이 그 통지를 받은 날부터 3개월이 지나면 그 효력이 발생한다.

제7조 【차임 등의 증감청구권】 당사자는 약정한 차임이나 보증금이 임차주택에 관한 조세, 공과금, 그 밖의 부담의 증감이나 경제사정의 변동으로 인하여 적절하지 아니하게 된 때에는 장래에 대하여 그 증감을 청구할 수 있다. 다만, 증액의 경우에는 대통령령으로 정하는 기준에 따른 비율을 초과하지 못한다.

제7조의2 【월차임 전환 시 산정률의 제한】 보증금의 전부 또는 일부를 월 단위의 차임으로 전환하는 경우에는 그 전환되는 금액에 「은행법」에 따른 금융기관에서 적용하는 대출금리와 해당 지역의 경제 여건 등을 고려하여 대통령령으로 정하는 비율을 곱한 월차임(月借賃)의 범위를 초과할 수 없다.

제8조 【보증금 중 일정액의 보호】 ① 임차인은 보증금 중 일정액을 다른 담보물권자(擔保物權者)보다 우선하여 변제받을 권리가 있다. 이 경우 임차인은 주택에 대한 경매신청의 등기 전에 제3조제1항의 요건을 갖추어야 한다.

② 제1항의 경우에는 제3조의2제4항부터 제6항까지의 규정을 준용한다.

③ 제1항에 따라 우선변제를 받을 임차인 및 보증금 중 일정액의 범위와 기준은 주택가액(대지의 가액을 포함한다)의 2분의 1의 범위에서 대통령령으로 정한다.

제9조 【주택 임차권의 승계】 ① 임차인이 상속인 없이 사망한 경우에는 그 주택에서 가정공동생활을 하던 사실상의 혼인관계에 있는 자가 임차인의 권리와 의무를 승계한다.

② 임차인이 사망한 때에 사망 당시 상속인이 그 주택에서 가정공동생활을 하고 있지 아니한 경우에는 그 주택에서 가정공동생활을 하던 사실상의 혼인 관계에 있는 자와 2촌 이내의 친족이 공동으로 임차인의 권리와 의무를 승계한다.

③ 제1항과 제2항의 경우에 임차인이 사망한 후 1개월 이내에 임대인에게 제1항과 제2항에 따른 승계 대상자가 반대의사를 표시한 경우에는 그러하지 아니하다.

④ 제1항과 제2항의 경우에 임대차 관계에서 생긴 채권·채무는 임차인의 권리 의무를 승계한 자에게 귀속된다.

제10조 【강행규정】 이 법에 위반된 약정(約定)으로서 임차인에게 불리한 것은 그 효력이 없다.

제11조 【일시사용을 위한 임대차】 이 법은 일시사용하기 위한 임대차임이 명백한 경우에는 적용하지 아니한다.

제12조 【미등기 전세에의 준용】 주택의 등기를 하지 아니한 전세계약에 관하여는 이 법을 준용한다. 이 경우 "전세금"은 "임대차의 보증금"으로 본다.

제13조 【「소액사건심판법」의 준용】 임차인이 임대인에 대하여 제기하는 보증금반환청구소송에 관하여는 「소액사건심판법」 제6조, 제7조, 제10조 및 제11조의2를 준용한다.

[부 칙] 〈제3379호, 1981. 3. 5〉

① (시행일) 이 법은 공포한 날로부터 시행한다.

② (경과조치) 이 법은 이 법 시행 후 체결되거나 갱신된 임대차에 이를 적용한다. 다만, 제3조의 규정은 이 법 시행 당시 존속중인 임대차에 대하여도 이를 적용하되 이 법 시행 전에 물권을 취득한 제3자에 대하여는 그 효력이 없다.

[부 칙] 〈제3682호, 1983. 12. 30〉

① (시행일) 이 법은 1984년 1월 1일부터 시행한다.

② (경과조치의 원칙) 이 법은 특별한 규정이 있는 경우를 제외하고는 이 법 시행 전에 생긴 사항에 대하여도 이를 적용한다. 그러나 종전의 규정에 의하여 생긴 효력에는 영향을 미치지 아니한다.

③ (차임 등의 증액청구에 관한 경과조치) 제7조 단서의 개정규정은 이 법 시행 전에 차임 등의 증액청구가 있은 경우에는 이를 적용하지 아니한다.

④ (소액보증금의 보호에 관한 경과조치) 제8조의 개정규정은 이 법 시행 전에 임차주택에 대하여 담보물권을 취득한 자에 대하여는 이를 적용하지 아니한다.

[부 칙] 〈제4188호, 1989. 12. 30〉

① (시행일) 이 법은 공포한 날부터 시행한다.

② (존속중인 임대차에 관한 경과조치) 이 법은 특별한 규정이 있는 경우를 제외하고는 이 법 시행 당시에 존속중인 임대차에 대하여도 이를 적용한다.

③ (담보물권자에 대한 경과조치) 이 법 시행 전에 임차주택에 대하여 담보물권을 취득한 자에 대하여는 종전의 규정에 의한다.

④ (임대차기간에 대한 경과조치) 이 법 시행 당시 존속중인 임대차의 기간에 대하여는 종전의 규정에 의한다.

⑤ (소액보증금에 관한 경과조치) 이 법 시행 당시 종전의 제8조의 규정에 의한 소액보증금에 해당하는 경우에는 종전의 규정에 의한다.

[부 칙] 〈제5454호, 1997. 12. 13, 정부부처명칭등의변경에따른…법률〉

이 법은 1998년 1월 1일부터 시행한다. 〈단서 생략〉

[부 칙] 〈제5641호, 1999. 1. 21〉

① (시행일) 이 법은 1999년 3월 1일부터 시행한다.

② (존속중인 임대차에 관한 경과조치) 이 법은 특별한 규정이 있는 경우를 제외하고는 이 법 시행당시 존속중인 임대차에 대하여도 이를 적용한다.

③ (임대차등기에 관한 경과조치) 제3조의4의 개정규정은 이 법 시행 전에 이미 경료된 임대차등기에 대하여는 이를 적용하지 아니한다.

[부 칙] 〈제6541호, 2001. 12. 29〉

이 법은 공포 후 6월이 경과한 날부터 시행한다.

[부 칙] 〈제6627호, 2002. 1. 26, 민사집행법〉

제1조(시행일) 이 법은 2002년 7월 1일부터 시행한다.

제2조 내지 제5조 〈생략〉

제6조(다른 법률의 개정) 42 주택임대차보호법 중 다음과 같이 개정한다.

제3조의2 제1항 중 "채무명의"를 "집행권원"으로, "民事訴訟法 第491條의2"를 "민사집행법 제41조"로 하고, 같은 조 제2항 중 "民事訴訟法"을 "민사집행법"으로 하며, 같은 조 제5항 중 "民事訴訟法 第590條 내지 第597條"를 "민사집행법 제152조 내지 제161조"로 한다.

제3조의3 제3항 중 "民事訴訟法 第700條 第1項, 第701條, 第703條, 第704條, 第706條 第1項·第3項·第4項 前段, 第707條, 第710條"를 "민사집행법 제280조 제1항, 제281조, 제283조, 제285조, 제286조, 제288조 제1항·제2항·제3항 전단, 제289조 제1항 내지 제4항, 제290조 제2항 중 제288조 제1항에 대한 부분, 제291조, 제293조"로 한다.

제3조의5 본문 중 "民事訴訟法"을 "민사집행법"으로 한다.

[부 칙] 〈제7358호, 2005. 1. 27, 민사집행법〉

제1조(시행일) 이 법은 공포 후 6월이 경과한 날부터 시행한다.

제2조 〈생략〉

제3조(다른 법률의 개정) ② 주택임대차보호법 중 다음과 같이 개정한다.

제3조의3 제3항 전단 중 "민사집행법 제280조 제1항, 제281조, 제283조, 제285조, 제286조, 제288조 제1항·제2항·제3항 전단, 제289조 제1항 내지 제4항"을 "민사집행법 제280조 제1항, 제281조, 제283조, 제285조, 제286조, 제288조 제1항·제2항 본문, 제289조"로 한다.

[부 칙] 〈제8583호, 2007. 8. 3〉

이 법은 공포 후 3개월이 경과한 날부터 시행한다.

[부 칙] 〈제8923호, 2008. 3. 21〉

이 법은 공포한 날부터 시행한다.

○ 주택임대차보호법 시행령

제정 1984. 6. 14. 대통령령 제11441호
개정 1987. 12. 1. 대통령령 제12283호
1990. 2. 19. 대통령령 제12930호
1995. 10. 19. 대통령령 제14785호
2001. 9. 15. 대통령령 제17360호
2002. 6. 19. 대통령령 제17627호
2007. 10. 23. 대통령령 제20334호
2008. 8. 21. 대통령령 제20971호

제1조 【목 적】 이 영은 「주택임대차보호법」에서 위임된 사항과 그 시행에 관하여 필요한 사항을 정함을 목적으로 한다.

제1조의2 【대항력이 인정되는 법인】 「주택임대차보호법」(이하 "법"이라 한다) 제3조제2항 후단에서 "대항력이 인정되는 법인"이란 다음 각 호의 법인을 말한다.

1. 「대한주택공사법」에 따른 대한주택공사

2. 「지방공기업법」 제49조에 따라 주택사업을 목적으로 설립된 지방공사

제2조 【차임 등 증액청구의 기준 등】 ① 법 제7조에 따른 차임이나 보증금(이하 "차임 등"이라 한다)의 증액청구는 약정한 차임 등의 20분의 1의 금액을 초과하지 못한다.

② 제1항에 따른 증액청구는 임대차계약 또는 약정한 차임 등의 증액이 있은 후 1년 이내에는 하지 못한다.

제2조의2 【월차임 전환시 산정률】 법 제7조의2에서 "대통령령으로 정하는 비율"이란 연 1할 4푼을 말한다.

제3조 【보증금 중 일정액의 범위 등】 ① 법 제8조에 따라 우선변제를 받을 보증금 중 일정액의 범위는 다음 각 호의 구분에 의한 금액 이하로 한다.

1. 「수도권정비계획법」에 따른 수도권 중 과밀억제권역 : 2천만원

2. 광역시(군지역과 인천광역시 지역은 제외한다) : 1천700만원

3. 그 밖의 지역 : 1천400만원

② 임차인의 보증금 중 일정액이 주택가액의 2분의 1을 초과하는 경우에는 주택가액의 2분의 1에 해당하는 금액까지만 우선변제권이 있다.

③ 하나의 주택에 임차인이 2명 이상이고, 그 각 보증금 중 일정액을 모두 합한 금액이 주택가액의 2분의 1을 초과하는 경우에는 그 각 보증금 중 일정액을 모두 합한 금액에 대한 각 임차인의 보증금 중 일정액의 비율로 그 주택가액의 2분의 1에 해당하는 금액을 분할한 금액을 각 임차인의 보증금 중 일정액으로 본다.

④ 하나의 주택에 임차인이 2명 이상이고 이들이 그 주택에서 가정공동생활을 하는 경우에는 이들을 1명의 임차인으로 보아 이들의 각 보증금을 합산한다.

제4조 【우선변제를 받을 임차인의 범위】 법 제8조에 따라 우선변제를 받을 임차인은 보증금이 다음 각 호의 구분에 의한 금액 이하인 임차인으로 한다.

1. 「수도권정비계획법」에 따른 수도권 중 과밀억제권역 : 6천만원

2. 광역시(군지역과 인천광역시 지역은 제외한다) : 5천만원

3. 그 밖의 지역 : 4천만원

[부 칙] 〈제11441호, 1984. 6. 14〉

이 영은 공포한 날로부터 시행한다.

[부 칙] 〈제12283호, 1987. 12. 1〉

① (시행일) 이 영은 공포한 날로부터 시행한다.

② (소액보증금의 범위변경에 따른 경과조치) 이 영 시행전에 임차주택에 대하여 담보물권을 취득한 자에 대하여는 종전의 규정을 적용한다.

[부 칙] 〈제12930호, 1990. 2. 19〉

이 영은 공포한 날부터 시행한다.

[부 칙] 〈제14785호, 1995. 10. 19〉

① (시행일) 이 영은 공포한 날부터 시행한다.

② (경과조치) 이 영 시행전에 임차주택에 대하여 담보물권을 취득한 자에 대하여는 종전의 규정에 의한다.

[부 칙] 〈제17360호, 2001. 9. 15〉

① (시행일) 이 영은 공포한 날부터 시행한다.

② (경과조치) 이 영 시행전에 임차주택에 대하여 담보물권을 취득한 자에 대하여는 종전의 규정에 의한다.

[부 칙] 〈제17627호, 2002. 6. 19〉

이 영은 2002년 6월 30일부터 시행한다.

[부 칙] 〈제20334호, 2007. 10. 23〉

이 영은 2007년 11월 4일부터 시행한다.

[부 칙] 〈제20971호, 2008. 8. 21〉

제1조 (시행일) 이 영은 공포한 날부터 시행한다.

제2조 (경과조치) 이 영 시행 전에 임차주택에 대하여 담보물권을 취득한 자에 대하여는 종전의 규정에 따른다.

○ 상가건물임대차보호법

제정 2001. 12. 29. 법률 제6542호
개정 2002. 8. 26. 법률 제6718호
2005. 1. 27. 법률 제7358호

제1조 【목적】 이 법은 상가건물 임대차에 관하여 민법에 대한 특례를 규정함으로써 국민 경제생활의 안정을 보장함을 목적으로 한다.

제2조 【적용범위】 ① 이 법은 상가건물(제3조제1항의 규정에 의한 사업자등록의 대상이 되는 건물을 말한다)의 임대차(임대차 목적물의 주된 부분을 영업용으로 사용하는 경우를 포함한다)에 대하여 적용한다. 다만, 대통령령이 정하는 보증금액을 초과하는 임대차에 대하여는 그러하지 아니하다.

② 제1항 단서의 규정에 의한 보증금액을 정함에 있어서는 당해 지역의 경제여건 및 임대차 목적물의 규모 등을 감안하여 지역별로 구분하여 규정하되, 보증금외에 차임이 있는 경우에는 그 차임액에 은행법에 의한 금융기관의 대출금리 등을 감안하여 대통령령이 정하는 비율을 곱하여 환산한 금액을 포함하여야 한다.

제3조 【대항력 등】 ① 임대차는 그 등기가 없는 경우에도 임차인이 건물의 인도와 부가가치세법 제5조, 소득세법 제168조 또는 법인세법 제111조의 규정에 의한 사업자등록을 신청한 때에는 그 다음 날부터 제3자에 대하여 효력이 생긴다.

② 임차건물의 양수인(그 밖에 임대할 권리를 승계한 자를 포함한다)은 임대인의 지위를 승계한 것으로 본다.

③ 민법 제575조제1항·제3항 및 제578조의 규정은 이 법에 의하여 임대차의 목적이 된 건물이 매매 또는 경매의 목적물이 된 경우에 이를 준용한다.

④ 민법 제536조의 규정은 제3항의 경우에 이를 준용한다.

제4조 【등록사항 등의 열람·제공】 ① 건물의 임대차에 이해관계가 있는 자는 건물의 소재지 관할 세무서장에게 다음 각 호의 사항의 열람 또는 제공을 요청할 수 있다. 이때 관할 세무서장은 정당한 사유 없이 이를 거부할 수 없다.

1. 임대인·임차인의 성명, 주소, 주민등록번호(임대인·임차인이 법인 또는 법인아닌 단체인 경우에는 법인명 또는 단체명, 대표자, 법인등록번호, 본점·사업장소재지)

2. 건물의 소재지, 임대차 목적물 및 면적

3. 사업자등록 신청일

4. 사업자등록 신청일 당시의 보증금 및 차임, 임대차기간

5. 임대차계약서상의 확정일자를 받은 날

6. 임대차계약이 변경 또는 갱신된 경우에는 변경된 일자, 보증금 및 차임, 임대차기간, 새로운 확정일자를 받은 날

7. 그 밖에 대통령령이 정하는 사항

② 제1항의 규정에 의한 자료의 열람 및 제공과 관련하여 필요한 사항에 대하여는 대통령령으로 정한다.

제5조【보증금의 회수】 ① 임차인이 임차건물에 대하여 보증금반환청구소송의 확정판결 그 밖에 이에 준하는 집행권원에 기한 경매를 신청하는 경우에는 민사집행법 제41조의 규정에 불구하고 반대의무의 이행 또는 이행의 제공을 집행개시의 요건으로 하지 아니한다.

② 제3조제1항의 대항요건을 갖추고 관할 세무서장으로부터 임대차계약서상의 확정일자를 받은 임차인은 민사집행법에 의한 경매 또는 국세징수법에 의한 공매 시 임차건물(임대인 소유의 대지를 포함한다)의 환가대금에서 후순위권리자 그 밖의 채권자보다 우선하여 보증금을 변제받을 권리가 있다.

③ 임차인은 임차건물을 양수인에게 인도하지 아니하면 제2항의 규정에 의한 보증금을 수령할 수 없다.

④ 제2항의 규정에 의한 우선변제의 순위와 보증금에 대하여 이의가 있는 이해관계인은 경매법원 또는 체납처분청에 이의를 신청할 수 있다.

⑤ 민사집행법 제152조 내지 제161조의 규정은 제4항의 규정에 의하여 경매법원에 이의를 신청하는 경우에 이를 준용한다.

⑥ 제4항의 규정에 의하여 이의신청을 받은 체납처분청은 이해관계인이 이의신청일부터 7일 이내에 임차인을 상대로 소를 제기한 것을 증명한 때에는 당해 소송의 종결시까지 이의가 신청된 범위안에서 임차인에 대한 보증금의 변제를 유보

하고 잔여금액을 배분하여야 한다. 이 경우 유보된 보증금은 소송의 결과에 따라 배분한다.

제6조【임차권등기명령】 ① 임대차가 종료된 후 보증금을 반환받지 못한 임차인은 임차건물의 소재지를 관할하는 지방법원·지방법원지원 또는 시·군 법원에 임차권등기명령을 신청할 수 있다.

② 임차권등기명령의 신청에는 다음 각 호의 사항을 기재하여야 하며, 신청의 이유 및 임차권등기의 원인이 된 사실은 이를 소명하여야 한다.

　1. 신청의 취지 및 이유

　2. 임대차의 목적인 건물(임대차의 목적이 건물의 일부분인 경우에는 그 도면을 첨부한다)

　3. 임차권등기의 원인이 된 사실(임차인이 제3조제1항의 규정에 의한 대항력을 취득하였거나 제5조제2항의 규정에 의한 우선변제권을 취득한 경우에는 그 사실)

　4. 그 밖에 대법원규칙이 정하는 사항

③ 민사집행법 제280조제1항, 제281조, 제283조, 제285조, 제286조, 제288조제1항·제2항 본문, 제289조, 제290조제2항중 제288조제1항에 대한 부분, 제291조, 제293조의 규정은 임차권등기명령의 신청에 대한 재판, 임차권등기명령의 결정에 대한 임대인의 이의신청 및 그에 대한 재판, 임차권등기명령의 취소신청 및 그에 대한 재판 또는 임차권등기명령의 집행 등에 관하여 이를 준용한다. 이 경우 "가압류"는 "임차권등기"로, "채권자"는 "임차인"으로, "채무자"는 "임대인"으로 본다.

④ 임차권등기명령신청을 기각하는 결정에 대하여 임차인은 항고할 수 있다.

⑤ 임차권등기명령의 집행에 의한 임차권등기가 경료되면 임차인은 제3조제1항의 규정에 의한 대항력 및 제5조제2항의 규정에 의한 우선변제권을 취득한다. 다만, 임차인이 임차권등기 이전에 이미 대항력 또는 우선변제권을 취득한 경우에는 그 대항력 또는 우선변제권이 그대로 유지되며, 임차권등기 이후에는 제3조제1항의 대항요건을 상실하더라도 이미 취득한 대항력 또는 우선변제권을 상실하지 아니한다.

⑥ 임차권등기명령의 집행에 의한 임차권등기가 경료된 건물(임대차의 목적이

건물의 일부분인 경우에는 해당 부분에 한한다)을 그 이후에 임차한 임차인은 제14조의 규정에 의한 우선변제를 받을 권리가 없다.

⑦ 임차권등기의 촉탁, 등기관의 임차권등기 기입 등 임차권등기명령의 시행에 관하여 필요한 사항은 대법원규칙으로 정한다.

⑧ 임차인은 제1항의 규정에 의한 임차권등기명령의 신청 및 그에 따른 임차권등기와 관련하여 소요된 비용을 임대인에게 청구할 수 있다.

제7조 【민법의 규정에 의한 임대차등기의 효력 등】 ① 제6조제5항 및 제6항의 규정은 민법 제621조의 규정에 의한 건물임대차등기의 효력에 관하여 이를 준용한다.

② 임차인이 대항력 또는 우선변제권을 갖추고 민법 제621조제1항의 규정에 의하여 임대인의 협력을 얻어 임대차등기를 신청하는 경우에는 신청서에 부동산등기법 제156조에 규정된 사항 외에 다음 각 호의 사항을 기재하여야 하며, 이를 증명할 수 있는 서면(임대차의 목적이 건물의 일부분인 경우에는 해당부분의 도면을 포함한다)을 첨부하여야 한다.

1. 사업자등록을 신청한 날
2. 임차건물을 점유한 날
3. 임대차계약서상의 확정일자를 받은 날

제8조 【경매에 의한 임차권의 소멸】 임차권은 임차건물에 대하여 민사집행법에 의한 경매가 행하여진 경우에는 그 임차건물의 경락에 의하여 소멸한다. 다만, 보증금이 전액 변제되지 아니한 대항력이 있는 임차권은 그러하지 아니하다.

제9조 【임대차기간 등】 ① 기간의 정함이 없거나 기간을 1년 미만으로 정한 임대차는 그 기간을 1년으로 본다. 다만, 임차인은 1년 미만으로 정한 기간이 유효함을 주장할 수 있다.

② 임대차가 종료한 경우에도 임차인이 보증금을 반환받을 때까지는 임대차 관계는 존속하는 것으로 본다.

제10조 【계약갱신 요구등】 ① 임대인은 임차인이 임대차기간 만료전 6월부터 1월까지 사이에 행하는 계약갱신 요구에 대하여 정당한 사유 없이 이를 거절하지 못한다. 다만, 다음 각 호의 1의 경우에는 그러하지 아니하다.

1. 임차인이 3기의 차임액에 달하도록 차임을 연체한 사실이 있는 경우
2. 임차인이 거짓 그 밖의 부정한 방법으로 임차한 경우

3. 쌍방 합의하에 임대인이 임차인에게 상당한 보상을 제공한 경우

4. 임차인이 임대인의 동의 없이 목적 건물의 전부 또는 일부를 전대한 경우

5. 임차인이 임차한 건물의 전부 또는 일부를 고의 또는 중대한 과실로 파손한 경우

6. 임차한 건물의 전부 또는 일부가 멸실되어 임대차의 목적을 달성하지 못할 경우

7. 임대인이 목적 건물의 전부 또는 대부분을 철거하거나 재건축하기 위해 목적 건물의 점유 회복이 필요한 경우

8. 그 밖에 임차인이 임차인으로서의 의무를 현저히 위반하거나 임대차를 존속하기 어려운 중대한 사유가 있는 경우

② 임차인의 계약갱신요구권은 최초의 임대차 기간을 포함한 전체 임대차 기간이 5년을 초과하지 않는 범위 내에서만 행사할 수 있다.

③ 갱신되는 임대차는 전 임대차와 동일한 조건으로 다시 계약된 것으로 본다. 다만, 차임과 보증금은 제11조의 규정에 의한 범위 안에서 증감할 수 있다.

④ 임대인이 제1항의 기간 이내에 임차인에 대하여 갱신거절의 통지 또는 조건의 변경에 대한 통지를 하지 아니한 경우에는 그 기간이 만료된 때에 전임대차와 동일한 조건으로 다시 임대차한 것으로 본다. 이 경우에 임대차의 존속기간은 정함이 없는 것으로 본다.

⑤ 제4항의 경우 임차인은 언제든지 임대인에 대하여 계약해지의 통고를 할 수 있고, 임대인이 그 통고를 받은 날부터 3월이 경과하면 그 효력이 발생한다.

제11조【차임 등의 증감청구권】① 차임 또는 보증금이 임차건물에 관한 조세, 공과금 그 밖의 부담의 증감이나 경제사정의 변동으로 인하여 상당하지 아니하게 된 때에는 당사자는 장래에 대하여 그 증감을 청구할 수 있다. 그러나 증액의 경우에는 대통령령이 정하는 기준에 따른 비율을 초과하지 못한다.

② 제1항의 규정에 의한 증액청구는 임대차계약 또는 약정한 차임 등의 증액이 있은 후 1년 이내에는 이를 하지 못한다.

제12조【월차임 전환시 산정률의 제한】보증금의 전부 또는 일부를 월 단위의 차임으로 전환하는 경우에는 그 전환되는 금액에 은행법에 의한 금융기관에서 적용하는 대출금리 및 당해 지역의 경제여건 등을 감안하여 대통령령이 정하는 비율을 곱한 월차임

의 범위를 초과할 수 없다.

제13조 【전대차관계에 대한 적용 등】 ① 제10조 내지 제12조의 규정은 전대인과 전차인
의 전대차관계에 적용한다.

② 임대인의 동의를 받고 전대차계약을 체결한 전차인은 임차인의 계약갱신요구권
행사기간 범위내에서 임차인을 대위하여 임대인에게 계약갱신요구권을 행사할 수 있
다.

제14조 【보증금중 일정액의 보호】 ① 임차인은 보증금중 일정액을 다른 담보물권자보
다 우선하여 변제받을 권리가 있다. 이 경우 임차인은 건물에 대한 경매신청의 등기
전에 제3조제1항의 요건을 갖추어야 한다.

② 제5조제4항 내지 제6항의 규정은 제1항의 경우에 이를 준용한다.

③ 제1항의 규정에 의하여 우선변제를 받을 임차인 및 보증금 중 일정액의 범위
와 기준은 임대건물가액(임대인 소유의 대지 가액을 포함한다)의 3분의 1의 범위
안에서 당해 지역의 경제여건, 보증금 및 차임 등을 고려하여 대통령령으로 정한
다.

제15조 【강행규정】 이 법의 규정에 위반된 약정으로서 임차인에게 불리한 것은 그 효력
이 없다.

제16조 【일시사용을 위한 임대차】 이 법은 일시사용을 위한 임대차임이 명백한 경우에
는 이를 적용하지 아니한다.

제17조 【미등기전세에의 준용】 이 법은 목적건물의 등기하지 아니한 전세계약에 관하
여 이를 준용한다. 이 경우 "전세금"은 "임대차의 보증금"으로 본다.

제18조 【소액사건심판법의 준용】 소액사건심판법 제6조·제7조·제10조 및 제11조의
2의 규정은 임차인이 임대인에 대하여 제기하는 보증금반환청구소송에 관하여 이를
준용한다.

　　　〔부 칙〕〈제6542호, 2001.12.29〉

① (시행일) 이 법은 2002년 11월 1일부터 시행한다. 〈개정 2002.8.26〉

② (적용례) 이 법은 이 법 시행후 체결되거나 갱신된 임대차부터 적용한다. 다만,
제3조·제5조 및 제14조의 규정은 이 법 시행당시 존속중인 임대차에 대하여도
이를 적용하되, 이 법 시행 전에 물권을 취득한 제3자에 대하여는 그 효력이 없
다.

③ (기존 임차인의 확정일자 신청에 대한 경과조치) 이 법 시행당시의 임차인으로서 제5조의 규정에 의한 보증금 우선변제의 보호를 받고자 하는 자는 이 법 시행 전에 대통령령이 정하는 바에 따라 건물의 소재지 관할 세무서장에게 임대차계약서상의 확정일자를 신청할 수 있다.

〔**부 칙**〕〈제6718호, 2002.8.26〉

이 법은 공포한 날부터 시행한다.

〔**부 칙(민사집행법)**〕〈제7358호, 2005.1.27〉

제1조(시행일) 이 법은 공포 후 6월이 경과한 날부터 시행한다.

제2조 〈생략〉

제3조(다른 법률의 개정) ① 상가건물임대차보호법중 다음과 같이 개정한다.

제6조제3항 전단중 "민사집행법 제280조제1항, 제281조, 제283조, 제285조, 제286조, 제288조제1항·제2항·제3항 본문, 제289조제1항 내지 제4항"을 "민사집행법 제280조제1항, 제281조, 제283조, 제285조, 제286조, 제288조제1항·제2항 본문, 제289조"로 한다.

② 및 ③생략

○ 상가건물임대차보호법 시행령

제정 2002. 10. 14. 대통령령 제17757호
개정 2006. 6. 12. 대통령령 제19507호
2008. 8. 21. 대통령령 제20970호

제1조 【목 적】 이 영은 「상가건물임대차보호법」에서 위임된 사항과 그 시행에 관하여 필요한 사항을 정하는 것을 목적으로 한다.

제2조 【적용범위】 ① 「상가건물임대차보호법」(이하 "법"이라 한다) 제2조제1항 단서에서 "대통령령이 정하는 보증금액"이라 함은 다음 각 호의 구분에 의한 금액을 말한다.

　　1. 서울특별시 : 2억6천만원

　　2. 「수도권정비계획법」에 따른 수도권 중 과밀억제권역(서울특별시를 제외한다) : 2억1천만원

　　3. 광역시(군지역과 인천광역시지역을 제외한다) : 1억6천만원

　　4. 그 밖의 지역 : 1억5천만원

② 법 제2조제2항의 규정에 의하여 보증금외에 차임이 있는 경우의 차임액은 월 단위의 차임액으로 한다.

③법 제2조제2항에서 "대통령령이 정하는 비율"이라 함은 1분의 100을 말한다.

제3조 【등록사항 등의 열람 · 제공】 ① 상가건물의 임대차에 이해관계가 있는 자는 법 제4조제1항의 규정에 의하여 등록사항 등의 열람 또는 제공을 요청하는 때에는 별지 제1호서식에 의한 요청서에 이해관계가 있는 자임을 입증할 수 있는 서류를 첨부하여 당해 건물의 소재지를 관할하는 세무서장에게 제출하여야 한다.

② 법 제4조제1항의 규정에 의한 등록사항 등의 열람 또는 제공은 사업자등록신청서 · 사업자등록정정신고서 및 그 첨부서류와 확정일자를 기재한 장부 중 열람을 요청한 사항을 열람하게 하거나, 별지 제2호서식에 의한 현황서나 건물도면의 등본을 교부하는 방법에 의한다.

③ 법 제4조제1항의 규정에 의한 등록사항 등의 열람 또는 제공은 전자적 방법에 의할 수 있다.

④ 법 제4조제1항제7호에서 "그 밖에 대통령령이 정하는 사항"이라 함은 임대차의 목적이 건물의 일부분인 경우 그 부분의 도면을 말한다.

제4조【차임 등 증액청구의 기준】법 제11조제1항의 규정에 의한 차임 또는 보증금의 증액청구는 청구당시의 차임 또는 보증금의 100분의 9의 금액을 초과하지 못한다.

제5조【월차임 전환시 산정률】법 제12조에서 "대통령령이 정하는 비율"이라 함은 연 1할5푼을 말한다.

제6조【우선변제를 받을 임차인의 범위】법 제14조의 규정에 의하여 우선변제를 받을 임차인은 보증금과 차임이 있는 경우 법 제2조제2항의 규정에 의하여 환산한 금액의 합계가 다음 각 호의 구분에 의한 금액 이하인 임차인으로 한다.

    1. 서울특별시 : 4천500만원

    2. 「수도권정비계획법」에 의한 수도권 중 과밀억제권역(서울특별시를 제외한다) : 3천900만원

    3. 광역시(군지역과 인천광역시지역을 제외한다) : 3천만원

    4. 그 밖의 지역 : 2천500만원

제7조【우선변제를 받을 보증금의 범위 등】① 법 제14조의 규정에 의하여 우선변제를 받을 보증금중 일정액의 범위는 다음 각 호의 구분에 의한 금액 이하로 한다.

    1. 서울특별시 : 1천350만원

    2. 「수도권정비계획법」에 의한 수도권 중 과밀억제권역(서울특별시를 제외한다) : 1천170만원

    3. 광역시(군지역과 인천광역시지역을 제외한다) : 900만원

    4. 그 밖의 지역 : 750만원

② 임차인의 보증금중 일정액이 상가건물의 가액의 3분의 1을 초과하는 경우에는 상가건물의 가액의 3분의 1에 해당하는 금액에 한하여 우선변제권이 있다.

③ 하나의 상가건물에 임차인이 2인 이상이고, 그 각 보증금중 일정액의 합산액이 상가건물의 가액의 3분의 1을 초과하는 경우에는 그 각 보증금중 일정액의 합산액에 대한 각 임차인의 보증금중 일정액의 비율로 그 상가건물의 가액의 3분의 1에 해당하는 금액을 분할한 금액을 각 임차인의 보증금중 일정액으로 본다.

〔**부 칙**〕〈제17757호, 2002.10.14〉

① (시행일) 이 영은 2002년 11월 1일부터 시행한다.

② (기존 임차인의 확정일자 신청에 대한 경과조치) 이 영 공포 후 법 부칙 제3항의 규정에 의하여 임대차계약서상의 확정일자를 신청하고자 하는 자는 임대차계약서와 함께 사업자등록증을 제시하여야 한다.

〔**부 칙(행정정보의 공동이용 ┄┄ 일부개정령)**〕〈제19507호, 2006.6.12〉

이 영은 공포한 날부터 시행한다.

〔**부 칙**〕〈제20970호, 2008.8.21〉

제1조 (시행일) 이 영은 공포한 날부터 시행한다.

제2조 (경과조치) 이 영 시행당시 존속 중인 상가임대차계약에 대하여는 종전의 규정에 따른다. 다만 제4조의 개정규정은 그러하지 아니하다.

○ 임차권등기명령 절차에 관한 규칙

제정 1999. 2. 27. 대법원규칙 제1592호
개정 2002. 6. 28. 대법원규칙 제1781호
개정 2002. 10. 30. 대법원규칙 제1797호
개정 2007. 10. 30. 대법원규칙 제2105호

제1조 【목적】 이 규칙은 주택임대차보호법과 상가건물임대차보호법이 임차권등기명령절차의 시행에 관하여 대법원규칙에 위임한 사항 및 기타 주택임대차보호법과 상가건물임대차보호법의 시행에 필요한 사항을 규정함을 목적으로 한다.

제2조 【임차권등기명령신청서의 기재사항 등】 ① 임차권등기명령신청서에는 다음 각 호의 사항을 기재하고 임차인 또는 대리인이 기명날인 또는 서명하여야 한다.

　1. 사건의 표시

　2. 임차인과 임대인의 성명, 주소, 임차인의 주민등록번호(임차인이나 임대인이 법인 또는 법인 아닌 단체인 경우에는 법인명 또는 단체명, 대표자, 법인등록번호, 본점·사업장소재지)

　3. 대리인에 의하여 신청할 때에는 그 성명과 주소

　4. 임대차의 목적인 주택 또는 건물의 표시(임대차의 목적이 주택 또는 건물의 일부인 경우에는 그 목적인 부분을 표시한 도면을 첨부한다)

　5. 반환받지 못한 임차보증금액 및 차임(주택임대차보호법 제12조 또는 상가건물임대차보호법 제17조의 등기하지 아니한 전세계약의 경우에는 전세금)

　6. 신청의 취지와 이유

　7. 첨부서류의 표시

　8. 연월일

　9. 법원의 표시

② 신청이유에는 임대차계약의 체결 사실 및 계약내용과 그 계약이 종료한 원인 사실을 기재하고, 임차인이 신청 당시에 이미 주택임대차보호법 제3조 제1항 또

는 제2항의 규정에 따른 대항력을 취득한 경우에는 임차주택을 점유하기 시작한 날과 주민등록을 마친 날(제3조 제2항의 규정에 따른 대항력을 취득한 경우에는 지방자치단체장 또는 해당 법인이 선정한 입주자가 그 주택을 점유하기 시작한 날과 주민등록을 마친 날을 말한다. 이하 같다)을, 제3조의2 제2항의 규정에 의한 우선변제권을 취득한 경우에는 임차주택을 점유하기 시작한 날, 주민등록을 마친 날과 임대차계약증서(제3조 제2항의 경우에는 법인과 임대인 사이의 임대차계약 증서를 말한다. 이하 같다)상의 확정일자를 받은 날을, 상가건물임대차보호법 제3조 제1항의 규정에 의한 대항력을 취득한 경우에는 임차건물을 점유하기 시작한 날과 사업자등록을 신청한 날을, 제5조 제2항의 규정에 의한 우선변제권을 취득한 경우에는 임차건물을 점유하기 시작한 날, 사업자등록을 신청한 날과 임대차계약서상의 확정일자를 받은 날을 각 기재하여야 한다.

③ 임차권등기명령신청서에는 2,000원의 인지를 붙여야 한다.

제3조【임차권등기명령신청서의 첨부서류】 임차권등기명령신청서에는 다음 각호의 서류를 첨부하여야 한다.

1. 임대인의 소유로 등기된 주택 또는 건물에 대하여는 등기부등본

2. 임대인의 소유로 등기되지 아니한 주택 또는 건물에 대하여는 즉시 임대인의 명의로 소유권보존등기를 할 수 있음을 증명할 서면

3. 주택임차권등기명령신청의 경우에는 임대차계약증서, 상가건물임차권등기명령신청의 경우에는 임대차계약서

4. 임차인이 신청 당시에 이미 주택임대차보호법 제3조 제1항 또는 제2항의 규정에 따른 대항력을 취득한 경우에는 임차주택을 점유하기 시작한 날과 주민등록을 마친 날을 소명하는 서류, 제3조의2 제2항의 규정에 의한 우선변제권을 취득한 경우에는 임차주택을 점유하기 시작한 날과 주민등록을 마친 날을 소명하는 서류 및 공정증서로 작성되거나 확정일자가 찍혀있는 임대차계약증서, 상가건물임대차보호법 제3조 제1항의 규정에 의한 대항력을 취득한 경우에는 임차건물을 점유하기 시작한 날과 사업자등록을 신청한 날을 소명하는 서류, 제5조 제2항의 규정에 의한 우선변제권을 취득한 경우에는 임차건물을 점유하기 시작한 날과 사업자등록을 신청한 날을 소명하는 서류 및 관할 세무서장의 확정일자가 찍혀있는 임대차계약서

5. 주택임차권등기명령신청의 경우 임대차목적물에 관한 등기부상의 용도가 주거시설이 아닌 경우에는 임대차계약체결시부터 현재까지 주거용으로 사용하고 있음을 증명하는 서류, 상가건물임차권등기명령신청의 경우 임대차 목적물의 일부를 영업용으로 사용하지 아니하는 경우에는 임대차계약체결 시부터 현재까지 그 주된 부분을 영업용으로 사용하고 있음을 증명하는 서류

제4조 【임차권등기명령의 효력발생시기 등】 임차권등기명령은 판결에 의한 때에는 선고를 한 때에, 결정에 의한 때에는 상당한 방법으로 임대인에게 고지를 한 때에 그 효력이 발생한다.

제5조 【임차권등기의 촉탁】 법원사무관등은 임차권등기명령의 효력이 발생하면 지체없이 촉탁서에 재판서 등본을 첨부하여 등기관에게 임차권등기의 기입을 촉탁하여야 한다.

제6조 【임차권등기의 기재사항】 등기관은 제5조의 규정에 의한 법원사무관 등의 촉탁에 의하여 임차권등기를 하는 경우에 주택임차권등기는 임대차계약을 체결한 날 및 임차보증금액(주택임대차보호법 제3조 제2항의 경우에는 법인과 임대인 사이에 각 임대차계약을 체결한 날 및 임차보증금액을 말한다), 임차주택을 점유하기 시작한 날, 주민등록을 마친 날, 임대차계약중서상의 확정일자를 받은 날을 기재하고, 등기의 목적을 주택임차권이라고 기재하며, 상가건물임차권등기는 임대차계약을 체결한 날, 임차보증금액, 임차건물을 점유하기 시작한 날, 사업자등록을 신청한 날, 임대차 계약서상의 확정일자를 받은 날을 기재하고, 등기의 목적을 상가건물임차권이라고 기재하여야 한다. 이 경우 차임의 약정이 있는 때에는 이를 기재하여야 한다.

제7조 【등기필증의 송부】 등기관은 제5조의 규정에 의한 법원사무관등의 촉탁에 의하여 임차권등기의 기입을 마친 후에 등기필증을 작성하여 촉탁법원에 송부하여야 한다.

제8조 【민사소송법의 준용】 주택임대차보호법 제3조의3 제4항 및 상가건물임대차보호법 제6조 제4항의 규정에 의한 항고에 대하여는 민사소송법 제3편 제3장의 항고에 관한 규정을 준용한다.

[부 칙] 〈1999. 2. 27〉

이 규칙은 1999. 3. 1.부터 시행한다.

[부 칙] 〈2002. 6. 28〉

이 규칙은 2002. 7. 1.부터 시행한다.

[부 칙] 〈2002. 10. 30〉

① (시행일) 이 규칙은 2002. 11. 1.부터 시행한다.

② (적용례) 이 규칙은 이 규칙 시행후 체결되거나 갱신된 임대차부터 적용한다.

[부 칙] 〈2007. 10. 30〉

이 규칙은 2007. 11. 4.부터 시행한다.

○ 임차권등기에 관한 업무처리지침

제정 2002. 11. 01. 등기예규 제1059호
제정 2007. 10. 24. 등기예규 제1213호

1. 목적

이 예규는 당사자의 신청에 의한 임차권설정등기, 임차권등기명령을 원인으로 한 임차권등기, 임차권이전 및 임차물전대의 등기에 관한 사항을 규정함을 목적으로 한다.

2. 당사자의 신청에 의한 임차권설정등기

가. 신청서의 기재사항

1) 「민법」 제621조에 의한 임차권설정등기(이하 "임차권설정등기"라 한다)의 경우

신청서에 「부동산등기법」 제156조 제1항에서 정한 사항을 기재하여야 하나, 차임을 정하지 아니하고 보증금의 지급만을 내용으로 하는 임대차 즉 "채권적 전세"의 경우에는 차임을 기재하지 아니한다. 임차권의 목적이 토지 또는 건물의 일부인 때에는 임차권의 범위를 특정하여 기재하여야 한다.

2) 「주택임대차보호법」 제3조의4에 의한 주택임차권설정등기(이하 "주택임차권설정등기"라 한다)의 경우

주택임차인이 「주택임대차보호법」 제3조의4 제2항의 규정에 의하여 임대인의 협력을 얻어 주택임차권설정등기를 신청하는 때에는, 신청서에 위 1)에서 정한 사항 이외에 주민등록을 마친 날과 임차주택을 점유하기 시작한 날(「주택임대차보호법」 제3조 제2항의 규정에 따른 대항력을 취득한 경우에는 지방자치단체장 또는 해당 법인이 선정한 입주자가 주민등록을 마친 날과 그 주택을 점유하기 시작한 날을 말한다. 이하 같다)을 기재하여야 하고, 주택임차인이 「주택임대차보호법」 제3조의2 제2항의 요건을 갖춘 때에는

임대차계약증서(「주택임대차보호법」 제3조 제2항의 경우에는 법인과 임대인 사이의 임대차계약증서를 말한다. 이하 같다)상의 확정일자를 받은 날도 기재하여야 한다.

3) 「상가건물임대차보호법」 제7조에 의한 상가건물임차권설정등기(이하 "상가건물임차권설정등기"라 한다)의 경우

상가건물임차인이 「상가건물임대차보호법」 제7조 제2항의 규정에 의하여 임대인의 협력을 얻어 상가건물임차권설정등기를 신청하는 때에는, 신청서에 위 1)에서 정한 사항 이외에 사업자등록을 신청한 날과 임차상가건물을 점유하기 시작한 날을 기재하여야 하고, 상가건물임차인이 「상가건물임대차보호법」 제5조 제2항의 요건을 갖춘 때에는 임대차계약서상의 확정일자를 받은 날도 기재하여야 한다.

나. 첨부서면

1) 신청서에 등기의무자의 인감증명 · 등기필증과 임대차계약서(임차인이 「주택임대차보호법」 제3조의2 제2항이나 「상가건물임대차보호법」 제7조 제2항에서 정한 요건을 갖춘 때에는 공정증서로 작성되거나 확정일자를 받은 임대차계약서)를 첨부하여야 하고, 임대차의 목적이 토지 또는 건물의 일부분인 때에는 지적도 또는 건물의 도면을 첨부하여야 한다.

2) 주택임차권설정등기를 신청할 때에는 위 1)에서 정한 서면 외에 임차주택을 점유하기 시작한 날을 증명하는 서면(예: 임대인이 작성한 점유사실확인서)과 주민등록을 마친 날을 증명하는 서면으로 임차인(「주택임대차보호법」 제3조 제2항의 경우에는 지방자치단체장 또는 해당 법인이 선정한 입주자를 말한다)의 주민등록등(초)본을 첨부하여야 한다.

3) 상가건물임차권설정등기를 신청할 때에는 위 1)에서 정한 서면 외에 임차상가건물을 점유하기 시작한 날을 증명하는 서면(예: 임대인이 작성한 점유사실확인서)과 사업자등록을 신청한 날을 증명하는 서면을 첨부하여야 한다.

3. 임차권등기명령을 원인으로 한 임차권등기

가. 임차권등기명령에 의한 주택임차권등기(이하 "주택임차권등기"라 한다)를 하는 경우에는 임대차계약을 체결한 날 및 임차보증금액(「주택임대차보호

법」 제3조 제2항의 경우에는 법인과 임대인 사이에 임대차계약을 체결한 날 및 임차보증금액을 말한다), 임차주택을 점유하기 시작한 날, 주민등록을 마친 날, 임대차계약증서상의 확정일자를 받은 날을 등기부에 기재하고, 등기의 목적을 "주택임차권"이라고 하여야 한다. 이 경우 차임의 약정이 있는 때에는 이를 기재한다.

나. 임차권등기명령에 의한 상가건물임차권등기(이하 "상가건물임차권등기"라 한다)를 하는 경우에는 임대차계약을 체결한 날, 임차보증금액, 임차상가건물을 점유하기 시작한 날, 사업자등록을 신청한 날, 임대차계약서상의 확정일자를 받은 날을 등기부에 기재하고, 등기의 목적을 "상가건물임차권"이라고 하여야 한다. 이 경우 차임의 약정이 있는 때에는 이를 기재한다.

다. 미등기 주택이나 상가건물에 대하여 임차권등기명령에 의한 등기촉탁이 있는 경우에는 등기관은 「부동산등기법」 제134조의 규정에 의하여 직권으로 소유권보존등기를 한 후 주택임차권등기나 상가건물임차권등기를 하여야 한다.

4. 임차권이전 및 임차물전대의 등기

임대차의 존속기간이 만료된 경우와 주택임차권등기 및 상가건물임차권등기가 경료된 경우에는, 그 등기에 기초한 임차권이전등기나 임차물전대등기를 할 수 없다.

5. 등록세

임차권등기명령에 의한 경우이든 신청에 의한 경우이든 차임이 있는 경우에는 「지방세법」 제131조 제1항 제6호(5)의 규정에 따른 세액을 납부하고, 차임이 없는 경우에는 같은 조 같은 항 제8호의 규정에 따른 세액을 납부한다. 임차권이전 및 임차물전대의 등기를 신청하는 경우에도 마찬가지이다.

6. 기재례

관련 기재례는 별지와 같다.

부 칙〈2002.11.01. 등기예규 제1059호〉

① (시행일) 이 예규는 2002. 11. 1.부터 시행한다.

② (다른 예규의 폐지) 부동산의 일부에 대한 임차권설정등기 신청시 첨부서면 등(등기예규 제961호), 주택임차권등기 사무처리지침(등기예규 제962호)을 각 폐지한다.

부 칙〈2007.10.24. 등기예규 제1213호〉

이 예규는 2007. 11. 4.부터 시행한다.

[별지]

(기재례1) 부동산의 일부에 대한 임차권설정등기

【을	구】	(소유권 이외의 권리에 관한 사항)		
순위 번호	등기목적	접 수	등 기 원 인	권리자 및 기타사항
2	임차권설정	2007년6월8일 제6231호	2007년6월7일 설정계약	임차보증금 금 30,000,000원 차임월금 금 100,000원 차임지급시기 매월 말일 범위 건물 2층 동남쪽 40㎡ 존속기간 2007년6월8일부터 　　　　　 2008년 6월7일까지 임차권자 김갑동 710905-1****** 　　　　　 서울 서초구 방배동 12 도면편철장 제3책 제5편

(기재례2) 당사자의 신청에 의한 주택임차권설정등기

【을	구】	(소유권 이외의 권리에 관한 사항)		
순위 번호	등기목적	접 수	등 기 원 인	권리자 및 기타사항
2	주택임차권 설정	2007년6월8일 제6232호	2007년 6월 1일 설정계약	임차보증금 금 80,000,000원 차임월금 금 200,000원 차임지급시기 매월 말일 범위 주택 전부 존속기간 2007년6월5일부터 　　　　　 2009년 6월4일까지 주민등록일자 2007년6월5일 점유개시일자 2007년6월5일 확정일자 2007년6월5일 임차권자 이을동 360408-1456923 　　　　　 서울특별시 노원구 중계동 24

※ 「주택임대차보호법」 제3조 제2항의 규정에 따라 대항력을 취득한 법인(「대한주택공사법」에 따른 대한주택공사 및 「지방공기업법」 제49조에 따라 주택사업을 목적으로 설립된 지방공사에 한함)이 임차인인 경우, 주민등록일자와 점유개시일자란에는 지방자치단체장 또는 해당 법인이 선정한 입주자가 주민등록을 마친 날과 그 주택을 점유하기 시작한 날을 기재함.

(기재례3) 임차권등기명령을 원인으로 한 주택임차권등기

【을 구】	(소유권 이외의 권리에 관한 사항)			
순위번호	등기목적	접 수	등 기 원 인	권리자 및 기타사항
2	주택임차권	2007년6월8일 제6233호	2007년 6월 5일 서울중앙지방법원의 임차권 등기명령(2007카기780)	임차보증금　금 80,000,000원 차임월금　금 200,000원 차임지급시기　매월 말일 범위 주택 전부 임대차계약일자　2005년5월20일부터 주민등록일자　2005년5월23일 점유개시일자　2005년5월23일 확정일자　2005년5월23일 임차권자　박병동 450521-1456923 　　　　　서울특별시 성북구 종암동 36

(기재례4) 당사자의 신청에 의한 상가건물임차권설정등기

【을 구】	(소유권 이외의 권리에 관한 사항)			
순위번호	등기목적	접 수	등 기 원 인	권리자 및 기타사항
2	상가건물임차권설정	2007년6월8일 제6234호	2007년 6월 1일 설정계약	임차보증금　금 80,000,000원 차임월금　금 200,000원 차임지급시기　매월 말일 범위 상가건물 전부 존속기간　2007년6월5일부터 　　　　　2009년 6월 4일까지 사업자등록신청일자　2007년6월5일 점유개시일자　2007년6월5일 확정일자　2007년6월5일 임차권자　최정동 680509-1453779 　　　　　서울특별시 강서구 방화동 48

(기재례5) 임차권등기명령을 원인으로 한 상가건물임차권등기

【을 구】	(소유권 이외의 권리에 관한 사항)			
순위번호	등기목적	접 수	등 기 원 인	권리자 및 기타사항
2	상가건물임차권	2007년6월8일 제6235호	2007년 6월 5일 서울중앙지방법원의 임차권 등기명령(2007카기356)	임차보증금　금 80,000,000원 차임월금　금 200,000원 차임지급시기　매월 말일 범위 주택 전부 임대차계약일자　2005년5월20일부터 주민등록일자　2005년5월23일 점유개시일자　2005년5월23일 확정일자　2005년5월23일 임차권자　김갑순 730516-2456223 　　　　　서울특별시 서초구 방배동 52

(기재례6) 미등기 주택이나 상가건물에 대한 등기명령에 의한 경우

【을 구】	(소유권에 관한 사항)			
순위 번호	등기목적	접 수	등 기 원 인	권리자 및 기타사항
1	소유권보존			소유자 이을순 621011-2345678 　서울특별시 광진구 자양동 64 임차권등기의 촉탁으로 인하여 2007년 6월 8일 등기

【을 구】	(소유권 이외의 권리에 관한 사항)			
순위 번호	등기목적	접 수	등 기 원 인	권리자 및 기타사항
2	주택(상가건물) 임차권	2007년6월8일 제6236호	2007년 6월 5일 서울중앙지방법원의 임차권 등기명령(2007카기234)	임차보증금　금 80,000,000원 차임월금　　금 200,000원 차임지급시기 매월 말일 범위 주택(상가건물) 전부 임대차계약일자　2005년5월20일 주민등록일자(사업자등록신청일자) 2005년5월23일 점유개시일자　2005년5월23일 확정일자　2005년5월23일 임차권자　박병순 650302-2456223 　서울특별시 강남구 청담동 76

○ 최우선변제액 일람표

○ 주택임대차보호법상의 최우선변제 범위

제·개정일	적용기간	지역구분	소액임차인의 범위	최우선변제액
1984. 6.14.	1984. 1. 1.~ 1987.11.30.	서울특별시·직할시 기타의 지역	300만원 이하 200만원 이하	
1987.12. 1.	1987.12.1.~ 1989.12.29.	서울특별시·직할시 기타의 지역	500만원 이하 400만원 이하	
1990. 2.19.	1989.12.30.~ 1995.10.18.	서울특별시·직할시 기타의 지역	2,000만원 이하 1,500만원 이하	700만원 이하 500만원 이하
1995.10.19.	1995.10.19.~ 2001. 9.14.	특별시·광역시(군지역제외) 기타의 지역	3,000만원 이하 2,000만원 이하	1,200만원 이하 800만원 이하
2001. 9.15.	2001. 9.15.~ 2008. 8.20.	수도권 중 과밀억제권역 광역시(군지역, 인천 제외) 그 밖의 지역	4,000만원 이하 3,500만원 이하 3,000만원 이하	1,600만원 이하 1,400만원 이하 1,200만원 이하
2008. 8.21.	2008. 8.21.~ 현재까지	수도권 중 과밀억제권역 광역시(군지역, 인천 제외) 그 밖의 지역	6,000만원 이하 5,000만원 이하 4,000만원 이하	2,000만원 이하 1,700만원 이하 1,400만원 이하

○ 상가건물임대차보호법의 적용대상 및 최우선변제 범위

지역 구분	적용대상 보증금액	소액임차인의 범위	최우선 변제액
서울특별시	2억 6천만원 이하 (2억 4천만원 이하)	4,500만원 이하	1,350만원 이하
과밀억제권역(서울시 제외)	2억 1천만원 이하 (1억 9천만원 이하)	3,900만원 이하	1,170만원 이하
광역시(군지역과 인천 제외)	1억 6천만원 이하 (1억 5천만원 이하)	3,000만원 이하	900만원 이하
그 밖의 지역	1억 5천만원 이하 (1억 4천만원 이하)	2,500만원 이하	750만원 이하

* 환산보증금 = 보증금 + (월세 * 100)
* 괄호 속은 2008.8.21. 개정되기 이전의 금액임

○ 수도권 중 과밀억제권역

- **서울특별시**
- **인천광역시** [강화군, 옹진군, 중구 운남동·운북동·운서동·중산동·남북동·덕교동·을왕동·무의동, 서구 대곡동·불노동·마전동·금곡동·오류동·왕길동·당하동·원당동, 연수구 송도매립지(인천광역시장이 송도신시가지 조성을 위하여 1990년 11월 12일 송도앞공유수면매립공사면허를 받은 지역), 남동유치지역을 제외]
- **의정부시**   **구리시**
- **남양주시**(호평동·평내동·금곡동·일패동·이패동·삼패동·가운동·수석동·지금동 및 도농동)
- **하남시**   **고양시**   **수원시**   **성남시**   **안양시**   **부천시**
- **광명시**   **과천시**   **의왕시**   **군포시**   **시흥시**(반월특수지역을 제외)

집필자 김효석

- 성균관대학교 법과대학 졸업
- 前 법무법인 케이씨엘(K.C.L) 근무
- 前 경찰수사보안연수소 강사
- 제10회 법무사시험 합격
- 前 한국법학교육원 강사
- 前 한국소비자원 상담법무사
- 現 법무사저널 편집위원
- 現 한국민사집행법학회 간사
- 現 대한법무사협회 법제연구위원
- 現 서울중앙지방법무사회 이사 겸
  업무영역확대특별위원회 위원장

[주요저서]
- 『(판례) 주택임대차보호법』(1997)
- 『재건축·재개발 법률실무편람』(1997)
- 『(판례·사례해설) 주택임대차보호법』(1998)
- 『주택임대차분쟁의 법률실무』(1999)
- 『주택재건축분쟁의 법률실무』(2000)
- 『주택임대차분쟁의 해결』(2005)
- 『주택임대차보호법 해설』(2006)

[주요논문]
- 「주택임차권의 대항요건에 관한 사례연구」
- 「소액임대차계약과 사해행위취소」
- 「가압류된 주택을 임차한 주택임차인의 우선변제권」
- 「일본의 동산 및 채권양도특례법의 개요」
- 「인터넷 도메인 이름에 대한 가압류」
- 「분양계약의 해제와 주택임차인 보호」
- 「법무사의 업무범위에 관한 연혁 및 개정방향」 등 다수

正解 주택임대차보호법

·

지은이 / 김효석
발행인 / 김재엽
발행처 / **한누리미디어**
디자인 / 지선숙

·

121-840, 서울시 마포구 서교동 395-13 서원빌딩 2층
전화 / (02)379-4514, 379-4519
Fax / (02)379-4516
E-mail/hannury2003@hanmail.net

·

신고번호 / 제300-2006-61호
등록일 / 1993. 11. 4

·

초판발행일 / 2008년 10월 6일

© 2008 김효석 Printed in KOREA

·

값 20,000원

·

※잘못된 책은 바꿔드립니다.

·

ISBN 978-89-7969-328-7 93360